21世纪全国高等院校旅游管理系列实用规划教材

酒店人力资源管理

张玉改　主编

中国林业出版社
China Forestry Publishing House
北京大学出版社
PEKING UNIVERSITY PRESS

内容提要

本书是21世纪全国高等院校旅游管理系列实用规划教材之一。全书共分9章，分别介绍了酒店人力资源管理；酒店工作分析与工作设计；酒店人力资源规划与配置；酒店员工招聘；酒店员工培训与职业发展；酒店的薪酬管理；酒店员工激励；酒店员工绩效管理；酒店劳动关系管理等内容。每一章设置本章概要、学习目标、关键性术语、章首案例、正文、思考题、经验性训练、案例分析、本章推荐阅读书目、相关链接等10个栏目。全书逻辑性强，体系完整，内容翔实，观点新颖，应用性强。本书既可作为高等学校旅游管理专业教材，也可作为旅游酒店管理人员的培训教材，还可以作为其他相关业务人员、科研人员和有关企业经营管理者的参考用书。

图书在版编目（CIP）数据

酒店人力资源管理/张玉改主编. —北京：中国林业出版社；北京大学出版社，2008.7（2017.7重印）

（21世纪全国高等院校旅游管理系列实用规划教材）

ISBN 978-7-5038-5030-1

Ⅰ.酒…　Ⅱ.张…　Ⅲ.饭店-劳动力资源-资源管理-高等学校-教材　Ⅳ.F719.2

中国版本图书馆CIP数据核字（2008）第066696号

书　　名：酒店人力资源管理
著作责任人：张玉改
总　策　划：牛玉莲　林章波
策 划 编 辑：郑铁志
责 任 编 辑：郑铁志　张　玮

出　版　者：中国林业出版社（地址：北京市西城区德内大街刘海胡同7号　邮编：100009）
网址：http://www.cfph.com.cn　E-mail: jiaocaipublic@163.com
电话：编辑部 83143559　营销中心 83223120
北京大学出版社（地址：北京市海淀区成府路205号　邮编：100871）
网址：http://www.pup.cn　http://www.pup6.com　E-mail: pup_6@163.com
电话：邮购部 62752015　发行部 62750672　编辑部 62750667　出版部 62754962
印　刷　者：北京市昌平百善印刷厂
发　行　者：中国林业出版社　北京大学出版社
经　销　者：新华书店
版次印次：2008年7月第1版　2017年7月第5次印刷
开　　本：850mm×1168mm　16开本　16.25印张　382千字
定　　价：28.00元

21世纪全国高等院校旅游管理系列实用规划教材

编写指导委员会

编写人员名单

主　编： 张玉改

副主编： 王今朝

崔韶华

编　委：（按姓氏笔画排序）

王今朝（沈阳大学旅游与地理科学学院）

史玉江（河北大学管理学院）

朱　芳（青海大学财经学院旅游管理系）

张玉改（渤海大学旅游学院）

崔韶华（海南大学应用科技学院）

序

1845年，托马斯·库克成立世界上第一家旅行社，标志着世界旅游业的出现。但是作为真正意义上的现代旅游业，则始于20世纪50年代的欧美。从那时至今，旅游从为少数上层阶层所能享受的活动发展到现今大众旅游和社会旅游时代，仅经历了50多年的时间。在这短短50多年的历程中，世界旅游业发展大大超出世界经济总体发展速度，成为世界上最大的产业之一。世界旅游组织的统计数字显示，2005年国际旅游人数首次突破8亿人次，全球平均增长率高达5.5%；2006年国际旅游人数达到8.42亿人次，同比增长4.5%，超出了旅游业的发展预期。世界旅游组织预测，到2010年，全世界每年将有10亿多人出国旅游。旅游不仅对世界各国的经济发展产生积极而深远的影响，同时它已成为人们生活中的一部分，还是影响人们生活方式和生活观念的一个重要因子。

中国是一个旅游资源大国，有着得天独厚的自然旅游资源和人文景观优势。上下几千年的文明积淀，方圆960万km^2的国土，使中国的旅游资源在世界上无与伦比。尽管我国旅游业起步于20世纪80年代初，但经过30余年的发展，中国正从一个旅游资源大国走向旅游接待大国，旅游业在国民经济中的地位和作用日益凸显，其强劲的发展势头为世界所关注。2006年，我国国内旅游人数13.94亿人次，入境旅游人数12 494万人次，全国旅游外汇收入339.49亿美元，出境旅游总人数为3452.36万人次。世界旅游组织预测，到2015年，中国将成为世界上第一大入境旅游接待国和第四大出境旅游客源国。届时中国入境旅游人数可达2亿人次，国内旅游人数可达26亿人次以上，出境旅游人数可达1亿人次左右，游客市场总量可达30亿人次左右，居民人均出游可达2次，旅游业总收入可达2万亿元人民币左右。"十一五"期间，中国旅游业将每年新增直接就业70万人、带动间接就业350万人。到2015年，中国旅游直接拉动和间接就业总量将达1亿人左右。

蓬勃发展、无限生机的旅游业，给旅游教育，尤其是高等旅游教育带来了巨大的机遇和挑战。旅游管理是工商管理下面的一个小学科，却面向的是大产业，如何使旅游学科做大做强，更好地为旅游产业服务，为21世纪旅游业发展培养所需各类人才，是每一个旅游教育工作者所要思考的问题。做大做强旅游学科，使旅游教育与旅游产业的发展同步，就必须加大旅游学科建设的力度，其中之一就是要搞好旅游教材的建设。因为，教材是体现教学内容和教学方法的知识载体，是进行教学的基本工具，也是深化教育教学改革，全面推进素质教育，培养创新人才的重要保证。中国林业出版社、北京大学出版社组织全国部分高校编写"21世纪全国高等院校旅游管理系列实用规划教材"就是推动旅游教学改革与教材建设的一项重要举措。

在本套教材的编写过程中，我们力求系统地、科学地介绍旅游管理专业的基本理论、基本知识和基本技能("三基")，同时也力求将以下理念融入教材的编写中：一是教育创新理念。即把培养创新意识、创新精神、创新思维、创造力或创新人格等创新素质以及创新人才为目的的教育活动融入其中。二是现代教材观理念。传统的教材观以师、生对教材的“服从”为特征，由此而生成的对教学矛盾的解决方式表现为“灌输式”的教学关系。现代教材观是以教材“服务”师生，即将教材定义为“文本”和“材料”，提供了编者、教师、学生与知识、技能之间的跨越时空的对话，为师生创新提供了舞台。三是培养大学生“四种能力”的理念。教材的编写充分体现强化学生的实践能力、创造能力、就业能力和创业能力的需要，以适应旅游业的快速发展对旅游人才的新要求。四是教材建设服从于精品课程建设的理念。精品课程是具有一流教师队伍、一流教学内容、一流教学方法、一流教材、一流教学管理等特点的示范性课程。精品课程建设是高等学校教学质量与教学改革工程的重要组成部分。本套教材的编写力求为精品课程建设服务，能够催生出一批旅游精品课程。

本套教材不仅是全国高等院校旅游管理专业教育教学的专业教材，而且也可作为旅游管理部门、旅游企业专业人员培训及参考用书。我们希望本套教材能够为培养21世纪旅游创新人才做出贡献。

最后，借此机会感谢北京大学吴必虎教授、青岛大学旅游学院马波教授对本套教材的指导，感谢中国林业出版社和北京大学出版社对本套教材所付出的辛勤劳动以及各位参与编写的专家和学者对本套教材所付出的心血！

编委会

2007年10月

前　言

在21世纪迅猛发展的知识经济时代，酒店业的竞争实际上就是酒店经营管理人才的竞争。而我国酒店业只有形成自己的竞争优势，具有可持续的竞争能力，才能在日益发展的、国际化日趋激烈的竞争中占有一席之地。酒店人力资源管理的原则是：是否有助于酒店经济效益的提升；是否有助于酒店管理目标的实现；是否有助于对员工产生激励；是否有助于酒店和谐关系的建立。

本书从酒店管理的操作实际出发，理论与实际相结合，概括了酒店人力资源管理的各项工作，全面阐释了现代企业人力资源管理在酒店中的运用。全书分9章，分别介绍了酒店人力资源绪论、酒店工作分析与工作设计、酒店人力资源规划与配置、酒店员工的招聘、酒店员工培训和职业发展、酒店的薪酬管理、酒店员工激励、酒店员工绩效管理、酒店劳动关系管理等内容。

本书力求在编写体例上有所创新。每章开头是本章概要和学习目标，接下来是本章的关键性术语，主要简单明了地告诉学生本章要学习什么内容，哪些需要重点掌握，哪些需要一般了解。正文之前以章首案例作为启发，循序渐进、抛砖引玉，把学生的思路引导到本章内容上来。每章结束后有思考题、经验性训练、案例分析、本章推荐书目和相关链接。其中提出的一些思考题，主要是帮助学生检验对本章内容的理解和掌握程度。经验性训练的主要目的是提高学生把理论运用到实践中去的技能，从理性认识到感性认识，抓住内容的实质。案例分析是把理论具体运用到事件之中，发现问题、分析问题并解决问题。推荐书目和相关链接是向学生提供一些相关的参考资料，有时间随时查阅，对知识进行充实。这是目前已出版的酒店人力资源管理教材所没有的内容，因此形成了本书的特色，即内容先进性、教学适用性、知识实用性、结构合理性、案例针对性。

本书由张玉改主编，负责设计编写教材大纲和全书的统稿工作。各章执笔人员如下：第1章、第5章和第6章张玉改（渤海大学）；第2章朱芳（青海大学）；第3章和第4章王今朝（沈阳大学）；第7章史玉江（河北大学）；第8章和第9章崔邵华（海南大学）。

在本书的写作过程中，参阅和引用了中外学者、专家的诸多成果，在此一并表示衷心感谢。由于酒店人力资源管理是一个不断发展的研究课题，又限于作者的水平，本书的缺点和疏漏之处在所难免，恳请广大读者不吝赐教。

编　者

2008年5月

目　录

第 1 章 绪　论

【本章概要】

本章对酒店人力资源管理的概念、特点、研究内容、基本原理、酒店人力资源管理者的 12 个黄金定律、人力资源管理体系的创建等问题进行讲述。

【学习目标】

- 了解人力资源与人力资源管理的概念；
- 掌握传统人事管理与现代人力资源管理的区别；
- 掌握酒店人力资源管理的概念、特点；
- 重点掌握酒店人力资源管理体系的基本原理；
- 正确理解酒店人力资源管理者的 12 个黄金定律；
- 了解酒店人力资源管理体系的创建。

【关键性术语】

人力资源、人力资源管理、酒店人力资源管理、系统功能原理、能级对应原理、适度规模原理、改变航道原理、木桶原理、势能差原理、效率原理、凝聚力原理、信息催化原理、帕金森定律。

【章首案例】

他该如何决策？

程志最近受聘担任一家有 300 间客房的高星级酒店的总经理。他的这一选择是不寻常的，因为除了作为酒店常客外，他从未有过从事酒店业的经历。

这家酒店 4 年前开业，开业后曾以服务优良和富有传统特色而闻名。2 年后，店方的主管部门频繁替换总经理，已换了 7 任老总，其中包括从境外请了 3 家酒店管理公司。当程志就任时，该店服务质量已大大下降，与过去的名声不相称。客人的抱怨越来越多，老客户的续订率日趋下降，客人对服务人员的冷漠、缺乏礼貌与三言两语的草率回答，不规范的服务时常投诉。

第 1 个月，程志走遍酒店各部门了解情况，尽量同员工接触交谈。他发现员工更衣室乱七八糟，地板肮脏不堪，卫生间无肥皂、毛巾，马桶坐圈丢失，房门破损。其他员工区也同样杂乱无章，墙壁的油漆、灰泥严重剥落。员工食堂的伙食差，厨具变形、不洁，食堂灯光暗淡。他完全可以设想，服务员将美味可口的食物送进套房后，只能回到一个肮脏的“地牢”里去。

他惊异地发现，运作了几年的一家高星级酒店竟然没有一套适合本店的管理模式；对中高层管理者自开业来没有做过 1 次系统的培训；上司指挥下属很费劲，有时还要看下属的脸色行事，因为下属认为你今天在台上，明天还不一定在位。

程志向人事部门了解员工录用情况，发现员工只要填写一张申请表就立即安排工作。为了节省劳动力成本，从乡镇招了不少临时工，也用了一些下岗“大嫂”，可岗前培训只有半天，甚至有时没有进行岗前培训。除了顶头上司的评语外，没有工作评估。原来打算在人事部办公室外设立的布告栏从未设立过，重要人事布告没有固定张贴场所。骨干员工已流走不少，有些部门经理正在寻找合适单位。

程志还发现酒店存在严重语言障碍，影响与客人的交流。在近1000名员工中，一线服务员有1/3不能讲英语，员工之间相识而不知其部门和名字者甚多。

此外，他发现前台工作人员从未去过本店的客房，更不要说以客人身份在里面度过一夜，这怎能热情地向潜在客人介绍客房的特色呢？同样，酒店的6个餐厅经理只在本餐厅就餐，不了解其他餐厅的情况，也不了解其他酒店的餐饮经营情况。酒店的15个部门经理也同样不了解其他部门在干什么？信息不灵和缺乏协调使部门间问题成堆，而客人受害则首当其冲。

1.1 酒店人力资源概述

1.1.1 人力资源与人力资源管理的概念

1.1.1.1 人力资源的特征

(1) 人力资源的概念

关于人力资源的概念，学术界存在不同的认识和看法。一般认为人力资源是指能够推动整个经济和社会发展的具有智力劳动和体力劳动的人的总和，它反映一个国家或地区人口总体所拥有的劳动能力。它包括数量与质量2个指标。

人力资源数量 一国或一地区拥有劳动能力的人口数量，包括就业人口，劳动年龄内（我国男性16～60岁，女性16～55岁）的人口，家务劳动人口，正在谋求职业的人口等。

人力资源数量可分为以下3个经济层次：

- 理论人力资源，即一国或地区可供利用的全部人力资源；
- 现实人力资源，即现实国民经济活动可以利用的就业人口和谋求职业人口的总和，也称“经济活动人口”；
- 直接人力资源，即已经被使用的资源，它表现为就业人口。

人力资源质量 一个国家或地区拥有劳动能力的人口的身体素质、文化素质、思想道德以及素质等专业（职业）劳动技能水平的统一。影响人力资源质量的因素有：人类体质与智能遗传、营养状况、教育状况（国民教育发展水平、成人教育、早期教育）、文化观念以及经济与社会环境等。

(2) 人力资源的特征

马克思说过，人本身单纯地作为劳动力存在，也是自然对象，是物，不过是活的、有意识的物。正因为人是这样一种特殊的物质存在，所以这种资源较之于其他物质资源具有自己鲜明的个性特征。

时代性 一个国家的人力资源，在其形成过程中受到时代条件的制约。同时在社会上发挥作用的几代人，生下来就置身于既定的生产力和生产关系之中，当时的社会发展水平从整体上制约着这批人力资源的素质。他们只能在时代为他们提供的条件前提下，努力发挥其作用。

能动性 自然资源在被开发过程中，处于被动的地位，人力资源则不同，在被开发的过程中，人是有意识、有目的地进行活动，能主动调节与外部的关系，具有能动性。对其能动性调动得如何，直接决定着开发的程度、达到的水平。有的学者将这个特点概括为“可激励性”。可激励的前提还是对象具有能动性。这就要求人们在从事人力资源开发工作时，不能只靠技术性指标的增减和数学公式的推导，还要靠政策去调动人们的积极性。

时效性 矿产资源一般都可以长期储存，不采不用，品位不会降低。人力资源则不然，如果储存不用，才能就会被荒废、会退化。无论哪类人，都有其才能发挥的最佳期、最佳年龄段。当然，人根据其类别不同，其才能发挥的最佳期也不一样。人才开发与使用必须及时。开发使用时间不一样，所得效益也不相同。

持续性 众所周知，物质资源一般经过一次、二次开发，形成产品使用之后，就不存在继续开发问题了。人力资源不同，使用过程同时也是开发过程，而且这种开发过程具有持续性。传统的观念和做法认为，一个人从学校毕业后就进入工作阶段，开发与使用界限分明。这种“干电池”理论目前已经被“蓄电池”理论所代替。后者认为，人工作之后，还需要不断学习，继续充实和提高自己。人类通过自己的智力，创造了工具，使自己的知识得到延伸和扩大，从而增强了自身能力。

消耗性 人力资源如果不加以使用，处于闲置状态，就具有消耗性，即为了维持其本身的存在，必须消耗一定数量的其他自然资源，比如，粮食、水、能源，这是活资源用以维持生命所必不可少的消耗。而物质资源则不然。

社会性 人力资源开发的核心问题在于提高个体的素质，因为每一个个体素质的提高，必将形成高水平的人力资源质量。但是，在现代社会中，个体要通过一定的群体来发挥作用，合理的群体组织结构有助于个体的成长及高效地发挥作用，不合理的群体组织结构则会对个体造成压抑。群体组织结构在很大程度上又取决于社会环境，社会环境构成了人力资源的大背景，它通过群体组织直接或间接地影响人力资源开发。

1.1.1.2 人力资源管理的概念

(1) 人力资源管理概念

人力资源管理就是指运用现代化的科学方法，对与一定物力相结合的人力进行合理的培训、组织和调配，使人力、物力经常保持最佳比例，同时对人的思想、心理和行为进行恰当的诱导、控制和协调，充分发挥人的主观能动性，使人尽其才，事得其人，人事相宜，以实现组织目标。

企业人力资源管理（Human Resource Management）与生产、营销、财务管理一样，同为组织的一项必不可少的基本管理职能。基于这一认识，我们对企业人力资源管理下一个定义：通过不断地获得人力资源，把得到的人力整合到组织中而融为一体，保持和激励他们对本组织的忠诚与积极性，控制他们的工作绩效并作相应的调整，尽量开发他们的潜能，以支持组织目标的实现，这样一些活动、职能、责任和过程就是微观人力资源管理。它具体包括以下 5 个环节。

获取 它首先包括职务分析。组织根据其文化价值观、使命、目标与战略，确定它的职能分工与劳动分工的形式，设计出它的结构后，分析并具体制订出每一工作岗位的职务说明书；根据组织内、外部条件与目标，做出人力资源近期、中期与远期规划；据此进行对所需人员的吸引、招聘、考评、选拔、委派与安置。

整合 又叫作一体化，指使招录到的人员不仅在组织上参加到本组织中来，而且在思想上、感情上和心理上与组织认同并融为一体。这包括对员工的培训，介绍组织的宗旨与目标，启发和指引他们接受这些宗旨与目标，协调好组织中的人际关系。

保持与激励 指对招聘的人员采取适当措施，使对其工作的条件和环境感到满意，培养和保持工作热情。组织通过设计并执行公平合理的奖酬、福利、保健等制度，建立起激励机制，激发劳动者的内在潜力。

控制与调整 它包括合理而完整的绩效考评制度的制定与执行，并在此基础上采取适当的措施，如晋升、调迁、解雇、离退、奖励、惩罚等的实行与落实。

开发 指企业有效地发挥人的才能和提高人的能力而采取的一系列活动。开发活动的主要环节有人才发现、人才培养、人才使用和人才调剂。它包括2个目标：一是提高人力资源的质量；二是提高其活力。具体活动有教育训练、组织发展、提高生活质量等活动。

这5个方面是互相关联的，并且都是为实现组织的既定目标服务的。

"人力资源管理"视员工为组织的资产。一般而言，良好的人力资源管理，有助于为组织达到以下的目标：① 协助组织完成发展规划；② 有效地运用人员的能力与技术专长；③ 促使组织成员的工作士气高昂且激发潜能；④ 满足组织成员的自我实现感与增加成员的工作成就感；⑤ 发起且落实组织变革；⑥ 提高组织成员的工作生活品质；⑦ 协助组织负责人做出正确决策。

人力资源管理强调其在企业整体经营中所应有的重要地位，侧重变革管理和人性管理，是属于预警式的管理模式，即采取前瞻态度，防患于未然；将重点放在资源的获得和使用上，注重雇主或管理人员对人力资源的需求。

(2) 人力资源管理与传统人事管理的区别

现代的人力资源管理与传统的人事管理比较，发生了很多根本性的变化，表1-1表示了二者的区别。

表1-1 传统人事管理与现代人力资源管理的比较

比较内容	传统人事管理	现代人力资源管理
管理思想	以事为主，重视组织权威、人是企业的成本，重在管理	以人为本，人与事的统一，重视人心和人性管理，人不仅是成本，更是资本，重在开发
管理层次	低头拉车、短期导向	抬头看路、战略导向
管理范围	狭窄、事务，人是管理对象，重视硬管理	全员、产权、创新、文化，人是开发的主体，重视软管理
管理策略	封闭、被动式、经验管理	开放、主动开发、动态，是科学、技术与艺术的统一
管理目标	为组织创造财富，服务于战略管理	为组织创造财富的同时发展个人，是战略管理的伙伴
管理方式	单一、规范的管理	重视个性化管理
报　酬	报酬与资历、级别相关度大	报酬与业绩、能力相关度大
激　励	软报酬主要表现为表扬和精神鼓励	软报酬包含发展空间、自我实现、和谐融洽的人际关系等
管理技术与手段	简单僵化、手工技术含量低	专门方法与技术，技术含量提高

1.1.2 酒店人力资源管理的概念

酒店人力资源作为最重要的资源，必须进行科学而有效的开发和管理，才能使酒店在激烈的竞争中取得最佳经济效益和社会效益，才能立于不败之地。下面从量和质 2 个方面探讨酒店人力资源管理。

对酒店人力资源进行量的管理，就是通过对酒店员工的培训、组织和协调，使人力和物力经常保持最佳比例和有机的组合，使人和物都充分发挥出最佳效益。

对酒店人力资源进行质的管理，就是对酒店员工的心理和行为进行管理，即调动员工和员工整体的主观能动性。与人力资源的数量管理相比，质量管理更为重要。我们知道，复杂劳动等于倍加的简单劳动。复杂劳动只能由高质量的劳动者来从事，而简单劳动则可以由低质量的劳动者来从事。社会化服务越完善，设备、技术和技能越现代化，市场竞争越激烈，工作压力和挑战性越高，对酒店人力资源的质量管理要求就越高。酒店人力资源质量管理的重要性也能从人力资源内部的替代性方面看出来。一般来说，酒店人力资源的质量对数量的替代性较强，而酒店人力资源数量对质量的替代作用却比较差，甚至不能替代。因此，酒店人力资源管理的重心应放在质的方面。

因此，酒店人力资源管理，是指运用现代化的科学方法，对与一定物力相结合的酒店员工进行合理的培训、组织与调配，使酒店人力、物力经常保持最佳比例；同时，对酒店员工的思想、心理和行为进行适当的引导、控制和协调，充分发挥员工的主观能动性，使人尽其才，事得其人，人事相宜，以期实现酒店目标。

1.1.3 酒店人力资源管理的特点和过程

鼎新国际酒店集团的人事危机

2006 年 3 月中旬，鼎新国际酒店集团副总裁琼斯先生遇到了人事决策问题：亚历山大本是负责安大略地区经营的经理，最近在另一个酒店连锁集团得到了一个职位邀请，这个职位的薪水比现在每年高 2 万美元，琼斯先生想知道他应该采取什么样的行动。

鼎新国际酒店集团在欧洲和北美有许多酒店，在加拿大的沿海地区有 28 家酒店，安大略地区有 13 家，数量最多。西部地区有 8 家，东部地区有 7 家。琼斯先生负责加拿大地区的经营，直接向鼎新国际酒店集团总裁负责。每个地区由 1 名经营经理负责，这 3 个地区经理直接向琼斯经理汇报工作。

所有员工都喜欢亚历山大，但他的工作效率没有达到琼斯先生对他的期望，因此，琼斯先生考虑雇用 1 名欧洲旅游界的资深经理马丁，他以高超的技术能力而闻名，琼斯希望他能改进经营，降低成本，另一方面，马丁个性独特，容易和员工产生冲突使得公司经营恶化，损失严重。如果这种情况发生，琼斯先生除了解雇他之外别无选择。同时，马丁的工资比亚历山大高 25 000 元。

琼斯先生认为他的最后一个选择是让亚历山大离职，以多伦多最大酒店的总经理汤姆来取代他。但汤姆需要进一步的训练和工作经验。琼斯认为培训 1 年左右，汤姆将达到亚历山大的效率，毫无疑问，汤姆将很高兴接受这项提升，他现在的工资比亚历山大低 10 000元。

琼斯先生知道亚历山大到 2006 年 4 月 1 日就可能会离职，因此，琼斯先生要尽快做出决策。

1.1.3.1 特点

酒店人力资源管理作为一门管理学科，就其具体工作的开展方面而言，具有局外性、替代性、跨越性、动态性、超前性、系统性和不可储存性等特点。

（1）局外性

局外性主要强调由酒店客人监督和评定酒店工作人员的服务质量。这样做，一方面可以大大减少管理人员巡视检查的工作量；另一方面可以对酒店管理人员的工作起到拾遗补缺的作用。喜来登酒店集团创始人翰德森先生认为，酒店最有效的管理工具应该是客人对服务质量的监督和评定。喜来登酒店集团所属的每一家酒店，都制定了一份详细的客人评定酒店服务质量调查表，内容和项目十分具体。我国酒店业同样非常重视人力资源管理的局外性，并且予以制度化，几乎每一家酒店都在大厅内设立了大堂副理的岗位，以及客人意见箱和投诉电话。这样做，一方面可以广泛听取客人对员工和设施的意见，及时处理投诉，解决问题，使客人称心、放心；另一方面，则可以使管理人员针对问题，尤其是那些管理人员不在现场而难以发现的问题，及时改进酒店人力资源管理工作，实现酒店人力资源的有效控制和协调。

（2）替代性

替代性包含2个层面的含义：其一，本来是由酒店管理人员去完成的一些工作，现在已由大量表格所代替；其二，本来是由酒店管理人员去完成的一些工作，现在已由员工自我强化的功能所代替。

有人说，“现代酒店管理就是表格管理”。表格是酒店管理的重要工具，是酒店管理程序化、标准化、制度化的集中体现。表格管理既控制了成本费用，又保证了服务质量；既提高了工作效率，又减少了管理中的“走动”现象，而且防止了工作中的“瞎指挥”，使员工能够在轻松的环境中照章行事。

自我强化是说酒店大多数的员工都能够自我培养、自我约束、自我完善。一方面，他们都能主动地参与管理和监督，自觉开展批评与自我批评，不断总结工作经验和教训；另一方面，能自觉参加各种服务与管理学习班，努力学习理论知识和实际技能，刻苦锻炼意志和身体，努力提高自己的劳动素质和能力。酒店员工的这种自我强化大大地降低了酒店培训工作的难度，减少了工作中的摩擦和冲突，为酒店人力资源管理工作铺平了前进的道路。

（3）跨越性

跨越性主要集中体现在地域和文化环境2个方面。首先是地域的跨越，近几年来，境外一些著名的跨国酒店集团，如希尔顿、假日、喜来登、马里奥特、香格里拉等酒店联号，以不同的方式相继进入中国，其中有些联号已经与我国国营酒店进行了合资经营、合作经营，与此同时，我国的一些国营酒店也实现了跨地区、跨国界的集团化经营管理，如上海锦江酒店集团、广州白天鹅酒店集团等，这就使得我国酒店人力资源管理带有明显的地域跨越性，无论是员工招聘，还是员工培训、员工调配，都反映了这一特点。

最后是文化的跨越。合资酒店、合作酒店的员工长期工作于2种不同文化交叉并存的环境之中，而且外来文化又处于主导地位，使员工容易造成心理上的失衡。上班时，他们的工作要符合酒店制定的服务规程，言谈举止要符合酒店规定的行为守则，一举一动必须随时留意，精神处于高度集中而紧张的状态之中；下班回家后，在自己的小天地中，没有任何拘束，高度集中和紧张的精神状态得到放松。长期生活在这种强烈反差的双重心理环境中，对一些缺乏自制能力的年轻人来说，会引起心理失衡而导致情绪不稳定，甚至烦躁，影响服务质量的提高，严重时会引起心理疾患，不安于工作，频繁调岗或“跳槽”，极大地影响了其他员工的士气，长此以往，将给酒店人力资源的管理工作造成混乱，致使酒店的经济效益发挥不出来。“无功消耗”“文化振荡”现象，都是由于跨地区、跨文化而导致员工无法适应环境和工作的有力见证。现实的情况要求人力资源管理人员，在招聘、培训、挑选、心理分析等具体工作方面，应注意因地制宜、因势利导，把培养锻炼员工的适应能力和应变能力放在酒店人力资源管理工作的首位。

（4）动态性

酒店人力资源管理这门学科不应是封闭的、停滞的体系，而应该是开放的、发展的体系，酒店人力资源管理实践活动先后经历了 3 个发展阶段。

第一，传统人力资源管理阶段。这一阶段的管理活动以人力资源的量的管理为主要活动，是孤立的、封闭的，不与外界发生能量交换关系，是非系统的、停滞的。

第二，科学人力资源管理阶段。这一阶段的管理活动以人力资源量上的配合为重点，把酒店员工看作是“经济人”，把人当作物去管理，以效率为中心，较之传统阶段来得科学而系统。

第三，现代人力资源管理阶段。这一阶段是在科学人力资源管理阶段的基础上发展起来的，运用了大量行为科学的理论，以人为中心，把酒店员工看作“社会人”“自我实现人”“复杂人”，把“顾客是上帝”“员工是王”奉为酒店经营管理的信条，量与质并重，并逐步过渡到以质的管理（即素质的提高和观念的创新）为主，使酒店人力资源管理活动在动态中跃上一个新的高点。

（5）超前性

俗话说：前人栽树，后人乘凉。不管是从人才的发现到人才的培养，还是从人才的利用到人才的驾驭，都离不开人才的超前培养和继续教育，否则，现在是人才，若干年后可能就是“现代文盲”，因此，酒店人力资源管理者要有超前意识，并解决好以下 2 个方面的矛盾。

第一，解决好酒店人力资源开发的超前性与人力资源利用的滞后性之间的矛盾。争取缩短二者之间的时间差，即学即用，杜绝知识资本的浪费，提高知识的转化率和利用率。

第二，处理好酒店人力资源开发的长期性与人力资源利用的滞后性之间的矛盾。把酒店人力资源的开发工作当作一件长期不懈的大事来抓；进行持久的、连续的开发，也可以分期分批地进行开发，同时，也要珍惜开发出来的人力资源，进行适当的利用。在利用人力资源时，切忌短期行为，掠夺性的榨取式利用，或“卸磨杀驴”，或“杀鸡取卵”，都是不合理的，也是不人道的。应该按照“开发—利用—再开发—再利用”的过程，不断地给员工“充电”，使酒店人力资源取之不尽，用之不竭。

（6）系统性

就人的群体而言，每一个员工的主观能动性，并不一定都能形成群体功能的最佳效应。因为这里有一个内耗的问题：1 +1 <1，“一个和尚挑水吃，两个和尚抬水吃，三个和尚没水吃”。只有群体在思想观念上一致，在感情上融洽，在行动上协作，才能使群体的功能大于每一个个体功能之和，即“1 +1 >2”。

“100 - 1 = 0”，“一颗老鼠屎，坏了一锅汤”，从另一个侧面道出了群体和个体的利害关系，反映了个体的重要性。

“1 × 0 = 0”，“皮之不存，毛将焉附”，也说明了群体的重要性。

当今的酒店是靠员工的密切合作与客人的良好印象维持其生存和发展的。如果酒店员工不能够密切配合，服务就会脱节；服务脱节，客人就会不满意；客人不满意，酒店也就失去客人；酒店失去客人，就会降低效益，甚至不能生存；酒店没有效益就不能生存，员工的生存和发展就会受到威胁。这种系统性的连锁反应，足以让酒店的管理人员和服务人员引起高度的重视。

（7）不可储存性

酒店人力资源价值具有不可储存性，从而使酒店人力资源管理具有易损性。酒店和一般企业不同，他以出租使用价值和提供服务为主，餐饮、客房、娱乐、会务和其他综合服务设施在经营中都不发生实物的所有权转移，因此，酒店员工凝结在酒店产品中的服务价值不可储存。如果酒店的产品，在特定的时间内卖不出去，其当天的价值就自然失去，等到第2天再卖出去，前一天的价值便永远也收不回来了。于是，人力资源的价值也就体现不出来，支出的人工成本也就无法补偿，从而使酒店人力资源管理活动蒙受损失，而且这种损失是永远也追不回来的。由此看来，酒店人力资源管理确实具有易损性，管理人员必须把人力资源管理与酒店产品经营结合起来，走“全员营销”的道路。

1.1.3.2 内容

酒店人力资源管理的内容即酒店人力资源运作过程所包括的形成、开发、分配和使用4个主要环节。

（1）形成

酒店人力资源的形成主要是指对具备各种劳动能力的人及其体质、智力、知识和技能的发现；酒店人力资源的开发是指潜在人力资源向现实人力资源的转化；酒店人力资源的分配是指酒店将不同的人力资源，根据不同的需要投向不同的部门和岗位；酒店人力资源的使用是指酒店各部门对其所拥有员工的能力加以发挥、运用，并使员工完成酒店所指定的任务。

（2）形成和开发

酒店人力资源的形成和开发包括3个方面内容：① 酒店现有员工工作能力的保持，这主要通过酒店员工生活消费、恢复体力和精力实现的；② 酒店员工队伍的替换、补充和扩大，这主要是通过酒店新进员工替换超龄员工和不称职员工，以及填补职位空缺来实现的，这是酒店人力资源总体的部分更新和扩大问题；③ 酒店员工工作能力的获得与提高，这主要是通过教育、培训、工作经验的积累以及自学途径实现的，这是酒店人力资源实现质的飞跃的问题，也是提高工作效率和工作质量的根本保证。

（3）分配

酒店人力资源的分配是通过人力资源供求关系来实现的，酒店人力资源的使用则是酒店各级部门在具体经营业务中对员工体力和智力的具体消耗。人力资源供给表现为在一定的工资水平和工作条件下，员工愿意提供的劳动数量（包括劳动力数量、劳动时间和劳动强度等）；人力资源需求则表现为在一定的工资成本和工作要求条件下，酒店愿意使用的劳动数量（同样也包括劳动力数量、劳动时间和劳动强度等)。酒店人力资源供求关系的实现需要一个有效运行的机制，这包括员工招聘与培训、调整劳资关系的措施、开放的人才流动和人员迁移体制，等等。

(4) 使用

酒店人力资源的使用是人力资源与物力资源相结合的过程。酒店人力资源使用必须遵循保证活动、提高效率、发挥能力、注意养护的原则。其具体内容有：① 人力资源需要量的确定；② 工作岗位与工作职务的设计；③ 机构设置与定员；④ 人员配备；⑤ 劳动纪律管理；⑥ 员工激励与领导。

根据人力资源的运作过程，酒店人力资源管理的程序及主要内容可以作如下描述（见图1－1）。

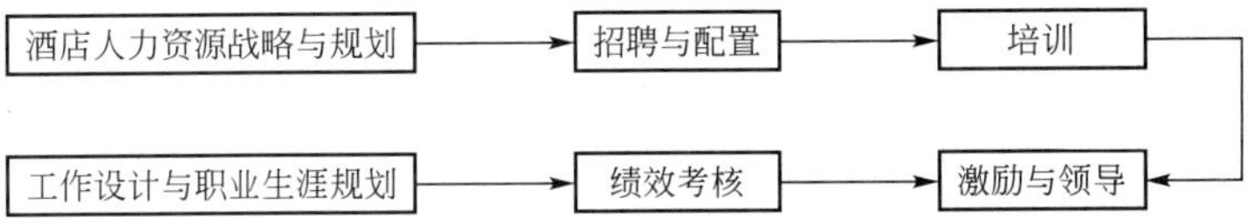

图1－1　酒店人力资源的程序及内容

在图1－1中，前3个步骤属于酒店人力资源形成和开发的范畴，旨在甄选真正的人才；后3个步骤属于酒店人力资源利用和养护的范畴，意在留住人才，并使人才发挥其最大潜能，为酒店的业务拓展打下坚实的基础。

1.1.4　酒店人力资源管理的重要性

在管理领域中，人力资源开发与管理是以人的价值观为中心，为处理人与工作、人与人、人与组织的互动关系而采取的一系列的开发与管理活动。酒店人力资源开发与管理的结果，就酒店而言是酒店的生产率和竞争力的增加，就员工而言则是工作生活质量的提高与工作满意度的增加。因此，加强酒店人力资源管理具有极其重要的意义。

(1) 加强酒店人力资源管理，是保证酒店业务正常经营的基础

酒店的业务活动离不开人与物这2个基本要素，而人是业务经营活动的中心，是决定因素。员工的劳动并非一种孤立的个体劳动，而是一种分工协作的社会劳动，所以，要保证酒店业务经营活动的正常进行，必须合理招聘有一定素质的员工，即具有一定数量和质量的劳动者，并科学安排、处理、调整、考评人与人之间、人与事之间的关系，使之有机地结合起来，而这些正是酒店人力资源管理的基本职能。

(2) 加强酒店人力资源管理，是提高酒店素质和增强酒店活力的前提

市场经济时代，酒店要想在竞争中脱颖而出，就必须提高酒店的素质，增强酒店的活力。而酒店的素质，归根结底是酒店员工的素质。至于酒店的活力，其源泉正在于酒店员工主动性、创造性和积极性的发挥。人是有思想、有感情的，其积极性的发挥，不是仅仅靠发号施令或者上级下一道指示所能做到的，只有采取现代化的方法，进行科学管理才能解决。因此，提高员工素质，激发员工主观能动性，是提高酒店素质、增强酒店活力的关键所在。

(3) 加强酒店人力资源管理，是提高酒店服务质量、创造良好社会效益和经济效益的保证

酒店是通过向中外客人提供食宿及其他各种服务来获得效益的经济组织。因此，服务的多寡与优劣是酒店能否取得良好社会效益和经济效益的决定因素。所谓服务，实质上就是酒店员工凭借一定的物质条件，向客人提供各种劳务的总和。在这里，设施、设备等物质条件是提供服务的依托，是酒店服务质量的重要内容，但酒店的设施、设备只有通过服务人员的劳动才能发挥效能，决定酒店服务质量高低的关键还是前台服务人员的“无形服务”。这种“无形服务”的好坏在于酒店前台服务人员的服务意识、精神状态、心理素质、身体状况等精神因素和操作技术、服务艺术等业务水平。因此，服务优劣实质上是员工素质高低和积极性高低的体现。要提高服务质量，以取得良好的经济效益及社会效益，就必须努力搞好人力资源的管理。

1.2 酒店人力资源管理体系的基本原理

1.2.1 酒店人力资源管理体系的基本原理

酒店人力资源管理在具体实践中，尽管运用了不少的管理科学理论做指导，在科学的道路上向前迈进了一步，但这仅仅是一个起步。为了能使这一起步成功地导向酒店人力资源管理的最终目标——吸引人才、留住人才，并最大限度地调动和发挥人才的能动作用，管理人员在酒店人力资源管理工作中，应该掌握和运用以下一些基本原理。

困难的选择

王飞正面临一个困难的选择：前厅部经理要求他推荐一个候选人来填补该部门的一个管理职位空缺。2名前厅部最优秀的员工提出了申请。2人都获得了酒店管理专业的学位，都在工作中表现出色。2人中，李丹专业知识过硬，对工作环节的各项标准了如指掌；赵强的专业知识也很突出，但达不到李丹的水平。他虽然能出色完成工作，但遇到大事，李丹的技术知识就显得突出了。

王飞分别正式面视2名候选人，以便对他们的资格做出评估。他问了几个有关如何对待表现不佳员工方面的问题，想知道2人将采取什么对策。

王飞问：“如果一名新员工的表现没有达到你预期的标准，你怎么办?”

李丹回答：“如果他还在试用期内，我会让他走人。”

赵强则说：“我想跟他谈一谈，告诉他我发现的问题，然后问明原因。我将根据他的回答采取具体的对策：或是加强培训，或是在酒店找一份更适合他的工作。”

在回答其他问题时，李丹总是提到公司的管理规定，建议给予员工书面警告或将其开除。很明显，李丹的做法对员工来说是公平的，但她主张用处罚的方式来改变员工行为。相反，赵强多选择和员工交谈，了解问题的原因，他倾向于通过合作的方式求得问题的解决。

王飞拿不定主意究竟推荐哪一个。他喜欢赵强的管理风格，但他的技术知识不足。王飞还担心落选者会因此而辞职，这将给工作带来重大损失。他向顾问征求建议。

1.2.1.1 系统功能原理

酒店人力资源管理的目标在于：把酒店全体员工的能动作用统一起来，从总体上予以放大，使酒店人力资源的群体效能大于个体效能之和。一般来说，作为酒店管理对象之一的人力资源在未经过开发与管理之前是无序的、分散的、无目的的、互不相关的。只有通过一系列计划、组织、协调、控制等整合活动，才能使之转化为有序的、有目的的、有凝聚力的管理资源。对此，我们可以作以下理解。

（1）明确目标的过程，是一个负墒的过程

所谓负墒，可被理解为减少无序和不确定性，降低混乱程度和内耗。目标越明确，墒就越小，所以，确定目标，是管理者的首要任务。很多事实证明，正是这些没有明确目标的个体或部门，降低了酒店的群体效能；而那些与群体目标和效能相悖的个体或部门，则是产生内耗的根源。比如，酒店里习以为常的人浮于事，其实就是人力资源系统内存在多余的人，是害群之马，其结果是降低了整个酒店系统的效能。

（2）在酒店管理系统中，每个员工发挥的力量大小不同，方向也不同

因为管理效果 = 目标方向 × 工作效率。这里，目标方向决定效果的性质（好坏）；而工作效率只决定效果大小。如果目标方向错了，效果就成了负数，效率越高，效果越坏，后面的一系列管理工作都将成为虚功、负功。目标不仅从根本上决定效果，而且对效率也有作用。目标选择正确与否，可以调动或挫伤员工的积极性，从而影响效率。由此看来，酒店管理人员不仅要使劲低头拉车，还要学会抬头看路，只有这样，才能使这些力量围绕着现实的目标，形成一股尽可能大的合力。

（3）酒店管理系统的群体效能不等于系统内各部门或个体效能的简单相加

亚里士多德说过："整体大于部分之和。"这是说，个体有机地组合成群体，产生了结构上的质变和功能的放大，用数学语言来说就是"1 + 1 > 2"。这里，"大于"应该被理解为系统整体产生了子系统原来所不具备的新功能，而不应该被理解为比原来大。同样，对于"小于"，也就不能简单地被理解为比原来小，而应该被理解为系统内存在着若干多余的子系统或多余的要素。管理人员的任务，就在于在整合过程中，不断剔除那些产生虚功和负功的子系统或要素，避免出现"小于"的结果，达到"大于"的目标。

（4）在酒店管理系统中，每个部门或个体的性能好，不等于整个酒店的性能好

一个由一流歌手组成的合唱团，其合唱的效果并不一定会好。这是因为系统中的个体功能，只有通过结构这个中介才能体现出来。结构是系统内部每一个个体或要素的排列组合方式，是系统性质和数量的集中表现。只有借助结构，才能把孤立的个体或要素组合成为一个完美的系统，系统的属性与功能才能体现出来。因此，要管理好酒店人力资源，并使其达到结构优化，优势互补，就必须建立合理的员工知识结构、专业结构、智能结构、年龄结构和性格结构。

1.2.1.2 能级对应原理

现代物理学上有一个"能级"概念，那是20世纪初科学家们打开原子的大门后发现的，原子中绕核运转的电子，只能处在一系列不连续的、分立的稳定状态，分别都有一定的能量，但数值各不相同，按照不同的能量排列着，就像梯级一样，故称之为"能级"对应关系。将其引入到酒店人力资源管理中，主要是指具有不同能力的酒店员工，应被摆在酒店组织内部不同的组织层次和工作岗位上，赋予他们不同的权力和责任，实现能力与职位的对应和适应。为了实现酒店内部的能级对应，必须做到以下3点。

(1) 管理者的能力必须同他们各自的管理级别相对应

倘若撇开其他方面的一些因素，把管理人员的能力特征简单地抽象为观念技能、人际关系技能和技术技能3项，那么，各级管理人员所需能力的比例构成如表1－2所示。

表1－2 各级管理者技能构成

	观念技能（%）	人际关系技能（%）	技术技能（%）
高级	48	34	18
中级	34	39	27
初级	18	27	55

除此之外，能级对应还要求：有多少能力，负多少责，给多少权力，获多少利益。有效的管理决不是拉平这种能力、责任、权力和利益上的差别，而是根据能级对应原理，把这种差别合法化。只有这样，才能充分调动能者的主观能动性。

(2) 各类服务人员的能力必须同他们各自的专业岗位相对应

尽可能把不同能力的服务人员安排到能发挥其各自专业特长的岗位上，真正做到人尽其才，事得其人，人事相宜。切忌发生“错位”“大材小用”等不良用人现象。

(3) 稳定的组织结构必须是三角形或梯形的能级分布

如果一家酒店的高级管理人员和基层管理人员只有几个人，而中层管理人员却有几十个人。结果，相当一部分中层管理人员只好降低能级，去从事本应由基层管理人员做的工作。这种违背能级对应原理的组织结构，不仅造成人才浪费，而且会影响组织的稳定性。形成非稳定结构的一个重要原因，是“人多好办事”的小生产的效率观，应该从根本上破除这种旧的传统观念，树立“用最少的人办最多的事，多一个人就多一个障碍”的现代效率观念。

1.2.1.3 适度规模原理

组织规模主要研究管理跨度和管理层次2个问题。管理跨度指一名主管人员能够有效地监督、管理其直接下属的人数。管理跨度是有限度的，当超过这个限度时，管理的效率就会下降。这时，就要求主管人员必须增加一个管理层次（组织内部自上而下地实施指挥和监督权力的级数）。这样，可以通过委派工作给下一级主管人员而减轻上级主管人员的负担。但是，上级主管人员减轻这部分负担的同时，也增加了监督下一级主管人员怎样执行任务的负担，而监督也需要时间和精力。因此，增加管理层次节约出来的时间，一定要大于用于监督的时间，这是衡量增加一个管理层次是否合理的重要标准。

管理层次与管理跨度成反比例关系。较大的跨度意味着较少的层次，较小的跨度意味着较多的层次。前者被理解为扁平结构，后者被理解为狭长结构，它们各有利弊。

(1) 扁平结构

优点：有利于缩短上下级距离，密切上下级关系，信息纵向沟通快，管理费用低，而且由于管理跨度较大，下级人员有较大的自主性、积极性和满足感，同时也有利于更好地选择和培训下级人员。缺点：由于不能严密地监督下级，上下级协调较差，加之管理跨度的加大，也增加了横向沟通联络的难度。

（2）狭长结构

优点：管理严密、分工明确、上下级易于协调。缺点：由于层次增多，需要的管理者人数也增加了；管理费用也增加了；上下级思想沟通和交流受阻，使最高层制定的目标、政策和计划，层层传达到基层之后变了样；上级对下级控制力度的增加，易影响下级人员工作的主动性和创造性。因此，为了达成有效的管理，应尽可能地减少管理层次，增大管理跨度，提高管理者的能力，但要适度。

适度的组织规模必须考虑到有效的管理跨度与管理层次的内在联系。而管理层次的确定是由酒店规模的大小来决定的。一般来说，小型酒店设经理、主管、领班 3 个管理层次，大中型酒店设总经理、部门经理、主管、领班 4 个管理层次。

在具体确定管理跨度时，除了考虑上述关系总和数这一因素之外，还应结合酒店的具体情况考虑如下一些因素。

第一，管理人员所处的层级。基层管理的跨度可以大一些，高层管理的跨度可以小一些。

第二，管理能力的大小。主管能力较强，又有助理人员协助的，管理跨度可以大一些；反之，应小一些。下级管理人员的能力较强，经验较丰富，训练有素，管理跨度可以大一些；反之，应小一些。

第三，管理内容的相似程度和复杂程度。工作内容比较近似、比较简单，管理跨度可以大一些；反之，应小一些。

第四，酒店规模的大小。规模大者，管理跨度就要大一些，否则就会造成管理层次过多，影响工作效率。

第五，被管理人员在空间上的分散程度。下级人员比较集中，沟通比较方便和容易；管理跨度可以大一些；反之，应小一些。

第六，酒店管理的标准化程度。制度化、程序化、自动化、标准化程度高，管理跨度可以大一些；反之，应小一些。

第七，新问题的发生率。酒店经营中，事故率和客人投诉率高，管理跨度相应小一些；反之，就大一些。

第八，上下级关系发生的频次和密度。酒店有一些工作需要上下级工作人员频繁接触和联络，且每次接触的时间也很长，这时，管理跨度可以相应小一些。

1.2.1.4 改变航道原理

改变航道原理可以描述为：计划的总目标不变，但实现目标的进程（即航道）可以因情况的变化随时改变。根据这一原理，酒店人力资源管理人员不能被人力资源计划所“管理”，不能被计划框住，而要根据当时的实际情况对计划做出必要的检查和调整，以使酒店人力资源计划的执行过程具有应变性。同时，也要注意保持酒店人力资源计划的灵活性（即当出现意外情况时，有能力改变“航向”而又不必付出太大的代价），但灵活性是有一定限度的，它的限制条件是如下。

第一，不能以推迟决策的时间来确保计划的灵活性。因为未来的不确定性是很难完全预料的，如果我们一味等待收集更多的信息，将未来可能产生的问题尽可能考虑周全，当断不断，就会坐失良机。

第二，使计划具有灵活性是要付出代价的，甚至由此而得到的利益可能补偿不了它所增加的费用支出，这就与计划的效率性背道而驰了。

第三，有些情况往往根本无法使计划具有灵活性，如时间不允许、所需资源不足等情况。

第四，制订计划要留有余地，承诺不可太多，相应地具有灵活性，但执行计划一般不应有灵活性。

1.2.1.5　木桶原理

一个木桶由许多块木板组成，如果组成木桶的这些木板长短不一，那么这个木桶的最大容量不取决于长的木板，而取决于最短的那块木板。这就是所谓的木桶原理，又叫主要限定因素原理、关键点原理。所谓主要限定因素、关键因素是指妨碍组织目标实现的因素，也就是说，在其他因素不变的情况下，仅仅改变这些因素，就可以影响组织目标的实现程度。

一个企业好比一个大木桶，除非这个企业人浮于事，否则每一个员工都是组成这个大木桶的不可缺少的一块木板。这个企业的最大竞争力往往不只取决于某几个人的超群和突出，更取决于它的整体状况，取决于它是否存在某些突出的薄弱环节。

而员工则好比是木桶的桶底，这个桶底是由员工的人文素养及他所掌握的各项专业知识和技能构成的。如果桶底不是坚固无缺的，那么当木桶的容量随着木板的加长而增大到一定程度时，桶底便开始泄漏，严重的情况下桶底会开裂甚至会脱落，使木桶整个崩溃。

1.2.1.6　势能差原理

耗散结构论告诉我们，无势能差的平衡系统服从势能最小的原则。长期以来，一些酒店内部之所以缺乏动力，劳动者的积极性之所以难以调动，很重要的一个原因是由分配中的平均主义和“大锅饭”造成的。目前，虽然“大锅饭”已经不存在了，但“小锅饭”仍然在吃。正是这种平均主义和“小锅饭”，挫伤了能者的积极性，它驱使一部分贡献大的员工向贡献小的员工看齐（即高势能趋向低势能），从而使酒店变得四平八稳，却毫无生机。要医治这类弊病，根本的方法是遵循耗散结构论关于“非平衡为有序之源”的原理，设法增大酒店内部的势能差，形成非平衡态势。只有这样，才能不断地新陈代谢、吐故纳新，才能促使酒店从无序走向有序，从低势能向高势能转化。很显然，当前中国酒店管理体制改革中要解决种种平均主义弊端，实际上就是要造成一种奖勤罚懒、拉开差距的局面，增大酒店各部门之间、各部门内部的势能差，从而使酒店充满内动力，产生酒店发展的加速度。

1.2.1.7　效率原理

效率是指一定时间内的劳力和资金等资源投入所获得的产出。效率由人员、设备、方法等基本要素构成，其中最重要的当然是人员，这在劳动密集型的酒店业中更为明显，它是衡量酒店组织的合理性、工作方法的先进性和员工劳动积极性的重要标志之一，它直接关系到酒店经营的成功与否。结合酒店工作特点，可以从酒店服务人员和管理人员2个角度着手考察酒店工作人员的效率。

（1）对酒店管理人员的工作效率进行考察

思维与决策的效率　即管理人员发现问题、分析问题和解决问题的效率。这一方面的效率具体体现在：① 管理人员发现问题的及时性如何；② 管理人员分析问题的准确性如何；③ 管理人员解决问题的时效性如何。

知人用人的效率 这是一个发挥下属积极性的问题。一要看用人得当与否。用人得当是指“人得其所”，是以知人准确为基础的。二要看部属能力的发挥程度与其潜在能力之间的比例关系。下属能力的发挥是指“人尽其才”，这除了以“人得其所”为前提外，主要以上级管理人员善于激励性人、善于用人为基础的。

处理事务的效率 处理事务的效率直接反映的是管理人员的工作能力，可通过4种量比来反映。① 一定时间内已经处理的事务与应处理的事务的总数之比；② 已办理事务中处理得当与不得当的量比；③ 正确处理的重大事务与一般事务的量比；④ 应由下属人员处理而主管人员包揽过来的事务与主管人员处理的事务的量比。

时间控制的效率 时间的控制是提高效率和增加成效的必要途径。可以从管理人员自己时间的有效利用率、下属时间的有效利用率、组织群体时间的有效利用率3个方面进行控制。

（2）对酒店服务人员的工作效率进行考察

先进设备的使用 在厨房使用洗碗机洗涤同样数量的碗碟所需的人数比以前大大地减少了；带有自动定时装置的炊具再也不需要厨师们去照管了；快速油炸锅大大地减少了工作时间；方便食物便于成批生产；快速食品设备可以提高产量；前厅计算机系统免除了繁重的账单书写工作；客房状况电子显示装置不仅减轻了分房员的工作负担，而且还避免遗漏客房的分配。这些都大大地提高了酒店服务人员的工作效率。

工作方法的改进 厨房内制成品或半制成品的使用，简化了厨房的工作步骤；熟制品冷冻和熟制品冷藏等连续生产方式的运用，不仅充分利用了现有人力，而且提高了设备的使用率；客房服务人员使用了针对性强的清洁去污剂，不仅降低了劳动强度，而且节约了用工时间，又快又好。

工作程序的调整 大型酒店中，食品原料的粗加工工作在主厨房内进行，食品原料准备就绪后再被分送到各餐厅的配套厨房进行烹调。既免除了所有厨房在烹饪加工高峰期出现的忙乱现象，又节约了大量工时、劳力，同时也减少了原料浪费，降低了餐饮成本。

服务方式的改变 酒店给客房楼层装备自动售货机，给客房配备客用小酒吧，餐厅提供自助餐服务等，都能使酒店在节省劳力成本的同时又增加了营业收入。

尽管酒店在机械设备和工作方法上已有很大的改进，但酒店提高效率的关键仍然是人。改善主管人员和服务人员的工作环境，提高他们的工作本领，合理安排工作时间，调动他们的积极性，也是提高工作效率和服务质量的有效途径。

1.2.1.8 凝聚力原理

组织的凝聚力强，就能够吸引人才、留住人才，就会有竞争力。凝聚力包括2个方面：一是组织对个人的吸引力，或个人对组织的向心力；二是组织内部个人之间的吸引力或黏结力。显然，凝聚力的高低，受许多因素的影响，其中主要的因素如下。

（1）领导方式

一般来说，民主型领导方式有利于提高组织凝聚力，组织内部气氛和谐，相互帮助，相互尊重，员工在心理上获得较大的满足，对组织的目标较能理解，对工作任务较为热心，因而凝聚力就高。相反，采取专制型领导方式，组织内部人际关系紧张、冷淡，员工的心理需求得不到满足，对组织的目标和任务漠不关心，所以凝聚力较弱。

（2）组织的目标结构

组织的目标若能与员工个人的目标相结合，员工就会自觉地为组织目标奋斗，进而实现自己的目标，凝聚力就强；反之，凝聚力就弱。

（3）员工对组织的依赖性

员工的物质需要和精神需要的满足程度决定着员工对组织的向心力大小。如果酒店基本上满足了员工的物质需要和精神需要，员工对组织的依赖性、凝聚力就强；反之，凝聚力就弱。

（4）组织内部信息的沟通程度

信息沟通快，沟通渠道畅通，信息传递准确；透明度高，凝聚力就强；反之，凝聚力就弱。

（5）外部压力

一般情况下，在激烈的竞争中，组织遇到外来威胁时，会增强组织的凝聚力。此外，员工的相似程度、员工的价值观念、组织规模的大小、奖励方式和手段、酒店文化氛围，等等，都对组织凝聚力有很大的影响。这里不一一赘述了。

必须指出，组织凝聚力强固然是战斗力强的一个重要因素，但如果组织目标与酒店目标不一致，甚至相反时，凝聚力越强，其管理效果就越差。这说明组织凝聚力对管理效果的影响取决于组织规范。组织规范是组织所确立的行为标准，组织内的每个员工的行为必须符合这些标准，组织规范并不是规定了员工的一举一动，而是规定了组织对员工的行为可以接受或不能容忍的范围。组织规范有的是正式明文规定的，但更多的是非正式的、不成文的、约定俗成的。组织规范的成熟与否，直接影响着凝聚力的方向和管理效果的好坏，因此，酒店人力资源管理者若想增强组织凝聚力，除了认真研究前面所谈到的影响因素之外，还应当研究如何使组织规范更加成熟，如何使不成文的行为标准成为员工的行动指南。

1.2.1.9 信息催化原理

信息是人才成长的营养液，是人们发展智力和培养非智力素质的基本条件。离开了信息，就谈不上人力资源的开发。

随着科学技术的飞速发展，通信技术和计算机技术的高度发达，“信息爆炸”时代的提前到来，酒店业正在大量掌握和运用管理信息、社会信息参与日益激烈的市场竞争和人才竞争。为了跟上飞速变化的外部形势，使酒店人力资源开发工作卓有成效，管理人员应该运用信息催化原理，高度重视管理人员和服务人员的教育培训工作，用最新的科学技术知识，最新的服务操作方法，最新的管理理论去武装他们的头脑（例如，金钥匙和贴身管家的使用），并加大教育培训投入的力度，以确保人力资源的质量优势，进而使这种优势资源及时地转化为服务产品，这是增强酒店活力和竞争力的关键所在。

1.2.1.10 帕金森定律

1958 年，英国历史学家、政治学家诺斯科特·帕金森（C. Northcote Parkinson）出版了《帕金森定律》（Parkinson's Law）一书，得出结论：在行政管理中，行政机构会像金字塔一样不断增多，行政人员会不断膨胀，每个人都很忙，但组织效率越来越低下。这条定律又被称为“金字塔上升”现象。

帕金森举例说：当官的A君感到工作很累很忙时，一定要找比他级别和能力都低的C先生和D先生当他的助手，把自己的工作分成2份分给C、D，自己掌握全面。C和D还要互相制约，不能和自己竞争。当C工作也累也忙时，A就要考虑给C配2名助手；为了平衡，也要给D配2名助手，于是1个人的工作就变成7个人干，A君的地位也随之抬高。当然，7个人会给彼此制造许多工作，比如，1份文件需要7个人共同起草圈阅，每个人的意见都要考虑、平衡，绝不能敷衍塞责，下属们产生了矛盾，他要想方设法解决；升级调任、会议出差、恋爱插足、工资住房、培养接班人……哪一项都需要认真研究，工作越来越忙，甚至7个人也不够了……

1.2.2 酒店人力资源管理者的12个黄金定律

（1）必须关注三个标准

三个标准简单地说，一是利润；二是成本；三是时间。酒店人力资源管理者必须把自己看作是经营者，在规划或实施人力资源管理项目时，必须关注项目的财务指标，必须能为酒店创造利润，必须能为酒店降低成本或控制成本，必须注意时间，讲求时效。

（2）任何事都应先规划再执行

酒店人力资源同其他的经营行为一样，需要人力资源经理投入的最重要的一件事就是规划。只有详细而系统的、由人力资源项目有关成员参与的规划，才是人力资源管理成功的唯一基础。当实际情况发生变化时，人力资源管理者应能制订一个新的计划来反映环境的变化。规划—规划—再规划应该成为人力资源经理的一项重要工作内容。

（3）以自己的实际行动向酒店管理者、决策者传递一种紧迫感

由于酒店的人力资源是有限的，而且是可以流动的。酒店的经营目标是否能够实现，是由酒店人力资源状况决定的。所以，酒店人力资源管理者必须时时向决策者和直线经理们提醒酒店人力资源中存在的问题和有可能导致的严重后果，并向他们提出职业建议和解决方案。

（4）应使用一种可以度量、能被证实的目标

酒店的经营者和决策者是被数字驱动的，他们关心酒店的利润、成本、市场份额、销售额等，所以和他们交流，酒店人力资源管理者必须学会运用他们的语言。

（5）酒店人力资源目标和计划必须生动形象地得以交流和沟通

酒店的各个部门都是忙忙碌碌的，都有着自己的压力，往往会使他们忽视人力资源的管理。再加上他们很可能没有接受过人力资源管理方面的训练，所以，他们常常无法理解酒店人力资源管理者的思想、酒店人力资源管理者的观念、酒店人力资源管理者的工作以及酒店人力资源管理者的要求，所以，酒店人力资源管理者必须使目标设计得非常生动、具体和形象。比如，使用财务数据、流程图表，等等。

（6）采用渐进的方式逐步实现目标

俗话说，一口吃不成个胖子。目标只能一点一点地去实现，并且每实现一个目标就进行一次评估，确保所有参与人力资源项目管理的人都能从进步中得到鼓励。

(7) 应该得到决策层和经营者的支持

不涉及利益和权力调整的人力资源方案是没有价值的人力资源方案。除了浪费酒店人力和财力之外，没什么用处。然而涉及利益和权力调整的工作，如果不能得到酒店的决策层（高层）和经营者的支持，那就是酒店人力资源管理者在自讨没趣了。

(8) 想获得成功必须对目标进行透彻的分析

人力资源管理的方法多种多样，成就也各有不同。同样的工作在不同的酒店可能取得截然不同的结果，所以人力资源必须注意进行人力资源项目的需求分析，并根据需要来制订人力资源目标。在设定人力资源目标和进行人力资源需求分析的过程中，一定要与其他部门和酒店的经营者和决策层进行良好和充分的沟通。

(9) 应当权责对等

酒店人力资源经理应当对人力资源管理的结果负责，这一点并不过分。但与此相对应，人力资源经理也应被授予足够的权力以承担相应的责任。在某些时候，权力显得特别重要，如获取或协调资源，要求得到有关部门的配合。

(10) 所有人都应主动介入，不能被动地坐享其成

人力资源管理是整个酒店的工作，人力资源管理者在其中只能是一个推动者或一个指导者，上前服务的是各个部门一线经理和全体员工，在各个层级、各个部门和班组都有各自的人力资源管理工作可做。

(11) 重视客户管理

人力资源管理应该有市场的观念，酒店人力资源管理者的经营业务是酒店人力资源管理者的客户给的。从内部营销的观点来说，酒店的所有员工就是酒店人力资源管理者的“内部客户”。所以酒店人力资源管理者工作的终极目标是使自己的客户满意。不同的客户需求是不同的，客户有好客户也有坏客户。所以除了全力创造客户满意之外，进行必要的客户管理也非常重要。酒店人力资源管理者必须对客户进行分类，对客户进行培训，所有销售和市场人员对酒店的外部客户所做的一切，酒店人力资源管理者都应该做到。

(12) 应该是酒店业务的专家

酒店人力资源管理者可能不是技术专家，酒店人力资源管理者也可能不是销售能手，规划市场酒店人力资源管理者肯定更不擅长，但酒店人力资源管理者必须成为酒店业务的专家。所谓酒店业务专家是指酒店人力资源管理者必须深刻理解酒店业务的运行方式和流程，他们必须知道哪些地方是酒店业务的关键点，必须了解哪些地方可能存在问题，最重要的是酒店人力资源管理者知道人力资源和这些地方的关系是怎样的。

1.3 酒店人力资源管理体系的创建

人力资源这个概念在中国的传播，只是近几年的事情。在此之前，中国只有“人事”工作。把“人事”这个词变成“人力资源”是一个战略性的转变：不再简简单单把人力的消耗仅视为成本。“人”原本就是一种资源，既然是资源，则意味着人的价值可以通过培训、教育，使其富有经验和价值等方法手段得到升值，而这种升值会给酒店带来巨大的回报和效益。因此，人力资源管理其本身就有着战略性的意义。

人事工作包括人员的招聘、员工的档案管理、合同管理、薪资福利的制定计算与发放、考勤及休假管理工作等。如果将“人事”的概念提升到“人力资源”的高度，则以上的工作只是人力资源管理的基础性工作，而完整的人力资源工作还应该包含更多的内容，包括构建合理的组织架构，建立完善的职位体系、培训开发体系、职业生涯规划、绩效管理体系、薪酬管理体系，建设并完善企业文化，并随着酒店规模的变化和人力资源管理工作的规范，引入人力资源管理信息化系统，实现现代化的人力资源管理。

因此，酒店如何建立起一套完善的人力资源管理体系，是实现人力资源管理的根本。一套好的人力资源管理体系，应该分为4个步骤，依次地建立与实施。这4个步骤的工作，主要是放在相关制度的制定、培训、实行与全面实施上。

一次酒楼开业的人员配备专题会议

陶苑居大酒楼经过半年多的建造、装修和筹备，已达到四星级标准。酒楼设有大厅一处、多功能厅一处、包房和KTV豪华单间25个。炒菜厨房、加工间、冷荤厨房、面点厨房齐全，总餐位520多个。为迎接开业，总经理召集筹备小组召开了一次酒楼开业的人员配备专题会议。会上筹备组长即董事长李进财先生重点讲到了3个问题。

1. 酒楼组织机构设计

李先生指出，陶苑居大酒楼是一家高档豪华型餐饮企业，属于有限责任公司，准备采用公司制法人治理结构，按现代企业制度的要求设计组织机构。酒楼机构设置的原则是精简、统一、高效。高层坚持三权分立、相互制衡，推行董事会领导下的总经理负责制。机构怎样设置？需要设哪些部门？各部门的职责和任务是什么？相互关系如何？请大家讨论，尽快拿出方案。这项工作是我们做好人员配备的基础，一定要做好。

2. 酒楼组织机构的岗位设置

李董事长指出：在组织机构设计的基础上各级各部门的岗位设置，即需要设置哪些岗位、各个岗位的人数、各个岗位的职权划分和工作职责是什么、相互关系如何，都是我们做好人员配备的前提和基础，也是我们做好人员配备的依据。希望相关负责人进行认真研究，尽快拿出一个基本方案。

3. 酒楼人员配备的工作计划

在研究解决上述2个问题的同时，针对筹备开业，请筹备组负责人和在座各方面负责人协商、制订人员配备工作计划，包括如何配备、怎样招聘、人员招聘的渠道、时间与进展等。我们希望这项工作随酒楼筹备的其他收尾工作同时进行。希望在2个半月的时间内基本完成，以保证酒楼按计划正式投入使用。

李董事长发言后，大家普遍表示董事长的发言中心明确、重点突出，并进行了认真讨论。事后，在董事长的领导下，这些工作得到了顺利开展。在规定时间内，基本完成了酒楼的人力资源配备工作。

1.3.1 打好人力资源管理的行政基础

酒店的好坏不是以其拥有资源的数量或规模来评价，而是以其对现有资源的利用效率来衡量的。人力资源也是如此。所以，人力资源管理的好坏，更多是体现在能否合理利用酒店人力，达到“人尽其才”、工作合格并有创新这方面。而要达到这些目标，必须先有规范，我们无法想象一个很多员工迟到、脱岗、早退的酒店能实现人力资源的深层次管理。所以，一些基础制度的制定工作必须先做好。

（1）人事管理制度

考勤及休假管理制度 包括工作时间的定义、考勤的办法、迟到早退及旷工的处理、假期定义、请假程序及审批权限等。

劳动关系管理制度 包括员工试用期设定、试用期考核、合同的签订、人事关系档案管理及保险办理等事项的规定。

（2）招聘选拔制度

招聘制度 包括招聘考核项目设定（确定“面试”“笔试”等项目名称，具体操作时，根据实际招聘岗位的要求，再确定详细条目）、招聘流程等。

内部选拔及晋升管理制度 酒店在建设初期与迅速扩张时，需要从外部聘任大量的管理干部，但在酒店稳步发展的时期，最好还是从内部培训和选拔人才，这样可以提高员工的学习与工作积极性，并且培养熟悉酒店、对酒店富有感情的中坚力量。因此，建立和完善一套内部选拔及晋升管理制度相当重要。

1.3.2 搭建一个组织管理的平台

在基础工作做好之后，人力资源管理者的着眼点应放在以优化人员配备与组合达到优化业务管理的效果。此处所说的人员配置，不仅仅是招聘，更多的是组织规划。比如，业务部门应设置什么职位，由什么人担当，要达到怎样的效果。这些工作要求人力资源经理要对业务有相当了解，酒店管理者也必须认同人力优化和开发的重要性并参与其中。在这个平台的建设过程中，人力资源管理者参与酒店决策，发挥对组织建设、业务流程建设的提升作用。这一步骤中需要做的工作有2个。

（1）组织结构的构建

它包括公司治理结构、公司组织架构、部门功能定位及职责划分、管理权限表等。这一部分的工作必须有公司负责人参与并最终确定。部门的设立要符合公司的实际需要，公司的所有工作必须完整地分解到各部门，并且各部门的职责不可相交，以避免工作中出现扯皮现象。

（2）职位体系的建立

它包括职位分析、职位评估、职位说明书的编写。职位分析产生2个成果：职位描述和职位资格要求，合称为职位说明书。职位说明书在人力资源管理中的作用非常大，它不仅清楚地表明了一个职位的要求，而且是招聘、培训工作的依据和考核的基础，所以说职位说明书的编写是人力资源管理工作的基础。一个完整的职位说明书主要包括如下几项：职位定义、主要权责、上下级关系、资格要求（包括学历、技能、经验，等等）。

1.3.3 建立人力资源开发体系

人力资源管理需要有基础、有组织、有系统，因而必须搭建起行政与组织平台。但以上工作只能达到“保和平”的目的，如果想“建家园”，还必须建立起一套人力资源开发体系。正如我们前面所提到的，人力资源必须开发出来，才能创造价值。酒店现有人力资源往往可分为3大部分：未发育的人力资源（智力水平、知识技能未能达到要求的人群）；未利用的人力资源（学非所用，用非所长的人）；已开发的人力资源（正在发挥作用的人）。一个合格的人力资源管理者要能明确分析酒店人力资源的层次，并通过精心设计的有针对性的培训活动及激励措施实现前2种层次向最后一种的转化。

人力资源管理者要有全面资源管理的思想，对业务流程非常清晰，才能明白棘手的问题可能出现在哪个环节，再去有重点地建立起人力资源开发体系，并通过这一体系，将酒店政策、管理、培训教育等内容传递给酒店管理者与员工。这一体系主要包括以下部分。

（1）培训开发体系

一个好的人力资源管理，应该做到识别人才，达到“因材施教，有针对性地培养”这个层次，培养骨干员工，建立起“干部人才库”，为酒店的持续发展提供足够的有技能、有热情、有基础、可信任的人才。

这一体系包括培训管理流程、培训制度（这部分内容可以做得非常详尽，按员工加入酒店的时间顺序，可以制订新员工入门教育、礼仪培训、工作技能培训、轮岗培训等；按各岗位对员工要求的不同，可以制订针对每一职位的培训计划）、管理人员培养制度、员工职业发展计划等。此处需要强调的是：我们需要培养的、可以培养的，并不只是员工的技能，还包括员工的好品格。好品格，是一个人无论在任何场合都按最高要求的行为标准做正确事情的内在动机。好品格只能源于人的内心深处。所以，许多人认为，好品格只能是天生的。其实不然，好品格完全有可能在培训中实现。优秀的人力资源培训计划，应当将锻炼员工的诚实、尽责、主动、耐心、毅力、创意等纳入其中，并在奖惩中进行正面的强化。

（2）绩效管理体系

绩效管理应该说是人力资源管理中最难的一项工作。难在考核指标的细化与量化，难在其实施涉及面之广，难在直接牵涉利益问题太过敏感。但绩效管理又是优秀的酒店必须做的一项工作，因为酒店需要明确的“奖勤罚懒”，不鼓励努力工作的员工或是不惩罚偷工减料的员工，都会滋长酒店中的不良风气。

绩效管理体系主要包括：绩效管理制度、绩效管理流程、述职管理制度（绩效面谈）、部门及个人绩效考核实施管理办法几项内容。

述职（绩效面谈）也是近年来我们才接触的一个新概念，每一岗位的工作人员，必须定期（可以每年或每半年一次）向自己的直接主管完整地汇报自己在上一阶段中的工作情况，这并不等同于简单的年终总结，因为述职主要针对自己的岗位职责和工作计划，完成情况非常明确而并非泛泛；另外，述职是面对面的交流，主管可以清楚地了解下属对工作的认识和努力程度，工作中遇到的问题，指出需要改进的地方。且不管考核结果如何，但把年终考核转变为一次沟通，恐怕是许多聪明的管理者可以做到的，也是员工们所期待的。

（3）薪酬激励体系

包括薪酬及福利管理制度、奖金评定制度、绩效考核与薪酬激励挂钩方案、关键人才激励办法、非经济激励方案、工作建议激励方案（合理化建议制度）等。

非经济激励方案在国外已经非常受重视，它也可以与酒店的福利（当然我们此处的“福利”就并非单纯指物质方面的福利）方案结合起来。比如，建立年休假制度、建设员工休闲中心、优化员工工作环境、报销员工一定金额购书款等。

工作建议激励方案。酒店的大问题都是由小问题构成的，而酒店的细节问题，每个岗位的员工都会在工作过程中最先发现，并且往往他们也能设计出最好的解决方案。所以，工作建议激励方案非常重要，它不仅可以使酒店工作流程趋于完美，还可以提高员工的责任感和工作热情，并加强了纵向沟通，减少牢骚。

(4) 引入或开发人力资源管理信息系统

基于互联网平台的现代酒店人力资源管理系统包括招聘管理、档案管理、薪资管理、培训管理、合同管理、绩效考核、职业规划、评价中心等模块。它不仅可以提高人力资源管理部门的工作效率，还可以协助规范人力资源管理部门的业务流程，并为酒店和员工提供增值服务。我们可以根据酒店战略进行人力资源规划、通过合理的招聘技术与测评技术为酒店选择合适的人才、通过工作分析技术及相应的绩效考评体系来提升组织与个人绩效，让酒店领导方便及时地了解员工的各种状况等。这些都是人力资源管理信息系统能为我们做的工作。借助现代化的分析和测评手段为人力资源管理服务，这也是现代人力资源管理的必然趋势。

1.3.4 建设健康优秀的企业文化

失败的酒店有各自失败的理由，但真正成功并能生存长久的酒店，一定有着一些共同的好的企业文化。优良的文化能形成优良的组织，最终产生优秀的业绩。

酒店企业文化指酒店的经营理念、价值观念、哲学思想、文化传统和工作作风。它表现为酒店全体成员的整体精神、道德准则、价值标准及管理方式的规范。酒店企业文化建设工作应该是自上而下贯通的，人力资源经理是酒店文化的设计者、建设者、传播者和捍卫者，公司领导层是酒店文化的执行者和变革者。为什么人力资源经理在酒店企业文化建设中承担如此重的责任呢？因为人是文化的载体，人力资源经理对人的工作负责，也就对酒店文化的建设与传播工作负责。

酒店文化建设分为表层、中层与深层。表层的建设包括酒店 CI 设计、工作环境美化、礼仪培训等。中层的建设主要是酒店制度的制定与实施。深层的酒店文化是酒店中每位员工心中共同的信念，包括酒店价值观、经营哲学、酒店精神、道德规范、文化传统，等等。

酒店精神是一种个性化非常强的文化特征。每个成功酒店都有自己独特的酒店精神。大凡成功的酒店都有相似的酒店精神。这些精神大致包括以下一些内容：爱国精神、创新精神、竞争精神、服务精神、团结精神、民主精神。而成功的酒店价值观也存在着很多的共性，如：争取最好、尊重每个员工、鼓励每个员工为酒店出谋划策、尊重每个员工的劳动成果、支持创新、允许失败，动员全体员工认识利润的重要性、树立质量和服务意识、坚持不懈。我们可以从优秀公司的企业文化中汲取优点，再结合酒店实际情况，创造自己的文化。

以上所述为建立一套完整规范的人力资源管理体系所必需的 4 个步骤。建立的过程中，我们便可以逐步实施。如何实施才能使其行之有效呢？我们必须认识到：人力资源管理同战略管理、营销管理等一样，都是一项管理技术，应该把人力资源管理技术和其他技术一样慎重地看待。人力资源因其面对人的多样性和复杂性，更需要一个完善的、适合的实施系统。比如，在绩效评估这一系统实施时，有着必需的种种环节和步骤（如同货物出入库的必需手续一样），如果哪一步做不到或做不好，则可能影响下一步工作的质量或根本无法进行下去。

【思考题】

1. 名词解释：

酒店人力资源管理、适度规模原理、改变航道原理、木桶原理、势能差原理、效率原理、凝聚力原理、信息催化原理、帕金森定律。

2. 人力资源的概念及其特征是什么？
3. 传统人事管理与现代人力资源管理的区别有哪些？
4. 酒店人力资源的内容是什么？
5. 酒店人力资源管理的重要性是什么？
6. 酒店人力资源管理的特点有哪些？
7. 简述酒店人力资源管理的程序。
8. 酒店人力资源管理体系的基本原理有哪些？
9. 酒店人力资源管理者的12个黄金定律有哪些？

【经验性训练】

对当地一家三星级以上的酒店进行人力资源的调查

【概述】

对当地一家三星级以上的酒店进行人力资源的调查，将学生分成若干个小组。

【步骤】

1. 分成5～9人一组（人数为单数）。每一组都将成为一个酒店人力资源委员会，独立于其他小组而工作。小组的任务是运用人力资源的知识评价酒店的人力资源运用情况。
2. 小组成员共同商议人力资源的调查要素，并制作成表格。
3. 依据调查表的内容，到酒店暗访，记录暗访结果。
4. 汇总暗访结果，小组成员共同商议，形成一份书面报告。
5. 在课堂上集中汇报各小组的人力资源调查结果及结论（有严格的时间限制）。
6. 全班一起讨论各小组在调查中的相同之处和不同之处，产生分歧时，找出可能的原因。
7. 讨论如何真正的招聘、留住、激励酒店员工。
8. 查找资料，结合此次调查暗访的结果，撰写一篇论文（每人一份，字数不少于2000字）。

【案例分析】

猎狗的故事

一条猎狗将兔子赶出了窝，一直追赶它，追了很久仍没有捉到。牧羊人看到此种情景，讥笑猎狗说："你们2个之间小的反而跑得快得多。"猎狗回答说："你不知道，我们2个跑的目的是完全不同的！我仅仅为了一顿饭而跑，它却是为了性命而跑呀！"

这话被猎人听到了，猎人想：猎狗说得对啊，那我要想得到更多的猎物，得想个好法子。于是，猎人又买来几条猎狗，凡是能够在打猎中捉到兔子的，就可以得到几根骨头，捉不到的就没有饭吃。这一招果然有用，猎狗们纷纷去努力追兔子，因为谁都不愿意看着别的狗有骨头吃，自己没的吃。

就这样过了一段时间，问题又出现了。大兔子非常难捉到，小兔子好捉，但捉到大兔子得到的奖赏和捉到小兔子得到的骨头差不多，猎狗们善于观察，发现了这个窍门，专门去捉小兔子。慢慢地，大家都发现了这个窍门。猎人对猎狗说：最近你们捉的兔子越来越小了，为什么？猎狗们说：反正没有什么大的区别，为什么费那么大的劲去捉那些大的呢？

猎人经过思考后，决定不将分得骨头的数量与是否捉到兔子挂钩，而是采用每过一段时间，就统计一次猎狗捉到兔子的总重量，按照重量来评价猎狗，并决定一段时间内的待遇。于是猎狗们捉到兔子的数量和重量都增加了。猎人很开心。但是过了一段时间，猎人发现，猎狗们捉兔子的数量又少了，而且越有经验的猎狗，捉兔子的数量下降得就越厉害。于是猎人又去问猎狗，猎狗说："我们把最好的时间都奉献给了您，主人，但是我们随着时间的推移会变老，当我们捉不到兔子的时候，您还会给我们骨头吃吗？"

猎人做出了论功行赏的决定。分析与汇总了所有猎狗捉到兔子的数量与重量，规定如果捉到的兔子超过了一定的数量后，即使捉不到兔子，每顿饭也可以得到一定数量的骨头。猎狗们都很高兴，大家都努力去达到猎人规定的数量。一段时间过后，终于有一些猎狗达到了猎人规定的数量。这时，其中有一只猎狗说：“我们这么努力，只得到几根骨头，而我们捉的猎物远远超过了这几根骨头。我们为什么不能给自己捉兔子呢?”于是，有些猎狗离开了猎人，自己捉兔子去了。

猎人意识到猎狗正在流失，并且那些流失的猎狗像野狗一般和自己的猎狗抢兔子。情况变得越来越糟，猎人不得已引诱了一条已出走的猎狗，问他到底野狗比猎狗强在那里。野狗说：“猎狗吃的是骨头，吐出来的是肉啊！”接着又道：“也不是所有的野狗都顿顿有肉吃，大部分最后连骨头都没的舔！不然也不至于被你诱惑。”于是猎人进行了改革，使得每条猎狗除基本骨头外，可获得其所猎兔肉总量的 $x\%$ ，而且随着服务时间加长，贡献变大，该比例还可递增，并有权分享猎人总兔肉的 $y\%$。就这样，猎狗们与猎人一起努力，将野狗们逼得叫苦连天，纷纷强烈要求重归猎狗队伍。故事还在继续。

日子一天一天地过去，冬天到了，兔子越来越少，猎人们的收成也一天不如一天。而那些服务时间长的老猎狗们老得不能捉到兔子，但仍然在无忧无虑地享受着那些他们自以为是应得的大份食物。终于有一天猎人再也不能忍受，把他们扫地出门，因为猎人更需要身强力壮的猎狗。

被扫地出门的老猎狗们得了一笔不菲的赔偿金，于是他们成立了 Micro Bone 公司。他们采用连锁加盟的方式招募野狗，向野狗们传授猎兔的技巧，他们从猎得的兔子中抽取一部分作为管理费。当赔偿金几乎全部用于广告后，他们终于有了足够多的野狗加盟，公司开始盈利。1 年后，他们收购了猎人的家当。

Micro Bone 公司许诺给加盟的野狗能得到公司 $z\%$ 的股份。这实在是太有诱惑力了。这些自认为是怀才不遇的野狗们都以为找到了知音：终于做公司的主人了，不用再忍受猎人们呼来唤去的不快，不用再为捉到足够多的兔子而累死累活，也不用眼巴巴地乞求猎人多给 2 根骨头而扮得楚楚可怜。这一切对这些野狗来说，这比多吃 2 根骨头更加受用。于是野狗们拖家带口地加入了 Micro Bone 公司，一些在猎人门下的年轻猎狗也开始蠢蠢欲动，甚至很多自以为聪明实际愚蠢的猎人也想加入。好多同类型的公司像雨后春笋般地成立了，Bone Ease，Bone. com。一时间，森林里热闹起来。

猎人凭借出售公司的钱走上了老猎狗走过的路，最后千辛万苦要与 Micro Bone 公司谈判的时候，老猎狗出人意料地顺利答应了猎人，把 Micro Bone 公司卖给了猎人。老猎狗们从此不再经营公司，转而开始写自传《老猎狗的一生》，又写了《如何成为出色的猎狗》《如何从一只普通猎狗成为一只管理层的猎狗》《猎狗成功秘诀》《成功猎狗 500 条》《穷猎狗，富猎狗》，并且将老猎狗的故事搬上屏幕，取名《猎狗花园》，4 只老猎狗成为了家喻户晓的明星 F4。收版权费，没有风险，利润更高。

【案例思考题】

请用人力资源管理理论重新解释猎狗的故事。

【本章推荐阅读书目】

1. 酒店人力资源管理实务. 贺湘辉，徐明. 科学技术出版社，2005.
2. 旅游企业人力资源管理. 郝树人，朱艳. 东北财经大学出版社，2004.
3. 现代酒店人力资源管理与开发. 吴慧，黄勋景. 广东旅游出版社，2004.
4. 酒店人力资源管理. 吴中祥，王春霖，周彬. 复旦大学出版社，2005.

【相关链接】

1. www. globrand. com
2. www. dianliang. com
3. 中国人力资源网
4. www. bokee. net
5. www. zcxf. com
6. www. chinahrd. net

第 2 章

酒店工作分析与工作设计

【本章概要】

本章对酒店员工在不同工作岗位上的工作内容及工作人员任职资格的描述和研究过程进行了分析。其中主要对工作分析的构成、内容和操作步骤进行了详细阐述，并对酒店的工作描述、工作规范进行了诠释，对酒店的工作设计提出了新的要求，对完善酒店的工作分析做好了铺垫。

【学习目标】

- 掌握工作分析的概念与意义；
- 了解工作分析的构成；
- 掌握酒店工作分析的内容和步骤；
- 正确掌握工作分析信息收集的方法；
- 掌握酒店工作描述和工作规范概念和作用；
- 了解工作规范的要素；
- 掌握工作设计的概念、内容和作用；
- 了解酒店工作设计的方法。

【关键性术语】

工作分析、工作描述、工作规范、工作设计、工作指标、团队、观察法、问卷法、关键事件分析法、访谈法、现场工作日志法、事故分析法。

【章首案例】

工作职责分析

某酒店，一名电脑操作工把大量的液体洒在电脑周围的地板上。计算机部主管叫操作工把洒掉的液体清扫干净，操作工拒绝执行，理由是工作说明书里并没有包括清扫的条文。计算机部主管顾不上去查工作说明书上的原文，便找到一名服务工来做清扫工作。但服务工同样拒绝，理由也是工作说明书里没有包括这一类工作。计算机部主管威胁说要把他解雇，因为服务工是分配到机房来做杂务的临时工。服务工勉强同意，但是干完之后立即向酒店投诉。

有关人员看了投诉后，审阅了三类人员的工作说明书：电脑操作工、服务工和勤杂工。电脑操作工的工作说明书规定：操作工有责任保持电脑的清洁，使之处于可操作状态，但并未提及清扫地板。服务工的工作说明书规定：服务工有责任以各种方式协助操作工，如领取文件和工具，随叫随到，即时服务，但也没有包括清扫工作。勤杂工的工作说明书确实包含了各种形式的清扫，但他的工作时间是从正常工作下班开始。

责任在谁呢？我们姑且不去评论。问题的关键在于各岗位的工作职责界定不清，一旦出了问题，相互推卸责任。实际上，在酒店中还常常出现：总经理做的是部门经理的事，部门经理做的是员工的事。

如何解决这些问题呢？重要的途径就是进行工作分析。通过工作分析，收集各部门、各岗位的有关工作的各种信息，确定组织中各个岗位的工作职责、工作权限、工作关系、工作要求以及任职者的资格，做到人职匹配，事事有人做，而不是人人有事做。

2.1 工作分析概述

所谓工作分析，就是指对酒店各类岗位的性质、任务、职责、劳动条件和环境，以及员工承担本岗位任务应具备的资格条件所进行的系统分析和研究，并制定出岗位职责等人力资源管理文件的过程。

工作分析是最基本的人力资源管理工具，它的中心任务就是明确某项工作要做什么，明确每项工作实质内容的过程。具体来说，就是要为酒店人力资源管理提供依据，保证事得其人，人事相宜。工作分析的结果——岗位职责必须以良好的设计为基础，才能发挥其应有的作用，实现上述目标。

某酒店大堂经理的岗位职责

一、岗位名称：大堂经理

二、编号：A021

三、岗位级别：2级

四、直接上司：前厅部经理

五、管理对象：客务关系主任

六、工作范围：酒店各部位

七、职责大纲：代表总经理处理对客事务。为酒店建立良好宾客关系，检查员工的仪表、仪容、劳动纪律及对容服务质量，确保酒店服务达到五星级水准。

八、具体职能：

1. 代表总经理迎送酒店的重要客人。
2. 检查重要宾客接待准备工作的落实情况。
3. 代表总经理接受并处理宾客对酒店各个方面的投诉。
4. 与有关部门协调落实客人要求提供的特殊服务项目，解决宾客的疑难问题。
5. 翻译整理宾客书面意见，及时将宾客的投诉以及服务质量方面的问题向总经理汇报并提出改进意见。
6. 会同安全部门处理各种突发事件，如火警、失窃、索赔、逃账、受伤或死亡等。
7. 配合财务部做好住店客人的催款工作。
8. 检查酒店前后台的清洁卫生，各项设备、设施的完好情况，以保持酒店的水准。
9. 检查各部门员工的着装、仪表、仪容及纪律等工作状况。
10. 回答客人的询问并向客人提供必要的帮助和服务。

九、任职条件：

1. 热爱本职工作，性格外向，乐于助人，有高度的责任心和较强的服务意识。
2. 熟悉酒店的运转体系，了解各部门的运转程序，工作标准及岗位职责，掌握一定的公共关系学、旅游心理学、沟通技巧等知识，熟悉酒店的安全、消防规程和应急措施，熟悉相关的法律法规，了解旅游地理、主要客源国概况、礼仪礼节等方面的知识。

3. 具备较强的分析判断、沟通协调能力，能妥善处理突发事件，精通英语，并能流利地与外宾交谈。
4. 具有大学专科以上学历，并受过系统的酒店业务培训。
5. 身体健康、精力充沛、仪表端庄。

2.1.1 工作分析的意义与作用

（1）工作分析与员工招聘、选任

酒店员工的招收、选拔和聘任是酒店开发、利用人力资源的重要工作内容。努力实现招收和选拔员工工作的科学化，对于加强酒店员工队伍的组织建设、提高员工队伍的总体素质，保证酒店任务的完成、推动酒店的发展，具有十分重要的意义。

工作分析是酒店员工招收、选拔、任用的基本前提。工作分析所形成的文件，如岗位职责，对某类工作的内容、性质、特征，以及担任此类工作的人员应具备的资格、条件，都作了详尽的说明和规定，这就使人力资源管理人员明确了招聘的对象和标准，在组织人员招聘、选拔和聘任的考核时，就能准确地选择科目和考核内容，避免盲目性，从而保证“因事择人、职得其人”“专业对口、人得其职”。

工作分析

在雇用具备恰当技能要求的合适的员工之前，你需要先对这一工作有个确切的了解。通过工作分析可以做到这一点。利用你在工作分析中获得的信息，可以编写出一份工作说明书以及一份说明该工作需要哪些知识、技能、能力的工作规范。这些工具有助于你把最符合条件的应聘者吸引到你的公司里来。

从工作分析中得到的信息还可以帮助你确定恰当的工作名称（或工作类别）、工作报酬和福利。

工作分析用于研究这项工作本身到底需要做什么。在这个过程中，不要考虑从事这项工作的人需要具备什么特点。事实上，如果你分析的是一个已经存在的工作，应该尽量忘记当前做这项工作的人的特点。工作分析的目的在于确认任何人从事该项工作时的职责是什么，需要完成哪些任务，并明确说明该工作的条件，如上下级报告关系、出差要求等。

如果你要分析的是一个新岗位，那么可以通过这一过程从零开始设计这项工作。如果你要分析的是一个已经存在的工作，应当通过观察或与当前员工交谈而获取信息。你会发现其他员工对你的分析工作很有帮助。如果他们也从事相似的任务，他们就可以帮助你确定这项工作需要的时间和技能，帮助你确定你对这项工作的预期是否现实以及这一工作岗位如何与整个生产过程融为一体。

（2）工作分析与酒店定编定员

工作分析与酒店组织机构的设置以及劳动定员工作有着十分紧密的联系。

所谓定编，就是按照一定的程序，采用科学的方法，从酒店生产技术组织条件出发，合理确定酒店组织机构的结构、形式和规模，以及人员配置数额。

所谓定员，是在定编的基础上，严格按编制名额和岗位的质量要求，为酒店每个岗位配备合格的人员。

定编定员是酒店重要的基础工作，只有不断加强这项工作，方能使酒店组织机构达到精简、统一、高效的目的，杜绝人员浪费，实现劳动者与生产资料的最佳配置，促进酒店经济效益的提高。很多酒店之所以存在机构臃肿、人员膨胀、效率低下的现象，一个很重要的方面就是这些酒店至今还没有进行规范的岗位分析，使机构的设置缺乏真实可靠的客观依据，人员安排和使用没有统一严格、详细具体的质量要求。

(3) 工作分析与劳动定额

劳动定额是酒店在一定的生产技术组织条件下，采用多种方法，对生产某种产品或完成某项工作任务的活劳动消耗量所预先规定的限额。工作岗位分析的结果及方法为确定劳动定额提供了基础与依据。

(4) 工作分析和岗位培训

酒店岗位培训是指为了满足岗位的需要，对具有一定文化素质的在岗在职人员，进行有针对性的专业知识和实际技能的培训。岗位培训作为酒店培训的重要组成部分，除具有员工培训的一般特征外，还有以下特点。

岗位培训具有很强的针对性和实用性 岗位培训的根本目的是为了帮助员工获得岗位必备的专业知识和技能，具备上岗任职的资格，不断提高员工胜任本岗位工作的能力。

岗位培训具有长期性、全员性和效益性 酒店的岗位培训不是1年、1季、1个月培训一次就行了，这项工作是长期的。培训的对象不只是针对普通员工，就是一些中层管理者也需要培训，学习新的知识、新的理念。对员工培训后，员工工作的质量得上来，赢得顾客的忠诚度和回头率，为酒店增加效益。

岗位培训的前提是岗位规范化 岗位规范包括岗位任职资格和岗位培训规范。

岗位培训的上述3个特点说明：工作分析的结果，如岗位职责等各项文件，是岗位培训必不可少的客观依据。图2－1是洗碗工的工作分析。

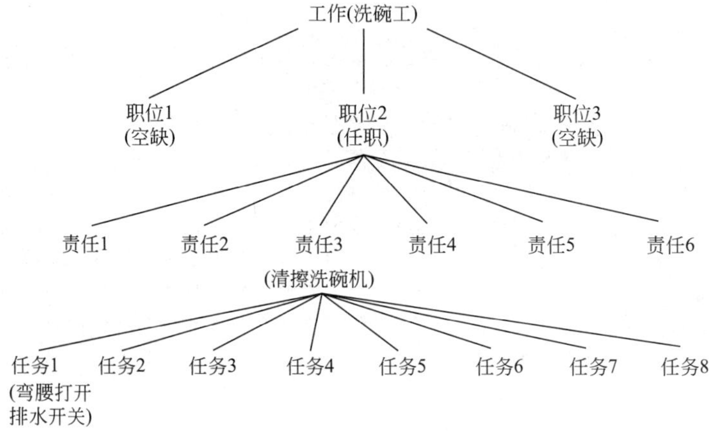

图2－1 洗碗工的工作分析

(5) 工作分析与绩效考核

员工的绩效考核是按照一定的标准，采用科学的方法，对酒店员工的职业道德、工作能力、工作态度、工作业绩等方面所进行的全面考察、评定和审查。绩效考核与岗位分析的对象和目的有所不同。工作分析是以岗位为中心，分析评价各个岗位的功能和要求，明确每个岗位的职责、权限，以及承担该岗位职责的人员所必备的资格和条件，以便为事择人；而绩效考核是以员工为对象，通过对员工的德、能、勤、绩等方面的综合评价来判断他们是否称职，并以此作为任免、培训、奖惩、薪酬的依据，以促进人适其位。

虽然工作分析与绩效考核有许多不同点，但就其实质而言，这 2 项活动都体现了人力资源管理“因事择人，事得其所”的要求。从人力资源管理工作程序上看，工作分析是员工绩效考核的前提，它要为员工绩效考核的内容和指标体系以及标准的确定提供客观的依据。

（6）工作分析与岗位评价、薪酬分配

岗位分析为酒店贯彻按劳分配原则，公平合理地支付薪酬提供了可靠的保证。

酒店员工薪酬的高低主要取决于其工作的性质、技术的繁简及难易程度、工作负荷、责任大小和劳动条件等。而工作分析正是从这些基本因素出发，建立起一套完整的岗位评价指标体系和评价标准，对各个岗位的相对价值进行衡量之后，完成岗位分级等工作。这就有效地保证了岗位、担当本岗位的劳动者与薪酬之间的协调和统一，使酒店员工得到公平合理的工资。实际上，许多欧美工业化国家的酒店普遍实行岗位评价，其最根本最直接的目的，正是为了使酒店工资制度能确切地反映岗位与劳动报酬之间的对应关系。

（7）工作分析与人力资源规划、经济核算

工作分析所形成的人力资源管理文件为酒店准确地编制人力资源规划、核算成本提供了前提。工作分析完成后，酒店对各个生产单位、职能部门的工作任务总量，以及人力资源的安排和使用，有了较为精确的统计和计量，从而为酒店人力资源规划的编制、产品成本的核算提供了可靠的依据，大大提高了规划与核算的准确性和可行性。表 2－1 是工作分析带来的效益。

表 2－1 工作分析带来的效益

增加高附加值的工作（加）	减少低效益的工作（减）	创造整体性合成效应的工作（乘）	利用外部资源优化效益的工作（除）
采用具有竞争力的先进方法 强化有效的工作培训，改进工作质量 提高整体生产力，争取扩大市场和顾客群	去掉不合理工作，删除不必要工序 清理重复工作 合并同性质工作，降低资源消耗	从大局出发改善主题工作系统，减少并防止内部阻力，创造合成的经营效益	尽量利用供应商、社会机构和客户共同分担企业的相关任务或风险，提高企业经营效益

（8）工作分析与员工积极性

由于工作分析能够从根本上保证同岗同酬，使员工明确自己的职责以及今后努力的方向，他们必然会在工作中明确目标，服从领导指派，积极努力工作，不断开拓进取，其最终结果将是酒店经济效益的不断提高。在调动酒店员工生产的积极性、主动性和创造性，提高劳动效率方面，工作岗位分析具有重要的推动作用。

（9）工作分析与酒店劳动组织

工作分析的重要作用还在于，通过岗位测定和分析，不断对岗位进行重新设计和改进，推动各岗位在劳动组织中合理配置，促进劳动组织的科学化，保证生产过程尽可能均衡、协调地进行。实现人力资源与生产要素配置的合理化、科学化，还有利于节约生产成本，提高劳动生产率。

(10) 工作分析与现代酒店制度

现代酒店制度是适应社会主义市场经济要求的一种新型的酒店制度，它除了具有产权明晰、责任明确、政企分开、管理科学等一些特点外，还是由相互联系、相互制约的一系列制度所组成的一个完整的体系。这些制度包括：酒店的法人制度、有限责任制度、组织制度、管理制度等项内容。酒店的管理制度覆盖了酒店运营的方方面面，包括经营管理的组织模式、岗位责任制、民主管理制度、财务管理制度、薪酬制度、酒店文化建设等内容。从广义上看，除财务制度外，上述的其他制度都属于人力资源开发与管理的范畴。但为了便于分析研究，进行专门化管理，往往从人力资源管理中将它们分离出来。具体地说，人力资源管理制度主要包括2大制度：一是人力资源配置的制度；二是员工能力开发的制度。

工作分析的一切最后结果，都与实现人力资源的有效配置和员工的能力开发有着不可分割的密切联系。因此，在这一意义上可以说，工作分析是构建现代酒店制度的重要前提和基础。

2.1.2 工作分析的构成

工作分析由2部分工作构成，即工作描述和工作指标。

(1) 工作描述

工作描述具体说明了某一工作的物质特点和环境特点，主要包括某项工作的名称、所属部门、直接主管和直接下属、工作任务、职责、权限、工作活动和工作程序，工作条件和物理环境、社会环境及对聘用条件（包括生理要求以及知识、技能、能力等方面）的要求。

(2) 工作指标

工作指标主要是指从事某项工作的人员必须达到的工作数量和质量方面的要求。表2－2是对客房服务员铺床指标的要求。

表2－2 工作观察表

在职者姓名：			时间：		
工作单位：			观察者姓名：		
部门：			页数：		
序号	任务	所需时间	序号	任务	所需时间
1.	调整弹簧床垫使之与床座对齐		8.	床尾床单、毛毯的多余部分塞入床垫下，在两床角处折成直角	
2.	使床的衬垫居中，以使其不露出床垫		9.	人立床头，床单回折毛毯上，再连同毛毯向回折25cm	
3.	在床上铺上最底层的床单		10.	将两边床单、毛毯塞入床垫，侧面平撑，毯面平而无皱	
4.	横过床的顶部把床单塞进床垫下		11.	将枕套平铺于床上	
5.	把两角折成直角		12.	将枕芯对折塞入枕套内，将枕芯口两角整平	
6.	铺盖单，单正面朝下，床头床单毛边与床垫下缘平齐		13.	上下枕头均衡叠放于床头居中位置	
7.	将毛毯甩向床，再将毛毯拉回，使其边与床头距离5cm		14.	走到床尾，将床罩放在床上	

（续）

在职者姓名：			时间：		
工作单位：			观察者姓名：		
部门：			页数：		
序号	任务	所需时间	序号	任务	所需时间
15.	手持床罩尾部，将床罩甩向床头		18.	折出一条枕线，平整枕头，使外形均匀	
16.	将床罩回拉，下缘与地毯 3cm，两角垂直，两下垂部分均等		19.	整理罩面，使之平整	
17.	将床头床罩盖没枕头，将多余部分塞入两枕头中间		20.	床罩床头部齐床缘，不露白边	

2.2 酒店工作分析的内容和步骤

工作分析是酒店人力资源管理中一项重要的基础工作，它同酒店人力资源各项管理工作存在着不可分割的联系。那么工作分析主要对酒店的哪些方面进行分析呢？这就是人力资源管理中一个非常重要的工作——工作分析的内容。

2.2.1 工作分析的内容

工作分析的内容可以用图 2－2 来表示。

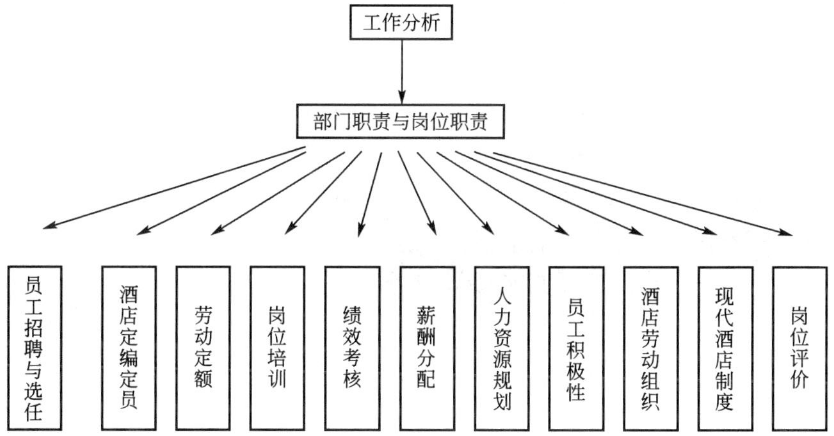

图 2－2 工作分析的内容

由图 2－2 可以看出，工作分析的内容是非常广泛的，它涉及酒店的方方面面，涉及酒店的各项工作和各个工作岗位。从根本上来说，工作分析首先是对酒店的部门职责和岗位职责进行分析。具体来说，为了制订完善和科学的部门职责和岗位职责，要求工作分析要从酒店战略和目标出发，对酒店内部工作任务进行科学的分析和分解，明确每个岗位的工作内容、工作范围和工作要求，从而为组织结构的科学形成、组织生产流程的再造、组织的人力资源管理等工作奠定坚实的基础。

糟糕的第一周工作

一想到明天就要正式到酒店报到上班，李阳心里别提多高兴了。这家酒店是业内很有实力的酒店，名牌大学毕业的他要到该酒店网络中心开始自己人生的第一次工作。虽然他的专业不是计算机方面的，而是市场营销，但对于计算机，他玩得很棒，还在大学3年级时，他就开始帮一些酒店编程和开发应用软件系统。想到在最后一轮面试时总经理对他的欣赏，李阳认为明天酒店肯定会为他们这几个新招来的大学毕业生安排一些“精彩节目”，比如，高层管理者的接见与祝贺，同事的欢迎，人事部对酒店各种情况的详细介绍和完整的员工手册等。李阳的同学有的已经上班半个多月了，不少同学都欣喜地告诉他自己的酒店如何热情地接纳“新人”……

然而，第一天是令他失望的。他首先来到人事部，人事部确认李阳已经来到酒店，就打电话告诉网络中心的王经理让他过来带李阳到自己的工作岗位。过了一段时间，王经理才派自己的助手小陈来。小陈客气地伸出手，说：“欢迎你加入我们的酒店！王经理有急事不能来，我会安排你的一些事情。”来到网络中心，小陈指着一个堆满纸张和办公用品的桌子对他说：“你的前任前些天辞职走了，我们还没来得及收拾桌子，你自己先整理一下吧！”说完，小陈自顾自忙了起来。到中午，小陈带李阳去餐厅用餐，告诉他下午自己去相关部门办一些手续、领取一些办公用品。在吃饭时，李阳从小陈那里了解了酒店的一些情况，午休时与办公室里的一些同事又谈了一会儿，但他感到很失望，因为酒店并没有像他想象的那样热情地接待他、重视他。

2.2.2 工作分析的步骤

工作分析是一个全面的分析评价过程，是一项系统性很强的工作。酒店在实践中，一般把它分成5个步骤来实施。

2.2.2.1 制订明确的目标

(1) 酒店进行岗位分析的首要工作就是要明确为什么要进行岗位分析

一般来说，酒店进行岗位分析的影响因素主要有2种，即内部因素和外部因素。

内部因素是进行工作分析的重要影响因素，主要包括：

● 新酒店筹备。新酒店开业前必须进行工作分析，以确定人力资源的基本规模，各相关工作岗位的人员比例等。

● 增加新任务。如果餐厅菜单增加内容后，就要重新分析厨师工作，确保他们的工作负荷不会过重或过轻。

● 新技术的应用。如果酒店使用自助入住和退房系统，就需要对前台工作重新分析，以确保工作分析的公平性和工作效率。

● 员工入职带来的工作分配变化。由于员工人数变化了，酒店就要对员工的工作任务进行再分配，再分配的基础就在于工作分析。

外部因素也是进行工作分析的重要因素，它主要包括客人数量的变化、季节性差异、市场竞争形势的变化等。

(2) 制订明确目标是酒店工作分析的基础性工作之一

它主要的工作内容包括以下3项。

第一，确定获取分析信息的使用目的。工作分析的价值对于不同需求者来说，其对象是不同的。对于酒店来说，在不同的时间、不同的情况下，对各种岗位进行工作分析，要解决的问题也是不一样的。所以进行工作分析首先要明确进行分析要解决什么问题。

第二，确定要收集的信息。出于不同的目的，工作分析需要收集的信息资料是不同的。一般情况下，酒店工作分析需要收集以下信息：实际工作活动；工具设备及其他工作辅助设施；工作条件；对员工的要求。

第三，选择工作分析人员。酒店进行工作分析，必须选择具有丰富工作经验、较高知识水平、分析判断能力较强，同时又具有强烈事业心和高度责任感的人员。只有这样，才能确保分析质量。一般来说，酒店工作分析人员有以下 3 种。

工作分析专家 往往是指在行业中具有相当高的理论水平和专业造诣的专家学者。他们具有客观公正、信息一致等优点，但是同时也有成本高，有时与实际情况脱节等缺点。

主管人员 主要是指某个工作岗位的管理者。他们对实际情况有较为直观的了解，信息收集速度比较快，但是分析的理论性较差，同时由于他们与工作人员接触较多，分析的客观性和公正性难以保证。

任职者 主要是指被分析岗位的实际工作者，他们对工作岗位最熟悉，信息收集的速度最快，但是他们进行工作分析时的完整性和标准性较差；同时如果分析人员不是该岗位的所有工作人员，也容易引起其他被分析人员的反感和抵触。

2.2.2.2 制订明确的分析计划

工作分析计划包括整个工作的过程、组织内部应设置的各个岗位的名称和任职人员的数量、工作分析所需时间及安排、分析过程中各个环节的责任划分等。大致上来说，一般的工作分析计划主要应强调 3 个方面的问题：① 选择分析的目标岗位；② 确定信息来源；③ 选择确定信息收集方法。

2.2.2.3 分析研究报告

对所收集到的信息进行归纳、整理与分析是这一阶段的主要任务。工作分析并不是简单机械地收集和积累某些工作信息，而是要依据分析的目标对所收集到的信息进行全面系统和深入的分析，包括对工作名称、工作性质和任务、人员特征、工作责任、劳动强度、工作环境等方面的分析。

2.2.2.4 汇总报告

这个阶段的主要任务是在工作信息分析的基础上，对工作分析结果进行高度的概括与总结；并最终编制出工作说明书、岗位职责和岗位规范。这是进行工作分析的基本目的。

2.2.2.5 运用与控制

工作说明书、岗位职责和岗位规范编制的完成，并不代表工作分析的结束，最重要的是一定要把它们运用到实际工作中去，使之成为酒店人力资源管理工作的指导性文件。同时，应对工作说明书、岗位职责和岗位规范在实际工作中的运用情况进行监督和检查，发现部门或员工执行有偏差，应及时地纠正，使之回到正确的轨道上来。同时也应该在实际工作中考验工作说明书、岗位职责和岗位规范的编制是否合理，是否符合酒店和酒店员工的实际情况，发现有不符或不利于发挥员工积极性或制约酒店发展的情况，应该及时地进行修正。

严格说来，酒店工作分析是酒店一项人力资源管理的日常工作，各个分析步骤也形成了一个周而复始的循环过程。运用与控制环节既是工作分析的结束，也是下一个工作分析的开始。

2.3 酒店工作分析信息的收集

2.3.1 工作分析需要收集的信息

酒店工作分析信息收集是进行工作分析的基础性工作。酒店所要收集的信息主要包括实际工作活动、工具设备及其他工作辅助设施、工作条件和对员工的要求4个方面。具体来说，酒店在进行信息收集时，需要收集的信息见表2－3。

表2－3 工作分析中需要收集的信息

1. 工作活动 （1）工作活动和过程，如清洁活动 （2）活动记录，如列出活动清单 （3）所采用的程序 （4）个人责任 2. 工作中人的行为 （1）人的行动，如感知、沟通 （2）针对方法分析的基本动作 （3）对身体的工作要求，如体力耗费 3. 采用的机器、工具、设备和辅助工作用具 4. 与工作相关的有形和无形的内容 （1）所涉及或应用的知识，如会计知识 （2）加工的原材料 （3）制造的产品和提供的服务	5. 工作业绩 （1）错误分析 （2）工作标准 （3）工作计量，如完成任务的时间 6. 工作环境 （1）工作日程表 （2）工作物理环境 （3）组织和社会的环境 （4）物质和非物质奖励 7. 工作对个人的要求 （1）个人特性，如个性、兴趣爱好、生理特征和人格品行等 （2）所需要的学历和培训程度、工作经验

2.3.2 工作分析信息收集的方法

工作分析过程中需要收集工作岗位的信息，通过不同的信息收集方法所收集的信息不同。工作分析方法依照基本方式的划分主要有观察法、问卷法、关键事件分析法、访谈法、现场工作日志法、事故分析法等。每种方法都有各自的优缺点，在工作实践中，要做好职务分析，常常根据不同的岗位，把不同的方法相结合。

2.3.2.1 观察法

观察法是指对员工现场工作过程、行为、内容、工具等情况，直接或间接地进行观察、记录的方法。

（1）优点

工作分析人员能够直接了解被观察者的行为、所需完成的操作，适用于那些工作内容主要由身体操作的活动所组成的工作岗位，如PA员工、前台接待员、保安人员等。

（2）缺点

- 不适合单独用于抽象的智力活动、心理素质的分析，如公关部美工、部门经理等；
- 如果被观察者知道自己处于被观察状态，会影响其正常的工作表现；
- 对于复杂的工作难以全面观察；
- 不能得到有关任职者资格要求的信息；
- 观察结果的质量在很大程度上依赖于观察者的能力和所接受的培训。

观察法的观察记录见表2-4。

表2-4 观察记录表

员工姓名：	职位：		部门：		日期：
观察者姓名：	观察时间：				
任务（观察内容）	工作标准	完成情况	问题原因	存在问题	备注

2.3.2.2 问卷法

问卷法是指通过书面形式，以严格设计的心理测试项目或问题，让员工或相关人员填写问卷来收集工作分析所需信息的方法。

（1）优点

- 比较规范化、数量化，适合于用计算机对结果进行统计分析；
- 费用低、速度快、节省时间，同时不影响工作时间；
- 调查范围广，调查样本量很大，适用于需要对很多员工进行调查的情况。

（2）缺点

- 填写调查问卷是由职务分析者单独进行，缺少交流和沟通，不易唤起被调查对象的兴趣；
- 调查问卷的设计比较费人力和物力，也不像访谈那样可以面对面交流信息；
- 调查问卷如果过短，就不能获得足够详细的信息。

问卷法的问卷样本如表2-5所示。

表2-5 岗位调查问卷

基本信息和调查信息
一、基本信息 姓名：　　　　　　　　　　填写日期：年　月　日 职务名称：　　　　　　　　职务编号： 所属部门：　　　　　　　　部门经理姓名： 二、调查信息 1. 请你用准确、简洁的语言描述你的工作。 2. 请认真、详尽地描述你的日常工作、活动和职责。 3. 请简明描述你的上级是如何监督你的工作的。 4. 请简明描述你的哪些工作是不被上级监督的。

（续）

基本信息和调查信息
5. 请详细描述你在工作中需要接触到的其他员工，并且讲明接触的原因。 6. 请列举工作中需要用到的主要办公设备和用品。 7. 请描述你在人事和财物方面的权限范围。 8. 你认为胜任本岗位的工作需要何种经验，期限长短。 9. 你认为胜任本岗位的工作需要什么样的知识学历、最低学历要求、所需专业知识、外语水平及计算机熟练程度？ 10. 你认为一位没有相关工作经验但具备大专学历的人员，需要多长时间的培训可以胜任本岗位工作？ 11. 你认为较好地完成本岗位工作应该接受哪些培训课程、培训内容、培训方式？最少培训时间是多长？ 12. 请你描述你认为可以有效地开展工作所需的工作环境。 13. 你认为什么样的性格、能力的人能更好地胜任本岗位工作？ 14. 你认为具备何种心理素质的人能更好地胜任本岗位工作？ 15. 请列举你的岗位组织关系（直接上级、直接下级、内部接触、外部接触）。 16. 你对该工作岗位的评价。 17. 你认为酒店以及你所从事的工作中存在哪些不合理的地方？应该如何改善？ 注意事项： 1. 填写人应保证以上填写的内容真实、客观，并且没有故意地隐瞒。 2. 该问卷内容作为工作分析的重要依据，如果填写人发现有遗漏、错误，或其他需要说明的情况，请立即与酒店人力资源部联系。 填写人签字： 人力资源部负责人签字：

注：本调查问卷是为了帮助你清楚地描述你的工作。你所提供的信息将有助于更新你的工作描述。在你所从事的工作中，你需要最适当地描述出你的工作是什么、如何做以及需要何种知识与能力去完成，请如实地填写上表。谢谢你的支持与合作。

2.3.2.3 关键事件分析法

关键事件分析法是指让管理人员和工作人员通过回忆，报告对他们的工作绩效来说比较关键的工作特征和事件，从而获得工作分析资料的方法。关键事件分析法是一种常用的、相对动态的行为动向分析方法，它要求管理人员、员工以及其他熟悉该项工作的人员记录工作中的关键事件，主要指使工作成功或失败的行为特征或事件，比如，导致事件发生的原因或背景，员工的特别有效或多余的行为，关键行为自身的后果，等等。在收集大量资料以后，做出一定的分析，并总结出工作的关键特征和行为要求。关键事件分析法既能获取有关工作的静态信息，也可以了解工作的动态特点。

（1）优点

- 研究的焦点集中在职务行为上，因为行为是可观察的、可测量的；
- 通过这种职务分析可以确定行为的任何可能的利益和作用。

（2）缺点

- 费时，需要花大量的时间去搜集一些关键事件，并加以概括和分类；
- 关键事件的定义是显著地对工作绩效有效或无效的事件，但是，这就遗漏了平均绩效水平。而对工作来说，最重要的一点就是要描述“平均”的职务绩效；
- 利用关键事件法，对中等绩效的员工难以涉及，因而全面的职务分析工作就不能完成。

2.3.2.4 访谈法

访谈法又称面谈法，指与担任有关工作职务的人员通过访谈的方式获取有关信息的调查研究方法，是一种应用最为广泛的工作分析方法。

（1）优点

● 比较灵活，谈话双方都可以随时改变策略和方式，有利于了解新的或较新层次的信息；

● 可以对员工的工作任务和工作态度等较深层次的内容有比较详细的了解；

● 应用面广，可用于不同问题，可以简单而迅速地收集多方面的工作分析资料；

● 由员工亲自讲出工作内容，具体准确，同时容易了解观察法不易发现的问题，有助于管理者发现问题；

● 有助于与员工的沟通，缓解工作的情绪和压力。

（2）缺点

● 访谈法要注意访谈策略和提问技巧，因此对工作分析人员的要求比较高，需进行严格而规范的培训；

● 访谈结果的处理和分析比较复杂，需要有专门人员负责；

● 花费的时间和精力较多，费用较高；

● 收集到的信息往往被扭曲而失真。

访谈法的分析提纲如表 2－6 所示。

表 2－6 访谈法工作岗位分析表

职位名称：	主管部门：
所属部门：	工作地点：
间接主管：	监督者：
直接主管：	

1. 这个岗位的工作目的是什么？
2. 岗位的工作职责是什么？在各项职责中，需要完成什么工作？
3. 岗位的工作内容是什么？你是如何做的？
4. 除了日常工作外，每周、每月、每季或每年还需要承担哪些工作？
5. 如何衡量你工作完成得好坏？
6. 你对工作完成的时间有什么要求？
7. 在日常的工作中是否存在难以克服的困难？
8. 工作职责是否与别的工作岗位职责有交叉的部分？
9. 为了圆满完成你的工作，所需要的教育水平如何？需要何种类型的知识、技能？
10. 你的工作向谁汇报？
11. 你的工作与酒店中的哪些岗位有接触？接触的频率是多少？为什么需要这些接触？
12. 你的工作与酒店外的哪些组织、机构有联系？
13. 你是否承担管理他人的工作？管理哪些岗位的员工？你是如何管理的？
14. 你的工作中难度最大的是什么？为什么？如何才能很好地完成这些工作？

2.3.2.5 现场工作日志法

根据员工按工作日的时间顺序记录下自己工作岗位的任务和活动内容、工作活动结果，对工作进行分析的方法称为现场工作日志法。

（1）优点

● 提供了员工工作活动的概要信息，了解员工日常做什么；

- 掌握了员工各项具体工作时间分配资料。

(2) 缺点

- 提供的信息失真，包括遗忘、不能及时填写及刻意隐瞒等；
- 不能了解长期的、周期性变化的工作活动；
- 不能完全了解各项工作活动的目的和重要性。

现场工作日志法的现场工作日志见表2－7和表2－8。

表2－7 现场工作日志

姓名：			岗位名称：	
填写日期： 年 月 日			所属部门：	
开始时间	结束时间	工作任务和活动内容	活动结果	备注

说明：
1. 请你按工作活动发生的顺序及时填写，勿在一天工作结束后再填写；
2. 严格按照表格要求进行填写，不要遗漏细小的工作活动；
3. 请你提供真实的信息，以免损害你的利益。

表2－8 楼层工作日志

楼层： 页号： 时间：

班次	人员		主要事项和工作内容	签字	备注
早班	领班				
	员工				
中班	领班				
	员工				
晚班					

2.3.2.6 事故分析法

事故分析法主要是指通过记录并研究工作中出现的各种事故，分析事故出现的各种规律性的特点，如什么时候，什么状态下，在什么工作环节出现事故，来收集工作信息的方法。事故分析法主要是抓住工作中最容易出现偏差或问题的地方来分析，分析往往能切中要害，找准关键点。事故分析法可以使以后从事该项工作时了解在什么地方最可能出现事故，从而能够有效地避免事故的发生。

以上分析法中，观察法、问卷法、关键事件分析法、访谈法、工作日志分析法、事故分析法主要用于定性分析，为定量分析提供科学的分析要素和相关的可量化规律。问卷法既可以用于定性分析，也可以用于定量分析。就目前国内外的使用情况来看，如美国普渡大学职业研究中心开发的“工作分析调查问卷”就主要用于定量分析，以便获取更为具体、详细、量化的工作岗位信息。采用问卷法进行工作分析时，首先是通过定性分析，找到有效收集各种工作信息的分析要素、指标；其次，是用语言恰当描述这些要素、指标；再次，给每一要素指标语句赋予适当的评定等级数字，便可形成一份初步工作分析调查问卷；最后，是使用这一初步问卷进行规范的抽样式调查，并进行信度、效度检验，就可得到一份较为科学的正式工作分析调查问卷。使用这一工作分析问卷，就可以获得较为科学的工作分析信息。

对于酒店来说，各种分析方法都有各自的优缺点，酒店需要根据各种实际情况和收集信息的目的灵活选择分析方法，同时为了收集到更完整和准确的资料，酒店也往往会综合运用多个方法。

2.4 酒店工作描述与工作规范

酒店工作分析的最终结果就是进行工作描述和工作规范说明，并形成最终的工作说明书。

2.4.1 酒店工作描述和工作规范的概念及作用

2.4.1.1 概念

所谓工作描述，就是指对某一具体工作的职责、责任、工作条件及工作内容进行归纳。

所谓工作规范，就是指对酒店中某一具体工作的工作内容、工作条件、工作职责、具体操作程序及检查标准的规范性要求。

工作描述实际上是对工作规范的描述，而工作规范就是对工作描述强制性实行的一种措施，二者是相互依存、相互协调的关系。

一项做得很好的工作

当夏教授到北京一家酒店参观访问时，接待并陪同他访问的年轻人孙晋给他留下了深刻印象。孙晋是该酒店人力资源经理助理，主要负责工作分析。酒店专门指派了一位工业工程师到人力资源部门，协助孙晋进行工作设计。夏教授也曾被人力资源经理聘来研究该酒店的工作分析体系，并提出改进的建议。他曾在人力资源办公室与孙晋一起浏览了工作说明书的所有文件，并发现这些说明总体上是完整的，而且与所完成的工作是直接相关的。

参观访问的第一站就是餐饮部张岩经理的办公室。这是一间十几平方米的房间，位于酒店一楼，四周都装了玻璃窗。当孙晋走近时，张岩正站在办公室外。“您好！孙助理”，他说。“您好，张经理，”孙晋说，“这是夏教授。我们能看一看您的工作说明书并跟您聊一会儿吗?”“当然”，张岩说着打开了门，“进来吧，请坐。我就把它们拿来。”从他们坐的地方恰好能看到餐厅工作的服务员工。在他们查阅每项工作说明书时，都有可能观察到服务员实际中的工作。张岩很熟悉每项工作。“这儿的工作说明书是怎样与业绩评价相联系的?”夏教授问道。“是这样，”张岩答道，“我只是根据工作说明书中的标准来评估员工业绩，而这些标准是由具体的工作分析来决定的。用这些标准来评价业绩能使我在工作发生变化、以前的说明不再能够准确反映现有工作情况时，及时修改工作说明。孙助理已经为所有中层以上干部制定了培训计划，所以我们都了解工作分析、工作说明书和业绩评价之间的关系。我认为这是一个很好的系统。”

孙晋和夏教授继续参观了其他几个部门，发现了类似的情况。孙晋似乎与每个部门的经理、主管以及他们拜访的3位总经理领导的关系都很好。当他们回到办公室时，夏教授正考虑着他将向酒店总经理提出什么建议。

2.4.1.2　酒店工作描述与工作规范的作用

- 保证工作的可计划性与科学性；
- 招聘与选拔人才的重要依据；
- 培训员工的重要依据；
- 员工评估与使用的依据之一。

2.4.2　酒店工作描述的要素

各个不同的酒店，由于具体情况和要求不同，工作描述的内容也不尽相同。但是一般都包括以下内容。

(1) 工作标志性信息

工作标志性信息包括工作名称、工作单位、岗位编号、定员标准、直属主管名称和工资等级等内容。

(2) 工作概述

工作概述是对工作的整体陈述，着重于工作的一般职能和责任。例如，对旅游酒店客房部经理的工作概述是：客房维护保养、家具的购置与安放、客房清扫、员工的培训考核与管理、客房用品的购买保管使用等管理工作。

(3) 工作职责

一般要详细列出工作的内容和责任，详细说明工作要做什么，做到什么程度等。如某酒店厨房厨师长的工作职责是：成本核算，编制菜单；控制劳动力的支出，安排员工的班次；负责员工的培训；保持厨房的清洁卫生和安全；保管厨房设施设备；厨房的生产组织等。

(4) 工作环境

工作环境主要是指对员工工作环境的描述，一般从社会环境和自然环境2个方面来描述。自然环境包括温度、湿度、粉尘含量、噪声等；社会环境指人际关系等。

(5) 工作关系

工作关系主要说明本岗位与其他岗位之间的横向关系（客房部经理、领班、员工与餐饮部经理、领班、员工之间的关系），本岗位与其他岗位存在的监督与被监督的纵向关系（客房部的经理与领班、领班与员工之间的关系）等。

(6) 工作权限

工作权限必须与工作相匹配，权力过大容易造成滥用职权，权力过小会影响工作目标的实现。适当的权限规定应当是责权利的高度统一。

(7) 工作时间

工作时间指某项工作正常的工作时间。一般工作均采用正常班制和轮班制。

(8) 工作要求指标

这个因素一般是一个独立的文件，写明从事一项工作要求的资格。例如，员工的培训、教育、技能、经验、智力、体力和个性特征等。某酒店对总经理的工作要求指标如下。

关键知识　经济学与管理学知识、酒店管理运作知识、市场营销知识、成本控制知识、网络知识等。

关键能力　全面的领导与策划能力、决策与运营能力、协调与沟通能力，处理重大问题的能力、人力资源的利用与开发能力、工作分配与授权能力、资源配置能力、行业研究能力等。

素质特征 较强的支配力、感召力和决断性、坚韧、耐心、沉稳、创新、善于思考等。

经验 大型高档酒店管理经验、市场运作经验、人事管理经验等。

2.4.3 工作规范的要素

工作说明书是对某个岗位工作的一个原则性的说明。在实际工作中，还必须把这个原则性的规定具体化，需要有一个比工作说明书更详细的文字说明，规定执行一项工作的各项任务、程序以及在执行过程中所需的确切技能和知识。为此酒店需要在工作分析的基础上，单独设立岗位规范书。

岗位规范书一般包括3个要素：

- 岗位概述：岗位的名称、所属单位等；
- 具体岗位职责；
- 具体要求。

2.5 酒店工作设计

2.5.1 工作设计的概念、内容及作用

制订事业发展计划

王亮对目前的餐厅经理职位很满意，但他确实感觉不到他想学到的东西。总经理专断，控制欲强，好像不愿意把新技术教给王亮。王亮的主要工作是营业时负责餐厅的正常运转。尽管总经理对王亮的表现非常满意，但却没有尽快提升他的意思。

王亮的最终目标是拥有一家自己的餐馆。但他知道，在不成熟的情况下开餐馆而失败的人不计其数，所以决定尽量做好充分的准备，再另立门户，以避免遭受同样的厄运。但除了拥有自己的餐馆这一终极目标外，王亮对未来没有任何具体的打算。他找到您咨询如何制订事业发展计划及如何最大限度地发挥他的学习潜质。

2.5.1.1 工作设计的概念

简单来说，所谓的工作设计就是确定工作方式和改进工作方式的过程。

酒店各个岗位的各项工作都需要进行工作设计。在酒店运行之前，管理人员要研究酒店所需要的各项工作，通过分析各项工作要素和工作方式，确定某项工作的具体方式。酒店正式运转之后，管理人员还要重新审视哪些工作的因素是必要的，哪些是不必要的，如何使这些必要因素做起来更有意思等，所有的这一系列工作，都属于工作设计的内容。

2.5.1.2 工作设计的内容

为了使工作设计能满足酒店的要求，可以从以下4个方面入手：

- 明确分工；

- 合理安排工作任务；
- 保证工作满负荷（每个岗位的工作量应当饱满）；
- 原则上合并工作性质相同或类似的岗位。

有关客房服务动作要领（一部分）见下表2－9走房（住房）的清洁规程。

表2－9 走房（住房）的清洁规程

程序	步骤	动作规范	要求
（一）进	1. 敲门	手指微弯曲，以中指第二关节部位轻敲门二次，每次三下，并报称“House-keeping”（相隔2～3s）	勿用拳头或手掌来拍打门，要体现文明服务；敲门太急促，会令客人感到服务员冒失，报称的声调要适度，报称时不要垂下头或东张西望
	2. 按门铃	按铃，清晰地报称“House-keeping”并等客人反应	切忌急促地连续按门铃数下，应有节奏及适当的间隔，报称要求同上
	3. 反应	如听到客人有回音，服务员应说：“我是客房服务员，请问我能现在进来为您清洁房间吗（May I come in and clean your room now）?”并等客人开门，如房内无反应，服务员方可用钥匙开门，并再次报称“House-keeping”	姿势要自然，即使遇上客人也不失大方；如客人打开了显示灯开关，则绿灯亮时方可开门，切忌用力转动门锁把手，以免造成损坏
	4. 开锁	手持磁卡，对准匙孔平衡插至尽头，停留时间约1s，然后拔出，门锁显示灯亮绿灯，方可向下转动门锁把手，推开门后应将磁卡放回裤袋	开门后，磁卡须马上放回裤袋，以免丢失；在操作过程中，身体与门要保持30cm的距离
	5. 开门	开左边门用左手，开右边门用右手，把门轻轻推开至门自动静止	切勿用力过猛，以免发出不必要的噪音
	6. 挂牌	打开房门后，把“正在清洁”牌从大的圆口处挂入门锁把手上，轻轻摆放稳，然后巡视一遍房间，以确定房间是否有人或有什么特殊情况	挂牌要轻、稳，以免碰坏门或发出不必要的噪音
	7. 填表	转身到门外布草车旁，在卫生班报表上填写开始做房的时间	及时填写表格，确保原始记录的准确性

2.5.1.3 酒店工作设计的作用

如果工作岗位设计不合理，存在严重缺陷，就必须改进岗位设计，使岗位职责等人力资源管理文件建立在科学的工作岗位设计的基础上。

培训不足、不恰当的领导、欠缺的员工技能、不良的工作习惯都会导致酒店经营效果的不理想。有时工作效率低就是由于工作设计不好。工作设计是影响一个员工做好本职工作的最重要因素之一。不合适的工作设计会导致员工的工作压力感，降低员工的满意度，进而导致酒店员工缺乏工作动力，造成员工大量流失。

2.5.2 酒店工作设计的原则与基本要求

工作岗位设计，不仅要充分考虑每个岗位的具体情况，还要从酒店整体出发，对岗位的设置进行总体评价，对酒店应该设置多少岗位、设置什么样的岗位，进行认真研究。

一般来说，某一组织的岗位设置是由该组织的总任务决定的。“因事设岗”是设置岗位的基本原则。岗位是客观存在的，应以“事”为中心设置，而不“因人设岗”。

需要考虑酒店生产任务和经营管理活动的存在和发展。需要多少岗位，就设多少岗位；需要什么样的岗位，就设什么样的岗位。

总之，一切应从实际出发，从酒店整体工作过程来看，工作岗位的设计应满足劳动分工与协作的需要；酒店不断提高劳动生产效率，增加产出的需要；劳动者在安全、健康、舒适的条件下从事生产劳动的生理上、心理上的需要。

2.5.3 酒店工作设计的方法

一般来说，酒店常用的工作设计方法主要有 3 种：即部门化、流程图和建立团队的方法。

2.5.3.1 部门化

按照一定的方式将相关的组织活动予以划分和组合，以形成若干易于管理的组织单位。它是在管理劳动横向分工的基础上进行的。可以按人数、时间（早、中、晚班）、职能、地区（客房部、餐饮部、前厅部等）、产品、服务对象（如旅游商场内设儿童用品、老年用品专柜）、设备（如客房内的床）等划分。

（1）按人数划分

它完全按照人数的多少来划分部门，是最原始、最简单的一种划分方法。其做法是抽出一定数量的人在管理者的指挥下去执行一定的任务。它把人员的数量作为分组的唯一依据，而不考虑工作内容、特点及工作地点等因素。其优点是简便易行，但是不符合专业化原则，不适应现代社会高度专业化的需要，有逐渐被淘汰的趋势。

（2）按时间划分

它采用轮班制进行生产和经营，以保证酒店服务业的正常运行。一般分为早、中、晚班，在不同时间段为顾客全面服务。其优点是可以提高劳动效率并满足社会服务的需要，其缺点是不便于管理、会增加人工成本。

（3）按职能划分

它是最普遍采用、最基本的方法。它遵循专业化的原则，以工作或任务的性质为基础划分部门。其优点是：遵循专业化原则，充分发挥专业职能，使管理者的注意力集中在酒店的基本业务上；有利于目标实现，简化了训练工作，加强了上层控制手段。其缺点是：容易导致“隧道视野”现象，职能部门的专业人员各自为政，就如同过隧道一样，除了本身领域外，其余什么都看不见，部门之间的相互协调比较困难；管理者从事单一职能工作，不利于培养综合管理人才。

（4）按产品划分

它按酒店提供的产品来划分部门。这种方法是把生产某种产品（或服务）所必需的活动组织在一起而形成的不同部门，如客房部、餐饮部。其优点是：有利于取得专用设备效益；有利于发挥个人的技能和专业知识；有利于部门管理者把注意力集中在产品或服务上，培养综合管理者。其缺点是：需要更多的综合管理人才；产品部门独立性强、整体性差，增加了主管部门协调、控制的困难；易造成机构重叠、职能重复、管理成本增加。

（5）按地区划分

它是把酒店的不同业务工作集中起来分别委派给不同的主管人员并组成部门。地理位置比较分散。其优点是：有利于改善部门的协调，取得酒店经营的经济效益；有利于培养管理人才。其缺点是：需要更多具有全面管理能力的人才；增加了主管部门控制的困难；各部门之间往往不易协调等。

（6）按服务对象划分

它是按酒店服务的对象类型来划分部门。它把酒店服务对象的类型作为划分部门的依据，使某一部门专门满足某一类型顾客的特殊需要。其优点是：使各部门更好地研究和满足不同顾客的特殊需要，并能向顾客提供最完善的服务，提高酒店效益。其缺点是：不利于各部门之间的协调；服务对象专业化过细可能导致人员和设备利用率低。

（7）按生产经营过程和设备划分

它是按照生产或经营的业务流程或工艺过程，分阶段、分环节地组成部门，或按照看管和使用的设备来划分部门。其优点是：实行专业化，提高效益；充分发挥设备的效率，使设备的维修保管、材料供应和人力运用等更加方便。

（8）按其他因素划分

在一些酒店中，也常按市场营销渠道、字母等来划分部门。

同时，部门设计应遵循的原则有：力求最少、酒店结构应具有弹性、确保目标的实现、指派平衡、执行部门与检查部门分设。

2.5.3.2 流程图

这是一种比较常用的工作设计方法。在工作分析中将工作细分后，管理人员要鼓励员工思考每个工作细节之间以及自己的工作和其他的工作之间是怎么样联系的。流程图也能使工作分析更准确地判断出每个工作的哪一个部分可以有变化。

（1）工作简化

工作简化就是指把工作细分成最小构成部分，然后评价每一部分是怎样完成的。

（2）工作扩大化

工作扩大化就是扩大工作的界定，把各种工作加到一起，一般是要求相同技能的任务合并起来。工作扩大化可以激励员工把新增加的任务当成职务晋升的前兆。当然也可能有些员工认为工作扩大化是工作任务的增加。

（3）工作轮换

将员工从一个岗位调整到另一个岗位或变更工作职责，以提高员工工作兴趣或进行交叉培训的方法。工作轮换一般用于减少员工长期从事一种工作的枯燥感。这种制度要求员工在几个不同工种间进行交叉培训和工作。

（4）工作丰富化

指通过增加要求不同技能的任务改进工作构成的方法。工作丰富化是给员工增加的工作职责与现在的工作不完全一样。以有效调动员工的兴趣，增强员工的自信心，提高对自身价值的认可，克服职业倦怠。

2.5.3.3 建立团队

拍手游戏

适合人数：40 人以下

游戏时间：20min

游戏类型：团队、教练技术、倾听

游戏操作：

1. 首先将学员分成 3 到 4 组，所有学员在游戏过程中都必须闭上眼睛；
2. 由第一组开始，第一组全部学员开始拍手，通过倾听使第一组拍手的节奏逐步的一致；
3. 第一组的拍手节奏保持一致后，第 2 组全部学员开始拍手，第 2 组拍手必须在第一组 2 次拍手之间拍 2 下，直到第 2 组的拍手节奏一致；
4. 第 2 组的拍手节奏保持一致后，第 3 组全部学员开始拍手，第 3 组拍手必须在第一组 2 次拍手之间拍 4 下，直到第 3 组的拍手节奏一致；
5. 以此类推，第 4 组拍 6 下……

【讨论】

如果要想使所有的节奏保持一致，需要团队具备什么条件才可以实现？

拍手游戏的核心目的是把员工看成是一个工作团队中的一部分而不是单独的个体。工作要求指标和奖励措施以工作团体为对象。建立团队的活动能使员工更好的合作，互相协调，互相帮助。这种协作与帮助对于酒店这种对各部门、各工种配合与协调性要求比较严格的酒店尤其重要。

（1）酒店工作团队规模

酒店工作团队一般由 12 人组成。如果成员人数超过 12 人，他们在交流时就会遇到很多障碍，难以顺利开展工作；成员人数太少，难以形成凝聚力、忠诚感和相互信赖感。因此，酒店团队规模应控制在 10～12 人范围内，这样才能提高工作绩效。

另外，个人处于酒店工作团队的集体中，因为其贡献无法直接衡量，因而有可能形成社会惰性。所以，酒店工作团队必须使其成员无论是在集体层次上，还是在个人层次上，都具有高度的责任感，使成员明白哪些是共同责任，哪些是个人责任。

（2）酒店工作团队的成员构成

酒店工作团队要求成员合理搭配、优势互补、比例适当。否则，将阻碍团队作用的发挥。

一般来说，酒店工作团队应由下列 3 种不同技能类型的成员组成：

- 具有酒店业务技能专长的成员；
- 具有发现问题、分析问题、解决问题和决策技能的成员；
- 善于聆听、反馈、解决冲突和协调人际关系技能的成员。

这 3 种类型的成员，每个人都有其独特的人格特性。酒店工作团队要以员工的人格特点和个人偏好为基础，来分配相应的工作角色。

（3）酒店工作团队的相互信任精神

酒店工作团队成员之间相互信任，彼此相信对方的正直、个性和工作能力。

一般来说，信任体现在 5 个方面，它们的重要程度是相对稳定的，通常顺序是：正直（诚实、可信赖）、能力（观念技能、技术技能、人际关系技能）、始终如一（可靠，行为可以预测；在处理问题时，具有很强的判断力）、忠心耿耿（愿意维护和保全别人的面子）、思想开放（愿意与别人分享观点和信息）。

如何培养团队成员的相互信任精神呢？其培养方法应注重以下技巧：

- 表明你既是在为自己的利益而工作，同时又是在为他人的利益而工作；
- 用语言和行动来支持团队建设；
- 开诚布公、光明磊落；
- 说出你的感觉或看法；
- 一视同仁；
- 表明你的价值观是始终如一的；
- 严守秘密；
- 表现出你的才能和智慧。

【思考题】

1. 名词解释：

工作分析、工作描述、工作规范、工作设计、工作指标、团队、观察法、问卷法、关键事件分析法、访谈法、现场工作日志法、事故分析法。

2. 工作分析对酒店有何意义与作用？
3. 简述工作分析的内容。
4. 简述工作分析的步骤。
5. 工作分析需要收集哪些方面的信息？
6. 信息收集的方法主要有哪些？各有哪些优缺点？
7. 工作描述和工作规范概念是什么？
8. 工作描述与工作规范的作用是什么？主要包括哪些要素？
9. 工作设计的内容和意义是什么？有什么要求？
10. 常见的工作设计方法有哪些？

【经验性训练】

为当地一家三星级以上酒店的某几个职位模拟编写职位说明书

【概述】

为当地一家三星级以上酒店的某几个职位模拟编写职位说明书，将学生们分成若干个小组。

【步骤】

1. 分成 5～9 人一组（人数为单数）。每一组都将成为一个酒店职位编写委员会，独立于其他小组而工作。小组的任务是运用工作分析设计的方法对酒店的几个职位模拟编写职位说明书。
2. 小组成员共同商议职位说明书的要素，并制作成表格。
3. 依据说明书的内容，到酒店暗访，记录暗访结果。
4. 汇总暗访结果，小组成员共同商议，形成一份书面报告。
5. 在课堂上集中汇报各小组的职位模拟编写说明书（有严格的时间限制）。
6. 讨论如何真正编写职位说明书及应注意的问题。
7. 查找资料，结合此次调查暗访的结果，撰写一篇论文（每人一份，字数不少于 2000 字）。

【案例分析】

工作分析能否这样进行

王亮，2007年7月毕业于北京某高校旅游管理专业，刚刚进入元都酒店人力资源部工作，上班的第二天午休时，王亮和人力资源部经理被叫到了酒店会议室——总经理与主管人事的李总召见。

李总：小王，很高兴你的加盟，为了让你有机会展示自己的才能，我和总经理决定由你来系统地做一下酒店每个岗位的工作分析。有什么困难可以提出，我们会尽量提供帮助。

总经理：我们酒店以前做过工作分析，有全面的工作分析资料，你可以先参考一下，会有所启发。

小王：（先沉默了一下，因为感觉事情并不简单）好吧，我先试着去做，有问题随时请求你们的帮助。

任务就这样下来了，对于小王来说，真的有点难度，“我根本就不怎么了解酒店情况啊，而且工作分析说起来简单，要做好恐怕不容易呀。”

酒店背景介绍：元都酒店成立于1993年，是当地小有名气的一家四星级酒店。酒店员工虽然不到300人，但是组织结构安排得井井有条，从生产到销售，酒店都配备了一套良好的人马班子。去年，在当地旅游行业并不十分景气的情况下，元都酒店凭着独特的经营方式和强有力的人力资源后盾，依然取得了不错的经济效益，在同行中遥遥领先。今年为了迎接更好的机遇更大的挑战，酒店领导班子决定进行深度改革，同时也引进了一批更专业的人才（小王就是基于此引进的），用总经理的话说：专业的人才，做专业的事。但是，由于组织架构的变动，有些岗位名称变了，有些部门名称变了，也有一些员工的部门隶属关系变了，部门主要职能变了。因此有些员工开始迷茫：“我现在该做什么呀”，总经理就提出让小王做系统的工作分析，明确每个岗位的职责。

酒店原有工作分析介绍：翻开酒店的人事文件，在看过《管理责任程序》后的附件二《部门职责说明》之后就是小王最想参考的《工作说明书》了，可是当他细看之后，发现这和现在酒店的岗位安排有较大的距离，而且，这里的《工作说明书》好像并不规范。现从中选一例供大家讨论。

例：人力资源部工作说明书

人力资源部经理：

1. 负责酒店的劳资管理，并按绩效考评情况实施奖罚；
2. 负责统计、评估酒店人力资源需求情况，制定人员招聘计划并按计划招聘酒店员工；
3. 按实际情况完善酒店《员工工作绩效考核制度》；
4. 负责向总经理提交人员鉴定、评价的结果；
5. 负责管理人事档案；
6. 负责本部门员工工作绩效考核；
7. 负责完成总经理交代的其他任务；
8. 负责按月收集各部门绩效考核表，并按酒店《员工工作绩效考核制度》进行人员绩效考核，按时上报人力资源部经理；
9. 负责收集各部门的培训需求，制订培训计划；
10. 负责执行经审批的培训计划，并进行培训考核，撰写培训总结；
11. 完成总经理交代的其他工作。

小王看完后仔细思考了一下，虽然不知道这份工作分析是怎么做出来的（据说这是经过深思熟虑，反复推敲后成文的），但是他觉得这里面存在很多问题。

新的工作分析这样形成：为了完成好元都酒店的第一项工作任务，小王不再依赖原有文件，他开始竭尽所能地收集资料。首先弄清楚新的组织架构图中出现的每一个名词的含义，搞清楚酒店的人员安排，即所谓的定岗定编。然后利用互联网，查询与每个职位有关的信息，对照自己酒店的情况进行取舍。当然“工作说明书”被无数次地搜索过。为此，购书中心留下了他的脚印，*The Dictionary of Occupational Titles*（美国《职衔大辞典》）也第一次走进了小王的脑海。虽然大学期间，《工作分析》被列入重点专业课之一，用了一个学期来学，可是当初好像根本就没学到什么，现在能记起来的更是寥寥无几，况且理论与实践的差距太大了。

经过各种途径的资料搜集，当然也多次向HRD专家和李总请教，小王的工作说明书有了雏形，但由于各种原因，在准备做工作分析的过程中，小王并没有去请教各部门经理，也没有做过任何调查问卷，可以说小王的工作说明书是完全凭他自己的理解做的，并准备向总经理交差。

【案例思考题】

1. 元都酒店安排王亮做工作分析工作合适吗？为什么？
2. 如果你是王亮，会如何完成此任务？

【本章推荐阅读书目】

1. 工作分析的方法与技术（第二版）. 萧鸣政. 中国人民大学出版社，2006.
2. 工作分析与设计. 赵永乐，吴志明. 上海交通大学出版社，2006.
3. 工作分析实务手册（第二版）. 郑晓明，吴志明. 机械工业出版社，2006.
4. 工作分析与工作设计. 周文，刘立明，黄江瑛. 湖南科学技术出版社，2005.

【相关链接】

1. www. globrand. com
2. www. dianliang. com
3. 中国人力资源网
4. www. bokee. net
5. www. zcxf. com
6. www. chinahrd. net

第 3 章

酒店人力资源规划与配置

【本章概要】

本章从人力资源规划的概念入手，首先介绍了人力资源规划的概念、作用、种类和内容，讲述了制订人力资源规划的程序和步骤及在人力资源过剩和短缺时应采取的措施，进而分别介绍了人力资源需求预测方法和供给预测方法，最后介绍了人力资源配置模式、层次、状态及员工定员方法。

【学习目标】

- 掌握酒店人力资源规划的定义；
- 了解酒店人力资源规划的作用和种类；
- 掌握酒店人力资源规划的内容；
- 掌握酒店人力资源规划的程序和步骤；
- 了解酒店人力资源规划政策的制订；
- 了解酒店制订人力资源规划时应注意的问题；
- 掌握酒店人力资源规划的预测方法；
- 了解酒店人力资源配置模式、层次和状态；
- 了解酒店人力资源配置原则；
- 掌握酒店员工定员方法。

【关键性术语】

人力资源规划、战略规划、战术规划、部门规划、项目规划、总体需求结构分析预测法、德尔菲法、继任卡法、酒店人力资源配置、管理幅度、管理层次、员工定员。

【章首案例】

金秋酒店的人力资源规划

近来，金秋酒店常为人员空缺所困惑，特别是经理层次人员的空缺常使得酒店陷入被动的局面。金秋酒店最近进行了人力资源规划。酒店首先由4名人事部的管理人员负责收集和分析目前酒店对前厅部、客房部、餐饮部等几个部门的管理人员和服务员的需求情况以及劳动力市场的供给情况，并估计在预测年度，各部门内部可能出现的关键职位空缺数量。

在这几个部门里制定和实施行动方案的过程是比较复杂的，因为这一过程会涉及不同的部门，需要各部门的通力合作。

金秋酒店的4名人事管理人员克服种种困难，对经理层的管理人员的职位空缺做出了较准确的预测，制订详细的人力资源规划，使得该层次上人员空缺减少了50%，跨地区的人员调动也大大减少。从内部选拔工作任职者人选的时间也减少了50%，并且保证了人选的质量，合格人员的漏选率大大降低，使人员配备过程得到了改进。人力资源规划还使得酒店的招聘、培训、员工职业生涯计划与发展等各项业务得到改进，节约了人力成本。

金秋酒店取得的进步，不仅仅有利于人力资源规划的制订，还有利于酒店对人力资源规划的实施与评价。在每个季度，高层管理人员会同人事咨询专家共同对上述4名人事管理人员的工作进行检查评价。这一过程按照标准方式进行，即这4名人事管理人员均要在以下14个方面做出书面报告：各职能部门现有人员；人员状况；主要职位空缺及候选人；其他职位空缺及候选人；多余人员的数量；自然减员；人员调入；人员调出；内部变动率；招聘人数；劳动力其他来源；工作中的问题与难点；组织问题及其他方面（如预算情况、职业生涯考察、方针政策的贯彻执行等）。同时，他们必须指出上述14个方面与预测（规划）的差距，并讨论可能的纠正措施。通过检查，一般能够对下季度在各部门应采取的措施达成一致意见。

3.1 酒店人力资源规划概述

3.1.1 人力资源规划的概念

人力资源规划是人力资源管理的重要组成部分。一个酒店要想在竞争日益激烈的市场环境中求得发展需要有一个长远的规划，成功的事业来自于成功的规划，好的规划有助于预见未来，减少未来的不确定性，降低风险，以便更好地帮助酒店应对未来各种变化，解决和处理酒店遇到的各种复杂问题。

酒店人力资源规划有广义和狭义的定义。狭义的酒店人力资源规划，是指酒店从自身的发展目标出发，根据本酒店的战略目标和人力资源现状，在综合分析其内外部环境变化的基础上，预测酒店未来发展对人力资源的需求，以确保酒店战略目标和员工个人目标实现的活动过程。简单地说，狭义的酒店人力资源规划是人力资源供需预测，并使之平衡的过程。对酒店而言，我们可以把它看作是酒店对各类工作人员的补充规划。

广义的人力资源规划是酒店各种人力资源计划的总称，是战略规划和战术计划，即具体实施计划的统一。广义的酒店人力资源规划的内容很多，可以分为酒店变革与酒店发展规划、人力资源管理制度变革与调整规划、人事调配晋升计划、定岗定编定员与劳动定额计划、员工的招聘计划、人力资源开发规划、员工教育培训计划、与职业生涯规划、员工绩效考评与激励计划、员工薪酬福利保险、劳动关系计划、人员问题及其处理预案等。

酒店人力资源规划既是一个过程，又是一揽子的计划。它是一个酒店如何确定未来一定时期拥有的人力资源的供给与需求的过程和一系列计划。严格地讲，人力资源规划能够将人力资源的管理与酒店的宗旨、目标以及战略规划和资源预算有机地联系在一起。人力资源规划的目标在于在适当的时间，以适当的成本，在合适的工作中获得适当数量的具有一定技能、经验和能力的人力资源。也就是说人力资源规划的管理可以确保酒店获得合适的员工，这些员工有能力完成工作任务并帮助酒店实现其目标。

3.1.2 人力资源规划的作用

随着知识经济时代的到来，酒店的发展目标和战略目标也发生了变化，因此，人力资源结构也要相应地发生变化。一个优秀的酒店管理者，要能够洞察环境与组织的变革，从而制订一个切实可行的人力资源规划。

（1）有利于实现酒店的战略目标和员工的个人奋斗目标

人力资源规划是依据组织的战略目标来确定的。人力资源规划的作用之一，就是使个人行为与酒店目标相一致，即配合酒店的战略管理，以实现酒店的战略目标和员工的个人奋斗目标。

（2）有利于描绘酒店的宗旨和价值观

可以确保经理和其他员工理解持续不断的变化和对变化的适应程度。

（3）有利于员工行为与酒店利益保持一致

可以通过人力资源规划帮助酒店获得竞争力和所需的员工行为，通过系统地设计人力资源规划，将员工的行为与酒店的利益保持一致。

（4）有利于提高资源利用率

整合财经、市场及运营等发生变革的领域的活动，提高资源的利用效率。人力资源管理还可以通过有效的人力资源规划，整合酒店财经、市场及运营等领域的有效资源，合理利用，以提高各类资源的利用效率。

（5）有利于协调人力资源管理的具体计划

人力资源规划作为酒店的战略决策，是酒店制订各种具体人事决策的基础。人事决策对酒店管理影响很大。例如，人员的招聘政策、晋升政策、培训政策、绩效考评政策及分配政策等。为了使酒店人事决策准确无误，就需要提供准确的人力资源供求信息，以确保酒店可以制订出切实可行的政策。酒店通过人力资源规划，使得人员招聘计划、培训开发计划、员工考评计划、薪酬计划等人力资源管理具体计划相互协调：

- 在人力资源方面确保实现酒店的目标；
- 明确人力资源工作的内容；
- 加强人力资源管理的事前控制；
- 使管理者与员工对要达到的人力资源开发与管理目标更加清晰；
- 促进人才合理有效地流动。

3.1.3 人力资源规划的种类

人力资源规划可以按时间、范围、重要程度等，进行不同的分类。酒店在制订规划时，可根据酒店具体情况灵活选择。

3.1.3.1 按时间划分

按照人力资源规划期长短，可以将它划分为长期规划、中期规划与短期规划。

长期人力资源资源规划是指3年或3年以上的计划、规划，由于规划的时间比较长，各种因素具有不确定性，因此这类规划往往是指导性的，在具体实施时要随着内外部环境的变化而不断进行调整，具有强烈的战略性色彩。

中期规划，指的是1年至3年的计划，相对于短期规划来讲，中期规划一般具有一定的指导性，但是对于长期的规划来讲，中期规划又是长期规划的具体落实，往往又具有战术性的特点。

短期规划，一般是指6个月至1年的计划。这类规划由于时间相对较短，因此目标比较明确，内容也比较具体，具有较强的可操作性。

3.1.3.2 按性质划分

人力资源规划按性质可分为战略规划、战术规划和管理规划。

战略规划 是与酒店长期战略相适应的人力资源规划，其内容是关于未来酒店人力资源的大体需求和供给、人力资源的结构和素质层级以及与此有关的人力资源政策和策略。它的作用是决定酒店在人力资源方面的基本目标以及基本政策。战略规划一般由酒店的人力资源委员会或人力资源部制订，它对战术规划和管理计划有指导作用。

战术规划 是从酒店竞争战略的总体布局出发，确立方针、政策和策略，寻求人力资源开发和利用的最佳途径和方法，从而实现人力资源与其他资源的有效配置，以相对少的投入取得酒店经济和社会效益的最大化。是将战术规划中的目标和政策转变为确定的目标和政策，并且规定达到各种目标的时间。战术规划是在战略规划指导下制订的，时间期较短，预测的准确率较高，对社会经济变化趋势的把握较准确，因此战术规划可以制订得细一些，以增强对管理计划的指导作用。战术规划一般以年度拟定。

管理计划 是由一系列可执行的人力资源管理项目计划所组成。当战术规划在时间、预算和工作程序方面不能满足实际实施的需要时，战术规划的具体落实需要具体的管理计划来贯彻执行。

3.1.3.3 按范围划分

人力资源规划按范围可分为整体的人力资源规划、部门规划和项目计划3种。

整体的人力资源规划 是指在整个酒店范围内进行的规划，它将酒店的所有部门都纳入规划的范围之内。

部门规划 是指各业务部门的人力资源管理活动计划。它包括各种职能部门制定的职能计划，如市场营销部门的培训计划、技术部门的人员补充计划、人力资源部门的员工招聘计划等。

项目计划 是某项具体任务的计划，它是针对人力资源管理活动的特定内容所做出决策的计划，项目计划是为某种特定任务而制定的，如项目人员的培训计划。

3.1.4 人力资源规划的内容

人力资源规划的内容主要分2个层次，一个层次是酒店的人力资源规划，即人力资源总体规划；另一个层次是人力资源的各项具体业务规划。

3.1.4.1 人力资源的总体规划

人力资源的总体规划是指在酒店的总体战略目标的指导下，在一个计划期内人力资源开发的总目标、总战略、总措施及总预算的安排。人力资源规划的各项具体业务规划是人力资源总体规划的展开和具体化。

一个酒店的人力资源规划与酒店的总体战略目标相一致，人力资源规划的制订，主要是为达到酒店的总体战略目标，另外，人力资源规划的制订，与工作分析及酒店内外部环境分析密切相连，如果工作分析和内外部环境分析工作没有做好，那么，要制订一份理想的人力资源规划也是不现实的。

3.1.4.2 酒店人力资源规划及其各项业务计划

一个完整的人力资源规划，不仅包括在未来的环境变化中人力资源的需求和供应状况，还要包括其各项业务规划。它们与人力资源的总体规划共同构成了一个酒店的人力资源规划。

（1）人力资源规划项目

人力资源规划项目见表3－1。

表3－1 人力资源规划项目

规划或计划类别	目标	政策或办法、制度	步骤	预算
总体规划	总目标：人员的层次、年龄、素质结构、人员总量及分类、绩效目标，战略性人才培养目标等	基本政策（扩员或收缩政策，人才培养政策，改革稳定政策，管理方式及职责等）	总安排（如何利用3年、5年或10年的时间来达到上述目标）	总预算
人员补充计划	类型与数量、结构、绩效	人员来源、人员的资格标准	补充的基本要求与文件拟定，广告，报名，考试，面谈，录用	招聘、选拔的费用
人员配备和使用	部门编制、人力资源结构优化、职位匹配、各部门定岗定员的标准，绩效考评目标，轮岗制度目标	任职资格考试办法，聘用制度，解聘方法，职位轮换的轮岗考核制度，范围和时间	按左列内容列出时间表	按使用规模、类别和人员状况决定工资、福利、奖酬预算
人员接替和提升计划	后备人员数量的保持、人员结构的改善	选拔标准、提升比例、未提升人员的安置	按左列内容列出时间表	职位变动引起的工资变动
员工教育培训计划	长期培训计划目标，素质提高与层次提高，短期培训计划目标，技能提高，新观念的培育等	培训计划的安排、培训时间、地点和效果的保证、考核的方法与对培训获证的资格认定程序与办法	按左列内容列出时间表	培训费用及间接误工费
员工职业开发与职业发展计划	提高员工的业务水平，提高工作效率、提供内部的供给、减少离职跳槽率，激励和提高满意度	未来开发政策，员工发展终身教育计划	按左列内容列出时间表	教育培养经费，考察调研费
绩效评估与激励计划	减少离职业与跳槽率，提供绩效评估目标，提高士气与信心	激励政策，激励方式，奖励政策，工资政策，评估考核体系与办法	按左列内容列出时间表	工资预算，奖金预算
劳动关系及员工参与、团队建设计划	员工关系改善，提高员工主人翁意识与工作满意度、团队目标导向	参与管理的政策与办法，“合理化建议”奖励办法、团队建设的政策与措施、民主管理、加强沟通	按左列内容列出时间表	群众性团组活动的经费支持，奖励基金法律诉讼费用
老职工安排计划	减低老龄化程度，提高业务水平，降低劳动力成本，发挥业务骨干的帮教作用	退休政策，解聘程序，聘用担任顾问，调研员、督导员的政策方法	按左列内容列出时间表	安置费，人员重置费，津贴等

(2) 部分业务性的人力资源计划

招聘计划 包括需要的人员的类别、数目、时间；特殊人力的供应问题与处理方法；招聘地点、招聘方法和渠道；拟定录用条件，如工作地点、业务种类、工资、劳动时间、生活福利等；成立招聘小组；招聘广告、招聘预算；制定招聘进度表，包括开始日期、招聘地点、招聘人员，招聘准则，招聘预算。

人员接替和提升计划 现有员工能否升迁；现有员工经培训后是否适合升迁；过去酒店内的升迁渠道与模式；过去酒店内的升迁渠道与模式的评价，以及它对员工进取心、酒店管理方针政策的影响。

人员裁减计划 人员裁减的对象、时间、地点；经过培训是否可避免裁减；帮助裁减对象寻找新工作的具体步骤与措施；裁减的补偿；其他有关问题。

员工培训计划 培训的目的和意义；培训需求分析；所需培训的员工的数量、内容、时间、方式和地点；培训预算；培训评估与反馈。

生产率提高计划 生产率提高与人力资源的关系；建立生产率指标，提供具体的目标；劳动力成本对生产率提高的影响；提高劳动生产率的措施。

3.2 酒店人力资源规划流程

经济的全球化和一体化是酒店发生战略性变化的驱动力。酒店是与国际接轨最多、最快的行业。为了在这种激烈的竞争中获得成功，酒店的宗旨、价值观念、战略以及酒店文化都将发生变化。酒店任何一个方面的变化都会带动其他方面的变化，所有的这些变化都会对员工的行为产生深远影响。根本性的战略变化都将伴随着一定的混乱。实际上，仅有少数的酒店能够在这种混乱状态下获得成功。而大多数酒店努力通过实行新的秩序及系统性的规划获得成功。当今由于环境如此戏剧性地发生变化，人力资源规划也变得更加富有活力，而且更加集中地表现在战略性的问题上。

战略性人力资源规划要求规划主体在酒店愿景（所向往的前景）、酒店目标和战略规划的指引下针对人力资源活动的特点，战略性地把握人力资源的需求与供给，站在战略的高度动态地对人力资源进行统筹规划，努力平衡人力资源的需求与供给，从而促进酒店目标的实现。人力资源规划的程序主要包括以下几个环节。

3.2.1 酒店人力资源规划流程

(1) 认识酒店愿景、酒店目标和战略规划

人力资源战略规划主体只有充分认识酒店愿景、酒店目标和战略规划，他（她）们所制定的人力资源规划方案才能够有效地协调人力资源活动和酒店活动，保证人力资源规划的实施能够促进酒店实现其酒店愿景和酒店目标。

(2) 认识酒店目标对人力资源活动的影响

人力资源规划主体在充分认识酒店愿景、酒店目标和战略规划的前提下，还必须认识到酒店目标对人力资源活动的影响，从而有针对性地开展相应的人力资源规划活动，制订相应的人力资源规划方案以协调和支持战略规划的实施，从而促成酒店愿景和酒店目标的实现（图3-1）。

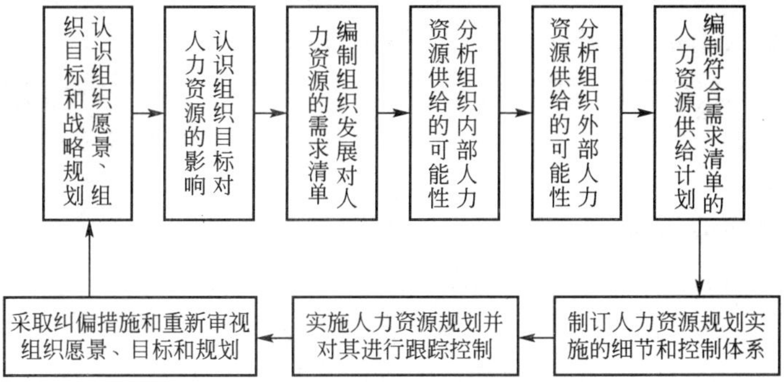

图3-1 人力资源规划流程

(3) 编制组织发展对人力资源的需求清单

人力资源的2个任务之一就是获取未来人力资源的需求清单。在编制未来人力资源需求清单时应当运用统筹的方法，系统地、动态地考虑由于职位变动和组织发展而导致的人力资源需求。

有效的人力资源规划不仅要预测出在未来一定时期内对人力资源数量的需求状况，而且还要对人力资源需求的种类做出预测。人力资源规划是对人员数量及质量的预测。在此预测过程中不仅需要运用量化工具，而且还将涉及大量的人为判断。显而易见的是，人力资源的需求与酒店所选择的战略方向紧密相关，如酒店处于发展模式还是在未来的几年内将处于萎缩。特别是在迅速变化的市场竞争环境下，酒店需要什么类型的人，需要多少这种类型的人是酒店所面临的比较头痛的问题。对人力资源需求的预测可以采取从上到下，或由下至上策略。在所有的情形下，都需要人力资源部经理和各部门经理的通力合作以及酒店员工的全员参与。

(4) 分析组织内部人力资源供给的可能性

人力资源的供给预测主要是解决目前我们拥有多少员工，拥有什么样的员工，即这些员工具备什么样的技能、经验和能力的问题。这个阶段不仅仅局限于现有员工的数量问题上。

人力资源规划主体在编制人力资源需求清单之后应当分析组织内部人力资源供给的可能性，编制内部人力资源供给清单。人力资源规划主体在分析组织内部人力资源供给的可能性时主要有以下3种方法：建立“技能清单数据库”；利用“职位置换图”；制订“人力持续计划”。

(5) 分析组织外部人力资源供给的可能性

当组织内部的人力资源供给无法满足组织未来的人力资源需求时，人力资源规划主体就应当审视组织外部人力资源供给能够满足组织未来人力资源需求的可能性，编制外部人力资源供给清单，从而主动地利用组织外部的条件来支持战略计划的实施，促成组织愿景和组织目标的实现。

(6) 编制符合人力资源需求清单的人力资源供给计划

人力资源规划主体在充分认识组织未来人力资源需求和组织内部与外部人力资源供给可能性的基础上，就应当着手编制人力资源供给计划，平衡组织未来人力资源的需求与供给，从而为组织战略规划的实施提供人力资源方面的支持。

(7) 制订人力资源规划的实施细则和控制体系

人力资源规划的实施本身需要一套严格的实施细则和控制体系，这样人力资源规划的实施才能够具备相应的控制方法、控制标准以及纠偏措施。

(8) 实施人力资源规划并对其进行跟踪控制

人力资源规划的实施细则以及控制体系建立以后，就可以着手进行人力资源规划的实施，在实施过程中应当进行实时跟踪控制，保证人力资源活动不致偏离战略规划的轨道。

(9) 采取纠偏措施和重新审视组织愿景、目标和规划

人力资源规划是一个具有闭环特征的程序，因此在实施过程中应当对其进行及时跟踪，及时发现偏差，并采取相应的纠偏措施，从而保证人力资源规划与战略规划保持协调一致。人力资源规划应当持续地审视组织愿景和组织目标，保证人力资源规划能够有利于组织愿景和组织目标的实现，提高自身运作的有效性。

由于组织所处的环境是一个不断变化的动态环境，组织的内外部存在着许多不确定的因素，因此，组织的战略目标及相应的战术策略都要随之发生变化，这样，就促使组织的人力资源规划也必须不断地进行变化；另外在人力资源规划实施过程中也会出现许多问题，需要对人力资源规划进行适当的修订和调整。

最后需要强调的是酒店在制订人力资源规划之前，需要重新审视酒店的战略、流程和组织结构的设置，梳理岗位信息。制订规划时，必须结合业务发展计划和工作分析结果，即职位说明书及组织操作手册进行，切忌简单问题复杂化。最后，还应在科学的人力资源规划方案基础上，进行相应的员工职业生涯规划和培训规划，设计客观的薪酬体系和绩效考核体系，为酒店的持续性发展提供有价值的人力资源开发系统。人力资源规划的制订不是一成不变的，它要随着主客观条件的变化随时调整。那么，对人力资源规划的评估就显得尤为重要。人们只注重人力资源规划的制定和实施，而忽略了对人力资源规划的评估和反馈工作。在对人力资源规划进行评估时，我们可以采取由上至下，或由下至上的全员参与策略进行广泛调查，要有一个客观、公正、公开、公平的处事态度，要广泛征求组织内部各部门领导者的意见。

3.2.2 人力资源政策的制订

(1) 人力资源（短缺时）政策的制订

在酒店人力资源数量短缺的情况下，可以通过以下途径加以解决。

- 人员调配、培训内部员工、把内部富余人员安排到人员短缺的岗位上；
- 培训内部员工；
- 加班；
- 聘用兼职人员；
- 聘用临时人员；
- 转包；
- 减少工作量；
- 添置新设备，用设备来弥补人员的短缺。

(2) 人力资源（过剩时）政策的制订

在酒店人力资源数量过剩的情况下，可以通过以下途径加以解决。

- 扩大现有业务量；
- 提前退休；

- 降低工资；
- 培训员工；
- 减少福利；
- 鼓励员工辞职；
- 减少每个员工的工作时间；
- 临时下岗；
- 辞退员工。

3.2.3 制订人力资源规划时应注意的问题

人力资源部经理在做人力资源规划前，必须思考3个层次的问题：第1层次，酒店的发展目标是什么？为实现这一目标，人力资源如何进行代谢和替换？组织结构如何变化？第2层次，我们的人力资源现状如何？在人力资源方面有何需求？如果存在用人短缺如何补足？第3层次，酒店是否有足够的员工？酒店是否合理利用了现有的员工？酒店是否需要开发现有员工的技能？因此，人力资源经理在制订人力资源规划时应注重过程，应站在一定的战略高度上考虑这些问题，还应掌握变通的原则。

（1）过程比结果重要

在管理习惯上，东方人比西方人更强调结果而不是过程。经常会听见大老板威严地指示："我只要结果，其他的我不管。"其实，对于很多酒店来说，只问结果不问过程的管理方式，是一种不负责任的管理方式，是酒店管理的懒汉哲学。没有过程，就没有结果；有什么样的过程，就有什么样的结果；当过程不可控时，结果也就自然不可控。一般情况下，除了创造发明之类的科研工作，管理者应重视通过过程管理来确保预期的结果，而不是一味的"生死有命，富贵在天"。

（2）战略比技术重要

伴随国际化的浪潮，有的人对"数字管理"趋之若鹜，过分迷恋于量化模型。这种舍本逐末的规划，必然缺少人力资源具体职能与战略的衔接，缺少基于战略的系统思考。而战略性的人力资源规划的重点不是为技术而技术，为定量而定量，它更侧重于研究酒店人力资源的使命、愿景与战略目标，以及实现战略目标的人力资源策略和行动方案。

某大型商业银行制定的人力资源策略

1. 以"竞争型"策略为主导，鼓励平等竞争和淘汰更新。
2. 在制度管理的基础上，渗透融合人性化管理和文化管理。
3. 因事择人，强调业绩、能力和发展潜力。
4. 近期人力补充以外聘为主，长期立足于内部培养。
5. 总行人才强调专业化、国际化，分行人才强调市场化、本土化。
6. 单位主要负责人以"复合型"为主导，其余以"专家型"为主导。
7. 重点关注高端人才、中层核心骨干和基层潜力人才，作为引进、选拔、培养的重点。

这些策略是否实用，不在于是否有严密的逻辑推理和数学论证，而在于是否符合公司战略导向，在于是否有相应的配套措施。人力资源规划需要宏观的战略思维，需要在不确定环境中做出选择，需要较强的开拓精神。

(3) 变通比规则重要

人力资源规划通常以5年或3年为周期，其主要意义在于方向性和前瞻性。在规划的执行过程中，规划制定时所依据的内外环境随时都在变化之中。再完美的规划，也不可能预估一切。规划的实用性总是相对的，不是绝对的。比较可行的办法是，与酒店“5年规划”配套拟订相应的人力资源5年规划，然后每年拟订“3年滚动规划”，使规划成为一个滚动的连续的循环。

3.3 酒店人力资源预测

人力资源需求预测是指酒店为实现既定目标而为未来所需要员工种类、数量和质量的估算。

3.3.1 人力资源的需求预测

3.3.1.1 人力资源需求预测步骤

人力资源需求预测分为现实人力资源需求预测、未来人力资源需求预测和未来流失人力资源需求预测3个部分。人力资源预测的典型步骤包括：

第一，根据职位分析的结果，来确定职位编制和人员配置；

第二，进行人力资源盘点，统计出人员的缺编、超编及是否符合职位资格的要求；

第三，将上述统计结果与部门管理者进行讨论，修正统计结果；

第四，该统计结果为现实人力资源需求；

第五，对预测期内退休的人员进行统计；

第六，根据历史数据，对未来可能发生的离职情况进行预测；

第七，将步骤第五和第六统计和预测结果进行汇总，得出未来流失人力资源数量；

第八，根据酒店发展规划，如酒店发展战略，确定各部门的工作量；

第九，根据工作量的增长情况，确定各部门还需要增加的职位及人数，并进行汇总统计；

第十，该统计结果为未来增加的人力资源需求；

第十一，将现有人力资源需求、未来流失人力资源数量和未来人力资源需求汇总，即得酒店整体人力资源需求预测。

通过人力资源需求预测的步骤，就可以预测出酒店的人力资源需求。在实际的操作中，应分别对酒店的短期、中期和长期人力资源需求进行预测。预测的准确性，可以用预测结果与实际结果对照，不断修正、调整，使预测结果与实际结果相接近。

3.3.1.2 人力资源需求预测方法

(1) 总体需求结构分析预测法

总体需求结构分析预测法是指未来一段时间内需要的人力资源。*NHR*指未来一段时间内需要增减的人力资源。

总体需求结构预测法可以用下面公式来表示：

$$NHR = P + C - D$$

式中 NHR——指未来一段时间内需要增减的人力资源；

P——指现有的人力资源；

C——指未来一段时间内需要增加的人力资源；

D——指由于技术提高或设备改进后节省的人力资源。

例如，某酒店现有员工 300 人，在 1 年后打算推出特色商务服务，预计需增加 25 人；同时由于新技术的应用，预计可节省 10 人。现求 1 年后该酒店的人力资源需求。

$$\begin{aligned} NHR &= P + C - D \\ &= 300 + 25 - 10 \\ &= 315\ (\text{人}) \end{aligned}$$

（2）人力资源成本需求分析预测法

人力资源成本需求分析预测法是从成本的角度来进行预测，其公式如下：

$$NHR = \frac{TB}{(S + BN + W + O) \times (1 + \alpha\% T)}$$

式中 NHR——指未来一段时间内人力资源；

TB——指未来一段时间内人力资源每月的预算总额；

S——指目前每人的平均工资；

BN——指目前每人的平均奖金；

W——指目前每人的平均福利；

O——指目前每人的平均其他支出；

$\alpha\%$——指酒店计划每年人力资源增加的平均百分数；

T——指未来一段时间的年限。

例如，某酒店 2 年后人力资源预算总额是每月 300 万元，目前每人每月的工资是1000 元，平均奖金是2000 元，平均福利是医药50 元，其他支出是80 元。年增长率是5%。现求该酒店 2 年后的人力资源需求。

$$\begin{aligned} NHR &= \frac{TB}{(S + BN + W + O) \times (1 + \alpha\% T)} \\ &= 3\ 000\ 000/[(1000 + 2000 + 250 + 80) \times (1 + 5\% \times 2)] \\ &= 819(\text{人}) \end{aligned}$$

（3）比例分析法

酒店中各部门的人员数量都有相互配比的大致比例关系。例如，酒店的前台人员、餐厅人员、客房人员、管理人员等人员数量与酒店的规模、星级、类型、经营特色等直接相关，因此，可按同等酒店的经验数量与比例确定。如一般情况下，酒店客房部门的员工占酒店员工总人数的 20% ~30%，餐饮部门的员工占 40% ~50%；酒店员工总人数与酒店客房数的比例一般在 1∶1.5 ~1.2 左右。这是一种简便易行的预测方法。

另外，也可以根据酒店各部门、各工作班组的劳动任务分析其工作量，在制定劳动定额的基础上，按照一定比例来确定定员人数。在酒店中，它主要运用于客房、餐厅、厨房、洗衣等部门的定员编制。如客房可以根据劳动定额规定每个服务员每天负责多少房间，然后根据这一比例确定整个客房部门的定员编制；餐厅可以根据劳动定额规定每个服务员每天看管几张台面，然后按劳取酬的比例编制每个餐厅的定员人数，各餐厅人数相加，就是餐饮部门餐厅服务员的定员人数。

（4）人力资源发展趋势分析预测法

人力资源发展趋势分析预测法是利用过去的员工人数，预测未来组织人力资源的需求。采用这种方法的关键是根据酒店的经营情况选择一个对员工人数有重要影响的预测变量，如酒店最常用的预测变量为可供出租的客房数量。可供出租的客房数量与员工人数之间的关系为正比例。当可供出租的客房数量增加时，员工人数也随之增加。利用这样方法，人力资源部门就可以根据下一阶段大致的可供出租的客房数量近似估计出所需的员工数量。

（5）简单的单变量预测模型（一元线性回归分析）

简单的单变量预测模型仅考虑人力资源需求本身的发展情况，不考虑其他因素对人力资源需求量的影响，他以时间或产量等单个因素作为自变量，以人力数为因变量，且假设过去人力的增减趋势保持不变，一切内外影响因素也保持不变。使用此模型的前提是产出水平同人员需求量的比例不一定。假设以时间作为自变量，预测议程为：

$$y = aBX + \$$$

式中 y——人员数量；

X——时间；

a、B——常数；

$\$$——随机变量，其平均值为0。

（6）多元回归预测法

多元回归预测法同样是一种建立在统计技术上的人力资源需求预测立法。与其他预测法不同的是，它不只考虑时间或产等单个因素，还考虑了2个或2个以上因素对人力资源需求的影响。多元回归预测法不是单纯地依靠拟合方程、延长趋势线来进行预测，更重视变量之间的因果关系。它运用事物之间的各种因果关系，根据多个自变量的变化来推测各变量的变化，而推测的有效性可通过一些指标来加以控制。

人力资源需求的变化总是与某个或几个因素有关，通常都是通过考察这些因素来预测人力资源需求情况。首先应找出与人力资源需求量有关的因素作为变量，如销售量、生产水平、人力资源流动比率等，然后找出历史资料中的有关数据以及历史上的人力资源需求量，要求至少20个样本，以保证有效性。对这些因素利用EXCEL、SPSS等统计工具中的多元素回归计算来拟合出方程，利用方程进行预测。在多元回归计算比较复杂，手工计算耗时多，易出错，使用计算机可避免这些因素对准确性的影响。

（7）劳动生产率分析法

这是一种通过分析和预测劳动生产率，进而目标生产/服务预测人力资源需求量的方法。因此，这种方法的关键部分是如何预测劳动生产率。如果床头柜生产率的增长比较稳定，那么预测就比较方便，使用效果也较佳。

（8）劳动定额法

劳动定额法，是对劳动者在单位时间内应完成工作量的规定，在已知酒店计划任务总量及制定了科学合理的劳动定额的基础上，运用劳动定额法能较准确地预测酒店人力资源需求量。公式：

$$N = \frac{W}{q(1 + R)}$$

式中 N——人力资源需求量；

W——计划期任务总量；

q——酒店现行定额；

R——部门计划期内生产率变动系数。$R=R_1+R_2+R_3$；R_1 为酒店技术进步引起的劳动率提高系数；R_2 为经验积累导致的劳动率提高系数；R_3 为由年龄增大及某些社会因素引起的生产率降低系数。

（9）趋势外推法

趋势外推法又称时间序列预测法，是按已知的时间序列，用一定方法向外延伸，以得到现象未来发展趋势。具体又分为直接延伸法、滑动平均法 2 种。

直线延伸法 是酒店人力资源需求量在时间上表现出的明显均等延伸趋势的情况下才运用。可由需求线直接延伸得出未来某一进点的酒店人力资源需求量。

滑动平均法 一般是在酒店人力资源需求量的时间序列呈不规则、发展趋势不明确时，采用滑动平均数进行修匀的一种趋势外推法。它假定现象的发展情况与较近一段时间情况有关，而与较远的时间无关，以近期内现象的已知值的平均值作为后一期的预测值。主要适用于短期预测。

（10）生产函数模型法

最典型的函数模型是柯布－道格拉斯（C0bb-Douglas）函数模型。模型如下：

$$Y=A(t)L^{\alpha}k^{\beta}\mu$$

式中 Y——总产出水平；

$A(t)$——总生产率系数（近似于常数）；

L——劳动力投入量；

α、β——分别为劳动和资金产出弹性系数，且 $|\alpha|+|\beta|\leqslant 1$；

μ——对数正态误差误差项。

一旦先预测出酒店在 t 时间的产出水平和总额，即可得到在 t 时刻酒店人力资源需求量。但对酒店来说，这是一个比较复杂的过程，因为 $A(t)$、α、β 的确定是一件比较困难的事，有条件的大酒店可以考虑此方法。

（11）计算机模拟法

计算机模拟法是进行人力资源需求预测各种方法中最为复杂的一种方法，也是相对比较准确的方法。这种方法是在计算机中运用各种复杂的数字模型对在各种情况下酒店组织人员的数量和配置运转情况进行模拟测试，从模拟测试中得出各种人力资源需求的方案以供组织选择。

计算机模拟法综合运用了以上的一些预测方法，需要系统软件的开发，我国国内酒店目前还没有开发公众的人力资源规划软件系统，此方法还有待进一步成熟。

（12）现状规划法

人力资源现状规划法是一种最简单的预测方法，较易操作。它是假定酒店保持原有的生产和生产技术不变，则酒店的人力资源也应处于相对稳定状态，即酒店目前各种人员的配备比例和人员的总数将完全能适应预测规划期内人力资源的需要。在此预测方法中，人力资源规划人员所要做的工作是测算出在规划期内有哪些岗位上的人员将得到晋升、降职、退休或调出本组织，再准备调动人员去弥补就行了。

(13) 德尔菲法

德尔菲法是一种依靠管理者主观判断的预测方法。“德尔菲”一词源于希腊的地名，此地有太阳神阿波罗神庙。古希腊神话中传说阿波罗能预知未来。它起源于19世纪40年代的兰德公司。这种方法是由有经验的专家或管理者对某些问题分析或管理决策进行直觉判断与预测，其精度取决于预测者的经验和判断力，也称“专家征询法”或“整体预测法”。

德尔菲法的具体做法是：专家以拟名的方式提出各自的预测，调查组织者综合专家们的上述意见，并再次提供给专家，如此反复，直到形成可行的、一致的预测结果。

(14) 描述法

描述法是人力资源规划人员可以通过对本酒店组织在未来某一时期的有关因素的变化进行描述或假设，并从描述、假设、分析和综合中对将来人力资源的需求进行预测规划。由于这是假定性的描述，因此人力资源需求就有几种备择方案，目的是适应和应付环境因素的变化。

(15) 经验预测法

经验预测法就是酒店根据以往的经验对人力资源进行预测的方法。酒店经常用这种方法来预测本组织对将来某段时间内对人力资源的需求。

因为此方法是根据以往的经验来进行预测，预测的效果受经验的影响较大。因此，保持酒店历史档案，并采用多人集合的经验，可以减少误差。这种方法适用于技术较稳定的酒店的中、短期人力资源预测规划。

3.3.1.3 各种预测方法对比

各种预测方法对比见表3-2。

表3-2 各种预测方法对比

方法分类	方法	使用条件	特点	应用范围
人力资源需求预测定性方法	现状规划法	酒店各岗位上需要的人员都为原来的人数，它要求酒店特别稳定，技术不变，规模也不变等	预测方法简单，比较容易操作	适用于短期人力资源规划预测
	经验预测法	保持酒店历史的档案，并采用多人集合的经验，可以减少误差	预测的影响受经验影响较大	适用于技术较稳定的酒店的中、短期人力资源预测规划
	分合性预测法	该方法要求在人事部门或专职人力资源规划人员的指导下，进行预测	采取先分后合的预测方法。有较大的局限性	比较适用于中、短期的预测规划
	德尔菲法	有经验的专家或管理售货员对某些问题分析和管理决策进行直觉判断与预测；预测人员应具有提出简单明了的问题和如何将专家的意见归纳总结的能力	技术比较准确，在预测方法中享有一定的权威	它常用来预测和规划因技术的变革带来的对各种人才的需求。适合于大型酒店中、长期的预测规划

（续）

方法分类	方法	使用条件	特点	应用范围
人力资源需求预测定量方法	趋势外推法	酒店比较稳定	对初步预测很有价值；但有很大的局限性	它常用来预测和规划因技术的变革带来的对各种人才的需求。适合于大型酒店中、长期的预测规划
	一元线性回归分析法	预测时一定要选取与人力资源需求量相关的变量；预测出的结果一定要检验	是比较精确的预测方法，但预测的准确程度与相关变量的选取有很大的关系	适合于中、短期的预测
	多元线性回归分析法	预测时一定要选取与人力资源需量相关的变量；预测的结果一定要检验	多个变量对人力需求有影响	该方法在酒店预测中经常使用
	计算机模拟法	需要系统软件开发	方法复杂；相对预测结果准确；综合其他预测方法	适合大型酒店的中、长期人力资源规划

3.3.1.4 人力资源需求预测时应坚持的原则

在进行人力资源需求预测时，选择适合本酒店的需求预测方法是最为重要的。具体说来，有以下几个原则。

（1）定性与定量方法的结合应用

在酒店规模扩大，对人力资源需求影响因素较多时，只凭以往的经验和少数人人判断来定性地预测酒店的人力资源需求是危险的；而刻板地只套用定量方法模型而不顾酒店的具体因素不仅有可能使需求预测任务不必要地复杂，而且可能出现严重脱离实际的预测产生。相反，灵活地将定性和定量方法相结合常常会产生科学合理符合实际的预测结果。

（2）定量方法的选择和应用要经过严格的检验步骤

由于定量方法的模型往往会涉及众多的变量和参数，其变量的选择和参数的制定必须经过多次的试验才能确定其正确有效，从而保证整个模型的科学可信。

（3）切忌认为预测模型越复杂就越科学

对于一个具体的酒店，其人力资源需求预测模型的合适与否关键在于该模型对于这个酒店是否有效。如果复杂模型考虑的众多因素中有些因素对这个的人力资源需求状况并不产生影响，其预测结果肯定是事倍功半的。

3.3.2 人力资源供给预测

人力资源供给预测是指酒店为了实现其既定目标，对未来一段时间内酒店内部和外部各类人力资源补充来源情况的预测。

3.3.2.1 人力资源供给预测步骤

人力资源供给预测是一个比较复杂的过程，它的步骤也是多样化的，但典型的步骤包括：

第一，酒店现有的人力资源进行盘点，了解酒店员工状况；

第二，分析酒店的职位调整政策和历史员工调整数据，统计出员工调整的比例；

第三，向各部门的人事决策者了解可能出现的人事调整情况；

第四，将第二步骤和第三步骤的情况进行汇总，得出酒店内部人力资源供给预测；

第五，分析影响外部人力资源供给的地域性因素包括：酒店所在地的人力资源整体状况；酒店所在地的有效人力资源的供求现状；酒店所在地对人才的吸引程度；酒店薪酬对所在地人才的吸引程度；酒店能够提供的各种福利对当地人的吸引程度；酒店本身对人才的吸引程度。

第六，分析影响外部人力资源供给的全国性因素，包括全国相关专业的大学生毕业人数及分配情况、国家在就业方面的法规和政策、该行业全国范围的人才供需状况、全国范围从业人员的薪酬水平和差异；

第七，根据第五步骤和第六步骤的分析，得出酒店外部人力资源供给预测；

第八，将酒店内部人力资源供给预测和酒店外部人力资源供给预测汇总，得出酒店人力资源供给预测。

3.3.2.2　人力资源内部供给预测方法

(1) 内部员工流动可能性矩阵表

酒店内部员工每年都是流动的，了解流动的趋势可以知道人力资源内部供应量。在表3-3中工作级别从A到I由高到低进行排序。起始时间是前年，终止时间是去年，此图为员工流动调查图。表中的数字以百分比。1.00表示在这个时间段内该工作级别的人员未流动；CB为0.16，CC为0.76，CD为0.04分别表示在这个时间段内，这个级别的人员由C级晋升到B级的有16%，人员留住76%；由C级降到D级的有4%，4%流出酒店，依此类推。从矩阵图中，我们可以看出员工流动的趋势，其中I岗上流出的人最多，高达30%，其次是E岗，占10%；D岗只有晋升。

表3-3　内部员工流动可能性矩阵表

流动率(%)		工作级别（终止时间）									流出率(%)	总量
		A	B	C	D	E	F	G	H	I		
工作级别起始时间	A	1.00									—	1.00
	B	0.15	0.80								0.05	1.00
	C		0.16	0.76	0.04						0.04	1.00
	D		0.01	0.23	0.73						0.03	1.00
	E					0.85	0.05				0.10	1.00
	F					0.25	0.65	0.05			0.05	1.00
	G						0.40	0.50	0.03		0.07	1.00
	H						0.02	0.15	0.75		0.08	1.00
	I								0.20	0.50	0.30	1.00

（2）马尔可夫分析矩阵表

马尔可夫分析矩阵图与内部员工流动可能性矩阵图有相似之处，但较前者更清楚一点。除提供留任率、晋升率和降职率外，还增加了各岗位现任员工数量，因而利用马尔可夫分析矩阵图可预测将来某时期各岗位员工的数量。从现任者应用矩阵来看，表3－4中A岗位原有员工60人到AA便只有42人；到AB有6人；到了AC有3人；流出人数为9人，以此类推。

表3－4 马尔可夫分析矩阵表

流动可能性矩阵表						
流动率（%）		工作级别（终止时间）				
		A	B	C	D	流出率（%）
工作级别（起始时间）	A	0.7	0.10	0.05	0	0.15
	B	0.15	0.60	0.05	0.10	0.10
	C	0	0	0.80	0.05	0.15
	D	00	00	0.05	0.85	0.10

现任者应用矩阵						
	原有员工人数（人）	A	B	C	D	流出人数（人）
A	60	42	6	3	0	9
B	75	11	45	4	8	7
C	50	0	0	40	2	8
D	45	0	0	2	38	5
终止期员工人数（人）	—	52	51	49	48	29

（3）继任卡法

继任卡法（也叫管理人员替代法），就是通过一张管理人员替代图来预测酒店内部的人力资源供给情况。在管理人员替代图中要给出部门、职位全称、在职员工姓名、职位（层次）、员工绩效与潜力等各种信息，依次来推算未来的人力资源变动趋势（见表3－5）。

表3－5 继 任 卡

B 前厅部经理				
C（37岁）	D（吴朝勇）			E（5年）
C1（35岁）	1	D1 周新	B1 大堂经理	A1 乙
C2（30岁）	2	D2 朱明	B2 大堂经理	A2 丙
C3（26岁）	3	D3 陈小东	B3 前台主管	A3 丙
CE（35岁）紧急继任者　DE 周新　BE 大堂经理				

它的典型步骤包括：确定人力资源规划所涉及的工作职能范围；确定每个关键职位上的接替人；评价接替人选的工作情况和是否达到提升的要求；了解接替人选的职业发展需要，并引导其将个人的职业目标与组织目标结合起来。

这种方法是对现有管理人员的状况进行调查、评价后，列出未来可能的管理人选，又称为管理者继承计划。管理人员接替图主人涉及的内容是对主要管理者的总的评价：主要管理人员的现有绩效和潜力，发展计划；所有接替人员现有绩效和潜力。其他关键职位上的现职人员的绩效、潜力及对其评定意见。

（4）技能清单

技能清单是反映员工工作记录和工作能力特征的列表（如表3－6所示）。这些能力特征包括培训背景、以往的经历、持有的证书、已经通过的考试、主管的能力评价等。技能清单是对员工的实际能力的记录，可帮助人力资源规划人员估计现有员工调换工作岗位的可能性，以及确定哪些员工可以补充当前的岗位空缺。

表3－6　某酒店管理人员技能清单

<table>
<tr><td>姓　　名</td><td>部门</td><td>到职日期</td><td>来源</td><td>出生年月</td><td>最高职称</td></tr>
<tr><td rowspan="5">教育背景</td><td>类别</td><td>学位种类</td><td>毕业日期</td><td>学校</td><td>主修科目</td></tr>
<tr><td>高中</td><td></td><td></td><td></td><td></td></tr>
<tr><td>大学</td><td></td><td></td><td></td><td></td></tr>
<tr><td>硕士</td><td></td><td></td><td></td><td></td></tr>
<tr><td>博士</td><td></td><td></td><td></td><td></td></tr>
<tr><td rowspan="4">训练背景</td><td colspan="2">训练主题</td><td colspan="2">训练机构</td><td>训练时间</td></tr>
<tr><td colspan="2"></td><td colspan="2"></td><td></td></tr>
<tr><td colspan="2"></td><td colspan="2"></td><td></td></tr>
<tr><td colspan="2"></td><td colspan="2"></td><td></td></tr>
<tr><td>技　　能</td><td colspan="3">技能种类</td><td colspan="2">证书</td></tr>
<tr><td>评　　价</td><td colspan="5"></td></tr>
<tr><td rowspan="2">需要何种培训</td><td colspan="5">改善目前的技能和绩效：</td></tr>
<tr><td colspan="5">提高晋升或需要的经验和能力：</td></tr>
<tr><td>目前可晋升或流动至何岗位</td><td colspan="5"></td></tr>
</table>

技能清单的一般用途，包括晋升人选的确定、管理人员接续计划、对特殊项目的工作分配、工作调配、培训、薪资奖励计划、职业生涯规划和酒店结构分析等。成员频繁调动、经常组建临时性团队或项目组的酒店，技能清单中应该包括所有的员工。而那些主要用技能清单来制定管理人员接续计划的酒店，可以只包括管理人员。

（5）人员核查法

人员核查法是通过酒店现有人力资源数量、质量、结构在各位置上的分布状态进行核查，从而掌握酒店可供调配的人力资源拥有及其利用潜力，并在基础上，评价当前不同种类员工的供应状况，确定晋升和岗位轮换的人选，确定员工特定的培训或发展项目的需求，帮助员工确定职业开发计划与职业生涯的规划。

操作步骤：对组织的工作职位进行分类、划分其级别；确定每一职位每一级别的人数。

例如，某酒店把酒店员工划分为A管理类、B技术类、C服务类和D操作类4类职系，每类职系4个级别，其员工状况可以用表格的形式表示出来（如表3－7所示）。

表3－7　酒店人力资源的现状

级　别	类　别			
	A	B	C	D
1	2	3	2	23
2	9	11	7	79
3	26	37	19	116
4	61	98	75	657

从表3-7中可以看出，此酒店的管理类员工的一级员工为2个，二级员工为9个，三级员工为26个，四级员工为61个，其他技术类、服务类和操作类员工与此完全一样。表中各类员工的分布状况相当明朗。

3.3.2.3 酒店内部供给预测方法比较（表3-8）

表3-8 酒店内部供给预测方法比较

	特　点	适用范围	不　足
技能清单	预测员工的个人技能	一般应用在晋升人选的确定、管理人员持续计划、对特殊项目的工作分配等	不适合大范围、频繁调动的人力资源预测
人员核查法	人员核查法是一种静态的人力资源供给预测技术，不反映组织未来人力资源的变化	对组织中现有的人力资源质量、数量、结构和在各职位上的分布状态进行核查	在大型酒店的人力资源供给预测中，存在很大的局限性
管理人员替代法	直观、简单、有效	针对酒店管理人员供给预测的方法	应根据酒店变动进行及时的调整
马尔可夫预测法	是一种转换概率矩阵，使用统计技术预测未来的人力资源变化。可以作为预测内部劳动力供给的基础	不仅可以处理员工类别简单的组织中的人力资源供给预测问题，也可以解决员工类别复杂的大型组织中的内部人力资源供给预测	这种方法的精确性与可行性还需要进一步研究

3.3.2.4 酒店外部供给预测

酒店外部人力资源供给预测主要是预测未来几年中外部劳动力市场的供给情况，它不仅要调查整个国家和组织所在地域的人力资源供给情况，队还要调查同地区其他酒店对人力资源的需求情况。外部供给预测是相当复杂的，但是它对酒店制订其他的人力资源具体计划有相当重要的作用。一般来说，影响人力资源供给的因素主要包括以下内容。

酒店所在地的人力资源现状 这包括人力资源的整体情况，尤其是有效的人力资源情况，如酒店需要哪一类的人才？这一类人才的市场供给情况如何？其他酒店对这一类人才的需求如何？

酒店所在地对人才的吸引程度 例如，酒店所在地的环境包括人文环境和基础设施状况，酒店所在地对各类人才的包容性？酒店所在地的行业就业状况？

酒店自身的吸引力程度 这包括酒店薪酬对人才的吸引程度如何？酒店能够提供的各种福利对人才的吸引程度如何？酒店自身的员工满意程度？员工在酒店的发展前景如何？酒店目标是否与员工个人发展目标相一致？

预测经济增长 这里主要是指酒店所在行业的经济增长情况，如果预测待业经济增长率将增高，那么其他相关企业对相关人力资源的需求增加，酒店的相关人力资源供给减少。

全国范围的职业市场状况 这包括该行业全国范围内的人才需求状况；国家

有关该职业在就业方面的法规和政策；全国范围内该职业从业人员的薪酬水平和差异；全国相关专业的大学生毕业人数及分配情况等。

3.4 酒店人力资源的配置

人力资源的科学配置，是人才开发与利用和提高单位经济效益、组织效率的关键环节。面对我国如此庞大的人口数量和就业压力，必须科学地把握人力资源配置原则，以期达到人才的充分利用和社会效益的整体提高。

3.4.1 酒店人力资源配置

3.4.1.1 定义

酒店人力资源配置指的是将酒店人力资源投入到各个局部的工作岗位，使之与物质资源相结合，形成现实的经济运动。酒店人力资源的科学配置，是酒店人力资源生产与开发之后的关键环节，也是酒店人力资源经济运动的核心。

3.4.1.2 酒店人力资源配置的模式

总体来说，资源的配置可以分为自然配置、行政配置和市场配置3种模式。

酒店资源的自然配置 在一般意义上，不需要“外部”（即非资源本身）的力量实现资源配置和改变资源配置。

资源的行政配置 即一定的管理者对自己所管理的资源直接进行配置。从管理模式的角度看，是一种“命令”经济和管理经济。人力资源处于一种被动的、被他人配置的地位，自身的主体能动性、选择性、差异性等被忽视或漠视。

资源的市场配置 是以劳动力自身生产成本（人力投资）及用人单位对该项资源未来的劳动产出预期为基础、由酒店与求职者供求关系决定的工资为条件，通过供求双方的自由选择而完成的。

3.4.1.3 酒店人力资源配置层次

（1）人力资源宏观配置

人力资源的宏观配置包括部门配置与地区配置。

酒店人力资源部门配置由国家领导机构直接关注，由国民经济计划综合部门、教育部门、人事劳动部门、科技部门、财政部门多方面参与的。主要以经济应允发展规划中的重点部门、重点项目为主要目标，进行综合平衡后加以确定。

酒店人力资源地区配置是以各个不同地区为目标，考虑各地区既有的生产能力、资源储备、运输成本、销售市场等条件与发展目标，进行人力资源的相应安排。在地区人力资源与物质资源配比不协调的情况下，可以通过对人的迁移实现合理配置。酒店人力资源地区配置主要针对连锁性酒店集团和跨区业务经营的酒店而言，是以各个不同地区为目标，考虑当地既有的资源储备、生产能力、运输成本、销售网络、人力资本等要素，进行人力资源的相应安排。

（2）人力资源微观配置

在市场经济体制下，经济资源的配置主要通过市场的途径而实现，它具体发生在微观单位，由资源供求双方的行为共同完成。

（3）人力资源个体配置

人力资源的个体配置，是人们选择自己的工作岗位的主动行为，它是人力资源自我选择性的体现。

3.4.1.4 人力资源配置状态

人力资源配置状态，可以分为增量配置（即追加人力资源）与存量配置（即在业人员）2部分，它是通过对追加资源投入方向的控制和已使用的存量资源的调整实现的。

人力资源增量配置，是人力资源个体初次进入劳动领域的配置。人力资源存量配置包括行政性再配置和市场性再配置。

行政性再配置是在一定的规划下，通过行政部门的安排，进行有组织的调配、分流和重组实现的。

市场性再配置是调换岗位、自由流动，通过市场进行人力资源自动配置，一些人力资源也会被用人单位辞退。

3.4.2 人力资源配置基本原则

（1）充分投入原则

人力资源与其他经济资源相比较，有明显的时效性和不可储存性。它的形成、开发和使用都与人的生物周期为载体而自然地被时空所限定。因此，作为已被开发和使用的人力资源要给予充分的投入和运用，即使是人力资源处于供过于求的状态下，也应当通过各种措施扩大需求、增加投入，尽量减少人力资源的闲置与浪费。充分投入原则即资源给予充分的投入和运用，以达到其供给和需求一致的目标，既有从业能力又有就业要求。

（2）合理运用原则

人力资源的使用，首先是指人力资源投入的最高产出率。还包括经济上投入方向及配置的合理，效率与公平的关系等。包括人的潜能得到发挥、人的社会地位的提高，以及有关劳动的多种社会关系的协调，有一定的社会效益。也就是说人力资源合理运用首先是人力资源投入的经济效果的好坏；其次是投入方向和配置效果的好坏；再次是人力资源的潜能得到较好的发挥。

（3）良性结构原则

需要调节现有各个局部的人力资源，将追加的人力资源投入到不同方向，以形成良性的人力资源使用结构。主要就体现为农业与非农业关系协调、生产性行业与非生产性行业协调和各地区经济发展协调。因此，搞好人力资源的配置，需要调节现有各个局部的人力资源，通过新鲜血液的输出，促进人才结构的改善。同时，要着力培育人才在流动中成长的机制，激发人才的竞争意识和风险意识，促使他们不断学习，增强人才整体素质。

在微观用人单位，也应当注意达到人力资源的良性结构，这包括不同层次和不同职业类别的员工比例和谐。

（4）提高效益原则

一般来说，在人们的行为活动中总会存在资源利用不充分的问题，改善人力资源利用不充分的问题是提高单位的经济效益或组织效益的根本途径，通过尽可能接近充分利用人力资源的程度，使单位或组织由低效能向高效能转化。

(5) 合理流动的原则

在加强国家宏观调控的同时，必须充分发挥市场在配置人力资源上的基础性作用，引导人才合理流动，消除人才在不同地区、所有制和城乡之间流动的体制障碍，通过公平、有序的流动与竞争，使“优者上、平者让、庸者下”成为调整和优化人才结构的正常手段。

(6) 能级对应原则

合理的人力资源配置应使人力资源的整体功能强化，使人的能力与岗位要求相对应。酒店岗位有层次和种类之分，它们占据着不同的位置，处于不同的能级水平。每个人也都具有不同水平的能力，在纵向上处于不同的能级位置。岗位人员的配置，应做到能级对应，就是说每一个人所具有的能级水平与所处的层次和岗位的能级要求相对应。

(7) 优势定位原则

人的发展受先天素质的影响，更受后天实践的制约。后天形成的能力不仅与本人的努力程度有关，也与实践的环境有关，因此人的能力的发展是不平衡的，其个性也是多样化的。每个人都有自己的长处和短处，有其总体的能级水准，同时也有自己的专业特长及工作爱好。优势定位内容有2个方面：一是指人自身应根据自己的优势和岗位的要求，选择最有利于发挥自己优势的岗位；二是指管理者也应据此将人安置到最有利于发挥其优势的岗位上。

(8) 动态调节原则

动态原则是指当人员或岗位要求发生变化的时候，要适时地对人员配备进行调整，以保证始终使合适的人工作在合适的岗位上。岗位或岗位要求是在不断变化的，人也是在不断变化的，人对岗位的适应也有一个实践与认识的过程，由于种种原因，使得能级不对应，用非所长等情形时常发生。因此，如果搞一次定位，一职定终身，既会影响工作又不利于人的成长。能级对应，优势定位只有在不断调整的动态过程中才能实现。

3.4.3 酒店人力资源配备管理

3.4.3.1 影响酒店人力资源配备的因素

人力资源配备又称定员编制或人员编制。它是酒店人力资源开发管理的提前和基础，也是酒店及各部门做好业务管理的重要条件之一。酒店做好人力资源配备，既要保证各级各部门业务经营活动的需要，又要有利于降低人事成本，提高劳动效率。为此，需要明确影响酒店人力资源配备的主要因素，并以此为依据，才能合理选配人员，做好人员配备。其主要因素是：

- 酒店规模大小及其接待能力；
- 酒店等级规格和设施利用率高低；
- 酒店领导体制和组织管理模式；
- 酒店布局设计和技术设备先进程度。

3.4.3.2 酒店员工定员方法

确定各部门所需岗位数的方法：一般先按照服务流程和分工的要求列出各个岗位数。例如，客房部的人员配备通常以班次、岗位设置来分区域进行。首先，根据客房部的工作范围将各职能区域分开。其次，确定本工作区域所有岗位或工种设置。第三，明确各工作岗位的班次划分。最后，根据工作量和工作定客，计算该班次所需要的人数。

（1）按劳动效率定员

就是根据生产任务量、工人的劳动效率和平均出勤率等因素来计算定员人数的方法。主要适用于对有劳动定额的工种人员定员的确定。

例：客房总数为400间，客房出租率为80%，每位客房服务员每班工作定额为14间，每位员工每周工作天数为5天。求每周所需员工数量。

解：

$$\text{每周所需员工数} = \frac{\text{每周所需工作量}}{\text{每周每位员工所能完成工作量}}$$

$$= \frac{400\text{ 间/天} \times 7\text{ 天/周} \times 80\%\text{（出租率）}}{14\text{ 间/天} \times 5\text{ 天/周}}$$

$$= 32\text{（人）}$$

（2）按设备定员

就是根据机器设备需要开动的数量、员工的看管定额和设备的开动班次等因素来计算定员人数的方法。适用于以机器设备操作为主的工种员工的定员的确定。因此，设备看管定员法主要适用于酒店工程部、洗衣房和厨房的人员配备和编制。其方法是在动作分析和劳动测试的基础上，确定每个班次员工的看管定额，即每人看管设备的台数。在此基础上，再根据班次和计划出勤率，确定编制人数。公式为：

$$Q = \frac{N \cdot H}{X \cdot F} \times 7 \div 5$$

式中 Q——某得种岗位定编人数；

N——设备台数；

H——班次；

X——平均看管定额；

F——计划出勤率。

例：某酒店洗衣房有干洗机2台，水洗机2台，压平机1台。经测定，干洗工每班需用2人，水洗工每班需用4人，压平工每班需要2人。员工每天2班制，计划出勤率98%。

请核定洗衣房需用干洗、水洗和压平工人数。

干洗工需配人数 Q_1：

$$Q_1 = \frac{2 \times 2}{2 \div 2 \times 98\%} \times 7 \div 5 = 5.71 \approx 6\text{（人）}$$

水洗工需配人数 Q_2：

$$Q_2 = \frac{2 \times 2}{2 \div 4 \times 98\%} \times 7 \div 5 = 11.42 \approx 12\text{（人）}$$

压平工需配人数 Q_3：

$$Q_3 = \frac{1 \times 2}{1 \div 2 \times 98\%} \times 7 \div 5 = 5.71 \approx 6\text{（人）}$$

（3）按岗位定员

就是根据工作岗位的数量和每个工作岗位的工作量、员工的劳动效率，平均开动班次和出勤率等因素来计算定员人数的方法。适用于需要多人看管的大型设备的定员以及辅助人员岗位和服务人员的定员确定。

例：某酒店客房服务中心早班和中班各需上岗人数为4人，夜间留2人值班，全天分3班24h服务，计划出勤率98.5%。问酒店客房服务中心需配多少服务人员？

按公式直接计算客房服务中心需配人员Q：

$$Q=\frac{(4\times2+2)\times7}{5}\div98.5\%=14.21\approx15\ （人）$$

（4）按比例定员

就是根据职工总数或某一类人员总数的一定比例来计算定员人数的方法。适用于直接生产人员和非直接生产人员、基本生产人员和辅助生产人员、服务人员的定员确定。按比例定员需要根据酒店的档次、规模定员，按全员量定工种和岗位的人数。例如，客房部人数约占酒店人数的30%；设客房服务中心的酒店，楼层服务员人数与客房数的比例为1∶5左右；设楼层服务台的楼层服务员人数与客房数的比例约为1∶3至1∶4。

（5）按组织机构、职责范围和业务分工定员

这种方法是先确定组织机构和各职能科室，明确各项业务及职责范围以后，根据业务工作量的大小和复杂程度来确定定员，主要用于管理工作人员的定员确定。

3.4.4　酒店人力资源配备与控制

在选择合理的部门组织结构类型之后，应根据部门的管理目标和管理任务进行定编定岗。岗位编制主要是在组织结构框架内进行岗位设置和人员配置，以适当的人员充实组织结构所规定的岗位，从而保证部门的正常运行，岗位和工作人员的数量在一定时期内相对稳定，但随着整个酒店经营范围的扩大和业务量的增加，以及管理效率和协同作用的提高，员工数量不断增加，因此，岗位编制从长远来看也是一个持续改进的动态调整过程。

根据管理学理论和我国酒店业的实践总结，在岗位编制中应遵循以下有关管理幅度，管理层次和人员总量控制等普遍性规律。

3.4.4.1　管理幅度

管理幅度，又称控制幅度，是指一名主管人所能够直接领导、指挥和监督的下级人员或下级部门的数量及范围。这部分在第1章中有阐述。

在我国酒店工程管理活动中，一般认为最佳的管理幅度为7～11人。对于以计划管理和班组间协调为主的中层管理者来说，管理幅度相对较窄，一般为7～9人；对于以操作管理和作业指导为主的基层管理者来说，管理幅度相对较宽，一般为9～11人。如果管理幅度过窄或过宽，都有会造成人力资源浪费或管理混乱等不良后果。

3.4.4.2 管理层次

管理层次亦称管理层级，是指组织的纵向等级结构和层级数目。管理层次是以人类劳动的垂直分工和权力的等级属性为基础的。不同的行政组织其管理层次的多寡不同，但多数可以分为上、中、下3级或高、中、低、基层4级。

管理幅度扩大，会减少管理层次；管理幅度缩小，则会增加管理层次。目前，国内外酒店工程部一般采取部门经理—主管—领班3个管理层次，人数较少的工程部采取部门经理—领班2个管理层次的情况也很常见。管理层次的选择以有利于提高工程部运行效率为基本原则。

3.4.4.3 人员总量控制

部门人员的总量应符合组织结构有效运行的要求，在工作系统分析的基础上进行确定。首先，要明确部门各个岗位及其工作内容或任务范围。之后，要提出这些岗位对具体人员的素质与技能要求。如我国国内酒店工程部总人数以占酒店员工总人数的10%～15%为宜。在酒店经营的实践中，部门人数要根据具体酒店的档次、功能、设施设备的分散程度以及设施设备的现代化程度来确定。在一般情况下，高星级酒店、度假与商务酒店、设施分散布局或现代化程度低的酒店，需要配置更多数量的工程技术人员；而低星级酒店、机场酒店与汽车旅馆、设施设备集中布局或现代化程度较高的酒店，则需要较少数量的工程技术人员。具体到酒店工程部内部来说，通过应用高新技术和设备，改进和完善管理与操作程序，强化对技术人员的专业培训和交叉培训，可以有效提高内部生产率，从而大幅度减少本部门员工的数量。

3.4.4.4 员工结构控制

(1) 员工数量结构控制

酒店员工数量结构控制主要根据酒店规模、星级高低和服务项目的多少来确定。一般以客房数量为基础，确定用人比例。由于和酒店的星级高低、规模大小、服务项目多少不同，其员工数量结构比例控制可参阅表3－9的指标。

表3－9 酒店员工数量结构比例表

星级 / 人员比例	1～2星级	3星级	4～5星级
服务项目较少	1:0.7～1:0.9	1:0.8～1:1.2	1:1.0～1:1.4
服务项目较多	1:0.8～1:1.1	1:1.0～1:1.6	1:1.2～1:1.8
服务项目众多		1:1.5～1:2.1	1:1.8～1:2.5
说　明	结构比例是指平均1间客房需用人数		

(2) 部门员工结构控制

酒店员工数量是分布在各级、各部门的，而各部门的员工又包括管理人员、工程人员和服务员3大类。为此，做好酒店人力资源结构控制还必须在全店员工总量控制的基础上，加强各部门员工的结构控制。由于各酒店的规模大小、星级高低、组织机构形式和部门设置、服务项目的多少等各不相同，其部门员工的结构比例也会有区别。

表3-10 酒店部门员工结构比例

结构 项目 / 部门	部门比例	管理人员	服务人员	技术人员	员工编制说明
全 店	100	12~15	65~70	25.5~28.5	员工总人数
总经理室	7~8	70~80	10~15	—	含翻译、秘书人员
销售部	1.5~3	60~70	20~25	10~20	含销售公关人员
前厅部	6.8~7.5	18~19	70~75	18~20	含商务中心人员
客房部	20~23	12~14	65~70	25~26	含洗衣房人员
餐饮部	35~40	13~15	50~60	34~36	含厨房、餐厅人员
商品部	2.5~5	8~10	85~90	—	部门员工总数
工程部	5~6	10~12	30~40	64~65	部门员工总数
保安部	3~4	16~17	60~65	15~16	部门员工总数
人事部	1~1.5	65~70	15~20	—	含培训部人员
财务部	7~9	70~75	25~30	4~5	含计算机房人员
采供部	2~3	60~65	35~40	—	部门员工总数
总务部	7~8	15~20	30~40	50~60	含医务、理发、员工食堂
说 明	未含康乐娱乐	主管以上	服务员和工人	有专业技术者	—

备注：以三星级以上的大中型酒店为例。

【思考题】

1. 名词解释：

人力资源规划、战略规划、战术规划、德尔菲法、名义团体法、酒店人力资源配置、员工定员。

2. 人力资源规划的作用是什么？
3. 人力资源规划的种类和内容有哪些？
4. 阐述基于战略的人力资源规划的程序。
5. 简述人力资源短缺与过剩时的制定政策。
6. 人力资源规划的预测方法有哪些？
7. 简述人力资源配置模式。
8. 简述人力资源配置模式、层次和状态。
9. 简述人力资源配置原则。
10. 员工定员的方法有哪些？

【经验性训练】

为当地一家四星级酒店制订人力资源规划

【概述】

为当地一家四星级酒店制订人力资源规划，将学生们分成若干个团队。

【步骤】

1. 分成5人一组（人数为单数）。团队的任务是运用所学知识，结合酒店的实际情况，为酒店制订人力资源规划。
2. 团队成员共同商议酒店的战略目标、宗旨。
3. 制订职务编制计划与人员配置计划。

4. 预测人员需求并确定人员供给计划。
5. 制订培训计划。
6. 查找资料，结合此次调查暗访的结果，撰写一份学期论文（每人一份，字数不少于2000字）。

【案例分析】

经济型酒店人才储备不足

近几年，经济型酒店在中国迅速发展，但目前的人才状况远不能满足快速发展的市场需求，经济型酒店的人才培养和储备正在成为业内关注的一大课题。

高校的经济型酒店专业培养相对滞后，培养定位不能满足市场的需要。改革开放以来，高校就加强了对酒店管理人才的培养，但是都是为高星级酒店“量身定做”的，对于经济型酒店人才的培养刚刚起步，教学方案、理论研究和师资方面还亟待完善。另一方面，学校的人才培养至少需要2~4年的时间，而目前经济型酒店的扩张规模呈指数增长，于是就在源头上造成经济型酒店的人才相对短缺。

星级酒店职业经理人对经济型酒店缺乏足够的了解。为了满足高速扩张的人才需要，经济型酒店四处“挖角”，高星级酒店的职业经理人自然是第一选择，但二者虽然同属于酒店服务业，但是在经营模式、营销推广、战略决策、盈利模式等方面都有很大的差异，由于缺乏对经济型酒店的了解，一个成功的星级酒店职业经理人不一定就是一个成功的经济型酒店经理人。

新人的培养和人才储备比较欠缺。经济型酒店的突出特点就是“经济”，必须降低运营成本，以增强竞争力。然而，新人培养和人才储备都是高成本的投入，而且是一个长期的策略，不能立竿见影。项目拓展的不确定性、酒店行业高流动性以及人才培养机制的不够完善，都给经济型酒店人才培养、储备造成了很大的困难。

缺乏综合性复合型人才。相对于星级酒店，经济型酒店组织结构简单，结构层次少，员工配比一般在1∶0.3~1∶0.4之间，这就对员工提出了更高的要求，无论是管理人员还是基础服务人员，都要是“多面手”，但现实却缺乏这种综合性复合型人才。

【案例思考题】

1. 你认为经济型酒店在制订人力资源规划时存在哪些问题？
2. 如果你是该酒店人力资源部经理，你将如何解决这个问题？
3. 试分析在制订人力资源规划时应考虑哪些因素？

【本章推荐阅读书目】

1. 现代酒店业人力资源管理．罗旭华，顾群．经济日报出版社，2007.
2. 人力资源管理．余凯成，程文文，陈维政．大连理工大学出版社，2005.
3. 人力资源管理．廖一余，曹会勇，刘兴倍．清华大学出版社，2006.
4. 人力资源管理．何娟，王勋．天津大学出版社，2005.

【相关链接】

1. http：//www. Job. VeryEast. cn
2. http：//www. accel-team. com
3. http：//www. susue. com
4. http：//www. manguowang. com

第 4 章

酒店员工的招聘

【本章概要】

本章从员工招聘的定义入手，分析了在进行人员招聘时应考虑的内外部环境，介绍了招聘计划的内容与策略，探讨了员工招聘的程序和步骤，阐述了招聘的渠道和方法及选择不同渠道和方法的利与弊，最后阐述了员工选拔的方法与运用。

【学习目标】

- 掌握酒店员工招聘的定义；
- 了解酒店员工招聘环境分析时应考虑的因素；
- 掌握招聘计划的内容与策略；
- 掌握酒店招聘的渠道和方法及其利与弊；
- 了解酒店招聘员工的原则；
- 了解酒店招聘过程中应注意的问题；
- 掌握酒店员工招聘的渠道和方法及其利与弊；
- 了解酒店员工选拔的方法；
- 掌握酒店面试中的注意事项。

【关键性术语】

员工招聘、员工招聘计划、员工招聘需求分析、员工内部招聘、员工外部招聘、工作调换、工作轮换、员工推荐、校园招聘、人才市场、猎头招聘、面试法、结构面试、非结构面试、行为描述面试、能力面试、压力面试。

【章首案例】

香格里拉——五星级酒店的五星级用人标准

在香格里拉，员工被分为5个级别，1~3级都是中高层的管理人员，他们的面试分为3轮：第1轮的面试官是HR，第2轮为部门主管，第3轮则由总经理亲自面试。“面试的时候，会给他们一些案例进行分析，主要是观察他们的反应能力。然后会通过电话求证其跳槽原因以及前老板对他的评价。香格里拉不希望拥有一个频繁跳槽和不忠诚的员工。”

4~5级为基层员工，他们中除了厨房和客房人员外，其他各部门的员工必须熟练掌握英语。这些人员主要来自于应届毕业生，由于考虑到招聘数量的巨大，上海地区可能无法满足，他们每年会去大连、沈阳、青岛等地招聘所需要的员工。一般是3月份，HR部门会派同事去当地的大学或高职学校招聘学生，或是借用当地香格里拉酒店的场地举行一场招聘会，以此吸引更多的求职者来应聘。

此后的6~12月，这些人会被派往酒店的各部门进行实习，在此期间，会有专门的老师对他们进行带教和考核。每月或者每2个月，老师会将所有学员的表现向HR部门作汇报。基本上80%的学员能够期满转正，然后正式进入酒店工作。通常，公司新进的每个员工，都会经过总经理的亲自审查，主要是通过交谈观察他们是否热情。

香格里拉还有个名为“内部调动”的服务项目：每个员工都可以通过公司网站了解到其他地区香格里拉酒店的人员需求情况，自己可以提出申请，更换酒店或更换岗位。

香格里拉大酒店遍布世界各地，浦东香格里拉则是中国的第19家。在未来的4年内，上海又将新增2~3家新店，若以每家需要800名员工计算，预计到2010年，将再招聘员工共2400名。目前，香格里拉的紧缺岗位主要分为2类：1类是基层，即各部门的服务员或厨师。主要通过招聘日、网络、报纸以及内部推荐等方式来进行招聘。2类是中高级人才，如一些行政管理、销售经理等。目前主要是通过集团网页发布招聘信息，同样中高级员工也可通过内部推荐的方式获得。

4.1 酒店员工招聘概述

4.1.1 招聘的定义

招聘是指组织为了发展的需要，根据人力资源规划和工作分析的要求，寻找、吸引那些有能力又有兴趣到本组织任职，并从中选出适宜人员予以录用的过程。招聘的核心是通过选拔实现“人－事”匹配。

4.1.2 重视员工招聘与甄选的意义

4.1.2.1 招聘质量事关重大

新补充人员的素质，犹如制造产品的原材料，将严重影响到今后的培训及使用效果。素质好的新员工，接受培训效果好，很可能成为优秀人才；素质差的新员工，在培训及思想教育方面要投入很多，还不一定能培训成优秀人才。新补充的人员的素质不仅决定着其本人今后的绩效，而且还会影响到组织气氛。酒店工作是一个外向型的工作，接触的人和事物比较多，也比较复杂。新员工易于受到来自不同方面的诱惑。特别是一些不合格的人员进入酒店会带来一系列麻烦，“请神容易送神难”，辞退一名员工会受到各方干预，而且还会给对方造成心理创伤。新的劳动法的实施，对酒店辞退员工、解雇员工有了新的规定和限制，前期招聘工作稍有不慎都会对人力资源部日后工作带来极大的影响。因此，招聘质量事关重大。

4.1.2.2 招聘是一项比较困难和复杂的工作

一方面是优秀人才比较短缺，即使在失业率很高的情况下，酒店所需的某些员工也是很难找到的。英国在大萧条时期，人力资源管理部门在市场上招聘经理人员时竞争仍十分激烈。另一方面，识别人是比较困难的，了解一个普通员工需要几小时到几天，了解一个领班或主管需几周到几个月，而对酒店中高级管理者和经营者的认识和了解，则需要几年才能作出判断。

招聘的困难还在于一些有权力的人物要求安排自己的亲友到较好的职位，使执行公平竞争法则受到挑战。招聘的复杂性还表现在一系列法律、政策的制约方面。例如，美国有公平就业法，要保证有一定比例的妇女、少数民族被雇佣。因此，能否招聘到合格的尤其是优秀的人才，是衡量人力资源管理部门成绩的主要依据之一。

4.1.3 招聘环境分析

4.1.3.1 招聘外部环境分析

（1）技术的变化

技术的变革与新技术的采用会引起人员需求的变化；技术的变革也使得需要运用新技术进行工作的岗位出现人员空缺。

（2）劳动力市场

劳动力市场的劳动力数量和素质构成，影响到组织能否招聘到合适的人员；市场状况对用工量的影响；市场预期对劳动力供给的影响；市场状况对工资的影响。市场的供求关系（需求约束型劳动力市场、资源约束型劳动力市场）；市场的地理范围；竞争对手（招聘人员类型、条件、招聘方法、薪金水平、用人政策等）都会影响到员工的招聘情况。

（3）经济条件

市场环境变化导致对产品和服务需求的变化，从而导致对相应人员需求的变化。

（4）国家及行业的法令、法规

酒店招聘应遵循《中华人民共和国劳动法》（以下简称《劳动法》）有关规定及相关法律、法规、条例，避免产生法律纠纷，造成不必要的损失。

4.1.3.2 招聘内部环境分析

（1）组织战略

对应聘者提出了技能要求，而且要求应聘者的态度和性格特征与组织文化相吻合。发展创新期与稳健成长期招聘策略不同，不同职位人员的招聘策略也不同。

（2）酒店生命周期

酒店处于不同的生命周期对人员招聘的要求也不同。当酒店处于扩张期时，着重于人力资源招聘。当酒店处于平台期时，着重于人力资源局部调整。当酒店处于衰退期时，着重于人力资源的精简及人员结构调整。酒店应根据酒店生命周期合理安排人员的招聘与选拔。

（3）财务预算

财务影响到工资总量及不同职位职种员工的工资水平，从而影响到计划招聘的人员数量及可支付的工资水平。

（4）组织文化及管理风格

组织的价值观和管理风格要求员工们的认可以及价值观趋同。这种要求影响着组织计划招聘的员工应具备良好的性格特征。

（5）职位的性质

职位本身的性质也会影响到员工的招聘与选拔。如职位的挑战性和职责、职位的发展和晋升机会等都会对招聘与选拔产生影响。

(6) 组织内部的政策与实践

组织内部的政策的调整如人力资源规划、内部晋升政策的变化也会对人员的招聘产生影响。

4.1.4 招聘计划与策略

4.1.4.1 招聘计划

制订招聘计划是人力资源部门在人员招聘中的一项核心任务，通过制订计划来分析酒店所需人才的数量和质量，以避免工作的盲目性。员工招聘的成功与否，直接影响酒店今后的服务水平，因此要周密地筹备员工招聘，严格把关，务必找到合适的人选并把其放在合适的岗位。通过报纸刊登招聘广告及到各旅游学校练习等方式，向社会传播招聘信息。具体工作包括：

- 确定招聘岗位、人数、日期；
- 与传媒联系；
- 在招聘日 10 天以前刊登广告；
- 制订招聘日的行动计划，确定招聘考官、后勤人员、招工表格的准备、茶水供应等；
- 各部门准备招聘问卷。

4.1.4.2 招聘策略

酒店要进行招聘工作，一般需要考虑以下方面的问题：

- 酒店需要招聘多少人员？
- 酒店将涉足哪些人才市场？
- 酒店应该雇用固定员工，还是应利用其他灵活的雇用方式？
- 在酒店内外同时招聘时，酒店应在多大的程度上侧重从内部招聘？
- 什么样的知识、技能、能力和经历是必须的？
- 在招聘中应注意哪些法律因素的影响？
- 酒店应怎样传递关于职务空缺的信息？
- 酒店招聘工作的力度如何？

对这些问题的回答其实就是招聘的策略。招聘的策略包括了对目标人才进行界定，对酒店吸引人才的核心优势进行挖掘和推广宣传，以及对招聘渠道和方法的选择等。只有正确的招聘策略才能保证我们的招聘工作有的放矢，百发百中。

招聘策略是招聘计划的具体体现，是为实现招聘计划而采取的具体策略。在招聘中，必须结合本酒店的实际情况和招聘对象的特点，选择适合的方法、途径，这就是招聘策略。招聘策略主要包括招聘的人员策略、招聘地点策略、招聘时间策略、招聘渠道策略等。

(1) 招聘的人员策略

招聘人员作为酒店的代表，其素质的高低关系到酒店能否吸引到优秀人才。因此，招聘人员的选择也有相应的技巧。

(2) 招聘地点策略

选择招聘地点，应充分考虑招聘范围，通常要就近选择以节省成本；选择地点有所固定。同时还要考虑到人才分布规律、求职活动范围、酒店的位置、劳动力市场状况等因素。

(3) 招聘时间策略

招聘时间策略是指在什么时间进行人员招聘，计划好招聘时间是保证获得足够合格的人力资源的条件之一。通常在人才供应高峰期时招聘对酒店更为有利。

在考虑招聘时间策略时，应注意以下几点：① 要选择在人才高峰时招聘并计划好招聘时间；② 按成本最小化原则，酒店应避开人才供应的低谷，选择高峰时招聘效率最高；③ 一定要计划好时间，一般而言，酒店应该在需要人才紧缺前3个月就着手进行招聘准备工作，如招聘说明书的撰写、广告的策划、张贴告示等。

(4) 选择渠道策略

由于招聘岗位的不同、人力需求数量与人员要求的不同、新员工到位时间和招聘费用的限制，决定了招聘对象的来源与范围，决定了招聘信息发布方式、时间与范围，因而也决定了招聘的渠道与方法。挑选招聘渠道时一般遵循以下步骤：

- 分析酒店的招聘要求；
- 分析招聘人员特点；
- 确定适合的招聘来源；
- 选择适用的招聘方法；
- 选择对应的媒体发布信息。

4.2 酒店员工招聘程序

4.2.1 酒店员工招聘的程序

人员招聘的原因一般有以下几种：新酒店的成立；现有职位因种种原因发生空缺；酒店业务不断扩大；调整不合理的职工队伍等，由此而提出人员增补需求。这一阶段的主要工作是准确地把握酒店对各类人员的需求信息，确定人员招聘的种类和数量。人力资源是酒店最重要的资源，如何获得人力资源对酒店而言显得尤为重要。

4.2.1.1 招聘的准备阶段

酒店员工招聘的准备阶段包括招聘需求分析、明确招聘工作特征和要求及制订招聘工作计划和策略3个方面内容。

(1) 招聘需求分析

根据人力资源需求预测和现有人力资源配置状况分析，明确酒店是否需要进行招聘活动。主要进行人力资源配置状况分析和人力资源需求分析，并将招聘与培训，工作轮换调动等其他为空缺岗位提供人员的方法相比，分析招聘的必要性。首先，由业务部门及人力资源部门提出申请。需要增加人员的部门负责人向人力资源部提出需要人员的申请。由人力资源部的负责人到用人部门进行复核，是否有必要招聘人员或是通过其他渠道解决人员短缺问题。其次，要对招聘工作进行胜任特征分析。确定所需招聘人员应具备的最低任职标准和理想胜任特征。第三，制订招聘计划和招聘策略。

具体步骤为：首先，由酒店统一的人力资源规划，或由各部门根据长期或短期的实际工作需要，提出人力需求。其次，由人力需求部门填写“人员需求表”。

每家酒店可因具体的情况不同制订不同的人员需求表，但应依据职务说明书制订。人员需求表可包括如下内容：所需人员的部门、职位；工作内容、责任、权限；所需人数以及何种录用方式；人员基本情况（年龄、性别等）；要求的学历、经验；希望的技能、专长；其他需要说明的内容。第三，人力资源部审核，对人力需求及资料进行确证，综合平衡，并对有关费用进行估算，提出是否受理的具体建议，报送主管总经理审批。

（2）明确招聘工作特征和要求

根据工作分析及其信息资料，明确招聘的工作岗位的主要特征和要求，以及从事这项工作岗位的人所应具备的最基本的条件和理想胜任条件，包括对应聘者的知识、技能、能力、教育背景和工作背景等方面的具体要求和所能提供的工作环境及其待遇条件。

（3）制订招聘工作计划和策略

在完成上述工作的基础上，制订具体的、可行的招聘计划策略，同时确定招聘工作的组织者和执行者，并明确各自的分工。招聘计划是人力资源部门在招聘中的一项核心任务，通过制订计划来分析酒店所需人才的数量和质量。招聘策略又是招聘计划的具体体现，是为实现招聘计划而采取的具体策略，其主要包括招聘人员策略、招聘地点策略。

4.2.1.2 招聘的实施阶段

招聘的实施阶段是整个招聘活动的核心，也是最关键的一环。招聘的实施阶段由招聘、选择、录用和评估 4 个环节组成。

（1）招聘阶段

该阶段主要根据招聘策略及酒店规定的用人条件和标准进行决策，采用适宜招聘渠道和招聘方法，吸引合格的应聘者。

（2）选择阶段

在众多的符合条件和标准的应聘者中，挑选出最适合的人员。主要是运用定量、定性相结合的方法选择适合的应聘者，整个过程力求客观、公正。

（3）录用阶段

录用阶段是双向选择的过程，招聘者和求职者均应认真做出自己的决策，以便达成个人和工作的最终匹配。招聘双方做出决策后，双方就建立了劳动关系。

（4）评估阶段

招聘的评估阶段主要是对招聘结果和招聘本身的工作进行评估。评估招聘结果，对照招聘计划，根据数量和质量对实际招聘录用的结果进行评价总结，评估工作效率、时间效率。

一个完整的招聘过程的最后，应该有一个评估与反馈阶段。招聘评估包括 4 个方面：招聘成本评估；录用人员评估；综合评估；撰写招聘小结。

4.2.2 招聘的步骤

（1）制订招聘计划

招聘计划是招聘的主要依据。制订招聘计划的目的在于根据部门的发展需要及人力资源规划的供需要求，明确招聘岗位、人员数量、时间限制等因素。招聘计划的具体内容包括：所要招聘的工作名称、部门、岗位、人员数量、岗位要求；

招聘信息发布的时间、渠道、方式与范围、招聘对象的来源与范围、招聘方法；招聘工作实施部门、招聘预算、招聘结束时间与新员工到位时间。

招聘员工的部门在确认并无内部人员调职补缺的可能性后，向人事部门递交书面申请表，并附上需招聘职位说明书，详细说明招聘岗位的工作职责、任职要求等；如属新增位，职位说明书的资料可通过工作写实和经验座谈的方法获得。人事部详细审核职位之工作职责、任职要求、岗位等级等事项。上报酒店经理批准，如同意其申请，应先在本酒店内部晋升、调职或刊登招聘广告，当确认本酒店其他部门并无合适人选时，方可在酒店外部刊登广告，并应及时将信息反馈给用人部门。

（2）确定招聘途径

招聘渠道按照人员来源方式不同可分为内部招聘和外部招聘。一个组织在进行招聘活动时，采取内部招聘还是外部招聘取决于多种因素，酒店应根据招聘职位的要求、酒店的文化和外部环境资源状况等进行综合分析，确定招聘途径。

人事部应根据招聘职位性质有的放矢地选择招聘方式，一般招聘选择方式如下：

- 人才市场适于中高级人才与一般员工的招聘；
- 专业性刊物适于中、高级专业人才招聘；
- 网络适于具有中、高学历的年青员工招聘；
- 人力资源公司或人才中介公司适于专业人才或招聘人数比较少的招聘；
- 猎头公司适于高级职位、高级人才的招聘；
- 职业介绍所适于初级人才或非技术性岗位员工招聘。

（3）应聘者填写求职申请书

应聘者在获取招聘信息后，可向招聘单位提出应聘申请。应聘者向招聘单位申请时应提供以下资料。

应聘申请表　必须说明应聘的职位。

个人简历　如果酒店有标准格式，则需按酒店要求填写；反之，可按简历范本认真填写。简历中应着重说明教育背景、工作经历、个人技能、成果、兴趣爱好等。

各种证件　应向酒店出示各种证件，如学历、获奖证书、等级证书、职称证书等证明（复印件）。

（4）检查应聘者个人资料

在收到应聘者个人资料后，人力资源部有关人员将通过各种有效途径对应聘者的个人资料进行核对和验证，以证明其真实性、可信性。

（5）初次面谈

个人资料得到确认后，酒店会以电话、传真、邮件、信函等方式通知应聘者参加初次面谈。

（6）测试

在面谈过程中，有些酒店会对应聘者的知识、技能、兴趣等进行测试。通常测试包括心理测试和智能测试。心理测试，即职业能力倾向性测试、个性测试、价值观测试、职业兴趣测试、情商测试、就业测试。

就业测试是初步甄选的一个重要环节。测试也可以委托专业人力资源公司，由专业人员用科学的手段测试应聘者的IQ、EQ（智商、情商）。对于技师、中高级技术工人等人员，由于所担任的工作属技术性工作，必须进行实际操作测试；对于高级职位之职务，须由博学多能之士担任，此类人员可用背景审查等手段审查其著作、发明，或审查其学历、经历、成果等，以鉴定其资格；需要的话可请有资质的人力资源公司对应聘者进行背景审查。

（7）任用面谈

在员工被录用前，酒店人力资源部经理会与应聘者就双方所关心的问题进行面谈。如工作环境、工作时间、工作地点、薪资待遇、保险、福利、工作岗位、工作内容、工作要求、试用期限、转正条件、员工的考勤、绩效评估等。

（8）体格检查

入职前酒店还要求员工到市级以上医院进行体格检查，达到国家及行业要求方可上岗。

（9）审查批准

经用人部门负责人、人力资源部负责人、副总经理及总经理的批准，应聘者持相关手续和证件办正式办理入职手续。

（10）录用

决定录用一位职位候选人需要做出4步：做出初步录用决策、决定薪酬福利、通知未被录用的应聘者、背景调查。

员工招聘、录用是酒店人力资源管理行为中的重要环节，构建员工招聘法律风险防范体系极具现实意义。在这个环节，有几个方面的实务问题，应引起招聘负责人的注意。例如，建立健全员工招聘、录用管理规章制度、知情权的使用及证据的保存、防范员工可能带来与原单位有关的法律风险，应确定被录用者已解除与原单位的劳动关系。与录用员工签订劳动合同应注意的问题：正确确定试用期限，确定并告知试用期内的工作考核及考核标准，在劳动合同中明确约定薪资，约定单方解除劳动合同的违约金或赔偿金。酒店构建招聘、录用员工法律风险防范体系，是一个制度层面与实务操作层面规范化运作相结合的过程，酒店人力资源从业人员须审慎操作每一个环节，防范法律风险，稳定劳动关系。

4.2.3 酒店招聘的基本原则

（1）公开、公平就业机会原则

公开指把招考单位、种类、数量，报考的资格、条件，考试的方法、科目和时间，均面向社会公告周知，公开进行。一方面给予社会上的人才以公平竞争的机会，达到广招人才的目的；另一方面使招聘工作置于社会的公开监督之下，防止不正之风。

公平就业原则是指对所有报考者一视同仁，不得人为地制造各种不平等的限制或条件（如性别歧视）和各种不平等的优先优惠政策，努力为社会上的有志之士提供平等竞争的机会，不拘一格地选拔、录用各方面的优秀人才。酒店招聘首先应该遵守我国《宪法》和2008年1月1日起实施的《中华人民共和国劳动合同法》的有关规定，做到有法可依，有法必依，避免就业歧视。要保证招聘过程的公平性，不人为制造各种不平等的限制、条件和各种不平等的优惠政策。就业歧视就是指在就业过程中以跟工作无关的限定条件为由不平等地对待部分劳动者，也就是说以各种与工作无关的理由剥夺部分应聘者的竞争机会。酒店招聘过程中常见的就业歧视有身高歧视、容貌歧视、年龄歧视、性别歧视、经验歧视等。招聘过程中应禁止一切歧视性行为。公民在应聘方面具有平等的权利和机会。无论个人政治派别、种族、宗教、信仰、性别（个别特殊岗位除外）、年龄如何，在“机会”面前人人平等。聘用他们的条件只看其是否具备本岗位所需的知识和技能。

（2）计划性原则

酒店要根据酒店发展的不同阶段对人力的需求，编排员工的招聘计划来指导员工的招聘工作，以解决用人变化、经营变化、甚至行业变化所带来的人员短缺问题。

（3）贯彻“任人唯贤、择优录用”的招聘原则

择优是招聘的根本目的和要求。只有坚持这个原则，才能广揽人才，选贤任能，为单位引进或为各个岗位选择最合适的人员。为此，应采取科学的考试考核方法，精心比较，谨慎筛选。特别是要依法办事，杜绝不正之风。酒店要根据自己的实际情况，因地、因店、因工种条件，依照酒店的规模、星级标准、接待对象、工种性质和质量要求的不同情况，制订科学而又切合实际需要的用人标准，严格考核录用，为酒店选好人才，保证员工的基本素质。人员招聘必须坚持贯彻任人唯贤、择优录用的原则，充分配合酒店各部门的工作需要，为酒店提供可靠、及时的人力保障。

（4）能级原则

人的能量有大小，本领有高低，工作有难易，要求有区别。招聘工作，不一定要最优秀的，而应量才录用，做到人尽其才、用其所长、职得其人，这样才能持久、高效地发挥人力资源的作用。

当前酒店的招聘实践中，存在人才高消费、相互攀比现象。特别是大多数的酒店招用的高学历的人才并没有被安置到适合的，能够发挥其最大价值的工作岗位，被闲置或高能低就现象严重。劳动力成本高，人才流动、流失现象严重。因此，酒店员工招聘应因职选能、因能量级、能级匹配。把适当的人安排在适当的位置上是用人的最高准则。正如管理理论不论先进只论适用一样，合适的人才比优秀的人才更重要。把一个能力不足的人安排在一个他不能胜任的职位上，那是强人所难，被用人也不必受宠若惊，这绝不是件好事，经受了不适应的折磨，才知道那滋味的确不好受。而把一个能力非凡之士安排在一个平凡的职位上，那是对人力资源的浪费，没有哪个公司可以经得起这种浪费，杰出人才最终也只会弃你而去。

（5）招聘的战略导向原则

酒店根据战略发展规划，从长远出发，人员招聘录用要以提高酒店效率、提高酒店竞争力、促进酒店长远发展为根本目标。总之，人力资源部要有计划、有目标、有步骤地开展日常的人员招聘工作，严格掌握对应聘人员的基本要求，把任人唯贤、择优录用的基本原则贯穿在整个招聘工作的全过程中，甄选出德才兼备的优良人选，不断满足酒店经营发展的需求，使酒店在激烈的竞争中始终保持优势地位。

4.2.4 酒店招聘应注意的问题

招聘工作费时费力，最重要的是招不到人及时的补位将影响到正常的工作流程和酒店的持续发展。那么，如何才能招到合适的人才成为很多酒店最头痛的事情，科学规范的招聘不仅可以有效地招聘到合适的人才还可以一定程度上防止人才的非合理流失。因此，在招聘过程中应注意以下问题。

(1) 计划在先

人力资源部除了做出年度人员招聘计划外，还应该定期主动和业务部门联系考察他们人员的需求情况。业务部门不应在出现职务空缺或需求新的人员时才告知人力资源部门。如果人力资源部门不能够预先得到一些信息，而在部门急需员工时草率行事，或因急于招到人而迁就一些素质一般的人才，不能实现选择适宜的人员的目标，并且久而久之还会造成整体员工的素质低下，人员流失现象严重等问题。

(2) 招聘前要准备比较详细的职务要求说明书和岗位职责说明书

职务要求说明书最好能够细化到学历、性别、业绩、工作经验、性格气质、个人爱好、家庭状况等方面，这样不仅可以一定程度上避免由于招聘人员的主管偏好而造成的不必要的损失，也可使招聘工作更公正。岗位职责说明书详细地向应聘人员展示了工作的详细内容，以免应聘人员根据酒店提供的职务主观地认为该职务应该从事的业务。

(3) 要慎重选择参加招聘的负责人

应该委任在酒店工作3年以上且能够长期在酒店工作的员工为人力资源部负责人。人力资源部的负责人要全面了解酒店的发展战略，能够根据酒店的长远发展，不同时期的人才供需情况去思考人才的需求。另一方面，要比较熟悉各部门的业务情况，并与各部门的主要负责人共同决定录用人员，力争做到各就其位，人尽其职。

(4) 要客观公正地说明情况

在面试时，不能为了留住人才，只让应聘者看到酒店比较光鲜的一面和即将从事的工作的大好前景，还应当适当地让应聘者了解到酒店的不足特别是即将从事的工作中存在的困难和重担。这样应聘者可以依据较全面的信息权衡利弊做出明智的决定，不会盲目的乐观，更不会因日后和现实相差太远而形成无限沮丧的落差心理。显然这样会使一些人却步，但总比给他提供了培训等之后他再离职要好得多。

(5) 要注重对道德水平的测试

在专业水平合格的基础上还需要考察应聘者的道德水平，这被很多酒店所忽视。一个忠诚的员工更容易得到更多的信任，这样他们在做事情的时候可行使的权利和可调配的资源相比之下就更多更能够发挥个人的潜能。酒店是一个开放度极高的服务性行业，酒店的顾客来自不同国家和地区，不同的文化背景和宗教信仰，看待事物的角色也不同，顾客的素质也不同。新上岗的员工易于受到新鲜事物的影响，在注重业务素质的同时，还应注重对道德水平的测试。

(6) 完善招聘网络、运用科学手段

许多酒店还不会使用招聘资源，酒店要不断完善招聘网络，与各种资源建立联系，以保证高级人才的输送。比如，与招聘网站、杂志，以及其他招聘机构讨论如何来完善人才储备库，也通过朋友或内部员工推荐的人选进行联系，做好人才储备工作。与技术部的人员设计更合理的招聘管理系统，使得技术层面的支持更便捷。修正酒店网页上招聘的职位或职责描述，对那些高要求，难以招聘到合适人才的职位重新做招聘计划，设计更方便的检索程序，保证让符合条件的求职者能够准确及时地应聘职位。

（7）简历并不能代表本人、工作经历比学历重要

招聘专员可以通过简历大致地了解应聘者的情况，初步地判断出是否需要安排面试。但招聘专员应该尽量避免通过简历对应聘者做深入地评价，也不应该因为简历对面试产生影响。对于有工作经验的人而言，工作经历远远比他的学历重要。他以前所处的工作环境和他以前所从事的工作最能反映他的需求特征和能力特征。另外，从应聘者的工作经历中还可以反映出他的价值观和价值取向，这些东西远远比他的学历所显示的信息更加重要。

4.3　酒店员工招聘渠道

一个酒店能否吸引人们前来应聘，取决于很多因素。其中主要有：酒店的目标与发展前景、酒店的形象与声誉、酒店的福利待遇、酒店的培训和提拔机会、酒店的工作环境和条件、酒店行业的状况及酒店空缺的职位类别，等等。酒店对应招者的吸引力取决于上述各种因素的综合。根据酒店所要补充的职位类别的不同，对这些因素要分别考虑，各有侧重。酒店招聘员工，要考虑到员工多种来源渠道。通常根据招聘对象的来源我们可将招聘分为内部招聘与外部招聘。它们各自采用的方法也不同。但二者的地位同等重要，是相辅相成的。内部招聘和外部招聘各有利弊，酒店选择哪种招聘方法应根据酒店自身的政策和工作要求来决定。酒店内部原有职位空缺或出现新职位，应招者主要来源于以下几个途径。

4.3.1　内部招聘途径

内部招聘是员工招聘的一种特殊形式，是从酒店内部招聘员工的一种方式。内部招聘主要包括以下途径。

4.3.1.1　内部提升

当酒店中有些比较重要的岗位需要招聘人员时，让酒店内部的符合条件的员工从一个较低级的岗位晋升到一个较高级的岗位的过程就是内部提升。从内部提升一些合适人员来填补职位空缺是常用的方法。它可以使酒店迅速从员工中提拔合适的人选到空缺的岗位上。内部提升给员工提供了机会，使员工感到在酒店工作是有发展机会的，易于鼓舞士气。同时，由于被提升的人员对酒店比较熟悉了解，能够很快地适应工作环境，是一种省时、省力、省费用的方法。但由于人员选择范围小，不易选到合适的员工，而且易于产生“近亲繁殖”的弊病。一般来讲，当组织的关键职位和高级职位出现空缺时，往往采用内外部同时招聘的方式。

（1）内部提升的主要优点

- 给员工提供发展空间和上升机会，有利于增强企业凝聚力，留住人才；
- 有利于激励员工奋发向上；
- 较易形成企业文化；
- 人员熟悉，降低部分用人风险；
- 费用低廉，手续简便；
- 有利于提高生产率。

（2）内部提升的主要缺点

- 自我封闭；
- 不易吸收优秀人才；
- 不利于创新，可能使企业缺少活力。

（3）内部提升应遵循以下原则

- 公开、公平、公正；
- 任人唯贤，唯才是用。

4.3.1.2 工作调换

工作调换也称“平调”。它是指职务级别不发生变化，工作的岗位发生变化。它是内部人员的另一种来源。工作调换可提供员工从事酒店内多种相关工作机会，为员工今后提升到更高一层职位做好准备。当酒店中需要招聘的岗位与员工原来的岗位层次相同或略有下降时，把员工调到同层次或下一层次岗位上去工作的过程称之为内部调用。

（1）内部调用的主要优点

- 费用低廉，手续简便；
- 人员熟悉；
- 员工对新岗位容易熟悉，可缩短适应期；
- 对新岗位的员工较熟悉，较易形成企业文化；
- 使员工得到更多的锻炼机会，了解酒店更多的业务，增加更多的技能，是培养人才的一种有效手段，是内部提升前的准备。

（2）缺点

可能影响员工的工作积极性。

（3）内部调用应遵循的原则

- 尽可能事前征得被调用者的同意；
- 调用后更有利于工作；
- 用人之所长。

4.3.1.3 工作轮换

工作轮换法是为减轻对工作的厌烦感而把员工从一个岗位换到另一个岗位。这样做有4个好处：一是能使员工比日复一日地重复同样的工作更能对工作保持兴趣；二是为员工提供了一个个人行为适应总体工作流的前景；三是个人增加了对自己的最终成果的认识；四是使员工从原先只能做一项工作的专业人员转变为能做许多工作的多面手。这种方法并不改变工作设计本身，而只是使员工定期从一个工作转到另一个工作。这样，使得员工具有更强的适应能力，因而具有更大的挑战性。员工到一个新的工作岗位，往往具有新鲜感，能激励员工做出更大的努力。日本的企业广泛实行工作轮换，对于管理人员的培养发挥了很大的作用。

4.3.1.4 内部人员重新聘用

一些酒店由于一段时期经营效果不好，会暂时让一些员工下岗待聘，当组织情况好转时，再重新聘用这些员工。也有些酒店将解雇、提前退休或下岗待业的员工再重新召回来工作。

4.3.2 内部选拔的方法

内部选拔是员工招聘的一种特殊形式。严格来说，内部选拔不属于人力资源吸收的范畴，而应该属于人力资源开发的范畴。但它又确实是酒店与员工招聘关系最密切的一部分工作，因此，我们放在这里一起阐述。

内部职员既可自行申请适当位置，又可推荐其他候选人。员工的情绪可以由此改善，同时也可降低招聘的成本费用。但是内部来源如处理不当，容易引起各种纠纷。所以招聘时一定要有固定的严格的标准，以免招聘主持人徇私舞弊、送人情或受制于人。许多规模较大、员工众多的酒店都可以定期让内部职员动员自己的亲属、朋友、同学、熟人介绍别人加入酒店的外勤销售行列。利用这种途径有许多优点，如由于被介绍者已对工作及酒店的性质有相当的了解，工作时可以减少因生疏而带来的不安和恐惧，从而降低退职率。

4.3.2.1 张贴招聘广告

招聘广告通常针对组织中所有雇员，通过醒目的广告为求职者提供职位空缺。

(1) 招聘广告的作用

一般招聘广告的作用很大，它能够起到以下作用：

● 为雇员发展提供机会；

● 为雇员晋升提供平等的机会；

● 通过使所有雇员了解这些机会，在组织中创造一个更开放的环境；

● 增强雇员对工资等级、工作描述、晋升条件与职务调动程序的了解，并使之认识到突出的工作绩效由哪几方面因素所构成；

● 当允许个人在组织中自我选择最适合自己的工作时，把组织目标告诉每个员工，最终有利于实现组织目标。

通常，除管理职位以外所有信息都是公开的。酒店偶尔也会发布一下薪资情况，但最常见的是告之工作级别和报酬范围。正因为招聘广告能提高士气，可以为雇员提供转换工作的机会，使雇员的技术和需求更好地配合起来，而且能以比较低的开支填补职位空缺，所以通常对组织大有益处。

(2) 内部张贴招聘广告的缺陷

内部贴招聘告示存在5点不足：

● 填补职位空缺的时间比较长；

● 如果反馈得不到及时小心的处理，落选者的士气会受到很大影响；

● 如果有2~3个候选人旗鼓相当，主管人员则难以做出决策；

● 招聘告示中有关薪水和职位等级方面的信息可能会引起一些雇员的不满，因为在他们看来，似乎在职位等级和薪水方面存在不公平现象；

● 由于部下总是试图脱离本部门，所以上下级关系会面临困境。

4.3.2.2 雇员推荐计划

由于酒店需要雇员为其做宣传，所以一旦雇员主动为酒店推荐了一名优秀的求职人选，酒店就会对其进行嘉奖。尽管有时申请者来自组织外部，这一方法仍被证明是很经济的。这是因为酒店的雇员不仅了解本酒店的概况和文化背景，而且对求职者所要应聘的职位也有一个比较细致的了解。招聘过程就好像一个“推销”过程，当然，酒店的雇员是承担这一任务的最佳人选。

对于成功的引荐，特别是当雇员介绍了一位酒店急需的技术人员时，酒店都会给雇员一定的经济奖励。

位于多伦多的加拿大太阳生命保险酒店推出了一个“太阳能”计划，以招聘更多拥有特殊技能的人员。对于那些帮助酒店找到合适候选人的雇员，酒店将给予最高达1000加元的奖励。雇员推荐方法有一个很明确的目标和规定，即这一计划必须为酒店招聘到具有特殊技术和资历的人员。例如，在温哥华的一家快餐连锁店，他们对凡是能招聘到管理人员的雇员给予500加元的介绍费，而对招到小时工的则分文不给。为了确保公正合理，雇员推荐计划还规定了雇员领取奖金的时间和方式。

4.3.2.3 技能清单法

另一个内部招聘的方法是利用人事档案中与技能有关的一些信息资料，但要获取这些资料却要花费大量时间和努力。一份正式的技能清单必须借助人力资源信息系统和人力资源管理系统来完成。通过人力资源信息系统和人力资源管理系统的使用，所有资料都被量化、编码，并包括在技能清单中。

这方面的信息主要包括姓名、雇员数量、工作类别、以往所从事的工作、经历、特殊技能和知识、所受教育、证书、出版物以及工资水平，等等，同时也包括正式评估结果，诸如在工作测试中评价中心的考试结果等。由于技能清单的建立很费时间，因此组织常常同时用它来为其他人力资源管理活动建立数据库。

4.3.3 内部选拔的优点

（1）能够简化招聘程序，减少招聘费用

人力资源部门对酒店原有职工都有一定的了解，可通过多种渠道获取该员工的相关信息。

（2）可以降低招聘风险

招聘一些关键的管理人员时，酒店可以通过选拔内部成员来减少由于对应聘者的不了解而带来的风险。

（3）能够有效地激励员工

通过内部招聘来选拔人才，会使员工更加意识到工作绩效与提拔、晋升、加薪之间的关系，从而可以起激励作用。

（4）能够为员工提供更好的成长、发展机会

内部招聘给酒店员工提供了一个对自己职业开发更负责的机会，内部招聘的对象是酒店内部的员工，他们基于对组织的原有了解，认识到在酒店中能够获得广阔的发展前景和更多的发展机会。

（5）减少组织对员工进行岗位培训的费用

由于内部招聘的人才来源于组织内部，他们对酒店，特别是酒店文化比较熟悉，已经具备了一定的工作能力和经验，对空缺职位的职责、要求等也较了解，因此在对他们进行上岗培训时，可以在很大程度上简化培训程序和减少培训费用。

4.3.4 外部招聘

外部招聘也叫外部选拔，是把外部具有酒店需要的能胜任本岗位的人招聘进来并安置在合适的位置上。外部选拔是人员选拔的方法之一，与之相对应的是内部选拔。

4.3.4.1 外部选拔的目的

一个酒店必须不断地从其外部寻求员工，特别是当需要大量地扩充其劳动力时。下列需求需要从外部招聘中满足：

- 补充初级岗位；
- 获取现有员工不具备的技术；
- 获得能够提供新思想的并具有不同背景的员工；
- 解决组织现有人力资源的不足；
- 为组织发展储备人才。

4.3.4.2 外部选拔的主要途径

（1）校园招聘

直接到校园招聘应届毕业生或邀请学生到酒店实习。这是招收应届毕业人才的主要途径。各类大中专院校可提供中高级专门人才，职业技工学校可提供初级技工人才。单位可以有选择地去某校物色人才，派人分别到各有关学校召开招聘洽谈会。为了让学生增进对酒店的了解，鼓励学生毕业后到本酒店来工作，招聘主持人应当向学生详细介绍酒店情况及工作性质与要求，最好印发酒店简介小册子，或制成录像带、印刷介绍图片。

优势 针对性比较强；能够吸引比较大量的申请者。酒店可节约招聘成本，并选择几所大专院校建立合作关系，进行人员储备培养人才梯队，可实现定制人员的招聘目标。这对于高校毕业生来说，校园招聘是最有效的求职途径，招聘的职位直接针对高校毕业生，针对性强使成功的可能性也就相对较高。

劣势 录用的人员工作经验少、流动性大、牵涉政策等手续。应聘者缺乏实际操作能力；人员稳定性差，有较高的流失率。

（2）人才市场

酒店可花一定的费用在人才市场摆摊设点，应征者前来咨询应聘。这种途径的特点是时间短、效率高。

优势 时间短、见效快、费用低、直接见面当时可以确定意向。

劣势 很难招聘到高级人才和专门人才；挑选面窄、工作强度大、洽谈环境差。

虽然通过人才市场招聘依然是酒店现在招聘的主要途径，但这种方式仍然存在诸多遗憾。首先人才市场是双向收费，即求职方和招聘方都要收取费用。而且针对酒店的收取费用也较高。而对于求职者来说有了免费的网络求职当然就会转移阵地。然后是对于酒店来说，人才市场招聘同样面临时效短的缺点，因为对于酒店来说，花上数百甚至上千的费用只是在人才市场呆上7～8h。那为什么人才市场依然是酒店的主要招聘途径呢？这主要是因为现在就业军中依然有很大部分不会利用网络。这和求职者的整体素质有关，因为现在还有很多求职者没有接触计算机的知识，甚至根本不了解网络。所以他们仍然只能选择人才市场这种传统方式。

这种方式一般适用于初、中级人才或急需用工。

(3) 职业介绍所

普通工人、低级管理人员可利用职业介绍所来获得，通常职业介绍所对用人酒店不收费也很热心。一般由职业中介机构介绍或直接检索其人才资源库。一般适用于初、中级人才或急需用工。

优势 介绍速度快、费用低。这是用人单位授予职介机构一定的权限，委托职介机构为其选择、推荐人才的一种方式。选择代理招聘的主要有以下几种：一是用人单位选择所需的人才有一定难度，必须通过中介机构才能完成；二是需求量极少；三是招聘条件非常明确，或者工种比较单一，通过中介机构来做，图个省事。花费比较合理，有时可免费；初次筛选对象较多。

劣势 中介服务质量普遍不高。各种职介机构、职介信息参差不齐、鱼龙混杂，求职者需要提防“黑职介”。酒店对应聘者了解少；成功率低；难以招到优秀人才。

(4) 媒体广告

通过报纸、电台、电视、专业杂志、马路张贴刊出广告，吸引应聘人员。各种人才都可以通过在当地发行量大的报纸上刊登招聘广告来获取。

优势 覆盖面广，见效快，有利于提高酒店的知名度；起到广告效果。求职者也便于按图索骥，很明确地知道酒店的用人需求情况。

劣势 酒店一下子会吸引许多不合格的申请者；对应聘者了解较少，增加筛选工作量及难度；招聘压力大。如筛选工作量大、费用高、有时限性、录用率低。这种招聘方法通常适用于中低层的职位、需求量大的职位。

报纸适宜在某个特定地区招聘，适合候选人数量较大，流失率较高的行业和职业。杂志适合候选人相对集中的行业，且地区分布广。广播电视适合让组织迅速扩大影响，招聘大量人员。

(5) 网上招聘

网络招聘，通过人才网站求职和招聘。这种新型的招聘方式恰恰弥补了传统招聘方式的缺点。

优势 网络招聘的优点可以从酒店（招聘方）和个人（求职方）2个方面来讲。对于酒店来说：首先网络招聘时效长，对于酒店的招聘信息来说，从发布日开始可以一直延续到酒店招聘到真正人才为止。另外，收费相对传统方式要低很多。再则对于酒店来说随着网络求职者的增多，对于找到真正适合酒店发展的人才也就越来越多。对于个人来说：首先人才网站对于个人提供的是一种免费服务。另外，随着国内教育事业的发展，随着计算机知识的普及，会有越来越多的求职者会接触到网络，并最终选择网络求职。再则因为网络求职方便，求职者只要在人才网站上登记个人简历之后，即可以等候酒店的招聘信息，如果上网方便还可以主动出击，随着良性的发展，网络的招聘信息量增多，对于个人来说选择适合自我发展的职位机会也就越来越大。有了这些招聘者和求职者双方的良性循环，即这种招聘方式就会得到越来越大的发展。再者，网上招聘信息量大且更新快，可随时查询数万条信息。招聘网络平台功能强大，提高效率。通过招聘网站可以轻松地对工作类别、地区和需求等条件进行全方位智能查询，快速准确地查询到所需要的包括行业、职能、工作地点、工资等信息，当查询到合适的招聘职位后还可以直接通过网站把简历提交给招聘单位，很大程度上节省了求职者的时间。另外，求职也无地域限制。

劣势　信息虚假。虚拟的网络世界给少数虚假信息提供了可乘之机，对求职者和招聘者双方来说，都存在对虚假信息的担忧，无效信息多。有些网站为了提高点击率，便将一些过时的招聘信息也发布在网上，使得求职者常常看到大量过时失效信息，劳而无获。

资料泄露带来麻烦。不少求职者会突然接到一些自己从来没投过简历的保险酒店或传销酒店的电话，还有些人发现，自己用来求职的照片被放在了不法网站。

网上招聘是选拔中高级人才和储备人才的一种好的途径。

（6）猎头招聘

委托猎头酒店寻找适合酒店用人要求和标准的人才。高级人才和特殊人才最好通过好的猎头酒店猎取。

优势　在每年的招聘淡季，借助专业猎头中介机构强大的资源优势，加快招聘的速度，提高招聘的质量。与猎头酒店建立淡季招聘的合作计划是酒店完成人员招聘的一个重要途径。对“猎取”高级和紧缺人才特别有用。那些有“一技之长”的人才是猎头的首选目标。其优点是针对性强、隐秘性高、可以得到专业顾问的帮助。

劣势　周期长，费用较高，通常要付该职位年薪的 20%。

猎头酒店的工作程序：

- 分析客户需要；
- 搜寻目标候选人；
- 对目标候选人进行接触和测评；
- 提交候选人评价报告；
- 跟踪与替换。

与猎头公司合作的注意事项：

- 选择猎头公司应对其资质进行考察；
- 约定双方的责任与义务；
- 选择猎头公司中最好的顾问为你服务。

（7）员工介绍

优势　对应聘者较了解；成功率较高；应聘者就职后稳定；花费少。

劣势　容易掺入人情关系；录用后难以辞退，易结帮成派。容易形成复杂的人际关系。

（8）现场招聘会

优势　供需见面、直接对话、双向交流，开放性强。求职者能与招聘人员面对面沟通，能透过呆板的职位说明进一步了解酒店和岗位的信息，同时也能了解到一些职场和行业的相关信息。免去了简历的预考程序，直接进入正考，有时在见面之后，有了一定印象，回去再详查简历。

劣势　人满为患、安全堪忧。潮水一样的求职者，使得面谈根本无法实现，供需双方缺乏必要的了解，工作人员唯一的工作就是收资料。求职者要从数以千计、眼花缭乱的岗位信息中寻找出合适自己的，不是一件易事，往往会挑花眼、转了向。

（9）手机短信

优势　短信平台基本能实现随时随地找工作。用户一旦注册之后，系统就能定时提醒查询订制岗位信息；能够根据用户要求，搜索符合用户设置条件的岗位，将每天最新的岗位信息发送给用户。

劣势 目前很多短信平台都不完善，特别是在职位的分类上，无法让求职者事先订制自己想从事的工作。也就是说，这些平台只负责发招聘信息给你，至于行业和职位是否合你“胃口”，他们就不管了，求职者也不可以像上面求职网站那样预设行业和职位。短信求职收费却不低，每条短信的价格从0.2~1.0元不等。

4.3.4.3 外部选拔的优点

第一，候选人员来源广泛，具备各类条件和不同年龄层次的求职人员有利于满足酒店选择合适人选的需要。

第二，有利于组织吸收外部先进的经营管理观念、管理方式和管理经验，内外结合不断开拓创新。

第三，对外招聘管理人员，在某种程度上可以缓解内部候选人竞争的矛盾。当有空缺位置时，一些人往往会通过自我“打分”而有被入选提拔的希望。如果参与竞争的人条件大致相当，竞争比较激烈，但却又都不太合适，在这种情况下，从外部选聘就可以缓解这一矛盾，使未被提拔的人获得心理平衡。

4.3.4.4 外部选拔的缺点

第一，对应聘者的测评有一定风险，应聘者实际水平和能力很难准确判别，因此不称职者会占有一定或相当比例。

第二，应聘者带来的文化可能与酒店文化有冲突。

第三，应聘者入选后对组织的各方面情况需要有一个熟悉的过程，即不能迅速进入角色开展工作。

第四，如果组织中有胜任的人未被选用或提拔，外聘人员的做法会挫伤组织员工的积极性。如果形成外聘制度，则更需慎重决定，因为其影响面可能更大。

根据酒店各类工作的不同特点，各类员工的主要来源途径也不同。比如，酒店管理人员，主要来源途径是顾问或同行的推荐、招聘广告、主动上门征聘等；酒店专业人员，主要来源途径是招聘广告、高等院校、其他酒店或公司中的同类人员、自荐或他人推荐；酒店办公职员和秘书，主要来源途径有招聘广告、大专学校、就业培训机构等；酒店普通员工，主要来源途径有就业广告、就业机构、职业学校等（如表4-1所示）。

表4-1 员工招聘渠道

招聘方法	适用对象	不太适用对象
发布广告	中下级人员	—
一般中介机构	中下级人员	热门高级人员
猎头公司	热门尖端人员	中下级人员
上门招聘	初级专业人员	有经验人员
熟人推荐	专业人员	非专业人员

4.3.4.5 外部选拔的意义

(1) 外部选拔是酒店获得高质量人才的关口

在竞争环境中，人力资源在组织所有的资源中堪称为“第一资源”。所以，对人才的吸引、选拔、保持、发展、评价、开发和培养构成了组织人力资源管理的基本职责。其中，外部选拔可以说是酒店获得人才的第一关。如果在这个首要环节，组织没有能够获取充足的适合于酒店的人才，日后就需要花费大量的人力、物力和财力去培养和开发人力资源，这会给酒店造成巨大的损失，不论酒店将来花费多大的精力去减少这种损失，酒店所失去的发展机会都是无法弥补的。

（2）外部选拔是人力资源输入的重要环节

组织犹如一个生命体，生命的生存和繁衍需要有旺盛的新陈代谢，而这取决于构成组织生命体的每一位员工。组织的人才流动是一种动态的过程，外部选拔就像是为组织注入新鲜血液，在这个输入环节，如果能充分吸收外部的“氧气”，就可以加强组织自身的生命力。

（3）外部选拔为组织带来创新

组织作为一个有机体，其思维方式和思想精华是由组织成员的思维方式和思想精华所构成的。每当一个外部的人才进入组织，他的思维方式就会迅速注入组织并影响组织中的每一个成员，可能就此促成了组织的某种创新。组织要适应不断变化的环境、要不断焕发出勃勃生机就必须不断接受新的思想、获得新的理念，外部选拔在一定程度上有利于组织进行更新。

（4）外部选拔有助于扩大酒店的知名度

外部选拔的招聘信息在市场上总是以很快的速度传播，这种招聘信息促进了组织知名度的扩展。一方面，发布外部招聘信息可以让社会了解酒店，在吸引人才的同时扩大酒店的影响；另一方面，酒店发布外部招聘信息也是在向社会传达一种信息，即酒店正处于扩张发展时期，这是酒店蓬勃向上的信号，无形之中增加了社会对酒店的信任感。

招聘途径的新方法

一般来说，招聘常用捷径有：熟人推荐（企业员工和现有关系推荐）和毛遂自荐。这些方法的好处是成本低、速度快。熟人推荐还可以帮助企业找到那些在本单位表现优秀、因而并不出现在人才市场上的“潜在”人才。

研究发现，由于作为推荐人的企业员工通常认为自己在本企业的声誉与所荐人才的表现息息相关，因此一般不会推荐不可靠的人员。此外，针对很多企业没有时间试用的现象，国际上近年来也出现了许多“临时雇员”租赁公司。他们用收费服务的方式来解决企业“急着用人，没有时间试用”的问题。一些进入我国的外企也把这种办法带进我国，例如，厦门的柯达公司招聘短期工人就采取向租赁公司租赁的方式，合同一般签订为3个月，任务繁忙时租人，任务清闲时则退回租赁公司。大大降低了人力成本，也减少了自己去市场上招聘的麻烦。

宝洁、联合利华在实习中发现人才。宝洁公司在北京大学启动了一项在大学3年级学生中招聘实习生的聘才计划，如果表现优越，将在毕业时正式聘用。联合利华启动夏令营计划，在全国范围内选拔优秀学生，邀请他们在暑假到企业参观实习，让他们尽可能地了解企业文化的理念。双方合意，毕业时将签约。

惠普的人力资源部门在4年前就着手在互联网上发展“履历表中心”，各部门的经理可随时入数据库，以键入“关键词”或“设定条件”的方式，搜寻自己所需要的人才履历表，经过面谈的履历表，都会加入经理的面试结论，有些不错的人才，前次面谈因名额关系未录用，其他经理可立即搜寻出来，直接约谈。

日本三洋电器公司最近也开始要求大学生利用互联网参加应聘考试。该公司的管理人员认为通过这种途径，可以以一种更为低廉的方式招聘到合格的人才，而且能够很快淘汰到计算机能力一般甚至不及格的人。该公司最终将在通过互联网测试的应聘者中挑出10%

的人参加面试以决定是否最终雇佣。另外，三洋公司今后将不再印发公司宣传手册，而是通过互联网站向应届毕业生介绍公司的主要情况，以便有兴趣加盟的大学生提前获得相关信息。

微软公司可能是所有企业在招聘途径中最出其不意的——微软在自己的用户中检索人才。微软公司的网站上，每月都有12000多个用户登录，他们主要是检索资料。微软编有一个专用程序，负责统计出用户所使用的关键词。从统计结果可分析出此人是否具有较高的计算机技能（比如，是否会使用C语言），根据检索结果列出招聘对象。当然，还要打电话邀请他们前来面试。

4.4 酒店人员选拔的方法与运用

酒店在招聘员工时所采用的甄选方法主要有2大类，即面试法和测评法。

4.4.1 面试

面试是指在特定的场景下，经过精心设计，通过主考官与应试者双方面对面地观察、交谈等双向沟通方式，了解应聘者素质、特征、能力状况及求职动机等的人员甄选方法。

4.4.1.1 面试的种类

（1）结构化行为面试

事前有一个固定的框架或问题清单，对所有的应聘者都问同样的题库。考官根据框架控制整个面试的进行，按设计好的问题和有关细节逐一发问。获得结构与形式相同的信息，便于分析比较，提高面试效率。

优点 标准统一，可以提供结构与形式相同的信息，便于分析、比较，减少主观性，同时有利于提高面试的效率，且对考官的要求较少。

缺点 谈话方式过于程式化，难以随机应变，所收集的信息范围受到限制。

（2）非结构化面试

无固定模式，随意发问。面试者只需掌握组织、职位的基本情况。面试中所用的问题是非标准化的问题，对应聘同一岗位的同一位应聘者，不同的考官会提不同的问题。

（3）行为描述面试

面试人员问一些与当前工作紧密相关的情景问题，询问应聘者在以往工作中碰到类似的情景采取过什么样的行动，根据事先拟定的评分规则给应聘者打分。

（4）全面结构化面试

全面结构化面试综合了前面几种面试技术，询问应聘者面临工作相关的情景时如何处理（行为描述法）、具备哪些专业知识、在各种模拟的环境中应聘者如何表现（情景模拟技术）。

4.4.1.2 行为描述面试法

行为描述面试法是基于行为的连贯性原理发展起来的。面试官通过求职者对自己行为的描述来了解2方面的信息：一是求职者过去的工作经历，判断他选择本组织发展的原因，预测他未来在本组织中发展的行为模式；二是了解他对特定行为所采取的行为模式，并将其行为模式与空缺职位所期望的行为模式进行比较分析。面试过程中，面试官往往要求求职者对其某一行为的过程进行描述，如面试官会提问“你能否谈谈你过去的工作经历与离职的原因?”“请你谈谈你昨天向你们公司总经理辞职的经过”等。

在提问过程中，行为描述面试所提的问题还经常与应聘者过去的工作内容和绩效有关，而且提问的方式更具有诱导性。例如，对于与同事的冲突或摩擦，“你与你同事有过摩擦吗？举例说明”的提问显然不如“告诉我，与你工作中接触最少的同事的情况，包括问题是如何出现的，以及你们之间关系最紧张的情况”更能激起应聘者真实的回答。

（1）行为描述面试

行为描述面试可以从以下3个方面来进行。

收集过去行为的事例，判断行为答复 要了解应聘者是否能真的像他们所描述的那样去做，最好的方法就是收集过去行为的一些事例。应聘者曾经做过的一些事例要比他们告诉你“经常做、总是做、能够做、将会做、可能做或应该做”更为重要。通常应聘者给出的非行为性（理论性）的回答频率偏高，他们给出的观点，往往并不一定是他们真正曾经做过的事例。面试官应综合应聘者实际描述的和曾经做过的事例来做出正确的判断。

提出行为性的问题 通常，行为性问题的提出带有这样的语气，“请谈谈你在……时遇到的情况，你是怎样处理的?”“你是否遇到过……的情形？请举例说明。”如果主考官要了解你在工作中的能力、适应能力、销售能力及团队协调能力时，通常会涉及如下问题。

当要了解能力时，他们可能会问：

- 请讲一个你最近在工作中遇到的问题（质量问题、设备问题、工艺问题）。
- 你是怎样解决的？你怎样解决生产过程中出现的问题？
- 你能解决质量出现的问题吗？

当要了解适应能力时，他们可能会问：

- 请讲一个你必须按照不断变化的要求进行调整的事例。当时的情况怎样？结果又怎样？
- 如果你必须按照不断变化的要求调整计划，你会感觉怎样？
- 如果在短短的时间内换了多个工作岗位，你会介意吗？

当要了解销售能力时，他们可能会问：

- 请描述一个在过去1年中你做的最大一笔订单的情况，你是怎样完成的？
- 为什么你认为你可以做销售这一行？
- 你能接受我们给你订出的销售目标的挑战吗？

当要了解团队协调能力时，他们可能会问：

- 作为一名主管，你如何处理棘手的员工事例？
- 你如何对付难以管理的职员？
- 你擅长解决矛盾或冲突吗？

利用标准化的评定尺度 在采用行为描述面试法时，各个面试官可能会用不同的行为标准对求职者进行评定，为了保证评定结果的信度和效度，进行面试前必须制订一个标准的评定尺度。表4－2以适应能力评定等级标准为例加以说明。

在此用5分制的打分方法：即1分、2分 、3分、4分、5分。面试官会依据表中所描述的内容对应试者做出判断，并给应试者相应的分值。表4－2中左侧的分值越高，说明应试者在以往工作中的适应能力越强。

表4－2 适应能力等级评定表

分值	表 现
1分	对工作变动几乎无适应能力
2分	不喜欢工作变动；尽量适应工作变动；工作表现差
3分	可以接受工作变动；及时补充新知识；工作表现不差
4分	可以接受工作变动；能迅速适应新环境；工作表现进步
5分	非常喜欢挑战性工作；工作表现积极主动；能举例说明自己过去成功适应工作的历史

（2）行为描述面试时的注意事项

行为描述面试的假设前提 主要包括：一个人过去的行为能预示其未来的行为；说和做是截然不同的两码事——即行为描述面试。

在行为描述面试过程中要注意了解应聘者过去的实际表现，而不是对未来表现的承诺。了解应聘者过去的工作经历，判断他选择本单位发展的原因，预测他未来在本组织中发展采取的行为模式。了解他对特定行为所采取的行为模式，并将其行为模式与空缺岗位所期望的行为模式进行比较分析。

行为描述时应注意的问题 让应聘者讲述过去发生的事件而非假定的事情或抽象的思想观点。如果应聘者讲的是抽象的观点，立即让其举例予以说明。

探求细节、刨根问底。面试人使用非常简单的问话引导应聘者讲出事件的细节，而且要让应聘者讲当时而非现在的看法或行为。

如果应聘者在叙述中提及“我们”，一定要问清楚我们是指谁。目的在于了解应聘者在当时的情景中做了什么。

追问应聘者行为背后的思想。例如，“您是如何作出那个决定的？”或“您当时是怎么想的？”

如果应聘者不能想到任何具体事件，你可以通过自己的经历举例，向其描述一个完整的事件，或让其思考和回忆以前的经历。

行为描述面谈提纲范例

请讲出一件你通过学习尽快胜任新工作任务的事。

- 你要从事的工作任务是什么？
- 接到任务后你怎么办？
- 你用了多长时间获得完成该任务所必需的知识？
- 你在这个过程中遇到困难了吗？
- 你最后完成任务的情况如何？

4.4.1.3 面试的准备

（1）组成面试的筛选小组成员

组成面试的筛选小组成员由以下3方人士组成：用人部门代表；人事部门招聘专员；独立评选人。独立评选人员应对该职位的工作有密切工作关系。

（2）面试方法采取合议制面试（也可采用阶段性面试）

用人部门主管的意见起决定作用，筛选小组其他成员的意见起参考作用。

某酒店招聘餐厅服务员面试提问目录	
问题：	目的：
你为什么申请这项工作？	她对在此工作有何感想。
你认为一位餐厅服务员的主要职责是什么？	了解她对工作的态度。
你认为一名厨师的责任大还是一名餐厅服务员的责任大？	看一看她对厨师工作是否了解。
服务员工作失败的主要原因是什么？	她是否认识到了工作中容易出问题的环节。
你认为一位合格服务员的最重要条件是什么？	她是否理解该项工作的职责。
你的家人如何看待你从事该项工作？	她是否存在家庭困难。
你感到服务员之间是否要平等相处？	她对其他服务员的态度及是否能与其他服务员和睦相处。

（3）根据招聘职位说明书设计面试评价表

面试评价要素共分18项：仪容；人生观、社会观、职业观；生活设计；人格成熟度（情绪稳定性、心理健康与心理掩饰性）；个人修养；求职动机；工作经验；相关的专业知识；语言表达能力；思维逻辑性；应变能力；社交能力；自我认识能力；协调领导能力；责任心、时间观念与纪律观念；分析判断能力；考察其应变能力；决策能力。

（4）面试场所选择与环境控制

面试环境应保持安静舒适；面试考官应按招聘职位调节活泼与严肃情绪；被试者座位避免放在房子中央；面试过程中人员不能随意走动，面试过程不要被打断。对初试合格的应聘者函邀或电话通知复试。

4.4.1.4 面试测评的主要内容

（1）仪表风度

这是指应试者的体型、外貌、气色、衣着举止、精神状态等。像国家公务员、教师、公关人员、企业经理人员等职位，对仪表风度的要求较高。研究表明，仪表端庄、衣着整洁、举止文明的人，一般做事有规律、注意自我约束、责任心强。

（2）专业知识

了解应试者掌握专业知识的深度和广度，其专业知识更新是否符合所要录用职位的要求，作为对专业知识笔试补充。面试对专业知识的考察更具灵活性和深度。所提问题也更接近空缺岗位对专业知识的需求。

（3）工作实践经验

一般根据查阅应试者的个人简历或求职登记表，作些相关的提问。查询应试者有关背景及过去工作的情况，以补充、证实其所具有的实践经验，通过工作经历与实践经验的了解，还可以考察应试者的责任感、主动性、思维能力、口头表达能力及遇事的理智状况等。

（4）口头表达能力

面试中应试者是否能够将自己的思想、观点、意见或建议顺畅地用语言表达出来。考察的具体内容包括：表达的逻辑性、准确性、感染力、音质、音色、音量、音调等。

(5) 综合分析能力

面试中，应试者是否能对主考官所提出的问题，通过分析抓住本质，并且说理透彻、分析全面、条理清晰。

(6) 反应能力与应变能力

主要看应试者对主考官所提的问题理解是否准确，回答的迅速性、准确性等。对于突发问题的反应是否机智敏捷、回答恰当。对于意外事情的处理是否得当等。

(7) 人际交往能力

在面试中，通过询问应试者经常参与哪些社团活动，喜欢同哪种类型的人打交道，在各种社交场合所扮演的角色，可以了解应试者的人际交往倾向和与人相处的技巧。

(8) 自我控制能力与情绪稳定性

自我控制能力对于国家公务员及许多其他类型的工作人员（如企业的管理人员）显得尤为重要。一方面，在遇到上级批评指责、工作有压力或是个人利益受到冲击时，能够克制、容忍、理智地对待，不致因情绪波动而影响工作；另一方面工作要有耐心和韧劲。

(9) 工作态度

一是了解应试者对过去学习、工作的态度；二是了解其对现报考职位的态度。在过去学习或工作中态度不认真，做什么、做好做坏者无所谓的人，在新的工作岗位也很难说能勤勤恳恳、认真负责。

(10) 上进心、进取心

进取心强烈的人，一般都确立有事业上的奋斗目标，并为之而积极努力。表现在努力把现有工作做好，且不安于现状，工作中常有创新。上进心不强的人，一般都是安于现状，无所事事，不求有功，但求无过，对什么事都不热心。

(11) 求职动机

了解应试者为何希望来本单位工作，对哪类工作最感兴趣，在工作中追求什么，判断本单位所能提供的职位或工作条件等能否满足其工作要求和期望。

(12) 业余兴趣与爱好

应试者休闲时爱从事哪些运动，喜欢阅读哪些书籍，喜欢什么样的电视节目，有什么样的嗜好等，可以了解一个人的兴趣与爱好，这对录用后的工作安排常有好处。

(13) 拟聘职位的情况与要求

面试时主考官还会向应试者介绍本单位及拟聘职位的情况与要求，讨论有关工薪、福利等应试者关心的问题，以及回答应试者可能问到的其他一些问题等。

特 殊 面 试

日产公司——请你吃饭

日产公司认为，那些吃饭迅速快捷的人，一方面说明其肠胃功能好，身强力壮；另一方面他们往往干事风风火火，富有魄力，而这正是公司所需要的。因此，对每位来应聘的员工，日产公司都要进行一项专门的“用餐速度”考试——招待应聘者一顿难以下咽的饭菜，一般主考官会“好心”叮嘱你慢慢吃，吃好后再到办公室接受面试，那些慢腾腾吃完饭者得到的都是离开通知单。

壳牌石油——开鸡尾酒会

壳牌公司组织应聘者参加一个鸡尾酒会，公司高级员工都来参加，酒会上由这些应聘者与公司员工自由交谈。酒会后，由公司高级员工根据自己的观察和判断，推荐合适的应聘者参加下一轮面试。一般那些现场表现抢眼、气度不凡、有组织能力者得到下一轮面试机会。

假日酒店——你会打篮球吗

假日酒店认为，那些喜爱打篮球的人，性格外向，身体健康，而且充满活力，富于激情，假日酒店作为以服务至上的公司，员工要有亲和力、饱满的干劲，朝气蓬勃。一个兴趣缺乏、死气沉沉的员工既是对公司的不负责，也是对客人的不尊重。

4.4.1.5 面试体系的设计及面试时的注意事项

(1) 面试体系的设计

理想的面试包括5个阶段：准备、引入、正题、收尾和回顾。面试准备时，首先要审查求职者的申请表和简历，并注明能表明其优缺点和尚需进一步了解的地方。同时应当查阅工作说明书。在引入阶段，应聘者刚开始进行面试时问一些比较轻松的话题，以消除应聘者的紧张情绪，建立起宽松、融洽的面试气氛。在正题阶段，面试者要按照事先准备或者根据面试的具体进程，对应聘者提出问题，同时对面试评价表的各项评价要素做出评价。在收尾阶段，主要问题提问完毕以后，面试就进入了收尾阶段，这是可以让应聘者提出一些自己感兴趣的问题由面试者解答。在回顾面试阶段，面试者检查面试记录，把面试记录表填写完整。

面试通用题库包括询问应聘者基本情况、专业背景、工作模式、价值取向、资质特性、薪资待遇、背景调查等方面的专业题库。还有其他面试问题样例，如团队意识、有效的沟通技能、工作主动性、适应能力、决策和分析问题的能力、交际能力、鼓励创新和革新的能力、独立工作的能力、处理矛盾和冲突的能力、建立合作关系的能力等方面的面试问题样例。

(2) 面试的实施及结果反馈

面试过程中，面试筛选小组成员应填写面试记录表，表明对应征者的评语及结论；全部面试结束后，筛选小组成员应讨论对各应征者的意见。当小组成员未能达成一致意见时，由用人部门代表拍板决定。评价结果应填写在面试结果推荐书上，送达用人部门主管及人事部备案；人事部门向入选应征者发出录用通知；人事部门将面试结果通知落选的应征者。

(3) 面试过程中应注意的问题

不宜问只答“是”与“不是”的问题；求职者答完第一题后，稍候几秒，以供其补充；多试几种话题，以引起求职者做答的兴趣；同一时间只问一个问题；问题要清楚且不能有任何正确或不正确的暗示；态度要表示兴趣感，语气中不表示批评、不耐烦或与求职者争论；在建立起良好的友谊气氛之前，不宜问过多的私事；要当耐心的听众，尽量不打断求职者的回答；控制局面，防止偏离主题，话题扯远时，不宜突然扭转回本题；面谈结束之前要给求职者提问的机会。

(4) 面试中的“致命错误”

不善于打破沉默；与面试官“套近乎”；缺少提问技巧；将自己包装成完善的人；缺乏主见；自命不凡，目中无人；急于打探薪酬福利；贬低别人抬高自己；

卑躬屈膝唯唯诺诺；抬出大人物压人；慷慨陈词，却言之无物；负面的肢体语言。

4.4.2 能力面试

能力面试是另外一种新的面试方法，与传统的面试方法注重应试者以往所取得的成就不同，这种方法更多关注的是他们如何去实现所追求的目标。在能力面试中，面试官要试图找到应聘者过去成就中所反映出来的特定优点。

在招聘中采用能力面试，要把握4个关键的要素：情景（Situation），即描述求职者经历过的特定工作情景或任务；目标（Target），即描述求职者在特定情景当中所要达到的目标；行动（Action），即描述求职者在特定情景当中所做出的行动；结果（Result），即描述行动的结果，包括积极的和消极的结果、生产性的和非生产性的结果。这4个要素的英文缩写就是“STAR”，进行能力面试也即寻找STAR。具体来讲，能力面试可以从以下几个方面进行。

4.4.2.1 全面地进行能力分析

为了准确地了解和判定工作是否出色，必须进行全面的能力分析。能力分析的结果将作为确定工作是否出色的标准的基础。它有助于企业录用到称职的员工。

工作出色的标准通常适用于组织内部相同级别的多个职位。对于一个酒店里所有高层领导而言，他们虽任务和职责不同，但必须具备的主要能力和基本素质却是相同的，因此，对其工作能力的衡量标准本质上应该是一致的。对组织内部不同级别的职位，所要求的能力有所不同，则工作出色的标准也应有所差异。进行能力分析的步骤如下。

（1）编写详细的工作任务说明，即进行“任务分析”

为了进行全面的任务分析，还要从不同渠道搜集各种信息。

第一，工作观察。观察那些在职人员所进行的工作，请他们详细描述，并作记录。

第二，约见在职人员。对每一位在职人员提出相同的问题，这些问题应着重了解他们的主要职责，需要处理的任务类型，与其他同事之间的工作关系，工作过程中最感吃力的部分以及他们出色完成工作所需的技能和能力。

第三，主要事件分析。针对有代表性的工作案例，举行由该职位优秀员工和管理人员参加的座谈会或交流会，请他们提供一些从事该项工作的效率最高的方法及从事人员的能力要求，并对这些方法和要求作详细记录。

第四，能力远景会议。参加与组织中“具有预见的人”举行的会议。其目的就是收集各类任务的信息，以及完成任务所需要的知识、技能、能力、动机和其他方面的要求。

（2）制订职务能力要求

即对所得到的信息进行分析，按照不同的内容和能力对相似的知识、技能、能力和动机进行分类。在列出一系列能力时，应尽量合乎情理。通常列出的能力要容易衡量，才能将工作能力描述准确。不同级别的职务能力要求如下：基层职位需要5～8种能力；中层职位需要8～11种能力；高层职位（如中高级管理人员、董事、高级专业人员）需要10～14种能力。

4.4.2.2　确定面试过程中将要考核的能力

因为不可能在短短的时间内对每一种职务都能进行考核，所以只能围绕那些对于完成此项工作最重要的而在其他选择体系中没有体现的能力展开。当然如果在录用的过程中不只面试一次，就有可能对各项能力进行考核。

4.4.2.3　制订面试程序，并对需要考核的能力进行评估

面试程序的制订至关重要。如果面试程序欠佳，则整个面试就会功亏一篑。为了防止这点，必须制订一个框架充分的面试程序。预先拟订问题，制订必要的面试程序，有助于获得与职务能力相关的信息。面试程序的制订可以参考一些指导性材料（如书面材料、视频材料、教师培训等）。同时对需要考核的能力进行评估必须制订一个标准的等级评定体系，用以科学地评估面试中获得的信息能力面试已被实践证明是一种最实际、最有效的面试方法。它可以在最短的时间内，收集到涉及工作范围最广、最准确的信息。严密的结构使其更具有科学性：可以具体地研究面试的各个部分；找出最有效的因素；尝试面试的新方法，并提供详细指南；所得结果最具有可靠性。

4.4.3　压力面试

压力面试（stress interview）是指有意制造紧张，以了解求职者将如何面对工作压力。

面试人通过提出生硬的、不礼貌的问题故意使候选人感到不舒服，针对某一事项或问题做一连串的发问，打破砂锅问到底，直至无法回答。其目的是确定求职者对压力的承受能力、在压力前的应变能力和人际关系能力。

压力面试通常用于对谋求要承受较高心理压力的岗位的人员的测试。测试时，面试官可能会突然问一些不礼貌、冒犯的问题，让被面试人员会感到很突然，同时承受较大的心理压力。这种情况下，心理承受能力较弱的求职者的反应可能会较异常、甚至不能承受。而心理承受能力强的人员则表现较正常，能较好地应对。这样就可以判别出求职者的心理承受能力。比如，一位顾客关系经理职位的候选人有礼貌地提到她在过去2年内从事了4项工作时，面试官可能告诉她，频繁的工作变换反映了不负责任和不成熟的行为。如果求职者对工作变换为什么是必要的做出合理的解释，就可以开始其他的话题。相反，若求职者表示出愤怒和不信任，就可以将它看作是在压力环境下承受力弱的表现。另外，该方法也可以用来证实对一些信息的怀疑。因为，人在一些突发问题上的反应更真实、更客观。而在准备个人求职资料时会不自觉地、不同程度上会美化自己，甚至造假。

就压力面试而言，一方面，它是界定高度敏感和可能对温和的批评做出过度反应（喜怒和辱骂）的求职者的良好办法；另一方面，使用压力面试的面试官应当确信厚脸皮和应付压力的能力是工作之需要。面试官还需具备控制面试（如求职者歇斯底里）的技能。因此，在使用压力面试之前一定要慎重，一方面确信压力是候选人将来必然要面对的；另一方面要保证面试官有控制压力的能力。

为了使面试发挥更大的作用，建议招聘时注意如下方面：

- 不要一次由一个面试小组面试许多候选人；
- 最好采用结构化面试，规定面试的用时，提问内容，及计分标准；

● 面试中要运用谈话技巧，注意面试环节的选择，注意面试的气氛；

● 主试最好受过专业培训，面试时态度要中立，不能给候选人有意无意的暗示；

● 要采用统一的面试表格，及时记录候选人的表现，对有声语言和无声的形态语言都要努力去倾听。

4.4.4 录像辅助选聘法

在招聘时，应聘人员观看录像片中各个服务情境之后，应确定自己的行为方式。招聘人员可根据应聘人员选择的行为方式给予评分。

优点：观看录像，应聘人员可迅速地“进入”服务环境，招聘人员可要求应聘人员根据录像中各种情境确定其行为方式；录像视听效果好，可真实地展示服务环境；与笔试相比较，文化水平较低的应聘人员较易应付录像法考试。

4.4.5 招聘测试

招聘中的测试是员工招聘过程中一个必不可少的重要环节。招聘测试是指在招聘过程中，运用各种科学方法和经验方法对应聘者加以客观鉴定的各种方法的总称。

酒店员工招聘测试的种类很多，目前我国酒店比较适用的有以下5种。

4.4.5.1 心理测试

心理测试是指通过一系列的心理学方法来测量被试者的智力水平和个性方面差异的一种科学方法。通过心理测试可以了解一个人所具有的潜在能力，了解一个人是否符合该酒店某一岗位的需要。心理测试包括个性测试（人格测试）、职业兴趣测试、能力测试等。

（1）个性测验

个性是指一个人比较稳定的心理活动特点的总和，是一个人能否施展才能，有效完成工作的基础。个性包括性格、兴趣、爱好、气质、价值观，等等。个性测试又称性格测试、人格测试，考察应聘者是否具有胜任工作所需的人格特征的过程。人格对工作成就的影响是级为重要的，不同气质、性格的人适合不同种类的工作。对于一些重要的工作岗位，如主要领导岗位，为选择合适的人才，则需要进行人格测试。因为领导者失败的原因，往往不在于智力、能力和经验不足，而在于人格的不成熟。人格测试的目的是为了解应聘者的人格特质。

超级乐观主义者

美国保险公司某年雇用了5000名推销员并对他们进行了培训，每位推销员的培训费高达3000美元。结果雇用1年后有一半辞职，4年后这批人只剩下1/5。其原因是：在推销人寿保险的过程中，推销员得一次又一次面对被人拒之门外的窘境。该公司向宾夕法尼亚大学的心理学家塞里格曼讨教，并请他来检验他自己关于“在人的成功中乐观的重要性”的理论。塞里格曼对1.5万名参加过2次测试的新员工进行了跟踪研究。跟踪研究结果，在乐观测试中取得“超级乐观主义者”成绩的这一组人在所有人中工作任务完成得最好。第1年，他们推销额比“一般客观主义者”高出21%，第2年高出57%。从此以后，通过该“乐观测试”便成为被录用为该公司推销员的一个条件。

（2）职业兴趣测试

职业兴趣测试是了解一个人的兴趣方向以及兴趣序列的一项测试。将个人兴趣与那些在某项工作中较成功的员工的兴趣进行比较，表明一个人最感兴趣的并最可能从中得到满足的工作是什么。

兴趣测验通常列出众多的兴趣选择项，涉及运动、音乐、艺术、文学、科学、社会服务、计算、书写等领域，对每一领域设计相应的题目，根据被试者对各种兴趣项目的“是”或“否”选择，或依据受试者排列出的兴趣序列，可以对其是否适合某一职业或某一种工作做出判断。

（3）能力测试

为了测试某些方面的能力，可针对性地设计和实施专门的测试方案。例如，为测验其想像力、创造力而进行“一物多用”测验；为测试其双手协调动作的准确性与速度而进行各种实验；为测定记忆力广度而进行“顺背数字”和“倒背数字”广度测试；为考察被测试者记忆与动作的协调能力进行“数字配符号”测验等。能力测试主要是测定从事某种特殊工作所具备的某种潜在能力，预测其在某职业领域内成功和适应的可能性，判断适合何种工作。什么样的职业适合某人；为胜任某职位，什么样的人最合适。

心理测试的难度较大，通常需选择专业的心理测试人员，或委托专业的人才机构或心理学研究所进行测试。

4.4.5.2 成就测试

心理测试用于鉴定一个人在一般的或者是某一特殊的方面，经过学习或训练后实际能力的高低。一般采用笔试和现场操作方式进行，了解应聘者对该项工作“应知”“应会”掌握的水平。成就测试适用于招聘专业管理人员、科技人员和熟练工人，特别是当对应聘者实际具有的专业知识和技能不能确认时，便于应聘者间的公平竞争。

4.4.5.3 笔试

笔试是考核应聘者学识水平的重要方法。这种方法可以有效地检测应聘人的基本知识、专业知识、管理知识、综合分析能力和文字表达能力等素质及能力的差异。

特点：考试取样较多，对知识、技能和能力考核的信度和效度都较高，可以大规模地进行分析，因此花时间少，效率高，报考人的心理压力较小，较易发挥水平，成绩评定比较客观。

缺点：不能全面考察应聘者的工作态度、品德修养以及组织管理能力、口头表达能力和操作技能等。

4.4.5.4 情景模拟

情景模拟是指根据被试者可能担任的职务，编制一套与该职务实际情况相似的测试项目，将被试者安排在模拟的、逼真的工作环境中。要求被试者处理可能遇见的各种问题，用多种方法来测评其心理素质、潜在能力的一系列方法。

4. 4. 5. 5 面试

面试是指被试者用口头语言来回答主试者提问，以便了解被试者心理素质和潜在能力的测评方法。

【思考题】

1. 名词解释：

员工招聘、员工招聘计划、员工招聘需求分析、员工内部招聘、员工外部招聘、结构面试、非结构面试、行为描述面试。

2. 论述人力资源招聘的基本程序和步骤。
3. 招聘的渠道主要有哪些？分析它们各自的优点和不足。
4. 简述招聘的基本原则。
5. 简述招聘时应注意的问题。
6. 人员选拔的方法主要包括哪些？
7. 简述行为描述面试时应注意的问题。
8. 简述面试测评的主要内容。
9. 简述面试时应注意的问题。

【经验性训练】

对下面 2 个小情景剧进行讨论

【概述】

将学生们分成若干个小组，组织学生讨论，遇到下列情况时，将如何处理？

【情景剧一】旅馆门口只有一位门卫值班，一位旅客走到门卫面前，问他：“我在找一个好一点的餐厅，你是否能为我介绍一个？”画面定格后，屏幕上列出以下几种行动方案。门卫应介绍哪种方案？

1. 只介绍本旅馆的餐厅。
2. 介绍附近的好餐厅。
3. 要旅客到总服务台去询问。
4. 介绍本旅馆的餐厅，然后介绍其他餐厅。

【情景剧二】总服务台只有一名服务员值班。他在为一旅客办理离店手续，几位旅客在排队等候。忽然，一位旅客抢先跑到总服务台，他说：“我要赶飞机，马上为我结账，否则我要迟到了。”画面定格之后，屏幕上出现以下几种行动方案。服务员应采取哪种方案？

1. 征求排队的旅客的意见，问他们：“我是否可先为这位先生结账？”
2. 对这位旅客说：“对不起，先生。我为这位先生结完账马上为您办理手续。”
3. 对这位先生说：“好的，先生。我马上为您结账。”
4. 找管理人员帮忙。

【步骤】

1. 将学生分成若干小组，各小组选举产生小组长。
2. 小组长组织小组成员分别讨论 2 个小情景剧，并分别扮演角色。
3. 分析讨论后，各小组分别写一份情景剧分析报告，字数在 1000 字左右。

【案例分析】

高松酒店招聘何以失败

去年11月总经理徐飞雇用了李明担任人力资源经理。李明的主要工作是负责员工的招聘和雇用。2月15日，沈阳的就业服务机构安排了一次人员招聘会。高松酒店参加了这次招聘会，酒店除了在薪水条件上具有竞争力外，还将为员工提供一系列的福利：蓝十字/蓝盾牌；带薪假期（1年以后）；津贴计划（工作7年后）；某个岗位上的工作培训；教育福利。

李明使徐飞了解到，对许多初级水平职位来说，最低薪水标准是关键的决定因素，因此，为了吸引高素质的员工，酒店做出6个月内提高薪水的承诺是非常有必要的。李明和徐飞对整个招聘信心十足。

徐飞整个的乐观情绪被昨天招聘会的报告浇灭了——只有200多人来应征315个职位，在他们之中，只有75个人通过了面试。大多数人没有在酒店的工作经验，但看上去还勉强可以接受工作培训。应聘者多数来自周围的乡村，只有几个来自沈阳。

下午，李明非正式地询问了负责面试的组织人员，得知应聘者多数关心他们的薪水和交通问题。有一些经验但技术不熟练的工人参加了面试，但是他们不相信自己可以从最低工资做起，他们要求在最低工资的基础上给予额外的小时工资。关于交通问题，酒店和应聘者更难达成一致意见。酒店地点同样是没有留住应聘者的一大因素。

在酒店早餐的会议上，参会者必须帮助李明出好的策略，以吸引应聘者前来填补剩余的职位。最后，大家提出在以下4个领域进行改进。

1. 广告活动：尤其是针对沈阳及周边城市，焦点集中于在高松酒店工作的利益。
2. 薪水的提升：在初级工人最低工资上加发补助以增加竞争力。为了保留好的员工给他们提供必要的薪水激励。
3. 交通运输系统：给来自周边城市的工人必要的补助，尤其是在公共交通方面。
4. 同公共机构合作：培养相同一些公共机构的关系以增加其他应聘者的来源。

【案例思考题】

1. 试分析高松酒店人力资源招聘失败的根本原因是什么。
2. 你认为员工早餐会议提出的改进方案可行吗？徐飞能够达到如期目标吗？
3. 结合本案例说明招聘活动在具体操作上应注意哪些问题。

【本章推荐阅读书目】

1. 人力资源管理．余凯成，程文文，陈维政．大连理工大学出版社，2005.
2. 人力资源管理．廖一余，曹会勇，刘兴倍．清华大学出版社，2006.
3. 人力资源管理．于桂兰，魏海燕．清华大学出版社，2004.

【相关链接】

1. http：//www.21-sun.com
2. http：//www.smrc.cn

第 5 章

酒店员工培训和职业发展

【本章概要】

本章主要讲述了酒店员工培训的意义、基本过程；酒店进行培训的必要性以及如何进行培训；培训的步骤、内容、方法与技巧等；对培训进行反馈，对培训者和被培训者都进行评估，以便为以后酒店的培训工作有所改善与进步打下基础；并对酒店员工的职业发展指明了方向。

【学习目标】

- 掌握员工培训的含义、意义和原则；
- 掌握员工培训的内容；
- 了解员工培训的基本过程；
- 熟悉培训需求的必要性；
- 掌握酒店对操作层员工和管理层员工培训的内容；
- 掌握员工培训技巧；
- 了解员工职业发展的重要作用；
- 掌握员工职业发展的内容；
- 掌握员工发展的各阶段不同的需求；
- 理解员工职业计划制订的一般步骤。

【关键性术语】

员工培训、职业发展、培训需求、培训计划、讲授法、研讨法、现场培训、游戏培训法、管理者训练、角色扮演法、情景培训法、心理训练法、培训效果。

【章首案例】

帮员工谋划职业生涯

2005 年毕业到某酒店工作的小夏赶上了好时候。这一年，该酒店推出一项全新的系统工程——面向每位员工的职业生涯规划。从那时到现在，短短 2 年时间，小夏已愉快地在酒店内部“跳槽”3 次。

学财会的他先是专业对口地分到大连分酒店做财务工作。半年后，小夏提出去家乡的武汉分酒店，一边做财务，一边兼做武汉市场营销调查，这个想法很快被批准。半年后年终总结，大家公认小夏素质比较全面，业绩优良，但欠缺沟通技巧。为了弥补缺憾，小夏提出到前台学管理，结果又被批准了。

在该酒店，人们对职业生涯发展有“4 个阶段”的共识——起步期、成长期、成熟期和衰老期。在承认自然规律的前提下，职业生涯规划的最高目标是：缩短起步期、使人才快速成长；延长成熟期，防止过早衰老。

该酒店人事部部长徐建军对记者说，酒店将起步期的规划视为核心。起步期年轻人最大的困惑是不容易找准自己的位置，在彷徨和徘徊中白费时间，对个人、企业都是极大的浪费。

打破酒店内部人才流动壁垒的“内部跳槽”制度为“职业生涯规划”破了题。酒店规定：起步期的年轻员工，通过一段时间直接感受后，对现有工作环境不满意，或觉得现有岗位不能充分发挥其个人才能，可以不经过主管领导直接向酒店分管人事工作的最高权力机构——人事部提出相关要求，人事部负责在1个月内给予满意的答复。

为了引导青年用好这一全新的政策，在为期3个月的入店教育中，酒店首先安排5~7天的职业生涯规划，请高等院校的专家讲人生规划的重要性和规划要点，包括职业生涯道路选择、个人成才与组织发展的关系、系统学习与终身学习的必要性及如何根据自己的特长和兴趣规划自己的人生等，使员工一进酒店就产生强烈的意识：把准方向、找准位置，尽快知道“我该在哪里”“我该怎样往前走”。

5.1 酒店员工培训的意义与原则

5.1.1 员工培训的含义及意义

5.1.1.1 员工培训的含义

酒店员工的培训就是按照一定的目的，有计划、有组织、有步骤地向员工灌输正确的思想观念、传授服务、营销和管理工作的知识和技能的活动。培训的主要目的是帮助员工更好地完成目前承担的工作，而职业发展强调的是鉴于以后的工作对员工提出更高的要求而对员工进行的一种面向未来的人力资源投资的活动。员工培训是人力资源管理的一项重要内容。

5.1.1.2 员工培训的意义

酒店是劳动密集型的服务型企业，竞争的焦点就在于人才。做好员工的培训工作，不仅有助于酒店员工掌握服务、营销和管理工作的知识和技能，从而提高服务质量，而且有助于酒店形成高度重视人力资源开发工作的良好声誉。实践证明，只有那些愿意投资做好培训工作的酒店，才能真正开发人力资源，才能在激烈的人才竞争和市场竞争中取得长期优势。

（1）培训可以提高员工劳动生产率

通过培训，可以使普通工成为熟练工，其劳动效率自然会提高。经过培训的服务员可比未经培训的服务员多清扫几间客房、多照管几张餐桌是显而易见的，即使是一些难以直接用数量表示的工作，如行李员和维修工，也可以从顾客的满意程度来反映。

（2）培训可以提高服务质量

人们生活水平不断提高，酒店业竞争日益加剧，顾客的需求在不断变化，因而服务水平的提高是没有止境的。酒店的任何员工都不能停留在“胜任工作”这一水平上，而要不断提高服务质量，以满足甚至引导顾客不断变化的需求。提高服务质量的最有效的方法就是培训。培训可以使员工掌握良好的技能与工作方法，以及丰富的行业知识，使员工工作起来得心应手。

（3）培训可以降低损耗和劳动成本

对酒店来说，某些浪费和损耗是可以避免的。例如，在客房清洁、洗涤的过程中，除了自然损耗外，还有人为因素。其中很多浪费与损耗是由于未经训练和没有经验所致。有研究表明，有效的培训可以减少73%左右的浪费与损耗。培训可以使员工建立爱店如家和浪费可耻的观念，从而在工作中自觉节约，杜绝浪费。

通过培训，还可以减少事故的发生，保证员工的人身安全和酒店财产的安全。有调查统计，未经培训的员工其事故发生率几乎是受过培训的员工的3倍。酒店设施设备日益更新，许多岗位都有一定的危险性，许多酒店发生的事故，如由于漏电引起的火灾，由于操作不规范引起的工伤事故等，缺乏培训往往是原因之一。

培训还可以使员工了解酒店的规章制度，自觉遵守纪律，提高出勤率。有资料表明，酒店员工培训后的出勤率一般要提高30%以上。

（4）培训是形成酒店文化建设的重要渠道

酒店文化是指酒店内部全体员工的共同价值观念、信念和行为准则。对酒店来说，酒店文化的核心就是服务文化，即为外部顾客和内部员工提供优质服务是酒店全体员工最重要的信念、行为准则和价值观念。酒店文化建设是一个系统工程。服务意识的灌输、酒店精神的培养、酒店目标的宣传、酒店凝聚力的加强等都需要教育相引导，培训是形成酒店文化的最佳途径之一。

（5）培训可以为员工的职业发展提供条件

培训不仅对酒店有利，对员工本身也有好处。员工在接受培训—工作—再培训—再工作的过程中，熟悉了业务，成为内行，提高了胜任本职工作的信心，从而增强了职业安全感。此外，员工通过培训，可以扩大知识面，拓展工作领域，并接受新的管理理论的学习，为其自身的晋升与发展创造了必要的条件。

5.1.2　培训原则

受到下属挑战时

李钟是某酒店工程部电梯管区的主管，他业务能力强，忠厚实干，对上级的指示一般采取言听计从的态度，因此他也要求下属对他绝对服从。时间一长，下属们习惯了他的领导方法，即使偶尔有点不满也只是背后甩2句闲话，从未公开与他发生冲突。然而有一天，这种惯例被打破了，一位新调来的技术好、经验丰富的电梯工对他下的命令当场提出疑问。李钟很不高兴，感觉自己的权威受到了挑战，要求这位电梯工立即执行命令，并宣布以不服从指挥为由，对他罚款50元，电梯工虽然按李钟指示去做了，心里却很不服气。事后，他把问题反映到工程部经理王东川处。王经理了解情况后，没有简单地就事论事，“各打五十大板”。他认为这是基层干部常常遇到的“如何贯彻执行决策”的问题。于是，他把这件事拿到每周部门主管人员培训会议上进行了研讨。

（1）战略性和全局性原则

提供长期有价值的培训规划，要求注重详细而周密地组织。酒店要将培训工作当成一项战略工作来做。追求近期效益，要求“立竿见影”的培训对酒店不会有积极作用。虽然人力资源投资周期长，回收期较晚，但收益期会持续很久。制订酒店的中长期培训计划既要能满足酒店目前工作的需要，更要与酒店整体发展规划相符合。

培训是全局性的，也就是说，培训是酒店内所有经营领域不可或缺的组成部分，而不是一个独立的活动。培训不是培训部门本身专有的责任。

（2）系统性和随机性原则

培训必须是系统的且始终如一的。如果培训时要求的标准在正常的工作过程中不适用，那么培训的价值和作用就丧失了。

培训什么时候都可以进行，它不局限于正常的培训阶段。良好的监督和管理的核心是：掌握标准，在出现使用不当的技能或程序时给以纠正。这个正确的意见相当于对相关的员工给予的培训和完善。

（3）学以致用原则

酒店员工培训要有针对性、实用性和灵活性。酒店发展需要什么、员工缺什么就培训什么。对员工的培训从实际操作开始，通过实际操作发现问题，针对问题来开展培训。从工作实际需要出发，主要表现在要与职位特点紧密结合，与受训人员的年龄、知识结构、能力大小和思想状况紧密结合。例如，前台接待人员、餐厅服务员、客房服务员的岗位不同，工作内容不同，培训的内容要与他们各自承担的本职工作相关。培训学习到的方法和内容要与实际工作相互渗透、有机结合，能立即用于实践工作中，使受训人员的工作能力得到明显的提高，较快地转化为生产力。

在培训的时间安排上要体现灵活性。发现培训需求就要尽快安排，要善于见缝插针，充分利用工作的间歇性、经营淡季来开展培训。如利用班前班后的时间穿插一些学习内容等。

（4）专业知识和技能培训与酒店文化兼顾原则

培训内容要兼顾职业知识技能与酒店文化2个方面。除了安排文化知识、专业知识与技能的培训内容外，还应安排理想、信念、价值观和道德观等与酒店文化密切相关方面的培训内容。

（5）全员培训与重点提高相结合原则

要有计划有步骤地对酒店所有员工进行培训。这是现今迅猛发展的科学技术和日益激烈的市场竞争的客观要求。全员培训要分清主次先后、轻重缓急，在全员培训的同时，重点培训管理人才和工作骨干，优先培训急需人才。培训时又要划分不同层次和采纳不同方法。例如，对于普通员工，主要侧重与业务技能和技巧及服务意识的培训；对于基层管理人员，既要设置提高他们业务活动能力的课程，又要适当设置提高他们管理理论与水平的课程；对于高层次的管理人员，课程设置要以提高他们的系统理论知识和全面的经营管理理念为重点。

（6）严格考核和择优奖励原则

严格考核是保证培训质量的必要措施，也是检验培训质量的重要手段。根据培训考核成绩，设立不同奖励等级，并记入员工档案，与员工今后的奖励、晋升和职业发展挂起钩来。

5.2 酒店员工培训的程序和内容

5.2.1 培训程序

培训程序有9个步骤，如图5-1所示。我们按顺序考察这些活动，从步骤1评估培训需求开始。

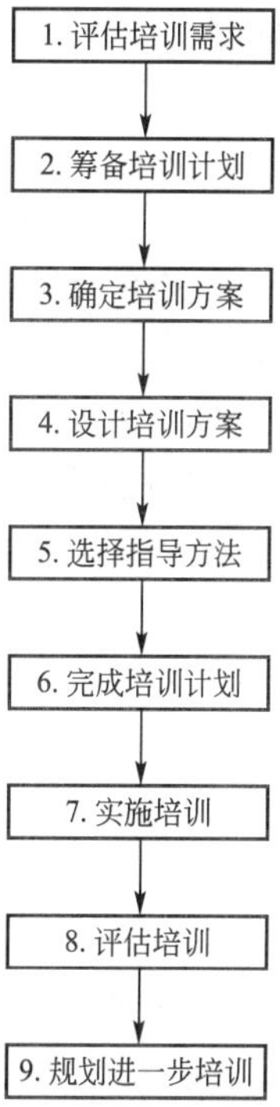

图 5-1 培训过程

(1) 评估培训需求

一个有效的培训方案应该满足组织整体的预期目标和优先考虑的问题，同时也满足员工个人的期望，这样的方案需要对实际的培训需求进行系统而详细的评估。评估培训需求由 4 个阶段组成：

- 考察组织及其整体的技能要求；
- 进行工作分析；
- 进行员工评价；
- 了解各方面的培训需求。

(2) 筹备培训计划

详细的工作分析过程有助于把具体的培训要求看得更清楚。接下来是把这些已知的需求编制成可实施的培训计划，主要涉及把个人、团体和组织的培训需求进行优先排序。优先排序的任务通常是由管理阶层与组织的培训主任或其他培训职责的人员来协商完成的。

(3) 确定培训方案

在实际情况中，我们可以通过详细说明下列内容来确定培训目标。即受训人在参加完某一特定培训方案后应该学到什么；根据行业或酒店标准应该掌握到何种程度。

工作分析应该为指明具体任务的内容及相关的技能、知识和态度提供基础；反之，这个任务的内容、技能、知识及态度也应成为制订所需培训方案目标的基础。如果任务简单或容易完成，而且所需的主要是专业技术，在任务的内容、所需的技能、知识和态度都确定下来时，为制订可行的可衡量的培训目标所需做的工作就相对很少了。但是，如果在技能和知识比较复杂的情况下，要想详细说明培训或发展的目标是很困难的。

(4) 设计培训方案

尽管详细的方案设计就其本身而言是一个完整的过程，但应该考虑的主要因素还有：方案的持续时间；方案的设置（如非全日制、全日制、离职培训）；指导方法；可利用的资源（如可利用的时间、预算、培训设施），选择培训材料（如教材、录像带）；培训的地点或环境，有时由任务决定（尤其是实践技能）；指导者及其经验；培训方案的主办单位（把基地设在酒店内部或者外包给教育部门或顾问）；评估参加者学习成绩的标准及方法；考核方案的标准和方法。

酒店不仅必须对上述的每一因素做出决定，而且还必须拥有执行这些决定的专业知识和资源。部门的职员可以通过培训和实践来学习这方面的专业知识。但是，在许多组织里，方案的设计是由人力资源培训专家或外来的培训顾问通过与部门代表进行磋商而做出的。

(5) 选择指导方法

有许多可供采用的指导方法，选择哪一种取决于培训的类型和水平、可利用的设施和专业知识以及受训者的需求。培训方式根据具体的情况分成在岗培训和脱岗培训。在岗培训主要通过做来学，因此，它也可能是应用最多的最可能被滥用的培训方式。脱岗培训考虑的是发展更广泛、更理性的技能。它提供了一个实践环境，并且在这个环境里犯错的代价不是很大。脱岗培训主要有在酒店内的脱岗培训、在外面的脱岗培训和独立的脱岗培训。在酒店内的脱岗培训可以采取多种不同形式的课堂方法，如讨论、示范、案例分析、角色扮演和模拟等几种形式。最常见的一种形式是到地方大学去参加正规的有保证的培训或参加短期课程。这样的培训专门满足酒店的具体需求或者提供更广泛的培训基础。在酒店内部的不同地点或其他组织的不同地点实施的以工作为重点的安置项目也是有益的外部培训。

（6）完成培训计划

与最初的培训计划相比。这个完成了的计划包含了培训方法、培训时间及地点的更多细节。很显然，在计划涉及的细节方面还有相当大的讨论空间。在实际操作中，计划详细到何种程度受各种条件（如需要培训的员工人数、培训方案的设计人具有的专业知识）和资源因素（如时间、预算）制约。

（7）实施培训

为确保培训的有效实施，明智的做法是让熟练的培训人员参与进来，因为他们是很好的交流者和推动者。同样，讲授人还必须对实施方案使用的技术能够运用自如。此外，在实施培训方案时必须考虑一些其他因素。

对参加者的选择 培训时对参加者的选择是很重要的，如果团体太大使得培训不能一轮完成，对参加者的选择则应根据培训优点最大化的原则，并确保把部门合适的人员包括在内。

团体的舒适 不管是身体上还是心理上，舒适都是很重要的，应该给他们提供间歇时间，同时培养团体内部及培训者与团体之间的和睦关系。

确保受训者能接受所学内容 培训者必须负责确保受训者在提供的条件里能够学会。这需考虑到一些影响因素，如环境因素（如教室的温度、座位的安排）以及培训者为了激发并抓住参加者的兴趣而采取的措施。

互动交流 不管在方案实施前还是实施过程中，针对课程进行很好的交流对受训者来说是非常重要的。这样的交流就集中在培训的原因及期望的效果上。

理论与实践相结合 在培训过程中，培训者必须给受训者时间练习新学的技能，也应该拿出时间让受训者提出问题，并回答这些问题，因为这对有效的学习是非常必要的。

受训者的反馈 反馈能反映受训者自己的学习情况并帮助其纠正错误。反馈是评价的一部分，最终这个过程会反映培训者和受训者双方的能力水平。

（8）评估培训

在评价培训方案时，通常采取下面的一种或多种形式。

- 不管是在培训方案实施过程中，还是之后，来自受训者的反馈能够提供有关课程处理和设计方面的信息。问卷调查的使用比较普遍，同时，坦率的讨论也不可或缺。
- 培训后对受训者进行测试，根据所要求的标准评判成绩。但是，只有把培训前和培训后的测试进行比较才能衡量出培训的成果。
- 上一级领导对员工培训后工作绩效的考评是评价方案的重要方面。为了与培训后的结果进行比较而在培训前做了评价，这时，培训后评价才更显其价值。

（9）规划进一步培训

评价阶段结束时，培训实际上完成了一个循环，酒店必须继续计划下一个阶段的培训，或者在一些情况下，使用重复培训方案来培训新员工。理想的情况是，定期地规划进一步的培训方案，当然现存的培训方案仍可以使用。表5－1和表5－2是2例培训计划，供参考。

表5－1 ××酒店季度培训计划表

7月1日~12月30日（2006年）

部门：餐饮部西餐厅　　部门经理：王静　　部门编号：0－1

培训活动/题目	培训编号	所需时间	月份
1. 订餐	C－7	10分	7
2. 餐厅开业及停止营业前后的工作程序	C－7	90分	7
3. 台面服务	C－7	75分	8
4. 为客人结账	C－7	50分	8
5. 葡萄酒的服务	C－7	90分	9
6. 处理客人投诉	C－7	50分	9
7. 准备工作	C－7	40分	10
8. 问候客人与引座	C－7	60分	10
9. 安全操作	C－7	50分	11
10. 如何更换台布	C－7	40分	11
11. 瓷器及玻璃品的正确搬运	C－7	50分	12
12. 推销	C－7	70分	12

表5－2 ××酒店餐饮部年度培训计划表

课题/活动	方法	设备/材料	人数	目标	地点/培训员	日期	时间

5.2.2 培训的内容

酒店员工培训能否产生效果，关键是选择和确定培训的内容。由于酒店员工工作层次不尽相同，因此根据不同层次、不同部门设计相应的培训内容是十分必要的。

5.2.2.1 酒店操作层员工的培训及其内容

新员工上岗带来的投诉

某家酒店开业数年来，声誉一直很好，总经理也非常重视服务质量反馈报告。然而近3年来，餐饮部3月到5月的客人投诉总是明显地增多。不仅如此，全年度的顾客满意指数也日趋下降。今年4月初，180个座位的西餐厅更是问题不断，餐厅李经理每日忙于处理各类投诉与问题，各组领班也不断抱怨新员工的悟性差，操作规程告之几遍仍然记不住，等等。某日，本已压力很大的李经理又接到了从总经理办公室转来的一封措辞激烈的投诉信。

投诉信内容大致如下：

服务员不懂基本的西餐知识，听不懂食品名称，只好求助于另一位有经验的服务员；上菜时，3份主盘又都上错，客人只有自己互相调换；斟啤酒时，酒液溢出许多，浸湿台布；撤空盘时，刀叉掉在地毯上；整个用餐过程中，服务无标准可言。客人在投诉信中还写道：这是无法令人接受的经历，太令人失望，服务质量与收取的费用相距甚远。在这句话的后面，客人还画上3个惊叹号。

总经理要求李经理拿出行动方案，保证新员工到岗后得到有效的培训，减少投诉率，提高客人满意程度。

酒店操作层员工是指酒店中的服务员和技术工人。他们直接工作在第一线，其服务态度、工作技能直接影响酒店的形象和服务水平。操作层员工的培训主要是提高员工的专业知识、服务技能和服务态度，重点是解决他们的动手能力。操作层员工的培训有岗前培训、在岗培训和转岗培训3种。

（1）岗前培训及其内容

岗前培训是指酒店新员工走上服务岗位以前的培训，目的是为了提高新员工的素质，使酒店新员工步入工作岗位后能尽快适应工作岗位的需要。为了保证新员工的技术业务素质，必须坚持“先培训，后上岗”的指导原则。

岗前培训因培训内容侧重不同又可分为一般性岗前培训与专业性岗前培训2种。

一般性岗前培训 指对新员工就酒店行业知识、酒店工作的性质与特点、酒店工作人员素质要求与职业道德、酒店情况介绍等常识性内容进行灌输，以增进新员工对酒店工作的了解。一般性岗前培训的内容涉及观念教育、职业道德教育、酒店礼节礼貌、形体训练、安全教育、法律知识等方面。

观念教育培训 是培养员工的服务观念。树立“宾客第一，服务至上”的思想，教育他们热爱服务工作，树立为宾客服务的奉献精神。应向新员工介绍涉外酒店的外事纪律、酒店的规章制度、酒店的经营宗旨和员工手册的其他内容，以及酒店各部门的概括。

酒店职业道德 是指酒店业的道德准则和行为规范，它是酒店从业人员身上体现的精神面貌和社会行为的总和。酒店职业道德培训教育的首要任务是加强对职业道德的认识，从而使员工在服务工作中形成正确的道德观念，逐步确立自己对客观事物的主观态度和行为准则。其次通过职业道德培训教育使员工在本职工作中讲求高尚的道德行为，并且能形成长期的职业道德习惯，将酒店职业道德规范自觉运用到本职工作中去。

酒店礼节礼貌 培训首先在于使新员工认识到酒店业是礼貌服务行业，每位员工所接受的礼节礼貌培训。不仅是培养文明公民的需要，更是职业的基本要求。因此培训内容着意让新员工了解人际交往和酒店服务接待工作中的礼节礼貌常识，学会并掌握酒店服务接待工作中所需的礼貌服务用语、基本礼节以及礼貌规范，培养人际交往的能力，养成礼貌待客的良好习惯。

该不该收取的附加费

张太太是餐厅的常客，通常由一位老服务员李洁提供服务。这次是您接待张太太，她点了一份午餐后，要求额外加一块黄油。然而，在最后结账时，她竟因为黄油的附加费大为恼怒。她说，李洁从来没有多收钱。但她知道按规定应该收费，你应该如何回答？

（1）“对不起，如果李洁没有收费，那是她的失误，因为菜单上已经标明。”

（2）“我不知道李洁对您的优惠，我也要立即取消这笔费用。”

（3）“这是经理的规定，我无权处理。”

（4）“或许李洁是按经理意图办的，我不了解，我立即与经理联系核实。”

形体训练 这是其他服务操作的基础。服务员站立和行走的姿势，直接影响到酒店的形象。形体训练培训很关键的就是练，经过反复的形体训练，使服务员

做到行走和站立的规范化。通过形体训练，可以使服务员体现出酒店员工的特有气质。

安全知识　一般作为新员工进店的培训内容，其中主要包括防盗、防火、防灾、防污染等安全防护，这应该是每一位酒店员工的神圣任务，也是酒店十分重视的工作，除保安员应忠于职守外，每一位员工，特别是一线员工，都要有这方面的基本知识。

法律知识培训　使新员工懂法、学法，并能运用法律于服务工作中去，用法律来保护自己和维护酒店的声誉。

专业性岗前培训　它侧重对新员工按部门、按工种进行专业针对性训练，要求员工在上岗前切实了解处理所在部门业务的原则、规范、程序、技术与方法，以便培训后立即能适应并胜任所分配的工作。专业性培训的内容包括专业外语、服务规程、服务技能与技巧、食品饮料知识、卫生防疫知识等。

外语培训　是员工与不同国籍宾客进行语言沟通所必要的业务要求。涉外酒店员工要求掌握一两门外语。因此涉外酒店的外语培训是占重要地位的培训项目。对于酒店不同部门、不同工种与不同层次的员工，要求掌握外语的语种、熟练程度、听说读写的能力也各不相同。但英语作为国际通用语言，要求酒店员工都必须基本掌握。

酒店的服务质量　需要有一个明确的标准，因此应突出各种服务规程的培训。服务过程的内容、程序、规格和标准，是服务规范的根本保证。新员工今后必须按照这些服务规程去进行各种服务。尽管服务规程细而繁琐，但为了保证服务质量，必须要求每个受培训的新员工都非常熟悉。

酒店服务工作　是技能性和技巧性很强的工作，因此，服务技能与技巧是员工培训的主要内容。它直接关系到酒店的各项服务工作能否按照既定的规格和标准完成。餐饮服务员领位、摆台、看台、上菜、撤盘的培训；厨师烹饪技术培训；商务中心文员的电脑打字培训等，都属于技能方面的培训。

食品卫生　不只是餐厅服务员和客房服务员的工作，应该是每一位酒店员工的工作任务。食品卫生在酒店服务工作中占了绝对重要的地位。像麦当劳、肯德基这样的快餐连锁店，为什么顾客盈门，与卫生是分不开的。

食品卫生培训，要长期保持，要对每一位员工的卫生习惯与常识，进行经常的检查，如制服脏了，身体有异味，指甲有污垢，未戴工作帽，抓头皮，在公共场所抽烟，捂着手打喷嚏，等等。

电话礼仪　表5－3是电话礼仪培训要点。

表5－3　电话礼仪培训的要点

1. 认真对待每一条信息而不能敷衍对方。
2. 接听或拨打电话时先表明自己的身份。
3. 用客人的姓氏称呼对方，并冠以先生、夫人、小姐等称谓。
4. 如替人传达信息，应在留言条上正确记录客人的姓名（正确地拼写）、公司、电话号码（包括区码）、拨打电话日期及具体时间，同时应写下自己的姓名。
5. 通话结束之前，须向对方礼貌道谢。
6. 拨打电话时，握住话筒准备问候对方，应避免拖延时间和表露不满情绪，要对对方表示尊敬和礼貌。
7. 迅速接听电话（尽量在铃响第一声后接听）。
8. 礼貌、专注地与客人通话。
9. 轻轻挂放电话，以免对方听到不愉快的响声。

(2) 在岗培训

在岗培训是对酒店在职员工进行的以提高其工作能力为主的不脱产的培训活动。在岗培训可以通过重复培训和交替培训来进行，重复培训可以使员工提高服务操作的熟练程度，使员工所掌握的技能技巧再提高一步。交替培训，可以使员工成为多面手，掌握2个以上的工作岗位的技能，对于部门间的人力调配有很大的帮助。在岗培训还包括表5－4对客服务的六项“该做”和七项“不该做”的内容。

表5－4 对客服务的六项“该做”和七项“不该做”

六项该做	七项不该做
1. 当客人抵达酒店时，上前迎接并问候	1. 当客人进入酒店或餐厅时不主动打招呼
2. 帮助客人提行李	2. 向客人提问
3. 交谈中使用客人的名字	3. 与客人争论
4. 建议性地推销酒店服务	4. 谈论其他客人
5. 不能马上为客人服务时，也应打招呼，以表示你已注意到他们	5. 开个人玩笑
	6. 找借口或责备他人
6. 不能及时提供服务时要道歉	7. 个人处理投诉

酒店服务工作是技能性和技巧性很强的工作，因此，服务技能与技巧是员工培训的主要内容。它直接关系到酒店的各项服务工作能否按照既定的规格和标准完成。如餐饮服务员领位、摆台、看台、上菜、撤盘的培训，厨师烹饪技术培训，前厅部接待员的外语会话能力和谈话沟通技巧的培训，商务中心文员的电脑操作培训等都属于技能方面的培训。服务技巧是一门艺术，服务态度上的主动、自然、热情、耐心、细致，服务效能上的周到、高效，服务程度上的系统、规范、适应客人急需或特殊的要求等，都包括在内。优秀的服务员能在无形中预防或消除与客人之间可能发生的误会或矛盾，能使急躁的客人变得安然，使发怒的客人变得冷静，使未能满足要求的客人予以谅解。而预见和引导客人的需要，给客人提供满意加惊喜的服务，不断创造和保持酒店的忠诚客人是服务的最高境界。

服务要遵重客人的意愿

中午，有一位脚有残疾、坐着轮椅的客人进餐厅吃饭。服务员小王非常热情地帮助这位客人靠近餐桌、倒茶、点菜。由于这位客人点的菜比较多，开始上的菜可以放在他的手能伸到的地方，后来上的菜不得不放在餐桌的另一边，这位脚有残疾的人夹那边的菜很困难，服务员小王立即上前帮忙夹菜，但这位客人客气地说要自己夹。小王还是帮助客人把菜夹了过来，客人的脸却一下子阴沉了下来，很不高兴地说：“谁要你夹菜了！”付账后，愤然离去。小王困惑了，为什么？

食品卫生直接关系到客人的身体健康，在酒店服务工作中占据着绝对重要的地位。食品卫生工作不只是餐厅、厨房的工作任务，更应该是每一位员工的工作责任。

客房部服务员建立良好宾客关系的培训

使客人满意不仅意味着给他们提供清洁安全的客房，还应该对客人予以特别关注，预见客人的需求。客人早上起来见到的第一个酒店员工往往是客房服务员，客人也许对酒店的设施或当地的社区并不熟悉，通过预见客人的需求，客房服务员应该能回答客人可能提出的许多问题，并将酒店的许多设施及服务推销出去。以下几点有助于良好的宾客关系的建立：

● 对客人要有礼貌，尽量用客人姓氏称呼对方。服务员能记住客人的姓名会使他们感到自己是酒店的重要客人。

● 清楚地了解酒店各种设施的位置及服务时间。如餐厅、酒吧及客房送餐服务，游泳池及健身设施、洗衣服务、租车服务及往返巴士服务等。

● 熟悉本地旅游景点及休闲娱乐场所：如球场、公园、购物区、电影院、博物馆和艺术中心等。

● 能向客人提供地理咨询：如熟悉当地主要街道、交叉路口及方位等。

（3）转岗培训

转岗培训是指员工由于工作需要或其他原因从一个岗位转向另一个岗位的培训。转岗培训与岗前培训较为相似，但培训对象有所不同。转岗培训要根据转岗人员的具体情况而定，有的需要进行全方位的系统培训，有的只需在某一方面进行培训即可。

5.2.2.2 酒店管理人员的培训及其内容

（1）酒店基层管理人员培训

酒店基层管理人员，如主管、领班等，是酒店第一线的管理者。他们的工作重点主要是在第一线从事具体的管理工作，执行中、高层管理人员的指示和决策，其任务主要是精通本职工作并完成本职任务。酒店基层管理人员培训的内容和要求如下：

● 学习酒店管理的基本原理，明确督导的基本职责，学习培训下属的方法；

● 学习人事管理和劳动管理的基本理论；

● 掌握沟通的基本方法；

● 掌握人际关系技能；

● 培养善于发现问题的意识，掌握开好小型会议的方法；

● 掌握制订工作计划的一般方法。提高指挥、推动工作的能力。

（2）酒店中层管理人员的培训

酒店中层管理人员主要是酒店各部门的经理和主管人员，他们是酒店的中坚力量，起着承上启下的作用。其主要职责是根据酒店的方针、计划，负责编制本部门的工作计划并具体负责组织实施。除了精通本部门的经营管理外，还需了解与本部门业务有关的其他部门的工作情况。中层管理人员培训的内容有：

● 本职位所需的专业理论知识和相关知识；

● 本部门的运行与管理、组织、控制、指挥能力的培养，尤其是沟通技巧和督导技巧；

● 其他部门的一般知识；

● 本部门员工的发展与培训。

一家著名的高星级大酒店新上任的餐饮部总监发现，该餐饮部的大部分经理对制订目标的方法不熟悉。结果，该餐饮部多年来都是以过一天算一天的（即暂时的）方式进行经营，几乎不考虑是否盈利。这并不是因为这些经理技术上没有经过严格训练，也不是因为他们不尽职或不努力，而是因为他们没有接受过关于计划、目标制订以及业绩评估等管理过程的严格教育。这位新任总监认为，在酒店管理人员中，这种缺乏“现代管理技术”知识的事实不光是他们酒店的特例，也是许多酒店普遍存在的问题。因为许多酒店的管理人员是从服务员等基层岗位一步一步升为管理人员的，他们实际操作经验非常丰富，但是却缺乏现代管理知识的底蕴相引导，缺乏“高屋建瓴”的眼光，这也是目前我国酒店业普遍存在的问题，因此加强对管理人员这方面的严格培训是十分必要的。

（3）酒店高层管理人员的培训

酒店高层管理人员是指总经理、副总经理和酒店顾问等酒店组织的决策者和经营管理者，其培训重点应放在创新精神的培养、决策管理能力的培训、用人能力、协调和控制能力等方面。对这类人员可以采取“走出去”的培训方式，安排他们到就近院校进修如下课程：酒店的业务管理；管理学原理；组织行为学；酒店经济活动分析；酒店经营管理；旅游经济学等。

5.3 酒店员工培训的方法与技巧

培训的效果在很大程度上取决于培训方法的选择和技巧的运用。采用适当的培训方法和有效的技巧，可以提高受训员工的兴趣与注意力，并取得最佳培训效果。培训的主要目的是改变受训员工的工作态度、业务技能和丰富员工的专业知识。为此，酒店培训部要做好4个环节的工作：利用确认的培训课题吸引受训员工的学习注意力→通过传授观念与技巧使受训员工了解培训的内容→经过培训技巧的运用，使受训员工对培训内容产生反应，并逐步增强反应，使培训内容变成潜在的行为意向→让受训员工在新旧经验的对照中作出选择而顺应新经验，再经过多次练习，巩固培训成效。同时，也要认真研究培训的方法与技巧。

5.3.1 酒店员工培训的方法

培训的效果在很大程度上取决于培训方法的选择和技巧的应用。采用适当的培训方法和有效的技巧可以提高员工的兴趣和注意力，取得最佳培训效果。

（1）讲授法

讲授法是传统的培训方法，也是目前最常用的培训方法，主要是由教师或专业人员对受训者授课，要求授课人能有效地组织材料并进行讲解。

讲授法的优点是时间集中，讲课不易受干扰，传授的知识比较全面、系统、容易接受。其缺点是单向输入，受训者不能主动参与。要使讲授法发挥好的效果，培训者一要善于使用视听设备，将内容形象化、立体化，激发受训者的学习兴趣；二要采用启发式教学方法，利用教师提问、集体思考、重点回答的方式，可以活跃课堂气氛；三要在授课中语言精练，注意系统性和逻辑性；四要对所讲授的原理、概念作出论证，使之具有说服力，令人信服。

（2）讨论法

讨论法是对某一专题进行深入探讨的培训方法。讨论法又分问题讨论法和案例讨论法。问题讨论法是由培训者提出问题，并设定一定的限制条件，组织和引导参加者开展讨论并给予提示，最终得出正确结论的一种方法。案例研讨法是让受训者对实践中的案例进行分析、研究，并提出自己的见解，最终通过分析比较，找出一种最佳解决方案的方法。讨论法较适用于中、高级管理人员的培训。

讨论法有利于启发和挖掘员工的分析能力、判断能力、比较能力、决策能力和创造能力，是一种省时而且有效的培训方法。讨论法在实施过程中有一定的难度，因此培训者在主持讨论时应注意：

- 讨论前应对讨论主题进行充分准备，提出的问题或案例应具有典型性、普遍性、实用性、指导性；
- 讨论过程中应让每位受训者参与讨论，启发受训者发言，防止个别受训者夸夸其谈，独占讨论时间的现象；
- 控制好讨论会的气氛，不使讨论偏离主题，也不要对细小问题过于纠缠；
- 在结束阶段，培训者应对问题或案例进行剖析和归纳总结，给出清晰而明确的结论。

（3）角色扮演法

角色扮演法是让受训者模拟实际情景，扮演各种角色的一种训练方法。这种培训方法多用于改善人际关系的训练。部门经理与主管、主管与领班、领班与服务员之间，销售人员、服务人员与客人之间，由于所在职位不同，感受与态度也常不同。因此，角色扮演法的做法是让员工扮演与自己工作相关的另一职位上的角色，并进行模拟，亲自体验对方的感受，从中认识到不良做法的害处，消除员工之间、员工与管理者之间、管理者之间的隔阂，以达到相互沟通与理解的培训目的。

角色扮演法也常用于服务员扮演客人的训练，在模拟的工作环境中，让服务员亲自体验做客人的感受，并以客人身份评论服务员的工作表现，从中获得对客人需求的理解，以达到提高服务质量的培训目的。

准确把握客人话语意思

一位客人饭后正在喝一杯咖啡，服务生看见咖啡喝光了，就走了上去。
服务生：“您还要一杯咖啡吗?”
客人：“好了。”
可是服务生又端上来一杯咖啡。
客人：“嗯？我不是说过不要了吗?”
服务生：“但您不是说还想要一杯吗?”
客人：“我说‘好了’，就是‘不要了’的意思。”
服务生：“啊，是吗？真对不起。”（沮丧地回去了）

（4）管理游戏法

管理游戏法是针对酒店较高层次的管理人员的一种较先进的训练方法。管理游戏法具有生动、具体的特征。在运用这种方法行训练时，员工会面临许多酒店经营管理过程中的实际问题，决策成功与失败的可能性同时并存，需要受训人员积极地参与训练，运用有关的管理理论与原则、决策力与判断力对游戏中所设置的种种遭遇进行分析研究，采取有效办法解决问题，争取游戏的胜利。管理游戏的设计很重要，必须使员工在游戏般的气氛中有所领悟，有所收获。

（5）操作示范法

操作示范法是最常用、最有效的基层培训方法，除由教师亲自示范外，还包括用教学电影、幻灯和参观学习。这种方法适用于较具机械性的工种，如餐厅、酒吧服务员的摆台、上菜、调酒或客房服务员的铺床、清扫等实务操作训练。

操作示范法的程序是：先由教师讲解操作理论与技术规范，并按照岗位规定的标准、程序进行示范表演。对于操作过程中的重点和难点可以反复强调示范。然后由员工模仿演练，同时教师应进行指导，纠正错误动作，直到员工符合操作标准。

（6）情景培训法

情景培训法是提出一些工作中有代表性的问题，并假设几种解决问题的方法，让员工讨论和选择正确答案，并说明理由，最后由指导教师做出综合分析的一种方法。

应怎样回答

某餐厅，一位顾客没有看菜单就点了一道常吃的菜，结账时，他却说餐厅多收了6元钱。因为此菜价格是刚调上去的，而你也没有提示顾客这一点，最后，顾客感到很尴尬和恼怒，你该怎么办？下面有4个不同的回答：

（1）“非常抱歉，先生，我只是这里的一员，价格是由我们经理制定的。”

（2）“对您不了解我们价格的变动深表歉意，没有提醒您注意确实是我的失误。”

（3）“没有转告您价格的变动很是抱歉，但作为特殊情况，这次就按原价收费。”

（4）“让我与经理联系，因为你是老主顾，或许经理会按原价收费。”

（7）对话训练法

对话训练法是把服务员在工作中与客人的对话录下来，在培训课上播放并进行讨论分析。以增强员工语言能力和解决问题能力的一种培训方法。对话的内容主要是针对服务员不讲礼貌、态度粗暴、不懂业务、不懂推销常识等方面而设立的来自于顾客与服务员、管理人员与服务人员的实际接触的对话。通过播放录音，可以提高员工的学习兴趣和学习效果，增强员工的工作信心和工作能力。

（8）四步培训法

四步培训法来源于第二次世界大战时美国在职培训规划提出的一个职工培训方案。其特点是实践性强，培训者应用起来简便易行，员工容易掌握。如果培训目标是为了提高员工的能力、技能，这种方法最为有效。四步培训法的步骤是：

讲解 做好学习动员，使员工安心学习，轻松自如。讲述工作情况，解说操作要领，了解员工对该项工作的认识，说明掌握操作要点的重要性，提高员工对培训的兴趣。

示范 讲授、解释与表演每一操作动作。在示范中，速度控制要适当，太快，员工不能理解，跟不上；太慢，时间又显紧张。进行一次完整的操作示范后，重点内容可反复示范。应注意示范的动作不要过多，以免超过员工一次性接受的能力范围。

实习 让受训者实习所学的操作内容。在员工实习操作过程中，培训者要认真注意观察，对准确动作予以肯定与赞扬，对错误动作提出改进建议，直到员工能够正确掌握为止。

操作 在员工已初步理解、领会和基本掌握正确的操作要领后，鼓励员工独立上岗操作，并耐心解答提问，经常检查，定期对员工在日常工作中的操作情况进行跟踪、复查，确保操作要领的领会和运用。

(9) 心理训练法

健康的心理状态、良好的心理素质有助于人们有效的开展工作和处理各种人际关系，是提高工作业绩、获得个人事业成功和个人发展的重要因素。心理训练可以帮助人们建立和增强自信心，提高对挫折的承受力和战胜挫折的能力，以积极的态度对待工作和生活。尤其是酒店的员工，职业特点决定了他们要与不同的顾客打交道，并为顾客提供优质的服务。自己遇到了不顺心的事还得给顾客“赔笑脸”；受到某些顾客的误解，自己感到很委屈还要对客人表示歉意；看到客人“享乐”自己却在一旁伺候，心中产生沮丧感等都是常有的事。通过心理训练，员工可以学会控制自己的情绪，以理性的想法去思考问题，保持健康的心理，从而给顾客提供一贯性的优质服务。

心理训练可分为正向（激励）和逆向（挫折）训练 2 类，其中激励训练从培养人的健康心理出发，以积极、愉快和善意的方式激发人的自信心和成功欲；挫折训练一般采用学员受到打击、经历磨炼的方式，通过完成向心理、体能极限挑战的课程，训练他们的心理素质，以提高自信心、意志力和承受力。

要禁得起当众羞辱

王月是酒店餐饮部的一名服务员，每次王月都被评为顾客最满意的员工。王月平时很能干、很完美，并且在各方面都做得很好。可是上次晚餐时，王月有点累，走了神，忘记通知厨房顾客补点的菜肴，顾客当众对王月大发雷霆，王月觉得其他顾客和同事都在窃笑。唉！身为优秀员工竟然犯下这种不可原谅的错误，真是太丢脸了。这么一点小事都做不好的人，一定不会有前途的，王月真没用，她心里想。

5.3.2 酒店员工培训的技巧

培训技巧主要是指培训者的教学技能，为了确保培训成功，培训技巧的运用尤为重要，培训技巧运用不当，将直接影响到培训效果。如培训者授课时手段单一，方法呆板；没有适时运用视听辅助教具；课堂提问和回答方法不科学；授课内容不是由浅入深，想到哪儿讲到哪儿，等等。因此，培训者的教学技能，一要体现多种技能，二要针对不同的培训对象突出发挥自己的技能。常见的培训技巧主要有以下 4 个方面。

(1) 讲授的技巧

课堂讲授是酒店培训中最普遍运用的方式。不同水平的授课者在讲授同一内容时，教学效果是截然不同的。课堂讲授的技巧具体体现在4个方面。

授课前的充分准备 首先，对员工的基本情况应加以了解和分析，如员工具有什么文化程度和经验；其次，对授课时间与讲授内容进行恰当的组织，制订好教案，准备大量的教学材料，特别是案例：再次，应准备好视听教具。

善于吸引学生 能否吸引住学生，使他们对学习产生浓厚的兴趣，对教师产生信心，上好第一堂课是非常关键的。此外，培训者注重仪表仪容、演讲姿势，以及体现自信、谦恭有礼的诚恳态度，也都会对吸引员工产生重要的作用。

良好的语言表达 培训者清晰而洪亮的声音、婉转的语调、准确无误的讲述、有节奏的演讲速度、幽默的言语都可以活跃课堂气氛。

辅助教具的使用 单词的讲演会使员工感到枯燥，在讲课过程中，用投影、录像、图片逐条展示授课内容，不仅可以克服员工的厌倦情绪，而且可以加深员工对讲演内容的理解。

(2) 指导的技巧

在员工模仿训练过程中，指导是关键。培训者应针对员工容易出错的环节进行指导。指导的关键是示范，教师在演示时应注意：

- 示范时要边做边讲，并提醒员工，哪些是关键要领，哪些环节容易出错；
- 示范动作应该是优秀的、出类拔萃的，要尽最大努力做好示范动作；
- 培训者要说明该项工作所需的时间、速度及质量水准。

(3) 提问的技巧

培训者对提问技巧的运用，体现着培训的质量水准。提问可以直接引导员工进入主题思考，可以测试员工的理解力和领悟能力，还可以获取员工对培训的反馈意见。有效的提问决非由培训者随心所欲地设计，要注意以下6个方面。

- 提问必须简短、清晰而且措辞简单，避免含糊的问题。
- 多用启发式提问。避免提问答案为“是”或“否”的问题。如果不能避免，就要求员工说明理由，以检测员工的领悟能力。
- 提问应着重检查受训员工对所传授知识或技能的理解程度，而非语言的表达能力。
- 提问后，要留一定时间让员工思考。回答问题时，不打断员工的回答。对一时回答不出的问题，要善于引导和启发。
- 提问的面必须分散，以免影响员工的积极思考。
- 提问的气氛要尽量轻松，避免盘问，更不要挖苦答不出问题的员工。

(4) 视听教具的运用技巧

在酒店培训中有效地运用视听教具能帮助员工加深理解，提高学习的兴趣，使培训活动变得更加生动活泼。视听教具按它对员工视觉与听觉刺激的不同作用分为视式教具、听式教具和视听式教具。用黑、白板、投影仪、幻灯机、图表等形式展现教学内容的器材称为视式教具，唱片、磁带为听式教具；电影、电视、录像为视听式教具。培训者要对各种教具的特点及使用注意事项有较清楚的认识。使用视听教具应注意以下5个方面：

● 使用黑、白板书写时，字体要端正，大小应适当；要布局版面，避免书写零乱与边讲边写，对重点内容加以突出；

● 挂图式教具可以采用现成图画或自行绘制的图片，避免在使用前过早地吸引员工的注意力，挂置时要注意高低及方便换页；

● 使用投影仪要事先做好胶片，供培训时放映；

● 培训者对教具的使用应是熟练的，同时应在使用前试用一下；

● 要坚持教具是辅助工具的原则，不要喧宾夺主，造成分散员工注意力的不良影响。最好是需要展示才拿出来，展示后即收回。

5.4 酒店培训效果的评估

培训是人力资本投资的一种方式，主要包括酒店的有形投资和无形投资2方面。有形投资包括：教学场所的建设和租赁、教学设备的购置和租赁、教学材料的组织编著和购买、外聘教师的讲课费，外出培训人员的学费、住宿费、交通费、实习费，培训组织人员与内聘教师和受训员工学习期间的工资、福利、补贴、奖金等。无形投资包括：有形投资额未能投资其他有效益项目的损失，受训人员因培训未能为酒店生产劳动而造成的损失，培训组织人员和内聘教师因组织培训与教学工作没能从事其他为酒店创造利润工作所造成的损失。

5.4.1 培训效果评估的步骤

培训效果的评估主要分5个步骤：确定标准、受训者测试、培训控制、评价培训效果和评价结果的转移。

（1）确定培训标准

培训标准是培训工作管理的基础，是培训工作顺利进行的依据。培训标准必须以培训目标为基础，必须与培训计划相匹配，具有可操作性。

（2）受训者测试

受训者测试指的是让受训者在培训以前先进行一次相关的测试，以了解受训者原有的水平，以便更有效地评测培训的效果。

（3）培训控制

培训控制指的是培训管理者通过对培训设备、培训者、培训过程等的控制，使培训工作达到既定的目标。培训控制工作要注意观察培训工作的整个流程，及时与培训者进行沟通，与受训者及时交流，了解他们的真实反映，要运用适当的方式，抓住培训目标，更好地完成培训任务。

（4）围绕标准评价培训结效

培训者的培训工作结束以后，要针对培训标准进行效果的直接评价，经常采用的方法是请受训者在培训结束后填写一份培训评价表，培训评价表要与培训目标紧密联系，更要以培训标准为基础，要与受训者工作内容有关，要对培训者的授课技巧、授课方式、知识含量等进行调查，也要对场地及教材等进行选择评价，还要求受训者就培训结果进行评价，最后要受训者回答培训对其收益情况（表5－5）。

表5-5 培训效果评估表

编　号：　　　　　　　　　　　　　　　　　　　　　　　　　　年　　月　　日

说　明：本调查的目的是检验培训课程的效果，以便今后做进一步的修改和完善。您的意见对我们至关重要！请您根据本次培训的实际情况客观填写（在表格中请按5分制打“√”），感谢您所给予的真实评价！

培训时间：　　　　培训地点：　　　　所在部门：　　　　参训人姓名：

项　目	评　分				
	5	4	3	2	1
1. 对本次培训课程内容设计的满意程度					
2. 对讲师的授课方法及技巧的满意程度					
3. 本次培训对您今后工作的指导程度					
4. 对本次培训时间及场地安排的满意程度					

★ 本次培训您认为收获最大的地方是：

★ 本次培训后，您将在工作岗位上运用的内容是：

★ 您认为此次培训在哪些方面还需要改进？

★ 您希望今后参加哪些培训课程？（请打“√”或具体说明）□管理类　□销售类　□个人职业生涯规划　□IT技术　□其他

★ 如果满分为100分，您认为这次培训可以得　　分。（100～85非常满意；84～75比较满意；74～60尚可；60以下不满意）

（5）评价结果的转移

结果的转移是指把培训的效果转移到工作实践中去，即工作效率提高多少。评价结果的转移是最重要的步骤，也是许多培训项目忽视的步骤。

5.4.2 培训效果的测定与反馈

培训效果的测定与反馈对于员工培训十分重要。通过测定与反馈，既可以了解培训产生的效益，又可以为未来的培训打好基础，以利于进一步开发人力资源。表5-6是培训评估采访调查表。

表5-6 培训评估采访调查表

课程名称：服务营销原理及技巧培训
评估目的：明确参加者从培训活动中所学知识及其积极影响
授课目的：了解服务营销的相关理论及技巧，提高营销能力
授课内容：服务营销体系、消费者行为分析、面对面服务技巧、关系营销、服务性酒店的基本竞争策略、市场定位策略等
姓名：　　　　工作部门：　　　　职位：　　　　培训日期：
1. 你为什么参加学习？
2. 你希望能学到什么？（1与2在学习前调查）
3. 上完培训课后你对课程的综合评价如何？
4. 哪些课题在实践中有所应用，经常否？
5. 哪些课题没有应用，为什么？
6. 你学到哪些有用的知识和技能？
7. 请你谈一谈学有所用的切身经历。
8. 学习与应用培训课程后，对实际工作有无影响？如果有，请尽量作量化说明。
9. 是否实现管理者对你的培训期望？
10. 你希望你的上级或酒店进一步给你提供什么样的帮助？

（1）培训效果测定的层次

反应层次　是培训效果测定的最低层次。主要利用问卷来进行测定，可以问以下问题：受训者是否喜欢这次培训？是否认为培训者很出色？是否认为这次培训对自己很有帮助？哪些地方可以进一步改进？

学习层次 是培训效果测定的第2层次。可以运用书面测试、操作测试、情景模拟等方法来测定。主要测定受训者与受训前相比，受训后是否掌握了较多的知识、较多的技能，是否改变了态度。

行为层次 是培训效果测定的第3层次。可以通过上级、同事、下级、顾客等相关人员对受训者的业绩进行评估来测定，主要测定受训者在受训后行为是否改善，是否在工作中运用培训中的知识、技能，是否在交往中态度更正确等。

结果层次 是培训效果测定的最高层次。可以通过事故率、产品合格率、产量、销售量、成本、技术、利润、离职率、迟到率等指标来测定。主要测定内容是个体、群体、组织在受训后是否改善，这是最重要的一种测定层次。

（2）培训效果的量化测定

培训效果的量化测定方法较多，其中运用较广泛的是下列公式：

$$TE = (E_2 - E_1) \times TS \times T - C$$

式中 TE——培训效益；

E_1——培训前每个受训者1年产生的效益；

E_2——培训后每个受训者1年产生的效益；

TS——培训的人数；

T——培训效益可持续的年限；

C——培训成本。

5.5 酒店员工的职业发展

5.5.1 职业发展的含义

职业发展又称职业生涯。从不同的角度对其定义有不同的理解。从一般意义上讲，它是指一个人一生中从首次参加工作开始一直到退休离开某一组织的所有工作活动与工作经历。按时间的顺序连接而成的一个总的行为过程，这是其客观含义；从另外一个角度上看，职业生涯包含了一个人一生中随年龄增长而产生的价值观、态度以及积极性等方面的变化，这是它的主观含义。总体来说，它与组织和员工个体密切相关。职业发展不含以下2个方面的含义。

第一，酒店组织的绝大多数员工，作为一个个体，都有从自己现在和未来的工作中得到成长、发展和获得满意的强烈愿望和要求。为了实现这种愿望和要求，他们不断地追求理想的职业，并希望在自己的职业生涯中得到顺利的成长和发展，从而制订了按照一定的目标不断成长和发展以及不断地追求的职业计划。

第二，从酒店组织的角度来看，在广大员工希望得到不断成长、发展的强烈要求下，酒店人力资源管理部门为了了解员工个人成长和发展的方向及兴趣，为了不断地增强他们的满意感，并使其能与酒店组织的发展和需要统一协调起来，相应地开发一个新的职能——职业管理。总之，由酒店组织一方，即酒店人力资源管理部门或人事部门制订协调有关员工个人成长、发展的计划与组织需求和发展相结合的计划，就称为职业管理；而员工个人自己希望从职业生涯的经历中不断得到成长和发展的计划，为其个人职业计划。一般来说，一个酒店组织对个人的职业计划提出指导，而员工个人也希望在听取组织意见的情况下制订职业计划。

5.5.2 职业发展的重要作用

(1) 有利于促进员工的成长和发展以及增加他们的满意感

随着社会和经济的发展，酒店组织中越来越多的员工强烈地要求改善和提高工作生活质量。他们不但希望在经济发展时提高工作生活质量，而且希望在经济停滞、萧条时也能改善工作生活质量。酒店员工要求改善或提高工作生活质量的含义不只是要求得到一个工作和提高工资福利待遇，而更重要的是：

第一，工作要有兴趣性和挑战性，要求在工作中能不断地有成长和发展的机会，并能在工作中不断地提高自己的满意程度。

第二，希望在工作中有独立性和自我决策性，希望参与管理，对自己上司的有关决策有越来越大的影响力。

酒店组织的实践经验证明，凡重视了解、开发员工兴趣，又不断地符合逻辑地给员工提供具有挑战性的工作任务，并为他们的成长发展以及参与管理创造机会和有利条件，即重视职业计划，才能使员工的满意程度增加，才能留住人才和吸引人才；否则，员工的不满意就会增强，就会引起员工流失。

(2) 适应现代酒店组织有效地使用人才的迫切需要

现代科学技术的迅猛发展和市场竞争的日趋激烈；一方面使酒店组织面临着严峻的挑战，另一方面又给酒店组织的发展和变革提供了机会。如果一个酒店组织不善于培养和调动本组织的员工去迎接挑战，去从事发展和变革所带来的新的工作，就必然会失掉酒店发展的良机，就必然会被自己的竞争对手击败。同时，如果一个酒店组织不了解自己员工的职业兴趣以及他们对自己成长与发展的方向和要求，也就无法合理地指导员工职业兴趣的开发和他们自我成长与发展的方向，从而也就无法培养和调动本组织的人才去适合发展和变革的需要。实践证明，职业发展既是为员工提供成长和发展的机会，提高员工满意程度的有效途径，又是现代酒店组织培养人才最经济、最有效的方法之一。一个人职业发展过程的决定因素中有着客观的成分，即有被称为机遇的偶然性因素的影响，但人们的主观因素也会起相当大的作用。多数人对自己未来发展有一定的愿望、设想、预计与准备，还为实现个人抱负设置了目标，并为实现此目标而努力创造条件。完全凭命运摆布的人毕竟是少数，对个人职业发展道路影响最大的还是他们所工作的组织。如果酒店看不到这一点，或者不重视职业发展在酒店人力资源管理与开发中的重要作用，就会在严峻的挑战面前束手无策，就会丧失发展的机会。

(3) 有利于把员工个人需要与酒店组织需要统一起来

从酒店的微观管理方面来看，围绕着酒店人力资源管理活动的几个方面，如选拔，聘用，培训和考评等具体职能的实施，从根本上离不开酒店员工的自主性和员工的内在积极性这一基础。酒店必须首先鼓励并帮助他们完善和实现自己的个人目标；同时设法引导这种个人目标与组织需要相匹配的过程。使这一过程不再是完全随机的，而是成为一个组织与员工个人双方合作努力，使组织需要与个人职业发展相符合和对员工个人进行培养过程。也就是说，酒店要想真正调动员工为酒店服务和奉献的积极性；就必须能够站在员工的角度，真正为员工的切身利益着想，在尽力帮助员工谋求自我发展的同时，获得员工的尊敬，赢得人心，这样才能从根本上取得酒店人力资源方面的竞争优势。

5.5.3 职业发展的内容

职业发展的内容包括2个方面，指的是酒店组织方面的职业管理和个人方面的职业计划。

(1) 职业管理

组织所从事的职业发展方面的活动，称为职业管理。其目的在于把员工的个人需要与组织的需要统一起来，做到人尽其才并最大限度地调动员工的积极性；同时使他们感到在组织中能够有所作为，从而极大地提高了其对组织的归属感。此活动涉及一系列人力资源管理职能的发挥：

人力资源规划 包括通过详细评估与选拔找出重点培养对象，认真安排他们的岗位与升迁路线。

指导与考评 包括帮助他们做好自我分析，提供酒店中可供选择的发展途径的信息，考核他们的绩效并及时给予反馈等。

培训与开发 给员工以提高自己的机会，组织要有预见地拟订出正式的培养计划。

奖励措施 包括合理奖酬制度的建立与实施，鼓励员工在发展通路上的任何可取进展。

酒店职业管理的一个主要问题，是在酒店中谁来承担这项重任的问题。应该说，酒店中承担这项重任的，首先是各级管理人员，因为他们最了解自己下级的长、短、喜、恶、需要与抱负以及他们的过去与现状，又了解酒店中存在的机会与备选发展途径，便于向下级介绍前景，从而指导、监督，培养和鼓励他们。人力资源管理部门在这方面也起着重要作用，可以当好各级主管的助手与参谋，向他们提供信息、技术与建议，如介绍全酒店存在着哪些发展选择，这些备选途径间的相互关系；每条途径的前提要求及连接顺序等。

从理论上讲，酒店有责任在发展方面照顾到每名员工，但限于实际可行的条件，往往要分清主次。最重要的是领导层的后备梯队问题，做好接任计划，然后才顾及中层和基层。

(2) 职业计划

员工个人所承担的职业发展的活动称为职业计划。这种规划中包含了一系列职业生涯中重大转折性的选择，如专业发展方向的选择、就业单位的选择、职务的选择等。首先需在做好自我分析（包括个人的优势、劣势、经历、绩效、能力等）的基础上，在本人价值观的指导下，确定自己的长期与近期的发展目标，并进而拟订具体的发展道路规划。个人职业计划应具有一定的灵活性，以便根据自己实际的表现而加以调整。

这2种活动当然是需密切配合、协调的。不难看出，个人发展计划的成功还在于组织的扶持。美国以管理优异而闻名的IBM公司有一句名言："员工能力与责任的提高，是公司的成功之源。"现代酒店看到员工职业发展道路的开发对酒店的巨大利益：能发现人才，尤其是后备干部，保证了酒店领导层质量的连续性；实现人尽其才；充分开发本酒店人力资源潜力；满足员工个人的荣誉、自尊与自我发展需要，引导其个人目标与组织目标一致，保证了员工的积极性、创造性与对组织的忠诚与归属感。

5.5.4 员工职业发展的阶段

职业生涯发展的阶段不同，职业发展计划的类型及其内容也会有所不同。按不同的年龄段可以把职业发展阶段划分为4种类型，即职业探索性阶段、立业与发展阶段、职业中期阶段和职业后期阶段。

（1）职业探索性阶段

这一阶段开始于青年人刚涉足于社会工作到25岁左右的时间里。这一时期职业计划的主要特点是个人在试探性地选择自己的职业，并试图通过变动不同的工作或单位而选定自己一生将从事的职业。因此，青年员工调换工作的愿望十分强烈，如在本单位得不到满足，则往往会“跳槽”。对酒店来说，应了解就业初期青年员工的这一特点，给予选择职业方面的指导，并努力为他们提供多种工作，特别是有挑战性又能吸引他们兴趣的工作，使他们有自我探索和考察的机会。

（2）立业与发展阶段

这一阶段一般从25～44岁。在经历了职业探索以后，逐渐选定了自己的职业，即立业。在这一阶段的员工主要是在工作中的成长、发展或晋升，成就感和晋升愿望特别强烈，工作的成就、发展和晋升对他们的激励作用最大。一般来说，处于这一阶段的员工，都有自己的成长和发展计划，并会为实现目标而竭尽全力。酒店组织对处于这一阶段的员工要多给他们提供在知识、技能上具有挑战性的工作和任务，并放手让他们大胆地工作，让他们拥有更多的自主决策和自我管理权，充分发挥他们的创造精神。同时，要对他们的工作提供各方面的支持，创造良好的发展条件，使他们在工作中得到成长和发展，满足成就需要，并对他们的成果给予表扬和鼓励，使他们朝着更高的目标前进。

（3）职业中期阶段

这一阶段的年龄一般在45～58岁之间，处于这一阶段的员工，对成就和发展的期望相对减弱，而维持或保住自己已有的地位和成就的愿望增强。同时，他们也希望更新自己专业领域的知识和技能，学习一些其他领域的知识和技能，以免遭裁员或便于被裁员时另作选择。对组织来说，要关心他们的学习要求，并提供他们更新知识和技能的学习机会。

（4）职业后期阶段

这一阶段一般指58岁以后。处于这一阶段的人准备退休并希望为适应退休后的环境而培养自己在某一方面的爱好，如书画、音乐、棋艺等有利于身心健康的活动。从组织方面来讲，要关心他们的身心健康，为他们创造条件，以增加他们对某一娱乐活动的兴趣和爱好，并有计划地为退休员工开展一些有利于身心健康的活动。表5－7列出了职业发展各阶段员工的需求。

表5－7 职业发展各阶段员工的需求

职业发展阶段	对工作方面的要求	情感方面的要求
职业探索性阶段（25岁以前）	1. 希望从事多种不同的工作 2. 希望自己探索	1. 进行试探性的职业选择 2. 在比较中逐渐选定自己的职业
立业与发展阶段（22～44岁）	1. 希望做具有挑战性的工作 2. 希望在某一领域发展自己的特长 3. 希望在工作中有所创新 4. 希望在经历3～5年内转向其他领域	1. 希望面对各种竞争，敢于面对成败 2. 能处理工作和人际关系的矛盾 3. 希望互相支持 4. 希望独立自主

（续）

职业发展阶段	对工作方面的要求	情感方面的要求
职业中期阶段（45~58岁）	1. 希望更新技能 2. 希望在培训和辅导青年员工中发挥自己的技能 3. 希望全面了解组织的工作情况和发挥自己在组织中的重要作用 4. 为准备转向其他工作而学习新知识和技能	1. 具有中年人较稳健的思想感情 2. 对工作、家庭和周围的看法有所改变 3. 自我陶醉，竞争倾向渐弱
职业后期阶段（58岁以后）	1. 计划好退休 2. 转向咨询和指导性工作 3. 寻找自己的接班人 4. 寻找组织外的其他活动	1. 希望把咨询看作是对他人的帮助 2. 希望能接受和欣赏组织外的其他活动

5.5.5 职业计划的制订

员工职业计划制订的一般步骤：员工自我分析；组织对员工个人能力和潜力的评估；组织为员工提供职业发展的有关信息，给予公平竞争的机会；提供职业咨询。

（1）员工自我分析

这主要是员工对自己的知识、能力、兴趣以及职业发展的要求和目标进行科学的分析和评估，然后在本人价值观的指导下，确定自己近期和长期的发展目标，拟订具体的职业发展计划。这一计划要有一定的灵活性，以便根据发展的实际情况进行相应的调整。

要正确分析和评价自己，往往要经过较长时期的自我观察、自我体验和自我剖析的过程。通过对类似表5-8的分析研究，员工个人可以分析出自己的能力；兴趣爱好以及对职业发展的要求和目标。这是进行职业计划的重要内容。

表5-8 员工通过自我评价并从中了解自己人生发展中的需要和目标程序

1. 从下述第3条所列项目中选出你近期最感兴趣的项目：
2. 从下述第3条所列项目中选出你近期最不感兴趣的项目：
3. 填写出下列表中未列出，而你又最感兴趣或最想干的工作：

（1）有自由支配时间的工作	（2）具有权力性的工作
（3）工资福利待遇高的工作	（4）具有独立自主性的工作
（5）有趣味性的工作	（6）具有安全性的工作
（7）有专业性地位的工作	（8）具有挑战性的工作
（9）无忧无虑性的工作	（10）具有广泛接触，能广交朋友性的工作
（11）具有声誉性的工作	（12）能表现自己且能让别人看得见的工作
（13）具有地区选择性的工作	（14）有娱乐活动性的工作
（15）环境、气氛和谐的工作	（16）有教育设施和机会性的工作
（17）领导性的工作	（18）具有专家性的工作
（19）带有旅行性的工作	（20）可与家人更多时间在一起的工作

4. 你目前从事着哪一类性质的工作？它能满足你下一步的要求吗？说说为什么，能和不能的理由。
5. 你希望你接着从事的工作能满足你的要求吗？如希望的话，如何进行或计划；如果不希望的话，请说明理由。
6. 请具体描述你下一步最希望从事的工作。
7. 根据你的实际爱好和能力，说明你最希望从事的工作的各种具体活动或内容，不要描述其工作的头衔，而要说明其具体的工作活动和内容。说明你将如何去实现你自己的愿望。
8. 为了从事下一步工作，你是否需要接受培训或自学等形式学习和掌握新的知识或技能？如果需要的话，请详细说明，并说明学习或获得这方面知识和技能的途径和方法。
9. 你的这些要求是否可在你目前从事的工作以外的方面得到满足？如果可能的话，你是否希望发展或晋升到更高一级的岗位上。
10. 概述你自己的希望和你能干什么工作，以便满足你的需要。

(2) 组织对员工个人能力和潜力的评估

酒店组织能否正确评价员工个人的能力和潜力是职业计划制订和实施的关键，对组织合理地开发和使用人才，对个人职业计划的实现都有重要的作用。组织对员工个人的评价主要有以下几种方法。

在招聘过程中收集有关的资料和信息　这些资料和信息包括能力和个性等方面的测试，员工填写的有关教育、工作经历的表格，以及人才信息库中的有关资料等。

收集员工在目前岗位上表现的信息资料　包括工作绩效、评估资料，有关晋升、推荐或工资提级等方面的情况。

通过心理测试和评价中心的方法进行评估　由于在对员工的绩效进行评估的过程中存在种种问题，如评估人的偏爱或歧视以及评估体系的局限而影响评估的信度和效度，对目前员工在岗位上的表现所进行的评估并不能确切地预测其是否能胜任更复杂的工作，所以，西方的企业自20世纪70年代以来，逐渐采用更为科学的方法，即心理测试和评估中心等方法来测评员工的能力和潜力。目前，这2种方法在西方被广泛采用。西方的许多大酒店都设有评价中心，有一支经过特别训练的测评人员队伍。通过测评中心的测评，能较准确地评估员工的能力和潜力，对员工制订切实可行的职业计划有重要的指导作用。

表5-9　评价中心对员工进行测评的内容

项　目	解　释
口头联络技能	在与个人或一小组人交往中，能用语言或手势等各种表情进行有效的联络
口头表达能力	能在规定的时间内利用口头或表情有效地阐明自己的观点
文笔表达能力	能用流利的书面语言表达自己的思想，没有语法错误
工作激励能力	对分内、分外交叉而又责任重大的工作认真负责，乐意去干好
创造能力	面临重大事件，不是被动而是主动、积极地带头并带领大家去克服重重困难，去实现或超额完成任务
领导能力	能运用个人适当的影响力和方法调动员工自愿地去实现既定的目标或任务
组织与计划能力	能给自己或一个小组制订某一时期或某一项目的目标和计划，能合理地分配各种资源，以实施这种计划
分析能力	能从繁多的信息资料分析、对比中，分析其彼此的关系，并确定主要的关键问题
判断能力	根据提供的信息资料，制订解决问题的多个选择方案
管理控制能力	建立调整生产或某一工作程序的进程、任务；以及相应地调整有关下属工作内容；向下属授权的能力

(3) 组织为员工提供职业发展的有关信息，给予公平竞争的机会

员工在进入酒店以后，要制订出一个可行的、符合酒店需要的个人职业发展计划，就必须获得组织内有关职业选择、职业变动和职位空缺等方面的信息。而酒店组织，为了使员工的个人职业发展计划制订得切合实际；也要将有关员工职业发展的方向、职业发展途径以及有关职位候选人在知识、技能等方面的要求及时地利用酒店内部的报刊、公告或口头传达等形式传递给广大员工，使那些对空缺职位感兴趣又符合自己职业发展方向的员工参与公平的竞争。同时，酒店要创造更多的岗位或新的职位，以便更多员工的职业计划目标能够实现。

(4) 提供职业咨询

在制订自己的职业发展计划时，员工个人往往需要咨询下列一些问题：

● 我现在掌握了哪些技能？技能水平如何？如何发展和学习新的技能？发展和学习哪些方面的新技能最可行？

● 我在现在的工作岗位上真正需要的是什么？如何才能在现在的工作岗位上做到既使上司满意，又使自己满意？

● 根据我目前的知识和技能，我是否可以或有可能从事更高一级的工作？

● 我下一步应朝哪个职位（或工作）发展？如何实现这个目标？

● 我的计划目标是否符合本组织的要求？如果我要在本组织实现我的职业发展目标，应接受哪些方面的培训？

酒店的人力资源部门和各级管理人员都应协助员工解答上述的问题，要从各方面的信息资料分析中，对员工的能力和潜力做出正确的评价，并根据酒店的实际要求和条件，帮助员工制订职业计划，为员工实现计划目标提供具体的指导和支持。

【思考题】

1. 名词解释：

员工培训、职业发展、讲授法、研讨法、现场培训、游戏培训法、管理者训练、角色扮演法、情景培训法、心理训练法、培训效果。

2. 酒店员工培训的意义是什么？
3. 酒店员工培训原则有哪些？
4. 培训需求分析的作用和目的是什么？
5. 培训计划制订的原则有哪些？
6. 酒店员工培训的内容有哪些？
7. 论述酒店员工培训的方法与技巧。
8. 酒店员工职业发展有哪几个阶段？员工有哪些需求？
9. 酒店员工职业管理过程中有哪些重要指导原则？
10. 简述酒店员工职业计划制订的一般步骤。

【经验性训练】

对酒店发生的有关培训情况进行分析

【概述】

将学生们分成若干个团队，组织学生讨论，遇到下列情况时，将如何处理？

1. 举出你经历过的一次糟糕服务的例子。讨论并回答：

（1）服务员是如何提供服务的？

（2）你感觉如何？

（3）你还会再光顾那里吗？

2. 举出你经历的一次令人喜出望外的服务的例子，这种经历使你牢记。讨论并回答：

（1）服务员是如何提供服务的？忽略了哪些问题？

（2）你感觉如何？

（3）你还会再光顾那里吗？

【步骤】

1. 将学生分成若干小组，各小组选举产生小组长。
2. 小组长组织小组成员分别讨论上述 3 个问题。
3. 对照所学理论，各小组分别写一份分析报告，对这 3 个问题作客观评价，有针对性阐述出培训工作的必要性。
4. 各小组推荐一名学生到讲台做总结发言。

【案例分析】

麦当劳餐馆经理的成长历程

1990年，麦当劳在深圳开设了中国的第一家麦当劳餐厅，随后1992年4月在北京的王府井开设了当时世界上面积最大的麦当劳餐厅，当日的消费人次超过万人。从1992年以来，麦当劳在中国迅速发展。之后数年间在各级政府有关部门和中国合作方的协助下，麦当劳已在中国的4个直辖市以及17个省的74个大、中城市开设了400多家餐厅，在中国的餐饮业市场占有重要地位。

在麦当劳里取得成功的人，都有一个共同的特点：即从零开始，脚踏实地。炸薯条，做汉堡包，是员工在公司走向成功的必经之路。脚踏实地从头做起是在这一行业中成功的必要条件。在这里，从收款到炸土豆条直至制作各式冰激凌，每个岗位上都会造就出未来的餐馆经理。

麦当劳公司实行一种快速晋升的制度：一个刚参加工作的出色的年轻人，可以在18个月内当上餐馆经理，在24个月内当上监督管理员。这个制度可以避免有人滥竽充数。公平的竞争和优越的机会吸引着大量有文凭的年轻人到此，实现自己的理想。

一个有文凭的年轻人要当4~6个月的实习助理。在此期间，他们以一个普通班组成员的身份到公司各个基层工作岗位，如炸薯条、收款、烤牛排等。在这些一线工作岗位上，实习助理应当学会保持清洁和最佳服务的方法，并依靠他们最直接的实践来积累实现良好管理的经验，为日后的管理实践做准备。

第二个工作岗位则更带有实际负责的性质：二级助理。这时，他们在每天规定的一段时间内负责餐馆工作，他们要承担一部分管理工作，如订货、计划、排班、统计……他们要在一个小范围内展示他们的管理才能，并在日常实践中摸索经验，协调好他们的小天地。

在进入麦当劳8~14个月后，有文凭的年轻人将成为一级助理，即经理的左膀右臂，他们肩负了更多更重的责任，每个人都要在餐馆中独当一面。他们的管理才能日趋完善。这样，离他们的梦想——晋升为经理，已经不远了。有些人在首次炸薯条之后不到18个月就将达到最后阶段。但是，在达到这梦寐以求的阶段前，他们还需要跨越一个为期15天的小阶段。这个阶段本身也是他们盼望已久的：他们可以去芝加哥汉堡包大学进修15天。

一个有才华的年轻人升至餐馆经理后，麦当劳公司依然为其提供了广阔的发展空间。经过一段时间的努力，他们将晋升为监督管理员，负责3~4家餐馆的工作。

3年后，监督管理员将升为地区顾问。届时，他将成为总公司派驻其下属的代表，成为“麦当劳公司的外交官”。作为公司下属10余家餐馆的顾问，他的责任重大，他将是公司标准的捍卫者，而一个从炸薯条做起，经历了各个岗位和阶段的地区顾问，对各方面的管理标准游刃有余。他的主要职责是往返于麦当劳公司与各下属企业，沟通传递信息。同时，地区顾问还肩负着诸如组织培训、提供建议之类的重要使命，成为总公司在这一地区的全权代表。

麦当劳与众不同的重要特点是，如果人们没有预先培养自己的接替者，那么，他们在公司里的升迁将不被考虑。麦当劳公司的一项重要规则强调，如果事先未培养出自己的接班人，那么无论谁都不能提级晋升。

这就犹如齿轮的转动，每个人都得保证培养他的继承人并为之尽力，因为这关系到他的声誉和前途。这是一项真正实用的原则，可以想象，麦当劳公司因此而成为一个发现人才、培养人才的大课堂。在这里，缺少的绝不会是人才。

麦当劳公司的成功，同样也是他们人事制度的成功，企业文化的成功。他们不仅仅为麦当劳公司带来了巨大的经济效益，带来了公司规模的飞速发展，更重要的是，他们为全世界的企业创造了一种新的模式，为全社会培养了一批批真正的管理者。麦当劳公司较好地完成了这一点，从而取得了巨大的经济效益，无疑值得国内企业借鉴。

【案例思考题】

1. 麦当劳公司的员工快速晋升制度有何特点？

2. 麦当劳公司员工培训和培养制度的优势是什么？

3. 如何理解“在麦当劳里取得成功的人，都有一个共同的特点：即从零开始，脚踏实地。炸薯条和做汉堡包是员工在公司走向成功的必经之路”？

【本章推荐阅读书目】

1. 新编酒店培训管理. 黄英，贺湘辉. 人民邮电出版社，2006.
2. 酒店培训管理实务. 姜玲. 广东经济出版社，2006.
3. 企业员工培训手册. 赵南，施晨越. 经济管理出版社，2005.
4. 现代酒店员工培训教程. 贾安庭，彭青. 广东旅游出版社，2005.

【相关链接】

1. www. green_ training. com
2. www. 511xuexi. com
3. www. bokee. net
4. www. 51labour. com

第6章
酒店的薪酬管理

【本章概要】

本章主要阐述了酒店员工薪酬管理内涵的基本内容及其作用，对酒店员工薪酬的设计进行了详尽的描述，阐述了酒店员工薪酬设计的基本原则和基本流程，介绍了酒店薪酬的几种形式，着重诠释了工资制度的实施，介绍了员工福利的几种形式及其意义。

【学习目标】

- 重点掌握薪酬管理的内涵；
- 理解薪酬管理的作用；
- 掌握薪酬管理的内容；
- 掌握酒店员工薪酬设计的基本原则；
- 理解酒店员工薪酬设计的基本流程；
- 了解薪酬的几种形式；
- 掌握工资制度的实施；
- 了解员工福利的几种形式及其意义。

【关键性术语】

薪酬、薪酬管理、计时工资、计件工资、奖金、津贴、补贴、福利、分红、社会保险。

【章首案例】

怎样制订合理的工资体系

杭州某酒店的百货是一家经营中高档商品的豪华购物中心。酒店根据略高于同业水平的市场基准制定了职务工资体系，即组织内部同一级别支付同等工资。为了将公司绩效与个人所得挂钩，酒店董事会决定实施目标管理法。年初制定全年的目标销售额与毛利，管理层员工每月按70%的额度领取工资，若年终完成计划，则发放另外30%；若超出计划10%以上，则按一定比例增发。随着时间的推移，有关工资管理方面的矛盾逐渐显露出来，表现为以下几个方面。

首先是关于工资的界定，员工对年终的30%理解为补发工资，而董事会则声称从未拖欠员工工资，这部分钱是完成任务后发放的奖金。

其次是关于工资的调整，员工觉得酒店3年来经营业绩不断攀升，而工资水平却始终保持不变，未免太不近人情；董事会却认为依据现在的人员素质，酒店已经支付了较高的报酬。

再次，这部分钱是在每年的春节后发到员工手中，由于服务行业的特点，春节期间员工不仅不能休假，甚至还要加班，因此拿到钱后不但没有高兴的感觉，反倒认为这是酒店对他们超额付出的一种补偿，丝毫没有达到酒店鼓舞士气的目的。

此外，酒店前台后勤各部门的职务条件及职务责任等相差较大，但同一级别工资却是一样的，对此，一部分员工颇有微词。而且由于任务压力，顾客正常的退换货也开始变得困难。

近来，该百货出现了顾客投诉增多、员工流失严重、前台后勤部门相互不配合等诸多现象，酒店决定制订新的工资制度，人力资源部的李经理为此一筹莫展，不知从何入手。如果你是李经理，该怎么办呢？

6.1 酒店薪酬管理的基本内容

6.1.1 薪酬的相关知识

薪酬是员工为酒店劳动而得到的货币报酬与实物报酬的总和，包括工资、奖金、津贴、提成工资、劳动分红、福利等。

薪酬结构是员工薪酬构成项目及各自所占的比例。固定部分包括基本工资、岗位工资、技能或能力工资、工龄工资等，浮动部分包括效益工资、绩效工资、奖金等。

影响员工薪酬的主要因素：固定部分主要是按岗位进行评估；浮动部分看工作表现、个人绩效及酒店效益；特殊津贴按个人实际情况，如学历津贴、特长津贴等。

薪酬结构类型包括：以绩效为导向的薪酬结构，以工作为导向的薪酬结构（岗位工资、职务工资），以能力为导向的薪酬结构（职能工资、能力资格工资），组合薪酬结构等。

狭义的薪酬是指个人获得的以金钱或实物形式支付的劳动报酬，包括固定工资、月度奖金、年度奖金、现金补贴、保险福利、带薪休假、利润分享、持股等。

广义的薪酬既包括了经济性的报酬，也包括非经济性的报酬。非经济性报酬是指员工对企业及工作本身在心理上的感受，如工作认可、挑战性工作、工作环境、工作氛围、发展、晋升机会、能力提高、职业安全等。

6.1.2 酒店薪酬管理

6.1.2.1 酒店薪酬管理的内涵

酒店薪酬管理是指酒店在经营战略和发展规划的指导下，综合考虑酒店的内外各种因素的影响，确定自身的薪酬水平、薪酬结构和薪酬形式，并进行薪酬调整和薪酬控制的整个过程。其目的在于吸引和留住符合酒店需要的员工，并激发他们的工作热情和各种潜能，最终实现酒店的经营目标。

薪酬水平是指酒店内部各类职位和人员平均薪酬的高低状况，它反映了酒店薪酬的外部竞争性。薪酬结构是指酒店内部各类职位和人员之间薪酬的相互关系，它反映了酒店支付薪酬的内部一致性。薪酬形式则是员工和酒店总体的薪酬中，不同类型薪酬的组合方式。薪酬调整是指酒店根据内外各种因素的变化，对薪酬水平、薪酬结构和薪酬形式进行相应的变动。薪酬控制是指酒店对支付的薪酬总额进行测算和监控，以维持正常的薪酬成本，避免为酒店带来过重的经济负担。

正确理解酒店薪酬管理的内涵需要把握以下几点。

第一，薪酬管理是酒店人力资源管理乃至酒店管理的重要一环，其目的在于实现酒店的经营战略目标，因而薪酬管理必须服从并服务于酒店经营战略。同时，薪酬管理必须在酒店经营战略和发展规划的指导下，与酒店其他的管理环节相互配合，为酒店经营战略的实现提供有力支撑。

第二，酒店薪酬管理的直接目的在于吸引和留住符合酒店需要的员工，并激发他们的工作热情和各种潜能。因此，在薪酬设计过程中必须考虑酒店内外各种因素的影响和作用，既能保持酒店员工薪酬水平的外部竞争性和内部公平性，同时又要保证各类薪酬组合方式在激励方面的有效性。

第三，酒店薪酬管理工作绝不仅仅是为酒店员工发放工资这么简单。它同酒店其他管理工作一样，需要有科学、先进的管理理念做支撑，需要运用计划、组织、领导和控制等管理职能来开展工作，需要随着酒店和社会的发展不断进行调整和变化。

6.1.2.2 薪酬管理的作用

交　易

一位修女站在她的教区学校门前，举着一枚银光闪闪的美元硬币，对孩子们说：“谁能最先说出已故的世界上最伟大的人，我就把这枚硬币送给他。”

“是米开朗琪罗吗？”一个意大利小男孩问。“不，”修女回答说，“米开朗琪罗是一位杰出的艺术家，但他不是最伟大的人。”

“是亚里士多德？”一个希腊小姑娘说。修女回答道：“不，亚里士多德是伟大的思想家和逻辑之父，但他不是最伟大的人。”

又有几个孩子说了不正确的答案。最后，一个犹太小男孩举起手说：“我知道他是谁，他就是耶稣基督。”“说得对，”修女答道，并马上将美元硬币给了他。修女对这个犹太小男孩的回答有些惊讶。

课间休息时，她来到广场上，问他：“兰森，你真的相信耶稣基督是最伟大的人吗？”

“当然不是。”兰森回答说：“每个人都知道摩西是最伟大的人。但交易毕竟是交易！”

由于长期受传统人事管理观念的影响，国内多数企业与员工“按劳付酬”“按需分配”的意识根深蒂固，薪酬仅仅体现了最基本的补偿与保障功能。前面的小故事却带给我们这样一个启示，薪酬不仅是一种公平的交易，它还可以将企业的组织目标和管理者的意图及时、有效地传递给企业员工，促使个人行为与组织目标一致化，调节员工与组织、员工与员工之间的关系。薪酬的调节功能在企业中具体体现为3个方面：一是劳动力流向的合理调节；二是劳动力素质结构的合理调整；三是劳动力价值取向的有效调节。

此外，随着人力资本理论的发展，随着人力资源管理的深入研究与实体操作的逐渐成熟，随着中国企业对人本管理认识的深化，薪酬的功能也扩展到激励层面。从人力资本投资和激励机制的角度考察，薪酬为企业提供了最佳的人力资源支持。作为人力资源管理的一项主要职能，薪酬管理具有非常重要的作用和意义。这主要表现在4个方面。

（1）有利于吸引和保留优秀的员工

这是薪酬管理最为基本的作用。员工在酒店付出劳动，理所当然地要获得相应的补偿。酒店支付的经济性薪酬为员工的生活提供了基本的物质保障，而那些非经济性薪酬则为员工提供了市场上无法买到的心理满足。在比较健全的市场经济中，优秀的员工往往是所有酒店争夺的对象。因而，从某种意义上说，最优秀的员工也是最有可能流失的员工。有效的薪酬管理，其关键在于能够比竞争者更有效地满足这些员工在生理和心理方面的需求，使他们留下来为酒店服务。

（2）有助于激发员工的工作积极性

薪酬不仅是劳动付出的结果，同时也是劳动付出的原因。人们的行动是在需要的基础上产生的，对行为的激励正是以人们尚未满足的需要为支点的。根据马斯洛的需要层次理论（在第 7 章中讲述），人们存在 5 个层次的需要。有效的薪酬管理能够在不同程度上满足这些需要，从而可以实现对员工的激励。

（3）有助于改善酒店的绩效

有效的薪酬管理能够对酒店员工产生较强的激励，提高他们的工作绩效，进而使整个酒店的绩效得以提升。此外，薪酬管理对酒店绩效的影响还表现在酒店的成本方面。对于酒店来说，薪酬支出都是一项重要的成本开支。通过有效的薪酬控制，酒店可以在一定程度上降低总成本，从而扩大产品和服务的利润空间。

（4）有助于塑造良好的酒店文化

良好的酒店文化对于酒店的正常运转具有重要的作用，而有效的薪酬管理则有助于塑造良好的酒店文化。经济性薪酬为酒店文化的建设提供了基本的物质基础，而非经济性薪酬本身就含有大量酒店文化的成分。更为重要的是，合理的薪酬制度可以作为构建酒店文化的制度性基础，对酒店文化的发展方向具有重要的引导作用。

6.1.3 薪酬管理的内容

（1）确定薪酬管理目标

具体来讲包括建立稳定的、高素质的员工队伍；激发员工的积极性，创造高绩效；实现组织目标与员工个人目标的协调发展。

（2）选择薪酬政策

薪酬政策指企业在员工薪酬上所采取的方针策略，即各个酒店要根据自身情况选择合理的工资结构和工资水平。

（3）制订薪酬计划

薪酬计划是指企业预计要实施的员工薪酬支付水平、支付结构及薪酬管理重点等。制订计划时要考虑如下的要素：计划是否与企业发展目标相协调、是否有能力支付、是否能留住优秀人才。

（4）调整薪酬结构

薪酬结构是指企业员工之间的各种薪酬比例及其构成。薪酬结构的确定和调整要以公平和给予员工最大激励为宗旨。

表6-1 薪酬策略与酒店发展阶段的关系

	阶段	人力资源管理重点	战略经营	风险水平	薪酬策略	短期激励	长期激励	基本工资	福利
酒店发展阶段	初创阶段	创新、关键人才加入、创业冲劲	风险投资	高	注重个人激励	股票	股票期权	低于市场水平	低于市场水平
	发展阶段	招聘、培训	以投资促进发展	中	个人与集体激励并重	现金	股票期权	与市场水平持平	低于市场水平
	成熟阶段	协调、沟通、人力资源管理技巧	保持利润、运用市场保护策略	低	个人与集体激励并重	分红现金	股票	高于市场水平	高于市场水平
	衰退阶段	减员、强调成本控制	收获利润及产业转换	中或高	奖励成本控制			低于市场水平	低于市场水平

6.1.4 现代薪酬管理的特点

（1）薪酬的剧烈动荡

激烈的人才竞争导致人力资源价格的逐步上升，企业要对人力资本付出更大的投资力度，因而导致薪酬的剧烈动荡。

（2）薪酬福利更具弹性，支付方式多样化

薪酬形式不断创新以达到充分发挥员工的潜力，从而实现人力资源管理的多层面目标。薪酬福利的设计更具弹性，支付方式呈现多样化，股票期权将成为主导性的分配方式。

（3）内在薪酬变得越来越重要

相比外在薪酬而言，内在薪酬变得越来越重要。外在薪酬是指单位针对员工所做贡献而支付给员工的各种形式的收入，包括工资、奖金、福利、津贴、股票期权，等等。而内在薪酬是指由于自己努力而受到晋升、表扬或重视等，从而产生工作的荣誉感、成就感和责任感。包括参与决策的权利、发展前景、弹性工时、感兴趣的工作、较多的职权，等等。时代在前进，在全球化经济浪潮的推动下，我国的酒店业也在发展、变化着，有关薪酬管理上的新概念、新功能、新特点在酒店业中都有越来越显现的趋势，应运用新的理论和方法对薪酬这一敏感和重要的人力资源问题进行有效的管理。

6.2 酒店薪酬设计

酒店要想吸引和留住高素质的人才，必须建立一套公平、规范、有效的薪酬支付体系，即要进行科学的薪酬设计。

6.2.1 酒店薪酬设计的基本原则

薪酬泄密后该怎么做?

现在很多酒店，尤其是外资酒店，对个人的薪资都实行保密，这给人力资源的管理带来了一些方便，但有时也会造成问题。

小王进入一家小有名气的外资酒店。对这份工作很满意，一方面，酒店的上上下下很和谐，气氛非常轻松，工作虽累却很舒心；另一方面，薪水也不错，底薪有3000元，还会有一些奖金。

小王一门心思都扑在工作上，经常加班加点，有时还把工作带回家，而且确实也成绩斐然。比如说，上次湖北的一个设备安装项目，在小王的努力下，只用1/3的时间就完成了，为酒店节约了大量的成本。项目负责人还专门写了一份报告表扬了小王。同事们都很佩服他，主管也很赏识他。

同年进入酒店的小李却开心不起来，因为他今年的业绩并不好。午饭时2人聊了起来，小李唉声叹气地说："小王，你今年真不错，不像我这么倒霉，薪水都加不了，干来干去还是3900元。"猛然间，小王才知道，原来小李的底薪比自己高900元。他对小李没意见，可他想不通，即使不管业绩，小李的能力、学历都不比他强，酒店怎么会这样做呢？他想也没想就往人力资源部跑去。

(1) 战略原则

酒店的薪酬制度要与酒店的发展战略相一致，能反映出酒店的战略需求，并把这种需求转化为对员工的薪酬激励。

(2) 公平原则

酒店的薪酬制度首先要让酒店内部员工对其表示认可，让他们觉得与酒店内部其他员工相比，其所得薪酬是公平的。为此，酒店薪酬管理者必须经常了解员工对酒店薪酬体系的意见，并采用透明、公平和富有竞争性的薪酬体系。其次，公平性还体现在与其他同类型的酒店相比，本酒店所提供的薪酬也应该是适当的。

(3) 激励原则

要根据员工的能力和贡献大小适当拉开其收入差距，让能力强、贡献大者获得较高的薪酬，充分调动他们的积极性；让低职位、低薪酬者产生努力工作、积极上进的动力，使酒店的薪酬制度达到最大程度激励员工的目的。

(4) 竞争原则

指该酒店的薪酬在酒店业同行中是富有吸引力的，在人才竞争激烈的形势下，可观的薪酬可以达到吸引和留住优秀员工的目的。

(5) 成本控制原则

酒店是劳动力密集型企业，人力成本占据了酒店经营成本的很大一部分，酒店要考虑人力资本的投入产出比率，在薪酬设计时要进行人力资本核算，把人力资本控制在一个合理的范围内，这是近年来酒店业普遍进行的开源节流、减员增效的重要举措。

(6) 合法原则

薪酬设计要遵守国家的法律法规，如禁止雇用童工、最低工资限制、必需的保险项目，等等。

6.2.2 酒店薪酬设计的基本流程

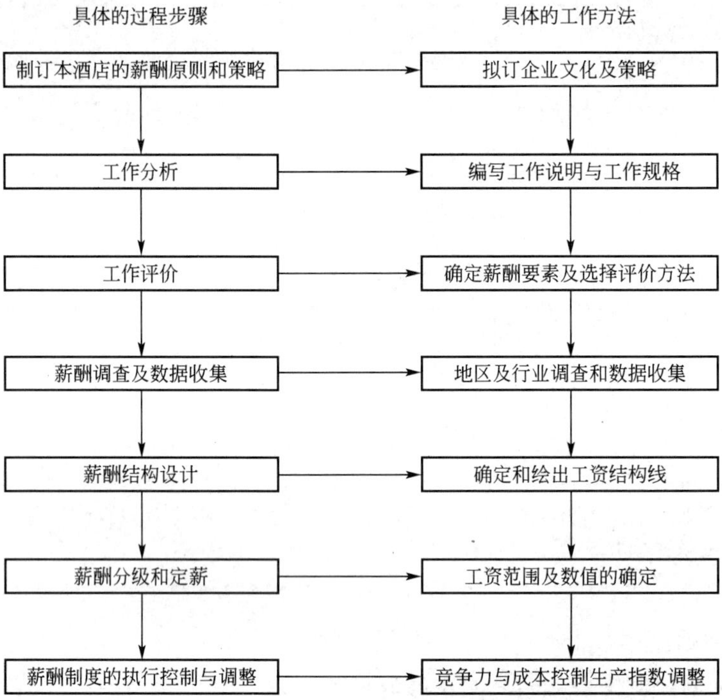

图6-1 薪酬设计过程示意图

6.2.2.1 制定薪酬原则和策略

作为薪酬设计的纲领性文件，酒店的薪酬原则和薪酬策略要在酒店的各项战略指导下进行，要集中反映各项战略的需求。薪酬策略应明确规定：酒店员工的价值、基本薪酬制度和分配原则及分配策略等，如工资拉开差距的标准，工资、奖金和福利费用的分配比例等。

6.2.2.2 岗位设置与工作分析

工作分析是采用一定的技术方法，全面调查和分析组织中各项工作任务、职能责任等情况，在此基础上对各种工作性质及其特征进行描述，并对担任工作所需要具备的资格条件进行规定，形成所有职务的说明与规定的文件。合理的岗位设置和科学的工作分析是做好薪酬设计的基础和前提，做好这一步骤将产生清晰的酒店岗位结构图和各岗位的工作说明书。

6.2.2.3 工作评价

工作评价就是建立酒店的工作结构，是薪酬设计的核心内容。通过对各项工作进行分析和比较，可以准确评估各项工作对酒店的相对价值，由此作为工资等级评定和分配的依据。

工作评价的目的就是要将工作岗位的劳动价值、劳动者的劳动贡献与工资报酬三者有机地结合起来，通过对职务劳动价值的量的比较，来确定酒店的工资结构，以达到薪酬的内部公平性。

6.2.2.4 薪酬调查

为了使酒店的薪酬具有外部竞争性，酒店应在相关劳动力市场进行薪酬调查。通过调查，了解和掌握本地区、本行业的薪酬水平，特别是竞争对手的薪酬状况。同时要参照同地区同行业的其他酒店的薪酬水平，及时制订和调整本酒店的薪酬结构和对应工作的薪酬水平。这项工作主要包括薪酬调查的渠道，即从哪里获得数据；如何实施；怎样调查和处理所收集的数据等。实施薪酬调查一般可分为调查目的、调查内容、调查渠道、调查范围等4个步骤。

(1) 确定薪酬调查目的

酒店应首先确定薪酬调查的目的和调查结果的用途。一般来说，薪酬调查的目的有5点：帮助制订新员工的基本工资标准；帮助寻找酒店内部工资水平不合理的职位；帮助了解同行业其他酒店的调薪时间、水平和范围等；了解当地酒店业的工资水平，并与本酒店进行比较；了解当前工资动态与发展潮流。

(2) 确定薪酬调查内容

要了解同行业其他酒店的薪酬水平，特别是酒店高级管理人员和专业技术人员的工资水平是防范人才跳槽的有效措施；要了解本地区的工资水平；要调查工资结构，即被调查的职位的工资数量、形式和结构，包括所要建立的工资范围和实际工资范围、平均起薪、奖金形式，以及其他的非货币报酬，如带薪假期、各种保险计划等。

(3) 确定薪酬调查渠道

酒店可从多种渠道获得工资资料或进行薪酬调查。

第一，酒店可以从公开的信息中收集相关资料，如从劳动人事部门、统计局以及全国性行业协会等机构获取资料。此外，还可以从其他酒店的招聘广告、人才交流部门发布的职位工资参考消息公开途径收集材料。

第二，委托专业机构调查，如管理咨询公司、人才服务公司等。这种渠道可以满足酒店的特殊要求，简单易行，结果也比较客观公正，只是要支付较高的费用。

第三，酒店之间的相互调查。由酒店之间相互交流和共享薪酬信息是最经济、最可靠的方法，其成本低，信息沟通快，但由于行业竞争的关系，有些信息不易收集。

(4) 确定薪酬调查范围

要确定薪酬的调查范围，应该包括：确定调查对象，要注意对象的相关性和样本的代表性；确定薪酬调查内容。薪酬调查一般不会针对所有工作，而应是针对关键性工作进行的。

所谓关键性工作是指有着相对稳定的工作内容，这些工作在许多酒店都存在。一般来说，对于低薪或无专长的普通工种职位，薪酬调查以酒店所在地为调查地区即可，因为这类劳动力流动区域一般局限在当地；而对于酒店所需要的高薪管理或技术人才或流动性较大的职位，则最好进行全国性的薪酬调查以利于留住这些人才；对介乎于二者之间的中低级管理或技术人员，可结合当地和全国的薪酬调查水平综合确定。

对于薪酬调查的结果，可以用于酒店整体工资水平的调整、工资结构的调整、员工晋升政策的调整、某具体职位工资水平的调整，等等。

6.2.2.5 工资结构设计

工作评价结果表明每一工作在本酒店相对价值的顺序、等级、分数或象征性值。工作完成的难度越大，对酒店的贡献也越大，其重要性就越高，相对价值越大。让酒店内所有工作的工资都按同一的贡献率原则定薪，便保证了工资制度的内在公平性。当然，还需将外部因素即薪酬调查数据考虑进去，尽可能寻求二者的平衡。不同酒店的侧重点不同，因此可以形成不同的工资结构。

所谓工资结构是指一个企业的组织结构中各项工作的相对价值及其对应的实付工资之间的关系。其中，“工资结构线”是分析和控制企业工资结构的清晰和直观的重要工具。将酒店内各个职务的相对价值与其对应的实付工资之间的关系用二维直角坐标系直观地表现出来，就形成了工资结构线。如图6－2所示，*a*、*b*、*c*、*d* 是4根典型的工资结构线。

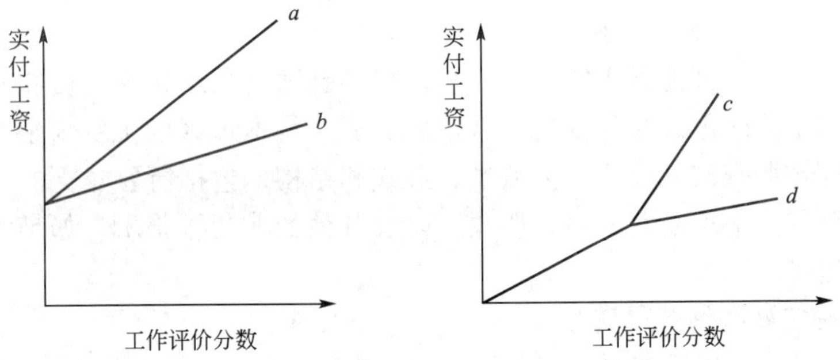

图6－2 线性工资结构线

从理论上讲，工作的相对价值与实付工资之间是一种直线关系，即工作的相对价值越大，实付工资越高；相对价值越小，实付工资越低，二者之间成正比。上图中，*a* 和 *b* 这2条工资线是单一的直线，说明采用这2种结构线的酒店中所有工作都是按某个统一的原则定薪的，差别在于 *a* 线较陡，反映采用该工资结构的酒店偏向于拉大不同业绩员工的收入差距；而 *b* 线较平缓，反映采用该工资结构的酒店偏向于照顾大多数，不喜欢收入悬殊。*c* 线和 *d* 线是2条折线，采用 *c* 线的酒店对某一职级以上的员工给予高薪，采用 *d* 线的酒店则降低了某一职级以上的员工的工资。当然，现实生活中由于种种原因，工资结构线不一定是直线。

工作结构设计还可以用来检验已有的薪酬体系的合理性，为薪酬体系的改善提供依据。如在图6－2中标出本酒店合理的工资结构线和实际各项工作的薪酬对应点，进行一一比较。然后对于那些偏离合理工资结构线的薪酬点所对应的工作的工资进行相应调整，尽量使其靠近酒店的合理工资结构线。

6.2.2.6 工资分等和定级

将工资结构线上价值相近的各项工作合并为一个工资等级，这样，每个酒店就可有若干个工资等级。工资分级的具体做法如下。

（1）确定工资等级数目

等级数量必须足以使不同难度的工作有所区分，但数量又不能太大。在工资总额一定的情况下，工资级别太多，级别之间工资差距就会太小，那些没有本质差别的工作会得到不同报酬，会损害工资政策的内部公平性；相反，如果划分的工资级数太少，那些在工作任务、工作责任和工作条件上差异较大的员工被支付相同工资，也会损害工资政策的公平性。实践表明，企业工资等级系列平均在10～15级之间比较合适。

（2）确定工资范围或薪幅

工资薪幅是指工资等级中最低值和最高值之间的差异。它反映了不同等级劳动报酬的变化规律，是确定各等级工资标准数额的依据。实际上，常以一个工资范围来定义每个工资等级，各个工资等级的工资范围必须相等或高等级工作的工资范围可按一定的比例增加，绩效高或资历深或二者兼有的员工可获得工资范围内最高水平。在多数工资结构中，2个相邻工资等级的工资会重叠，目的是使资深员工或高业绩员工获得比其高一个等级的非资深员工或低绩效员工相同或更高的工资水平。

（3）确定工资等级系数

工资等级系数是用来表示工资等级并进一步确定各等级工资数额的一种方式。

（4）确定工资等级线

工资等级线是指各工作职务的起点等级和最高等级间的跨度线。它反映了某项工作内部劳动的差别程度，如劳动复杂程度高或责任程度高，则起点线高，反之就低。

6.2.2.7 薪酬方案的实施、修正和调整

薪酬方案重在落实，并在落实过程中不断得到修正、调整和完善，才能更好地发挥薪酬管理的功能。如工资调整一般包括2部分：工资水平的调整和工资结构的调整。工资水平要随经济发展和物价水平而做相应的调整，一般来说，工资水平是呈刚性上升的。此外，酒店要定期对员工的工资结构进行调整，主要包括对工资标准与工资等级的调整。工资标准的调整主要是参考市场工资率的变动，而工资等级的调整主要包括提高或降低高薪人员的比例、调整低薪员工的工资比例、调整工资标准和工资率等几方面。

6.2.3 薪酬的工作评价方法

工作评价方法用来确定每项工作对企业贡献的大小，其目的主要在于衡量每一项工作的价值，并建立各项工作价值间的相对关系，以此作为工资等级评定和工资分配的依据。工作评价方法是一项非常重要的工作，对薪酬方案的设计具有极其重要的意义。较常用的工作评价方法有以下5种。

6.2.3.1 排序法

它是一种简单、传统的工作评价方法。基本做法是以工作说明书与工作规范为基础，评价人员根据其对企业各个工作的经验认识，将各个工作按其价值及重要性进行排队。在对工作进行排序时，一般评价人员需考虑以下各项要素：各工作的工作量及工作岗位的困难程度，承担责任、管理或工作的层次和范围，所需技术专业水平和工作条件优劣等因素。然后综合权衡各职位的轻重程度并排定先后次序，将其划入不同的工资等级内。

排序法的优点是简单易操作，花费小；缺点是主观性较强，只适合于规模小、岗位少的小型酒店，对于大型酒店不适合。

6.2.3.2 分类法

它是对简单排序法的改良，即以责任大小和能力、技能、知识、职责、工作量和个人经历等方面的要求为依据，将企业的各类职务分别定级，然后将各种级别排列成一个体系。评价人员首先按照工作岗位性质将企业所有岗位划分成若干类型，如管理类、业务类、技术类、勤杂类等。酒店中直接为顾客服务的一线部门岗位员工的工作对酒店来说比二线部门的工作更辛苦、更重要一些，因此酒店业“以顾客为中心”，习惯上分类为一线业务部门和二线职能部门2大类。其次，将各大类中的各岗位分成若干等级，等级数的多少取决于工作的复杂程度，越复杂，分级越多。再次，从每类级别职务中挑选出代表性职务，并对该职务主要职责和规格进行描述，这些职责和规格便构成了职务级别标准。最后，将待定职务与职务级别标准进行对照，并根据对照结构将其归入相应的级别中。

分类法的优点是简单易行，比排序法准确一些，但仍存在一定的主观性，难于进行精确评比，只适用于小型、结构简单的酒店。

6.2.3.3 要素比较法

这种方法最重要的工作是先决定工作的评价要素，再评价每个关键工作，并制成关键工作分级表。其余的工作就是以此表为尺度决定其地位。具体操作步骤如下。

第一，选择付酬的要素。付酬要素一般包括技能、脑力、体力、责任、工作条件等5项要素。对每一要素的等级分别用简要的说明加以界定。

第二，选择关键性职位，一般选15~30项工作。

第三，确定关键性职位的正确工资率。

第四，将各关键性职位按不同付酬要素做出比较和等级排列。

第五，将各关键性职位的工资额进行分解，按比重分配到各要素中，确定出每个工作评价要素的工资额。

第六，将非关键的所有职位就不同要素逐一加以评审，并参照关键性职位的工资率定出其相应的工资额。

第七，将同一职位在不同工作要素上的工资值相加，得出该职位整体工资总值。

第八，将关键性职位与其他所有职位按照工资率重新加以排列，必要时进行微调，从而得到一套完整的酒店薪酬等级表。

要素比较法的优点是可靠性较高，操作灵活，是一种较为系统和完善的工作评价方法。不过此法的缺点是运用起来难度较高，需聘请专家指导，因此成本也较高。

6.2.3.4 评分法

评分法也称计点法、点数法、点体系等，是目前薪酬设计中运用最广泛的一种工作评价方法。此法通过开发一个“评比标尺”，赋予各岗位的付酬要素以相应的分值，来对工作进行定量化评价。具体操作步骤如下。

(1) 确定待评岗位的付酬要素

付酬要素一般包括劳动技能、劳动责任、劳动强度和劳动条件4大类。每一类付酬要素又可进一步分解为不同数量的次级要素。如劳动技能包括文化和技术理论知识、操作技能、作业复杂程度、处理预防事故的复杂程度等；劳动责任包括质量责任、原材料消耗责任、经济效益责任、安全责任等；劳动强度包括体力劳动强度、脑力消耗疲劳程度、作业姿势、工时利用率、工作班制等；劳动环境包括气候条件影响、作业条件危险性、有毒有害物危害、噪声危害等。付酬要素的数量根据酒店特点和岗位类型来确定，最少时可能 2～3 种，最多可达 30 多种。

（2）划分等级

把各付酬要素适当分成若干等级，等级的多少取决于各付酬要素的相对权重以及各等级之间区分的难易程度。要素越重要，其权重越大；等级之间越易区分，级数则越多。如表 6－2 所示，每一类付酬要素又包含不同要素指标。比如，劳动技能这个要素包含文化和技术理论知识、操作技能、作业复杂程度、处理预防事故的复杂程度等 4 个指标，每个指标又分为 5 个等级。各个等级的计分又各不相同。当然，各个酒店可根据自己的实际情况制定不同的付酬要素类型和相应的指标以及等级分数。

表 6－2　付酬要素分级及计分表

付酬要素类型	权重（100%）	要素指标	等级				
			1	2	3	4	5
劳动技能	50	文化和技术理论知识	14	28	42	56	70
		操作技能	22	44	66	88	110
		作业复杂程度	10	20	30	40	50
		处理预防事故的复杂程度	4	8	12	16	20
劳动责任	20	质量责任	5	10	15	20	25
		原材料消耗责任	5	10	15	20	25
		经济效益责任	5	10	15	20	25
		安全责任	5	10	15	20	25
劳动强度	15	体力劳动强度	9	18	27	36	45
		脑力消耗疲劳程度	3	6	9	12	15
		作业姿势	2	4	6	8	10
		工时利用率和工作班制	1	2	3	4	5
劳动条件	15	气候条件影响	9	18	27	36	45
		作业条件危害性	3	6	9	12	15
		有毒有害物危害	2	4	6	8	10
		噪声危害	1	2	3	4	5

（3）等级描述

付酬要素的等级划分后，需要对每一要素的整体及各等级分别予以简要的描述和界定，来作为每个岗位在一定要素方面的等级评定依据。

（4）赋予付酬要素以分值

即确定各付酬要素的总分以及这些分数在各等级之间的分配分值。工作评价所采用的总分数可根据具体情况来定，但一般在 500～1000 分较好。过小的分值不便于反映工作之间的差别，而过大的分值比较繁琐。如表6－2所示，劳动技能被认为对其一项工作最重要，因此劳动技能这个要素的权重占50%，它的最高等级分为250分（70＋110＋50＋20）。所有付酬要素的最高等级的总分为500分，也可以得出劳动技能的最高等级分为250分（500×50%）。

（5）评分

将待评岗位逐一对照每一等级的说明，评出相应分数，并将各要素所评分数求和，得到该岗位分值，则此分值即该岗位对本酒店的相对价值。许多国营酒店常采用评分法来确定从高层管理者到基层员工的分数，可以很直观地了解各层次各岗位的薪酬。

（6）工资转换

通过设置工资转换表将岗位分值直接转换为相应的工资金额。当然，不需要将每一个岗位都确定一个与其岗位分值相对应的工资额，只需划分一个与其岗位分值相对应的工资额，只需划分一些岗级，使每个岗级对应与其价值相当的工资范围即可。

评分法考虑的因素较多，工作量大，过程复杂，成本高，但只要标准制定好以后，操作就容易了。其优点是准确性高，容易被人理解和接受，在大中小型的酒店均可适用。

6.2.3.5 海氏系统法

海氏系统法又称指导图表法，是由美国工资设计专家爱德华·海于1951年研究开发出来的。它是评分法高度精炼的结果，此法能有效解决不同职能部门的不同职务之间相对价值的相互比较和量化的难题，被国外企业界广泛采用。

海氏系统法选用了专业技能、解决问题的能力和工作所承担的责任等3个要素，并用数字来计量每项工作对3个要素中各个子要素所需要的程度。

专业技能是指使工作绩效令人满意所应具备的所有知识和实际技能的总和。它包括3个方面：对职务要求从事的职业领域的理论、实际方法和专门性知识的了解；协调多种职能的能力；处理和激发员工有效工作的能力。

解决问题的能力是指分析、评价、创造、推理和做出结论工作所需思想的新颖程度，包括解决问题时的思维环境和思维的难度。

工作所承担的责任是指对其行动所产生的后果负责。责任有3个方面：工作行动的自由度、工作对最终后果的影响、工作责任可能造成的经济性后果的大小。

对于我国的酒店来说，可以借鉴其中的某些可用的因素。例如，该法中的3个要素可以结合酒店中各部门各岗位的具体情况拟订具体的内容。

6.3 酒店的薪酬形式

做好酒店的薪酬管理不仅要有合理的基本薪酬制度，还要有适宜的薪酬形式。正确运用合理的薪酬形式，能更充分地发挥薪酬的经济杠杆作用。在酒店薪酬体系中，工资、奖金和福利是3个不可缺少的组成部分，它们发挥着各自不同的作用，工资具有基本的保障功能，奖金具有明显而直接的激励作用，福利则发挥着间接而重要的影响。

6.3.1 工资种类

（1）计时工资制

计时工资制是根据员工的计时工资标准和工作时间来计算工资用以支付员工劳动报酬的形式。计时工资制是一种传统的工资制度，也是目前运用最普遍的一种工资制度。员工的工资收入是他的工作时间和工资标准的乘积。计时工资制根据计算的时间单位不同，可分为以下 3 种具体形式。

小时工资制 根据员工的小时工资标准乘以实际工作小时数来计付工资。小时工资制适用于非全日制工作或需要按小时计付工资的工作。

日工资制 根据员工的日工资标准乘以实际工作天数来计付工资。

月工资制 根据规定的月工资标准来计付工资，不论月份长短。

计时工资制简便易行，适应性强，适用范围广。其最大的特点就是并不鼓励员工把注意力仅仅集中在提高产品的数量上，它更注重的是产品的质量。酒店业属于服务性行业，众所周知，服务是较难用数量来衡量的，服务质量才是酒店生存的基础。因此，这种注重产品质量而不十分注重数量的计时工资制在酒店业得到了广泛的运用。当然，计时工资制也有明显的局限性，如它难以准确反映员工实际提供的劳动数量与质量，容易出现干多干少一个样、干好干坏一个样的现象，不利于提高员工的劳动积极性。

（2）计件工资制

计件工资制是根据员工生产的合格产品的数量或完成的作业量，按预先规定的计件单价支付给员工劳动报酬的一种工资形式。员工的工资收入是其完成的合格产品的数量与计件单价的乘积。

计件工资制能准确反映员工实际付出的劳动数量，能有效激发员工的劳动积极性，促进劳动生产率的提高，且计算简便。但是计件工资制也有其不可克服的局限性，如容易出现片面追求产品数量而忽视产品质量的现象。此外，计件工资制会使员工工作过度紧张，不利于员工的身心健康。因此，酒店不适于在所有部门和岗位采用此种工资形式，但在某些时候可以灵活参考此种计件工资方式，如旅游旺季，客人多而客房服务员不足的情况下，可以规定工资额按照所清扫的客房间数来计算；餐饮部服务员的工资按照其服务的客人数来计算等，以此来刺激员工的工作积极性。

6.3.2 奖金

奖金是指支付给员工的超额劳动报酬和增收节支的劳动报酬，是对员工超额劳动的一种补偿。奖金作为基本工资制度的一种辅助形式，具有灵活性、及时性和明显的激励作用等。它可以弥补计时和计件工资的不足，特别是鼓励员工在生产过程中提高质量、节约材料和经费以及技术革新等方面发挥着重要的作用。

6.3.2.1 奖金的类型

- 根据奖金的发放周期可划分为月奖、季奖和年奖。
- 根据一定时期内发奖次数划分，有经常性奖金和一次性奖金。
- 根据奖励范围来划分，有个人奖和集体奖。
- 根据奖励的条件来划分，有综合奖和单项奖。

综合奖是对员工的劳动贡献和劳动成绩进行全面评价后统一计奖。单项奖只对劳动成果中的某一方面进行专项考核。单项奖的主要形式有节约奖、安全奖、超额奖、质量奖、发明创造奖、合理化建议奖、技术改进奖，等等。

6.3.2.2 采用奖金奖励的工作要点

(1) 制订奖励指标

要对酒店不同部门制订有针对性的奖励指标，如对于房务部、餐饮部等一线服务部门，可在成本节约、操作规程、劳动纪律、顾客投诉等方面设立奖励指标；对于营销部来说，客房销售量、利润率才是重要的奖励指标。

制订奖励指标时要坚持以下几个原则：

- 要以酒店在某个时期的战略目标为导向；
- 要坚持以员工的超额劳动为导向，多超多奖、少超少奖、不超不奖；
- 要坚持具体量化的原则，奖金奖励一定要做到规范化、数量化和具体化，具有可操作性。奖金的标准一般应该规定在员工本人工资的20% ~30%，不宜过高，也不宜过低。

(2) 明确奖励范围和奖励形式

实施奖金奖励，必须明确受奖人员、奖励幅度和奖励周期。如与酒店整体经济效益和社会效益有关的奖励，可采取年度奖的形式；而质量奖、顾客满意奖等可采取月奖或季奖形式。

(3) 明确计奖单位

酒店中按劳动特点不同可以大致划分为2类计奖单位。

独立计奖单位 指计奖指标明确的单位，如营销部、餐饮部等的工作人员给酒店带来超过规定指标的销售金额，该部门按规定应给予的奖励。

平均计奖单位 指劳动成果不能准确计量的单位，如酒店中的职能部门、后勤部门等，他们的工作范围是彼此联系，互不缺少的，为酒店做出了贡献，不能归结为某一个部门，而是所有部门的参与，这时就应平均计奖。

(4) 确定奖金总额

一般情况下，可以按照酒店超额利润的一定百分比提取奖金；也可以按客房销售量、成本节约量等来确定相应的奖金总额，这要根据酒店的实际情况实施。

(5) 制定奖金分配方法

在对各岗位进行劳动评价的基础上，根据岗位贡献大小确定奖金系数，最后根据个人完成任务情况按系数进行奖金分配。

6.3.3 津贴和补贴

津贴是指对工资难以全面、准确反映的劳动条件、劳动环境、社会评价，等等，对员工身心造成某种不利影响或者为了补偿员工特殊或额外的劳动消耗和因其他特殊原因而支付给员工的一种补偿。人们常常把与工作相联系的补偿称为津贴，如岗位津贴、年功津贴、技术性津贴、保健性津贴、医疗卫生津贴，等等；与生活相联系的补偿称为补贴，如高温补贴、交通费补贴、伙食补贴、物价补贴，等等。津贴与补贴都是员工工资的一种补充形式。

一般来说，国家对某些津贴、补贴的种类、发放范围和标准有统一的规定，当然用人单位在遵守国家、省市政府有关部门所制定的法律、法规的前提下，也可根据生产工作的需要，自行设立一些津贴和补贴项目。但是，在津贴的支付上一要防止津贴设置过滥，造成超额分配；二要避免随意取消员工的津贴，造成员工应该享受的津贴待遇不能实现。

6.3.4　福利

福利一般是指用人单位支付给员工的除工资之外的劳动报酬，往往不以货币形式直接支付，而多以实物或服务的形式支付。福利同工资一样是员工劳动所得，属于劳动报酬的范畴。但是，福利不属于工资，员工之间工资存在差别，而福利差别却不大。工资具有个别性、稳定性，而福利则具有集体性和随机性。

随着人们生活质量的提高，对福利的要求也越来越高，福利在现代酒店的整个薪酬体系中所占比重将越来越大。酒店通过建立科学、完善的福利制度，可以吸引和留住优秀的人才，提高生产效率，从而提高酒店的经济效益和社会效益。具体内容见6.5酒店员工福利管理。

6.3.5　分红

分红可视为奖励工资的一种特殊形式，但又与一般的奖励工资不同。一般奖励工资来源于成本，而劳动分红则来源于酒店的利润。如果酒店的企业制度是属于股份有限公司，酒店员工可以参与酒店的利润分红。一般以3种形式进行。

（1）对利润的直接分红

这种形式是直接从利润中提取一定比例用于分红。利润分红的数额要看酒店获得利润的多少而定，分红数额可占基本工资的5%～50%不等。分红的方法有平分法、等级分配法、资历分配法、技术分配法等。

（2）对股票支付的利润分红

在股份公司制的酒店，允许员工以低于股票市场的价格购买股票，购买数额根据员工的资历和收入能力，并以法律文件的形式加以限定，使员工成为企业股票的所有者。

（3）对特殊需要而支付的利润分红

为满足特殊需要的分红，如帮助失业的员工、补助工伤员工以及资助各种其他福利救济事业等。

6.4　酒店工资制度的实施

工资制度是关于企业定额劳动、标准报酬的制度，它是企业内部多种分配的基础，是确定和调整企业内部各类员工工资关系的主要依据。

加薪因素

在一次加薪中，没有获得本次加薪的员工，并不等于他的工作就是一团糟。很可能是因为酒店本次加薪幅度太小，从而使该员工失去了加薪的机会。另外，如果该员工的薪酬水平在酒店及同行业之间已经达到了较高的水平，加薪的空间也会很小。所以，影响加薪的因素很多。但是，从员工的角度来讲，他并不能清楚地看到这些因素，只是感觉到自己工作非常努力，应该加薪。所以，没有得到加薪的员工会向酒店提出加薪要求。

6.4.1 结构工资制

结构工资制的构成一般包括基础工资、岗位工资、技能工资、效益工资、浮动工资和年功工资6个部分。

(1) 结构工资制的优缺点

优点 可从不同侧面和角度反映劳动者贡献的大小，发挥工资的各种职能作用，调节灵活，有利于工资的分级管理。结构工资制适用范围广泛，目前我国很多酒店实行的是这种工资制度。

缺点 操作难度较大，管理工作较复杂等。

(2) 实施结构工资制的步骤

第一，将所有员工进行综合分析和归类分析。将酒店全体员工的人数、工资、工作年限、学历、职称、技术等级、工作岗位、职务等登记造册，进行综合分析和归类分析。

第二，设计结构工资制的基本模式。确定工资单元的数量和每个工资单元所占比重。

第三，确定各个工资单元的内部结构。按照岗位测评办法，确定岗位工资单元中各类岗位的顺序。如确定各岗位的岗差系数或每类岗位内部各等级的工资系数等。同时根据各工资单元内部结构的安排规定相应的技术业务标准、职责规范条例、劳动定额等各项要求，并拟订具体的考核办法。

第四，确定各工资单元的最低工资额和最高工资额。各单元薪酬总和不能低于本地区规定的最低工资标准。

第五，对结构工资制方案进行模拟测算、检验和适当的修改调整。

第六，进行结构工资的实施、套改工作。将员工原工资按照就近原则套入各工资单元。

6.4.2 岗位技能工资制

岗位技能工资制包括劳动评价体系、基本工资单元和工资标准的确定、辅助工资单元的设置等方面。其中，基本工资单元由岗位工资与技能工资2大部分组成。岗位技能工资制是建立在岗位评价的基础上，它充分突出了工资中岗位与技能这2个结构单元的特点。

(1) 岗位技能工资制的优点

它更有利于贯彻按劳分配的原则，更能够调动员工努力提高业务水平的积极性。因此，岗位技能工资制具有极强的适应性。

(2) 实施岗位技能工资制的步骤

建立岗位劳动评价体系 将各类岗位（职位）、职务对员工的要求和影响归纳为劳动技能、劳动责任、劳动强度和劳动条件4个基本因素，通过测试和评定不同岗位的基本劳动要素，对不同岗位的规范劳动差别进行评价，并把它作为确定工资标准的主要依据。

确立岗位工资单元 员工的岗位工资应按照酒店行业和岗位劳动评价总分数的高低，兼顾现有工资关系，在岗位（职务）归类的基础上区别确定，可以一岗（职）一薪，也可以一岗（职）多薪。

确定技能工资单元 将员工分为技术性、非技术性和管理人员3类，设置不同等级和档次的技能工资。

岗位技能工资标准的确定 合理确定基本工资的最低标准和最高标准后，再分别确定岗位工资单元与技能工资单元的比重，并注意保持各类员工基本工资的区别。

辅助工资单元的设置 酒店还可以根据实际需要设置一些辅助工资单元。如工龄工资单元、独生子女费等。

6.4.3 技术等级工资制

技术等级工资制由工资标准、工资等级表和技术等级标准3个基本因素组成。通过对这3个组成因素的分析和量化，给具有不同技术水平或从事不同工作的员工规定适当的工资等级。

(1) 技术等级工资制的优缺点

技术等级工资制是一种能力工资制度。

优点 能够引导员工钻研技术。

缺点 不能把员工的工资与其劳动绩效直接联系起来。

(2) 实施技术等级工资制的步骤

划分与设置工种 按照规范化、实用性、精简统一、行业归口原则对工种进行设置，并对各工种的性质加以描述和说明。

确定技术等级标准 根据国家统一颁发的技术等级标准，按照工资等级数目的要求，分别将初、中、高级技术标准细化。在酒店中，机电工程师、电脑工程师、注册会计师、高级别的厨师和宴会服务师、客房服务师、美容美发师等都有各自行业权威机构承认的技术级别，应该鼓励员工努力学习技术，踊跃参加技术职称评定，酒店可以参照已有的技术等级标准来确定相应的工资。

此外，酒店可自行对员工进行内部的技术等级考核，确定其技术等级。对在省、市行业内技术大赛中获奖的员工在技术评级时应该给予适当的照顾。

最后，酒店根据实际情况制订工资等级标准表和实施细则。

6.4.4 岗位等级工资制

岗位等级工资制是根据工作职务或岗位对任职人员在知识、技能、体力和劳动环境因素等方面的要求来确定员工的工作报酬。员工工资与岗位和职务要求挂钩，不考虑超出岗位之外的个人能力。岗位等级工资制一般有3种形式：一岗一薪制、一岗多薪制和复合岗薪制。

实施岗位等级工资制一般要经过以下6个步骤：

- 设立相应机构，配备人员，进行相关培训；
- 对各个岗位工作实行标准化；
- 对工作实际情况集中分析，做出规范记录，并制成工作说明书；
- 对不同工作内容进行定量化评定和分类分级；
- 参照市场工资率和已有数据计算岗位工资标准；
- 制定实施细则。

6.4.5 职能等级工资制

职能等级工资制是根据员工所具备的与完成某一特定职位等级的工作所要求

的工作能力等级来确定工资等级的一种工资制度。职能等级工资制主要有3种形式：一级一薪制、一级多薪制和复合岗薪制。职能等级工资制在人员工作的变换和调整上具有很强的灵活性，能充分适应市场的变化。

实施职能等级工资制一般要经过以下6个步骤：

- 设立相应机构，配备人员，进行相关培训；
- 对各个岗位工作实行标准化；
- 对工作实际情况集中分析，做出规范记录，并制成工作说明书；
- 进行职能分析，对不同职能进行定量化评定和分类分级；
- 制定职能等级工资标准表；
- 制定实施细则。

6.4.6 协商工资制

协商工资制是员工的工资额由酒店根据操作的技术复杂程度与员工当面谈判协商确定。工资额的高低取决于劳务市场的供求情况和酒店的经营状况。酒店和员工都对工资收入保密，不得向外人泄露。

优点 有利于调动员工的工作积极性，减少员工之间工资相互攀比的现象，从而减少了矛盾。

缺点 容易产生同工不同酬、以权谋私等不合理现象。

6.5 酒店员工福利管理

福利分为社会福利和职工福利。在我国通常的定义是：社会福利作为国家的社会政策，并由国家和社会立法及政策范围内全体公民提供的旨在保证一定的生活水平和提高生活质量的资金和服务的社会保障制度。它通常包括社会津贴、职工福利和社会服务。在《劳动法》上，通常指职工福利。职工福利是指行业或企业为了保证其本身的稳定和发展，对全体职工普遍提供的一种保证其生活水平和尽可能提高其生活质量的社会福利制度。在我国，职工福利制度通常包括生活福利设施、文化娱乐设施、福利补贴、困难救济等内容。对于酒店员工来讲，所享受的福利也带有鲜明的行业特色。

6.5.1 关于福利的法律规定

（1）社会保险

社会保险是国家通过立法强制征集专门资金，用于保障劳动者在暂时或永久丧失劳动能力时，或在工作中断期间基本生活需求的一种物质帮助制度。国家发展社会保险事业，建立社会保险制度，设立社会保险基金，使劳动者在年老、患病、工伤、失业、生育等情况下获得帮助和补偿（《劳动法》第70条）。国家实行国家基本保险、企业补充保险和个人储蓄性保险相结合的制度（《劳动法》第75条）。

社会保险水平 应当与社会经济发展水平和社会承受能力相适应（《劳动法》第71条）。

享受社会保险的条件 劳动者在下列情形下，依法享受社会保险待遇：退休；患病、负伤；工伤或患职业病；失业；生育。劳动者享受的社会保险金必须按时足额支付（《劳动法》第73条）。

（2）缴费单位缴纳社会保险费的要求

第一，缴费单位应当按月向社会保险机构申报应缴纳的社会保险费数额，经社会保险经办机构核定后，在规定的期限内缴纳。

第二，缴费单位和缴费个人应当以货币形式全额缴社会保险费。个人应当缴纳的社会保险费，由所在单位从其本人工资中代扣代缴。

第三，社会保险费不得减免。

（3）法定休假日

法定休假日，又称法定节假日，是指法律规定的用以开展纪念、庆祝活动的休息时间。每个国家都有许多法定节日。我国的法定节日，可分为全体人民的节日和部分人民的节日；政治性节日、职业性节日和传统习惯性节日。元旦、春节、国际劳动节、国庆节等是全体人民共同的节日；妇女节、青年节、儿童节、人民解放军建军纪念日是属于部分人民的节日；国际劳动节、香港特别行政区成立纪念日、国庆纪念日、“二七”纪念日、“七七”抗战纪念日等是政治性节日；护士节、教师节、记者节等是职业性节日；春节、少数民族习惯节日等是传统习惯性节日。虽然我国有许多节日、纪念日，但并不是每一个节日、纪念日都必须放假。按照《劳动法》第40条以及国务院发布的《全国年节及纪念日放假办法》的规定，用人单位在国家法定的节日期间应依法安排劳动者休假。

国务院关于修改《全国年节及纪念日放假办法》的决定

（1949年12月23日政务院发布　根据1999年9月18日《国务院关于修改〈全国年节及纪念日放假办法〉的决定》第一次修订　根据2007年12月14日《国务院关于修改〈全国年节及纪念日放假办法〉的决定》第二次修订）

第一条　为统一全国年节及纪念日的假期，制定本办法。

第二条　全体公民放假的节日：

（一）新年，放假1天（1月1日）；

（二）春节，放假3天（农历除夕、正月初一、初二）；

（三）清明节，放假1天（农历清明当日）；

（四）劳动节，放假1天（5月1日）；

（五）端午节，放假1天（农历端午当日）；

（六）中秋节，放假1天（农历中秋当日）；

（七）国庆节，放假3天（10月1日、2日、3日）。

第三条　部分公民放假的节日及纪念日：

（一）妇女节（3月8日），妇女放假半天；

（二）青年节（5月4日），14周岁以上的青年放假半天；

（三）儿童节（6月1日），不满14周岁的少年儿童放假1天；

（四）中国人民解放军建军纪念日（8月1日），现役军人放假半天。

第四条　少数民族习惯的节日，由各少数民族聚居地区的地方人民政府，按照各该民族习惯，规定放假日期。

第五条　二七纪念日、五卅纪念日、七七抗战纪念日、九三抗战胜利纪念日、九一八纪念日、教师节、护士节、记者节、植树节等其他节日、纪念日，均不放假。

第六条　全体公民放假的假日，如果适逢星期六、星期日，应当在工作日补假。部分公民放假的假日，如果适逢星期六、星期日，则不补假。

第七条　本办法自2008年1月1日起施行。

(4) 妇女特殊权益

为了维护企业女职工的合法权益，保障她们在生育期间得到必要的经济补偿和医疗保健，均衡企业间生育保险费用的承担，劳动部颁布了《企业职工生育保险试行办法》。此办法适用于企业及其职工，由企业按照其工资总额的一定比例向社会保险经办机构缴纳生育保险费，建立生育保险基金。生育保险费的提取比例由当地人民政府根据计划内生育人数的生育津贴、生育医疗费等项费用确定，并可根据费用支出情况适时调整，但最高不超过工资总额的1%。职工个人不缴纳生育保险费。参加生育保险的女职工可享受以下待遇。

第一，女职工生育按法律、法规的规定享受产假。产假期间的生育津贴按照本企业上年度职工月平均工资发放，由生育保险基金支付。

第二，女职工生育的检查费、接生费、手术费、住院费和药费由生育保险基金支付。超出规定的医疗服务费和药费（含自费药品和营养药品的药费）由职工个人负担。

第三，女职工生育出院后，因生育引起疾病的医疗费，由生育保险基金支付；其他疾病的医疗费，按照医疗保险待遇的规定办理。女职工产假期满后，因病需要休息治疗的按照有关病假待遇和医疗保险待遇规定办理。

第四，女职工生育或流产后，由本人所在企业持当地计划生育部门签发的计划生育证明，婴儿出生、死亡或流产证明，到当地社会保险经办机构办理手续，领取生育津贴和报销生育医疗费。

6.5.2 酒店福利

酒店员工福利内容较为广泛，措施多种多样。根据员工福利的实施范围，酒店中常见的福利项目有以下6种类型。

(1) 金钱性福利

金钱性福利主要包括：培训补贴、子女教育补助、生日礼金、结婚礼金、节假日补贴、超时加班费、住房补贴、交通补贴、药费报销或补助、工伤事故补偿费、社会保险（养老保险、失业保险、医疗保险等）、退休金、公积金、降温或高温津贴、海外津贴、解雇费，等等。

(2) 实物性福利

实物性福利主要包括：免费或廉租单身宿舍、免费工作餐、免费茶水或饮料、可供员工使用的文体设施（如阅览室、棋牌室、体育活动室等）。

(3) 优惠性福利

优惠性福利主要包括：福利分房、部分公费医疗、优惠使用酒店设施设备或服务、低息贷款等。

(4) 机会性福利

机会性福利主要包括：在职或脱产培训、带薪休假、有组织的集体文体活动（晚会、舞会、郊游、野餐、体育比赛等）、晋升机会、员工参与管理等。

(5) 荣誉性福利

荣誉性福利主要包括：给予优秀员工称号、引人注目的头衔等。

酒店在实施福利计划时要注意与整体的薪酬计划配套，保持福利的合理比重。同时，还要考虑不同员工的不同需求，采取个性化的福利措施，如现在流行的所谓“自助餐式”的福利计划，即把每个员工的年福利总额设定在一个范围内，由员工自行挑选自己喜欢的福利形式组合。

(6) 服务性福利

员工服务福利是酒店为员工提供的一系列服务，主要为员工提供便利，解决生活上的困难，使员工能够集中精力安心工作。一般酒店的员工服务福利包括以下6个方面内容。

员工餐厅 员工享受伙食津贴或免费工作餐是酒店业的特别福利。员工餐厅是非营利性质的，主要是保证员工能享受规定标准的膳食，员工餐厅的成功与否，直接或间接影响员工的工作效率和情绪。

员工制服 酒店员工穿着规定的制服也是享受行业特有的福利待遇。酒店工作制服的设计一般是配合酒店的整体装修和经营风格的，也要考虑员工的安全和工作便利等因素，酒店洗衣房免费为员工洗、烫熨工作制服和提供更衣柜。

员工宿舍 酒店会根据员工人数和经济承受能力，对外地员工、夜班员工等不能回家的员工提供集体宿舍或设置安全舒适的休息场所。考虑到酒店的成本和管理问题，一般会象征性地向住宿员工收取一定费用。员工宿舍是员工福利待遇的重要内容之一，也是调动员工积极性、减少流动率、稳定员工队伍的重要措施。

医疗保健 酒店医务室应配备一定水平和数量的医务人员，使员工的一般疾病和轻微外伤可以在酒店医务室得到及时就诊和处理，配合医疗保险等方法，解决员工获得及时的医疗服务的问题。另外，根据国家的相关规定，定期对员工进行体格检查，保证员工队伍的健康安全。

设置浴室、理发室等必要设施 浴室、洗发室这些设施和服务都是保证员工正常工作不可缺少的部分，一般五星级酒店24h免费开放浴室，酒店可以对理发室等酌情收取成本费用。

培训 越来越多的酒店将员工培训当成福利的一个重要部分，员工在酒店中参加培训，不仅能够免费得到知识和技能，还可以帮助个人发展事业，对于员工能起到显著的激励作用。

6.5.3 酒店福利的作用和意义

根据赫兹伯格的“双因素理论”，大部分员工福利属保健因素，酒店员工福利待遇与酒店的工作效率、经济效益有密切的关系。直接关系到员工工作积极性的调动和潜力的发挥，因此员工福利待遇对酒店的经营管理有着重要的作用和意义。

(1) 有助于增强酒店的凝聚力

酒店是宾客之家，要使客人有宾至如归的感觉，同时酒店也应该是员工的家，良好的福利待遇为员工的工作和才能发展以及工作生活环境改善等创造了条件，为员工解除后顾之忧，并尽可能满足他们的合理需求。这样可以增进员工之间、员工与酒店之间的合作，使员工对酒店的归属感和自豪感得以加强，有利于增强酒店的凝聚力，使酒店上下能够齐心协力地为酒店的兴旺而努力工作。

(2) 有助于提高劳动生产率和生产质量

“先有满意的员工，后有满意的客人。”酒店的服务质量很大程度上依赖于员工每天的表现，除了员工本人的专业知识与技能外，员工的工作情绪也影响服务质量。而酒店福利在某种程度上能够起到解决员工个人困难，提高工作情绪的作用。例如，养老、失业、工伤、医疗、生育保险等能够帮助员工因故无法正常工作时维持正常的生活水平；同时由于酒店工作的全天候性，员工餐厅和宿舍能够及时解决员工的用餐和住宿，保障员工正常工作；员工培训则能够直接提高酒店员工的工作能力，提高工作质量和效率，因此，福利投资为酒店所带来的回报是巨大的。

（3）有助于提高员工的满意度和被重视感

酒店员工福利待遇包括的内容十分广泛，重视员工福利，有效地制定和执行福利措施，可以提高员工的满意度和被重视感，提高酒店在员工心目中的地位，提升酒店的社会形象，增强酒店的凝聚力，这是酒店能够在激烈的行业竞争中争取主动和保持实力的重要因素之一。

【思考题】

1. 名词解释：

薪酬、薪酬管理、计时工资、计件工资、奖金、津贴、补贴、福利、分红、社会保险。

2. 如何把握酒店薪酬管理的内涵？
3. 薪酬管理的作用有哪些？
4. 薪酬管理的内容有哪些？
5. 酒店薪酬设计的基本原则是什么？
6. 试述薪酬设计的基本流程。
7. 薪酬的工作评价方法有哪些？
8. 酒店薪酬形式有哪些？
9. 酒店工资制度有哪几种形式？各有哪些优缺点？
10. 酒店员工福利有哪些？结合实际阐述其作用。

【经验性训练】

对酒店发生的有关薪酬情况进行分析

【概述】

将学生们分成若干个小组，组织学生讨论，遇到下列情景时，将如何处理？

某酒店由于需要实施1个项目，急需招聘2名工程人员。按照正常的起薪标准，酒店已经找到了1名工程人员，而另1名工程人员迟迟不能招到。如果这时有1位应聘者与前面那名工程人员的能力相当，但起薪却要求高出1倍。酒店能否答应应聘者的起薪要求？

若答应，势必引起其他员工的不满，最终提高所有员工的薪酬。

若不答应，则会失去该工程人员，给酒店造成的损失会比这位员工的薪酬数额多得多。

问题：请同学们结合薪酬设计的有关内容，提出解决问题的办法。

【步骤】

1. 将学生分成若干小组，各小组选举产生小组长。
2. 小组长组织小组成员讨论上述问题。
3. 对照所学理论，各小组分别写一份分析报告，对这个问题作客观评价，有针对性阐述出薪酬管理工作的必要性。
4. 各小组推荐一名学生到讲台做总结发言。

【案例分析】

吉 祥 餐 厅

吉祥餐厅规模不大，陈设幽雅，主要经营正宗的川菜。餐厅服务员由餐厅老板王静的2个妹妹担任，同时她们还兼任厨房的帮工。厨师是王静从家乡请来的李军。由于餐厅生意兴隆，王静决定扩大餐厅的规模。王静租赁了吉祥餐厅隔壁的1间空房，将餐厅的座位从原来的8个增加为20个。服务员和厨房里的帮工人手明显不够，因此王静通过一家人才中介机构聘请了8名员工，其中2名是40岁以上的当地的下岗妇女，王静让她们帮助厨师打打下手，工资为每个月800元。其余的6名员工都是20～30岁的年轻人，他们或多或少都有一些在餐厅打工的经验，王静给他们的工资是每个月600元。

装修一新的吉祥餐厅再次开业了。正当王静踌躇满志考虑餐厅下一步的发展时，她发现来自员工的矛盾已经不容她忽视了。矛盾的起源是厨房工作人员和服务员之间的对抗。厨房工作人员认为那些服务员挣了比他们所应得的多得多的钱，相反，厨房工作人员这么辛苦，却每月只能拿800元的定额工资。在燥热又不通风的工作间，每晚听着服务员谈论着他们在小费中赚了多少钱，这一切激怒了厨房工作人员，她们认为这非常不公平。但服务员们却自有他们的看法，他们认为人人都会切菜洗杯子，他们觉得自己在个人素质和职业化程度上要比厨房工作人员优秀得多。

王静在亲眼目睹了几次明争暗斗后，决定要着手解决这个问题。事实上，王静在管理餐厅的过程中，有关员工的薪酬问题，她从来没有认真考虑过。因为以往在餐厅工作的人，几乎都是她的亲戚朋友，主厨李军也是以合伙人的身份在餐厅工作的，每到年终王静都会给他一个很厚的红包，一直没有出现过什么不愉快。以往她以为经营餐饮业最主要的是在原材料的采购、确保菜肴的质量等方面，但是现在她发现对于员工的薪酬问题也不容忽视。经过认真考虑，为了增强厨房工作人员的工作积极性，王静决定给这2个女工增加工资，每人每月1000元。于是弥漫在餐厅中的紧张气氛暂时消失了。但是，不久王静发现那些服务员的工作积极性开始下降了，有2个人甚至还私下透露过跳槽的念头。原因是他们觉得既然厨房工作人员的工资增加了，那么他们的底薪也应该增加，在其他餐厅类似性质的工作，服务员每月的底薪有800元。

王静这才发现问题不像她想象的那么简单，她也曾考虑过辞退这批员工，重新招募一批新人，但是每次招聘和培训的费用也是一笔不小的数目，另外，频频更换员工对餐厅来说也有很多负面的影响。员工的工资肯定不可能无限制地增加下去，但是又该如何调动他们的工作积极性呢？

【案例思考题】

1. 造成吉祥餐厅的员工对现行薪酬计划不满意的原因有哪些？
2. 为确定一个合理的薪酬体系，王静应该如何去规划？
3. 除调整薪酬以外，王静还可以通过哪些措施和手段留住员工？

【本章推荐阅读书目】

1. 薪酬管理．李严锋，麦凯．东北财经大学出版社，2002.
2. 薪酬管理原理．文跃然．复旦大学出版社，2004.
3. 工资与福利．左祥琦．中国劳动社会保障出版社，2002.
4. 薪酬设计技巧．谌新民，张帆．广东经济出版社，2002.
5. 现代薪酬学．陈思明．立信会计出版社，2004.

【相关链接】

1. www. globrand. com
2. www. dianliang. com
3. 中国人力资源网
4. www. zcxf. com
5. www. chinahrd. net

第 7 章

酒店员工激励

【本章概要】

本章介绍了酒店员工激励的含义、作用和过程，阐述了常用的激励理论有内容型过程理论、过程型激励理论、改造型激励理论，分析了如何利用激励理论来激发员工工作的积极性，介绍了激励的影响因素、原则和方式，说明了不同员工的激励策略选择也有所不同。

【学习目标】

- 掌握激励的含义及其特性；
- 掌握激励的作用和过程；
- 重点掌握内容型、过程型、改造型的激励理论；
- 了解激励的影响因素；
- 掌握激励的原则；
- 掌握员工激励的方式；
- 了解不同员工的激励策略选择。

【关键性术语】

激励、需要层次理论、双因素理论、成就需要论、X 理论和 Y 理论、公平理论、期望理论、强化理论、归因理论。

【章首案例】

她怎么了？

王林山是一位平易近人、心直口快的酒店总经理。他关心下属，放手让大家开展工作，谁出了问题，他一方面批评，一方面承担责任。但是王总有一个缺点就是随便许愿。

这一天，性格内向的秘书小田将一份“开夜车”整理并起草的酒店工作报告，拿给王总过目。读着这篇内容全面、水平很高的报告，王总很满意，信口说了句：“小田，下次出国我先让你去，出去学习学习，回来长进就更大了。”小田听了，心里美滋滋的，工作劲头更足了，天天盼着有出国学习的机会。

出国机会终于来了，3 个名额。望着各部门报上来的名单及情况介绍，王总感到很符合要求，大笔一挥签字了，把对小田的许愿忘得干干净净。3 个人都走了，就是没有小田，小田心灰意懒，工作不主动了，甚至提出要调动工作。看到小田的变化，王总有些奇怪：她怎么了？

7.1 酒店员工激励概述

7.1.1 激励的含义

(1) 激励的定义

从字面上理解，激励就是激发和鼓励的意思。在管理工作中，可把激励定义为调动人们积极性的过程，即为了特定目的而去影响人们的内在需要或动机，从而强化、引导或改变人们行为的反复过程，它含有激发动机、鼓动行为、形成动力的意义。

(2) 激励的特性

目的性 任何激励行为都具有目的，这个目的可能是一个结果，也可能是一个过程，但必须是一个现实的、明确的目的。所以从这个意义上讲，虽然一般来说激励是管理者的工作，但任何希望达到某个目的的人都可以将激励作为手段。

主动性 激励是对人的需要或动机施加影响，从而强化、引导或改变人们的行为。作为激励对象的人类行为都是由某种动机引起的，而人类有目的的行为的动机都是出于对某种需要的追求。激励活动正是对人的需要或动机施加影响，从而强化、引导或改变人们的行为。因此，从本质上说，激励所产生的人的行为是主动、自觉的行为，而不是被动、强迫的行为。

持续性 激励是一个持续反复的过程，是导向满足某些需要或动机的行为。未满足的需要是产生激励的起点，进而导致某种行为。行为的结果可能使需要得到满足，之后再产生对新的需要的追求。满足了一个需要可能会引起满足更多需要的愿望。激励是一个由多种复杂的内在、外在因素交织起来持续作用和影响的复杂过程，而不是一个互动式的即时过程。

引导性 激励是人们内心对某种需要的追求，所以说在激励过程中内因起着决定的作用。但人不是孤立的，而是生活在特定的社会环境中，这个环境对人的行动也起着影响作用。可以把人的行为（B）看成是其自身的特点（P）及所处环境（E）的函数，即

$$B=f(P,\ E)$$

因此，为了引导人的行为、达到激励的目的，领导者既可以在了解人的需要的基础上，创造条件促进这些需要的满足，也可以通过采取措施改变个人行动的环境。

7.1.2 激励的作用

在现代酒店的人力资源管理中，利用各种有限的但尽可能充分的条件激励员工，可以促使每个员工自发地、最大限度地发挥他们自己的聪明才智与潜在能力，可以提高员工对酒店的参与感和归属感，可以增加员工的群体意识，可以使他们保持充足的动力和高昂的士气，齐心协力为提高整个酒店的经济效益，实现酒店目标而努力工作。

(1) 有利于酒店目标的需要

谈到人的需要不仅复杂，而且有时还相互矛盾。不仅不同种类的需要之间存在着矛盾，而且同类需要之间也存在着矛盾。激励工作要强化的是那些有利于酒

店目标实现的人的需要，从而使其产生有利于酒店目标的行为。事实上，人们做出的选择往往是多种需要的调和与相互妥协。如何能在这种调和中去强化最有利于酒店目标的需要，这就涉及激励的艺术技巧问题。

（2）有利于将动机引导到对酒店目标的行为上来

强化了需要不一定就能得到预期的行为，因为可能有多种行为都能提供同一满足。例如，酒店某一成员想要得到更多的报酬，他可以更加努力地工作，也可以考虑保持现状而业余再做一份工作，甚至可以跳槽到另一家收入更高的酒店；他也有可能会违反酒店的纪律，以不正当的手段谋取更高的收入。这时管理者可以通过说服教育以及相应的激励措施来杜绝其不良动机，从而将其动机引导到对酒店目标有利的行为上来。

（3）有利于提供酒店完成目标的行动条件

要鼓励人行动就应该为他们的行动提供条件，帮助他们实现目标。任何酒店成员在实现酒店目标的过程中，都需要酒店向他提供必要的工作条件，当缺乏某些工作条件时，酒店成员的工作情绪就会受到极大的影响。激励的目的在于调动酒店成员的工作积极性，进而为实现酒店目标创造良好的条件。在激励过程中，调动酒店成员积极性的同时就是向其提供工作条件和改善其工作条件的过程。可见为人们提供行动条件也是激励工作的重要作用。

（4）有利于吸引并留住人才

有效激励可以通过各种优惠政策、丰厚的福利待遇、快捷的晋升途径来吸引酒店需要的人才，满足酒店经营的需要，提高酒店的竞争力，从而提高酒店的经济效益。彼得·德鲁克认为，每一个酒店都需要3个方面的绩效：直接的成果、价值的实现和未来的人力发展，缺少任何一方面的绩效，酒店注定非垮不可。因此，每一位管理者都必须在这3个方面均有贡献。在3方面的贡献中，对“未来的人力发展”的贡献就是来自激励工作。

（5）有利于人才开发

激励是强化需要动机的手段，通过激励可以最大限度地调动人的积极性，挖掘员工潜力。准确而适度的激励，会大大增加下属的工作热情，激发其创造性与主动性，开发员工的潜在能力，促进员工充分地发挥其才能和智慧。科学的激励制度包含一种竞争精神，它的运行能够创造出一种良性的竞争环境，进而形成良性的竞争机制。在具有竞争性的环境中，酒店成员就会受到环境的压力，这种压力会转变为员工努力工作的动力。

7.1.3 激励的过程

员工激励的过程如图7－1所示，开始从需要或动机出发，由此产生了要求，这种要求一时不能得到满足时，心理上会产生一种不安和紧张感，这种不安和紧

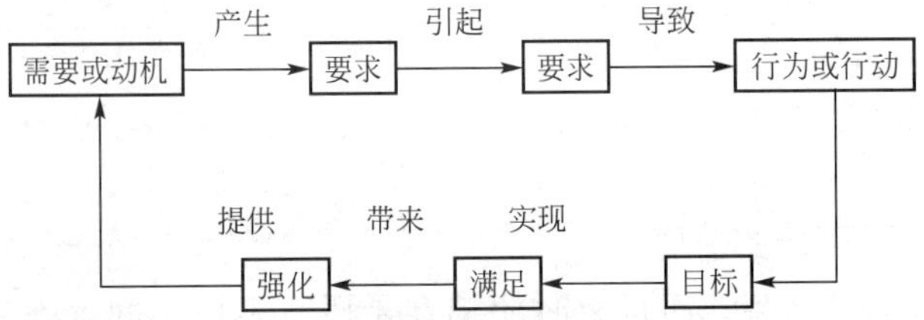

图7－1 激励过程

张状态会成为一种内在的驱动力，导致某种行为或行动，进而去实现目标。一旦达到目标就会带来满足感，而这种满足感又会为新的需要提供一种强化作用。

7.2 激励理论

7.2.1 内容型激励理论

这类激励理论，根据对人性的理解，着重突出激励对象的未满足的需要类型，有2种思路。一种是从社会文化的系统出发，对人的需要进行分类，通过提供一种未满足的需要的框架，寻求管理对象的激励效率，称之为需要层次论；另一种是从组织范围角度出发，把人的需要具体化为员工切实关心的问题，称之为双因素理论。这2种激励理论形成于20世纪50年代，后期还有与强调需要相关的后天需要理论。

一家星级大酒楼部门超额奖励的1543工程计划

名仕阁大酒楼是一家有42个餐位（含包房餐厅）的四星级大酒楼。酒楼营业收入计划采用3个月为1个期限的滚动计划管理方式，即财务部根据市场供求关系和企业潜力，每3个月下达1次餐饮营业收入计划指标。第1个月为必须完成的指令性计划，第2个月为指导性计划，第3个月为参考性计划。到第1个月结束时，根据当月完成结果，经过预测分析，再下达3个月计划指标。这时，第2个月的指标变为指令性计划，第3个月的指标变为指导性计划，第4个月的指标变为参考性计划，以此类推。

酒楼为调动员工积极性，同时制订了员工奖励的1543工程计划方案，即每月完成当月计划指标，按完成额的1%提取奖金；超额完成营业收入计划，超额10万元时，按超额数10万元的5%提取奖金；超额20万元时，按超额数20万元的4%提取奖金；超额30万元时，按超额数的3%提取奖金；完成计划数的1%则始终不变，因而称为1543工程。在上述计划制订的基础上，酒楼每月公布计划指标，月底核算1次。每月按1543工程的实际结果兑现。

由于这次奖励工程计划简单明确，便于监督考核，结果，不仅大大调动了酒楼员工的积极性，挖掘了员工潜力，而且使酒楼管理收入和经营利润逐月稳步上升，每月都能超额20万~30万元完成计划指标。员工除获得正常的工资福利外，每月的奖金也能达到400~500元，从而受到员工的普遍欢迎。

7.2.1.1 需要层次理论

这一理论是由美国社会心理学家亚伯拉罕·马斯洛（Abraham Maslow）提出来的，因而也称为马斯洛需要层次理论（hierarchy of needs theory）。

马斯洛的需要层次理论有2个基本出发点。一个基本论点是：人是有需要的动物。其需要取决于他已经得到了什么，还缺少什么，只有尚未满足的需要能够影响行为。即已经得到满足的需要不再起激励作用。另一个基本论点是：人的需要都有轻重层次，某一层需要得到满足后，另一层需要才出现。在这2个论点的基础上，马斯洛认为，在特定的时刻，人的一切需要如果都未能得到满足，那么满足最主要的需要就比满足其他需要更迫切。只有前面的需要得到充分的满足后，后面的需要才显示出其激励作用。

马斯洛认为，每个人其实都有5个层次的需要：生理的需要、安全的需要、社交或情感的需要、尊重的需要、自我实现的需要。

生理的需要 这是任何动物都有的需要，只是不同的动物，这种需要的表现形式不同而已。对人类来说，是最基本的需要，如衣、食、住、行等。所以，在经济欠发达的社会，必须首先研究并满足这方面的需要。

安全的需要 保护自己免受身体和情感伤害的需要。它又可以分为2类：一类是现在的安全的需要，另一类是对未来的安全的需要。即是说，一方面要求自己现在的社会生活的各个方面均能有所保证；另一方面，就是希望未来生活能有所保障。

社交的需要 包括友谊、爱情、归属及接纳方面的需要。这主要产生于人的社会性。马斯洛认为，人是一种社会动物，人们的生活和工作都不是孤立地进行的，这已由30年代的行为科学研究所证明。这说明，人们希望在一种被接受或属于的情况下工作，属于某一群体，而不希望在社会中成为离群的孤岛。

尊重的需要 分为内部尊重和外部尊重。内部尊重因素包括自尊、自主和成就感；外部尊重因素包括地位、认可和关注或者说受人尊重。自尊是指在自己取得成功时有一股自豪感，它是驱使人们奋发向上的推动力。受人尊重，是指当自己做出贡献时，能得到他人的承认。

自我实现的需要 成长与发展、发挥自身潜能、实现理想的需要。这是一种追求个人能力极限的内趋力。这种需要一般表现在2个方面。一是胜任感方面，有这种需要的人力图控制事物或环境，不是等事物被动地发生与发展，而是希望在自己控制下进行。二是成就感方面，对有这种需要的人来说，工作的乐趣在于成果和成功，他们需要知道自己工作的结果。成功后的喜悦要远比其他任何报酬都重要。

马斯洛还将这5种需要划分为高低2级。生理的需要和安全的需要称为较低级需要，而社会需要、尊重需要与自我实现需要称为较高级的需要。高级需要是从内部使人得到满足，低级需要则主要是从外部使人得到满足。马斯洛的需要层次理论会自然得到这样的结论，在物质丰富的条件下，几乎所有员工的低级需要都得到了满足。

7.2.1.2 双因素理论

这种激励理论也叫“保健－激励理论”（motivation－hygiene theory），是美国心理学家弗雷德里克·赫兹伯格（Frederick Herzberg）于20世纪50年代后期提出的。

这一理论的研究重点，是组织中个人与工作的关系问题。赫兹伯格试图证明，个人对工作的态度在很大程度上决定着任务的成功与失败。最后他发现引起人们不满意的因素往往是一些工作的外在因素，大多同他们的工作条件和环境有关；能给人们带来满意的因素，通常都是工作内在的，是由工作本身所决定的。由此，赫兹伯格提出，影响人们行为的因素主要有2类：保健因素和激励因素。

保健因素 指那些与人们的不满情绪有关的因素。如公司的政策、管理和监督、人际关系、工作条件等。保健因素处理不好，会引发对工作不满情绪的产生；处理得好，可以预防或消除这种不满。但这类因素并不能对员工起激励的作用，只能起到保持人的积极性，维持工作现状的作用，所以保健因素又可称为“维持因素”。

激励因素 指那些与人们的满意情绪有关的因素。与激励因素有关的工作处理得好，能够使人们产生满意情绪；如果处理不当，其不利效果顶多只是没有满意情绪，而不会导致不满。他认为，激励因素主要包括以下内容：工作表现机会和工作带来的愉快；工作上的成就感；由于良好的工作成绩而得到的奖励；对未来发展的期望；职务上的责任感。这 2 类因素与员工对工作的满意程度之间的关系如图 7－2 所示。

激励因素		保健因素			
成就	承认	监督	公司政策		与监督者的关系
工作本身	责任	工作条件	工资		同事关系
晋升	成长	个人生活	地位	保障	与下属的关系

图 7－2 赫兹伯格双因素激励理论

赫兹伯格双因素激励理论的重要意义在于它把传统的满意—不满意（认为满意的对立面是不满意）的观点进行了解释，认为传统的观点中存在双重的连续体：满意的对立面是没有满意，而不是不满意；同样，不满意的对立面是没有不满意，而不是满意。这种理论对企业管理的基本启示是：要调动和维持员工的积极性，首先要注意保健因素，以防止不满情绪的产生。但更重要的是要利用激励因素去激发员工的工作热情，努力工作，创造奋发向上的局面，因为只有激励因素才会增加员工的工作满意感。

7.2.1.3 成就需要论

成就需要论是由美国管理学家大卫·麦克兰（David McClelland）提出的。

成就需要理论认为，在人的一生中，有些需要是靠后天获得的。换句话说，人们不是生来就有这些需要的，而是通过生活经验能够学习的。有 3 种需要的研究最多，它们是：

成就的需要 指渴望完成困难的事情、获得某种高的成功标准、掌握复杂的工作以及超过别人。

依附的需要 指渴望结成紧密的个人关系、回避冲突以及建立亲切的友谊。

权力的需要 指渴望影响或控制他人、为他人负责以及拥有高于他人的职权的权威。

麦克兰指出，有着强烈成就感需要的人，是那些倾向于成为企业家的人。他们喜欢比竞争者把事情做得更好，并且敢冒商业风险。另一方面有着强烈依附感需要的人，是成功的“整合者”，它们的工作是协调组织中几个部门的工作。整合者包括品牌管理人员和项目管理人员，他们必须具有过人的人际关系技能，能够与他人建立积极的工作关系。不过，麦克兰指出，这种需要一直未能引起研究人员的足够重视。高归属需要者喜欢合作而不是竞争的环境，希望彼此间的沟通和理解。而有着强烈权力需要的人，则经常有较多的机会晋升到组织的高级管理层。

7.2.1.4 X 理论和 Y 理论

由美国管理心理学家道格拉斯·麦格雷戈（Douglas，McGregor）总结提出。管理者关于人性的观点是建立在一些假设基础上的，管理者根据这些假设来塑造激励下属的行为方式。管理者对人性的假设有2种对立的基本观点：一种是消极的X理论（Theory X）；另一种是积极的Y理论（Theory Y）。

（1）X理论

- 员工天性好逸恶劳，只要可能，就会躲避工作；
- 以自我为中心，漠视组织要求；
- 员工只要有可能就会逃避责任，安于现状，缺乏创造性；
- 不喜欢工作，需要对他们采取强制措施或惩罚办法，迫使他们实现组织目标。

（2）Y理论

- 员工并非好逸恶劳，而是自觉勤奋，喜欢工作；
- 员工有很强的自我控制能力，在工作中执行完成任务的承诺；
- 一般而言，每个人不仅能够承担责任，而且还主动寻求承担责任；
- 绝大多数人都具备做出正确决策的能力。

麦格雷戈本人认为，Y理论的假设比X理论更实际有效，因此他建议让员工参与决策，为员工提供富有挑战性和责任感的工作，建立良好的群体关系，有助于调动员工的工作积极性。

7.2.2 过程型激励理论

激励的过程理论试图说明员工面对激励措施，如何选择行为方式去满足他们的需要，以及确定其行为方式的选择是否成功。过程理论有2种基本类型：公平理论和期望理论。

7.2.2.1 公平理论

公平理论是美国心理学家亚当斯（J. S. Adams）在1965年首先提出来的，也称为社会比较理论。这种理论的基础在于：员工不是在真空中工作的，他们总是在进行比较，比较的结果对于他们在工作中的努力程度有影响。大量事实表明，员工经常将自己的付出与所得和他人进行比较，而由此产生的不公平感将影响到他们以后付出的努力。这种理论主要讨论报酬的公平性对人们工作积极性的影响。它指出，人们将通过横向和纵向2个方面的比较来判断其所获报酬的公平性。

员工选择的与自己进行比较的参照类型有3种，分别是“其他人”“制度”和“自我”。“其他人”包括在本组织中从事相似工作的其他人以及别的组织中与自己能力相当的同类人，包括朋友、同事、学生甚至自己的配偶等。“制度”是指组织中的工资政策与程序以及这种制度的运作。“自我”是指自己在工作中付出与所得的比率。

对某项工作的付出（inputs），包括教育、经验、努力水平和能力。通过工作获得的所得或报酬（outcomes），包括工资、表彰、信念和升职等。

亚当斯提出“贡献率”的公式，描述员工在横向和纵向2方面对所获报酬的比较以及对工作态度的影响。

$$Q_p/I_p = Q_x/I_x$$

式中 Q_p——自己对自己所获报酬的感觉；

Q_x——自己对他人所获报酬的感觉；

I_p——自己对自己付出的感觉；

I_x——自己对他人付出的感觉。

(1) 横向比较

所谓横向比较，就是将“自我”与“他人”相比较来判断自己所获报酬的公平性，从而对此做出相对应的反应。

在上式中，当 $Q_p/I_p = Q_x/I_x$ 时，进行比较的员工觉得报酬是公平的，他可能会为此而保持工作的积极性和努力程度。

当 $Q_p/I_p > Q_x/I_x$ 时，则说明此员工得到了过高的报酬或付出的努力较少。在这种情况下，一般来说，他不会要求减少报酬，而有可能会自觉地增加自我的付出。但过一段时间他就会重新因过高估计自己的付出而对高报酬心安理得，于是其产出又会回到原先的水平。

当 $Q_p/I_p < Q_x/I_x$ 时，则说明员工对组织的激励措施感到不公平。此时他可能会要求增加报酬，或者自动地减少付出以便达到心理上的平衡，也可能离职。

(2) 纵向比较

所谓纵向比较，就是在纵向上把自己目前的状况与过去的状况进行比较。结果仍然有 3 种情况。

如以 Q_{pp}代表自己目前所获报酬；Q_{pl}代表自己过去所获报酬；I_{pp}代表目前的投入量；I_{pl}代表自己过去的投入量，则：

当 $Q_{pp}/I_{pp} = Q_{pl}/I_{pl}$时，此员工认为激励措施基本公平，积极性和努力程度可能会保持不变。

当 $Q_{pp}/I_{pp} > Q_{pl}/I_{pl}$时，一般来讲他不会觉得所获报酬过高，因为他可能会认为自己的能力和经验有了进一步的提高，其工作积极性不会因此而提高多少。

当 $Q_{pp}/I_{pp} < Q_{pl}/I_{pl}$时，此人觉得很不公平，工作积极性会下降，除非管理者给他增加报酬。

上述分析表明，公平理论认为组织中员工不仅关心从自己的工作努力中所得的绝对报酬，而且还关心自己的报酬与他人报酬之间的关系。他们对自己的付出与所得和别人的付出与所得之间的关系进行比较，做出判断。如果觉得这种比率和其他人相比不平衡，就会感到紧张，这样的心理进一步驱使员工追求公平和平等的动机基础。

公平理论对企业管理的启示是非常重要的，它告诉管理人员，员工对工作任务以及公司的管理制度，都有可能产生某种关于公平性的影响作用。而这种作用对仅仅起维持组织稳定性的管理人员来说，是不容易觉察到的。员工对工资提出增加的要求，说明组织对他至少还有一定的吸引力；但当员工的离职率普遍上升时，说明企业组织已经使员工产生了强烈的不公平感，这需要管理人员引起高度重视，因为它意味着除了组织的激励措施不当以外，更重要的是，企业的现行管理制度有缺陷。

公平理论的不足之处在于员工本身对公平的判断是极其主观的，这种行为对管理者施加了比较大的压力。因为人们总是倾向于过高估计自我的付出，而过低估计自己所得到的报酬，对他人的估计则刚好相反。因此管理者在应用该理论时，应当注意实际工作绩效与报酬之间的合理性，并注意对组织的知识吸收和积累有特别贡献的个别员工的心理平衡。

7.2.2.2 期望理论

拉绳试验带来的启示

一位法国工程师设计了一个引人深思的拉绳试验：试验者分为1人组、2人组、3人组和8人组。要求是请各组人员用尽全力拉绳子，同时用灵敏度较高的测力器分别测量每个小组的拉力。试验前，人们普遍认为，2人以上的多人组拉同一根绳子的合力应等于或大于每个人拉一根绳子的拉力之和。但在没有刺激因素的条件下，结果却大不一样。测定结果是：2人组的拉力是单独拉绳时2人拉力之和的95%，3人组的拉力是单独拉绳时3人合力的75%，8人组的拉力是单独拉绳时8人拉力之和的49%。也就是说，小组人数的增加使拉力呈递减趋势。

这一理论主要由美国心理学家V·弗鲁姆（Victor Vroom）在20世纪60年代中期提出并形成。期望理论认为只有当人们预期到某一行为能给个人带来有吸引力的结果时，个人才会采取特定的行动。有效的激励取决于个体对完成工作任务以及接受预期奖赏的能力的期望。

根据这一理论的研究，员工对待工作的态度依赖于对下列3种联系的判断。

努力—绩效的联系 员工感觉到通过一定程度的努力而达到工作绩效的可能性。例如，需要付出多大努力才能达到某一绩效水平？我是否真能达到这一绩效水平？概率有多大？

绩效—奖赏的联系 员工对于达到一定工作绩效后即可获得理想的奖赏结果的信任程度。例如，当我达到这一绩效水平后，会得到什么奖赏？

奖赏—个人目标的联系 如果工作完成，员工所获得的潜在结果或奖赏对他的重要性程度。例如，这一奖赏能否满足个人的目标？吸引力有多大？

在这3种关系的基础上，员工在工作中的积极性或努力程度（激励力）是效价和期望值的乘积，即

$$M = V \times E$$

式中 M——激励力；

V——效价；

E——期望值。

所谓期望值是指人们对自己能够顺利完成某项工作可能性的估计，即对工作目标能够实现概率的估计；效价，是指一个人对这项工作及其结果（可实现的目标）能够给自己带来满足程度的评价，即对工作目标有用性（价值）的评价。

效价和期望值的不同结合，会产生不同的激发力量，一般存在以下5种情况：

高 $E \times$ 高 $V =$ 高 M

中 $E \times$ 中 $V =$ 中 M

低 $E \times$ 低 $V =$ 低 M

高 $E \times$ 低 $V =$ 低 M

低 $E \times$ 高 $V =$ 低 M

这表明，组织管理要收到预期的激励效果，要以激励手段的效价（能使激励对象带来的满足）和激励对象获得这种满足的期望值都同时足够高为前提。只要效价和期望之中有一项的值较低，都难以使激励对象在工作岗位上表现出足够的

积极性。

期望理论的基础是自我利益，它认为每一员工都在寻求获得最大的自我满足。期望理论的核心是双向期望，管理者期望员工的行为，员工期望管理者的奖赏。期望理论的假说是管理者知道什么对员工最有吸引力。期望理论的员工判断依据是员工个人的知觉，而与实际情况关系不大。不管实际情况如何，只要员工以自己的知觉确认自己经过努力工作就能达到所要求的绩效，达到绩效后就能得到具有吸引力的奖赏，他就会努力工作。

因此，期望理论的关键是，正确识别 3 种联系，即努力与绩效的联系、绩效与奖励的联系、奖励与个人目标的联系。

激励过程的期望理论对管理者的启示是，管理人员的责任是帮助员工满足需要，同时实现组织目标。管理者必须尽力发现员工在技能和能力方面与工作需求之间的对称性。为了提高激励，管理者可以明确员工个体的需要，界定组织提供的结果，并确保每个员工有能力和条件（时间和设备）得到这些结果。企业管理实践中不时有公司在组织内部设置提高员工积极性的激励性条款或举措，如为员工提供担任多种任务角色的机会，激发他们完成工作和提高所得的主观能动性。通常，要达到使工作的分配出现所希望的激励效果，根据期望理论，应使工作的能力要求略高于执行者的实际能力，即执行者的实际能力略低于工作的要求。

7.2.3 改造型激励理论

（1）强化理论

强化理论是由美国心理学家斯金纳（B. F. Skinner）首先提出的。这种理论主张对激励进行针对性的刺激，只看员工的行为及其结果之间的关系，而不是突出激励的内容和过程。该理论认为人的行为是其所获刺激的函数。如果这种刺激对他有利，则这种行为就会重复出现；若对他不利，这种行为就会减弱直至消逝。因此管理要采取各种强化方式，以使人们的行为符合组织的目标。斯金纳认为有 4 种强化类型。

积极强化 当积极的行为发生后，立即用物质或精神的鼓励来肯定这种行为。

惩罚 当消极行为发生之后，使行为的实施遭受身体上的痛苦，从而减少这种行为。

消极强化 这类强化能够防止产生个人所不希望的刺激，又称逃避性学习。

消失 撤销对原来可以接受的行为的强化，由于一定时期内持续不强化，这种行为将逐步降低频率，直至消失。

（2）归因理论

归因理论由美国心理学家凯利（G. A. Kelly）等人提出。归因是指人们对他人或自己的行为进行分析，确认其性质或推论其原因的过程。

归因的类型 一般可分为情境归因和个人倾向归因。情境归因是指将某种行为或结果归结为社会条件等外部环境因素造成的；个人倾向归因是指将行为的发生归结于个人主观的因素引起的。

归因的标准 正确的归因，应根据自己或他人行为的一贯性、一致性与特殊性等原则进行。一贯性是指某种行为的发生不是偶然的；一致性是将某种行为与他人进行对比，考察其是否具有一致性（相同性）；特殊性是指考察某种行为时，要分析是否有特殊的背景或条件。

成功失败的归因 美国心理学家韦纳（B. Weiner）认为，成功与失败可以归纳为4个原因，即努力、能力、任务难度和机遇。大量的心理学研究结果表明：一般人都具有这样的归因倾向——将成功归结于内因（努力、能力），将失败归结于外因（任务难度、机遇），在管理实践中，应注意克服这种归因倾向的不足。

7.3 激励的影响因素、原则和方式

7.3.1 激励的影响因素

综合国外学者提出的各种激励影响因素，再结合国内酒店工作的实践。中国酒店员工的激励影响因素大致可以归为以下8大类。

薪酬与福利 包括工资、奖金、基本保险、年假、免费工作餐、上下班班车、住房、弹性工时、个人奖励旅游、生日礼物等。

管理制度 包括公平、清晰、完善的规章制度、科学的绩效评估体系、奖罚合理、奖罚及时等。

同事关系 指同事之间互相认可、互相尊重、互相信任、互相帮助、团队精神等。

领导水平 指上司在工作上指导下属员工、在生活上关心下属员工、耐心听取下属员工的意见和建议、授予下属员工必要的工作自主权、及时评价下属员工的工作成果、给予认可或公开表扬、上司的工作能力等。

职业发展 酒店良好的发展前景，较多的晋升机会，店内、店外的培训与进修等。

工作条件 指工作所需的设施设备的齐全性、使用的方便性和良好的工作环境等。

工作本身 包括有兴趣的工作、工作的挑战性、工作的成就感、工作内容充实度、发挥个人专长、增长知识和经验、工作的稳定性等。

信息 酒店内部信息公开、沟通顺畅，员工之间经常交流专业技术信息等。

7.3.2 员工激励原则

激励是复杂多样的，要受到各种内外因素的影响。激励措施有很大的风险性，在制订和实施激励时，一定要谨慎。遵循激励的原则，对在实践中正确应用激励手段去调动员工积极性有很大帮助，能够取得事半功倍的成效。

（1）目标一致原则

在激励过程中，设置适当的目标是一个关键的问题。目标设置既要体现酒店组织的整体任务要求，又要能够满足员工个人的需要，否则所设置的目标难以发挥其激励作用。只有将酒店组织目标与员工个人需要有机地结合起来，才可能收到良好的激励效果。酒店业是劳动密集型的服务性行业，需要每位员工紧密配合实现酒店的目标。酒店的这种特殊性，要求酒店人力资源部的主管人员在激励员工时，要树立明确的目标，使员工个人、班组、部门、群体与酒店内有关各方的需求统一起来，这样才能使员工激励取得良好的效果。

（2）物质激励与精神激励相结合原则

人的需要有物质需要与精神需要之分，相应的激励方式也应该是把物质激励

与精神激励有机结合起来，以物质激励为基础，以精神激励为重点，使二者相辅相成。

（3）内外激励相结合原则

从工作环境条件方面进行激励，是调动积极性的基本保障。而满足员工自尊和自我实现需要，从工作本身激励员工，激发他们的工作自豪感、成就感，充分发挥他们的潜力，为其成长和发展创造条件的激励，所产生的工作动力则是最主要的。使内外激励相结合，能够全面、充分发挥激励的功效。

一位厨师长的“内部粮票”

熊运辉先生是某四星级酒店的一位风味厨房的厨师长，中等技术学校烹饪专业毕业。他先在一家三星级酒店工作，8年前经过艰苦努力，晋升为高级厨师。后调到四星级酒店担任川菜厨房的厨师长。但在今年的厨师技术职称评定中，他虽然实际操作技术得了95分，却在最后的报批中被淘汰。熊先生感到很沮丧。去年，他也曾报特级厨师职称，也因学历不够被拒绝。

熊运辉先生自中技毕业后，已工作近20年。他为人正派，工作主动积极，待人诚恳，在川菜烹饪技术上是一把好手，曾主持过很多大中型宴会，烹调水平受到广泛好评，而且具有较强的厨房行政管理能力，担任酒店川菜厨房的厨师长也已6年。但就是因为学历未达到大专以上毕业条件，所以未能评上特级厨师。

对于熊先生的遭遇，酒店的领导都很重视。2年前，酒店已帮他联系了旅游学院补上成人大专。为了更好地鼓励熊先生的学习和肯定他的成绩，酒店领导和人事部门研究决定，对熊先生采用“内部粮票”，即在酒店内都承认熊先生的“特级厨师”职称，工资待遇按特级厨师发放。待他成人大专毕业后，再转为国家承认的技术职称。熊运辉先生对酒店给他的特殊政策十分感激，内心深处受到极大鼓舞，决心更加主动和积极地学习和工作，为酒店餐饮部门做出更大成绩。

（4）正负强化相结合原则

强化就是激励，以正强化为主，负强化做威慑。奖惩适度既有助于员工自觉性、自信心的树立，又有助于改正错误，扶正祛邪，形成良好的组织氛围。奖励和惩罚会直接影响激励效果。奖励过重会使员工产生骄傲和满足的情绪，失去进一步提高自己的欲望；奖励过轻会起不到激励效果，或者让员工产生不被重视的感觉。惩罚过重会让员工感到不公，或者失去对公司的认同，甚至产生怠工或破坏的情绪；惩罚过轻会让员工轻视错误的严重性，从而可能还会犯同样的错误。

在正强化的激励过程中，要公平、公正、公开，注意具体化，不要以“做得好，工作出色”等笼统、模糊的概念奖赏。提到奖励就不能不提惩罚，慎用惩罚是至关重要的。虽说惩罚是一种激励手段，在一定条件下能够起到一定的积极作用，但管理者要记住：惩罚只是一种手段而非目的，不能滥用。否则，不仅起不到激励作用，反而会引起对抗情绪，不利于团队精神的形成。至于开除员工更应慎重。很多国内酒店管理者误认为外国酒店管理好的原因就是“严”，可随便开除员工，其实并非如此。曾经被美国《酒店》杂志评为最杰出酒店经理的里茨·卡尔顿集团总经理舒尔茨先生就坚决反对对员工动辄炒鱿鱼的做法。他认为“反复培训新手是最大的浪费”，而且“老主顾不喜欢新面孔”，而这种想法正是现今国内酒店管理者应借鉴的。人才不是用来浪费而是用来保留和开发的。

（5）激励方式多样化原则

激励是以满足员工的需要为起点，但需要因人而异，因时而异。由于不同员工的需求不同，相同的激励措施起到的激励效果也不尽相同。即使是同一位员工，在不同的时间或环境下，也会有不同的需求。由于激励取决于内因，是员工的主观感受，所以，激励要因人、因时而异。只有满足员工的主导性需要，其激励强度才大。因此，不存在一劳永逸的激励方法。只有在掌握员工需要层次和需要结构的变化趋势的基础上，有针对性地采取激励措施，才能收到实效。在制订和实施激励措施时，首先要调查清楚每个员工真正需要的是什么，将这些需要整理、归类，然后再制订相应的激励措施。

（6）激励公正原则

公正是激励的一个基本前提，缺乏公正的激励，奖罚不当，不仅收不到预期的效果，反而会造成许多消极后果，危害酒店组织。而所谓公正，就是要做到赏罚严明，赏罚分明。公正性是员工管理中一个很重要的原则，任何不公的待遇都会影响员工的工作效率和工作情绪，影响激励效果。取得同等成绩的员工，一定要获得同等层次的奖励；同理，犯同等错误的员工，也应受到同等层次的处罚。如果做不到这一点，管理者宁可不奖励或者不处罚。管理者在处理员工问题时，一定要有一种公平的心态，不应有任何的偏见和喜好，不能有任何不公的言语和行为。

（7）整体需求原则

对酒店内不同工种、不同层次、不同职位、不同年龄结构的员工的各种需求是否给予激励，选择何种激励方式，需根据酒店的实际情况，从酒店经营管理的整体需要出发，尽可能地满足员工的要求，使他们发挥应有的潜力，提高工作效率。

（8）积极引导原则

在激励员工的过程中，必须配以积极的、及时的、来自多方面的指导。任何一种行为在运作过程中都有可能发生偏差，及时指导、纠正这种偏差就显得十分重要。例如，当管理者激励员工为酒店创造出更高的经济效益而努力时，员工会想办法出主意通过各种途径来增加酒店的效益。其中难免会发生少数员工采取不正当手段，甚至非法途径来获得效益。这种出自良好动机的行为往往会造成与愿望相反的结果，乃至会影响酒店的声誉。酒店人力资源部就应该以积极的态度指导员工及时纠正偏差，并注意保护员工的积极性，提高激励的成效。

（9）自我激励原则

激励的目的是为了激发员工的内在因素，使其内部因素对外界的刺激作出相应的反应。蕴藏在员工身心之中的内因只有当员工自己充分地认识其存在时，才能真正地体现出来。因此，激励必须首先帮助员工认识自我，使员工能够充分地认识到自己潜在的能力。其次，酒店各部门、各级主管都应该教育员工，使他们认识到，个人需求要得以满足必须通过自己的不懈努力、勤奋工作才能变成现实。

7.3.3 员工激励方式

物质激励和精神激励都是重要的激励手段。他们通过满足员工的生理、安全、社交、尊重和自我实现的需要，来调动员工的工作积极性。在实践中，酒店实施奖励的办法可根据单位、部门的具体环境与条件而确定。一般可采取物质奖励与精神奖励相结合的方法。

他是你的下属，你怎样使他在本部门积极工作

王强是一个非常自信的人。他为金钱而工作，而且会为了更多的钱而更换工作。他的确为酒店努力工作，但也期望酒店能回报他。在他目前的岗位上，他觉得对1周40h的工作没有什么不满，如果薪水是这样的话。尽管他也有一个家，并且在供养他的母亲，但他已经多次要求提薪，而他的雇主还不给他提薪的话，他会毫不犹豫地辞职而去。他确实是自己的驾驶员。王强的前任上司彼得指出，尽管王强确实为酒店干得很出色，但他的个性实在太强了，对于他的离去他们还是感到欣慰。王强的前任老板说，王强似乎总在不断地要求。如果不是为了更多的钱，那么就是为了更好的福利待遇，似乎他从来也不会满足。你如何激励王强？

7.3.3.1 物质激励方式

物质激励就是通过满足个人的物质利益需求，来充分调动个人完成组织任务、实现组织目标的积极性和主动性。“经济人”假设认为，人们基本上是受经济性刺激物激励的，金钱及个人奖酬是使人们努力工作最重要的激励，酒店要想提高员工的工作积极性，唯一的方法是用经济性报酬。虽然在知识经济时代的今天，人们生活水平已经显著提高，金钱与激励之间的关系渐渐呈弱化趋势，然而，物质需要始终是人类的第一需要，是人们从事一切社会活动的基本动因。所以，物质激励仍是激励的主要形式。如采取工资的形式或任何其他鼓励性报酬、奖金、优先认股权、公司支付的保险金，或在做出成绩时给予奖励。

(1) 发放奖金

发放奖金是最普遍采用的物质奖励的方法，但如果应用不恰当，如滥发奖金，不但起不到激励员工的作用，相反还会使员工片面追求物质刺激，形成不良风气。要使金钱能够成为一种激励因素，管理者必须把握好以下3点。

第一，金钱的价值不一。相同的金钱，对不同收入的员工有不同的价值；而对于金钱，有些人会看得很重，有些人则一向都看得不是太重。

第二，金钱激励必须公正。员工对他所得的报酬是否满意不是只看其绝对值，而要进行社会比较或历史比较，通过相对比较，判断自己是否受到了公平对待，从而影响自己的情绪和工作态度。

第三，金钱激励必须反对平均主义，平均分配等于无激励。除非员工的奖金主要是根据个人业绩来发放，否则酒店尽管支付了奖金，对他们也不会有很大的激励作用。

(2) 实物奖品

对先进员工颁发具有纪念性的实物奖品，一定程度上比发奖金更有意义。可是，滥发实物也会使奖励功能失去积极的效果。

(3) 晋级和加薪

对于工作表现优秀的员工，除了给予规定的奖励外，晋升加薪也是必要的配套措施。但必须按照晋升职位的岗位要求来确定员工晋升资格，并经必要的审批手续，才可对员工予以晋级加薪的激励。利用人们的上进心理，给予员工职位上的晋升，无疑是一种极为有效的方法。在酒店中及时给表现优秀且可塑的人才晋升机会能够让员工眼前看到一片光明，会让他感受到工作的价值。可如果一直没得到重视，一直无法得到肯定，只会让人心灰意冷，寻找其他自我发展的机会，人才流失就在所难免了。除了对工作表现好的员工晋升外，还可通过酒店内部调换员工的岗位来激励员工。有时个别管理者与员工之间有了矛盾，协调无济于事时将员工调入其他岗位不失为一种好办法。因为员工不一定有错，如果坐视不管只会影响员工工作动力，而起不到为企业带来效益的作用。通过调换岗位不仅可以充分利用人力资源，还可以激励员工，给酒店带来更大的收益。

(4) 满足多种需要的物质奖励形式

除了传统的奖金、奖品等物质奖励办法外，酒店可采用休假、赴外地参观、考察、旅游或疗养等形式，作为奖励先进员工的办法。这不仅能够调节员工的紧张情绪，而且能够开阔眼界，提高员工素质。

7.3.3.2 精神激励方式

传统精神奖励的形式，一般是颁发奖旗、奖状，授予称号，发布通告，书面表彰或召开员工大会通令嘉奖，也可在酒店员工杂志、报纸或广播中予以表彰。应用得当能收到事半功倍的激励效果，但如果流于形式或滥用则失去其作用。

为提高精神激励的作用，应当把精神奖励与员工的高级需要结合起来，才能收到更好的激励效果。在工作中，常采用以激励特点划分的各种方式进行激励。

你如何激励汤姆？

汤姆是你的下属，你力求使他在本部门积极工作。

汤姆是那种令人难以理解的雇员。他的缺勤记录比平均水平要高许多。他非常关心他的家庭（他有1个妻子和3个小孩），而且认为他的家庭应该是他生活的中心。形容汤姆的最好的描述就是说他是那种嬉皮士阶层的遗留分子，而且他对那种文化的价值观深信不疑。由此，酒店能够提供的东西对他的激励非常小。他认为，工作仅仅是为他的家庭的基本需要提供财务支持的一种手段而已，除此之外很少有什么别的意义。总体来说，汤姆对本职工作尽职尽责，但所有试图让他多干点活儿的尝试都失败了。汤姆是一个友好而可爱的人，但对酒店而言他仅是个够格的员工。只要他的工作一达到业绩要求的最低标准，他就希望能去“干他自己的事”。你如何激励汤姆？

(1) 目标激励

没有目标就没有管理，管理就是朝着目标步步逼近的过程。目标激励就是确定适当的目标，诱发员工的动机和行为，达到调动员工积极性的目的。正确而有吸引力的目标，具有引发、导向和激励的作用。一个人只有不断启发对较高目标的追求，才能启发自己奋发向上的内在动力。每个人实际上除了金钱目标外，还有如权力目标或成就目标等。管理者就是要将每个人内心深处的这种或隐或现的目标挖掘出来，并协助他们制订详细的实施步骤，在随后的工作中引导和帮助他们努力实现目标。当每个员工的目标强烈和迫切地需要实现时，他们就对酒店的发展产生热切的关注，对工作产生强大的责任感，平时不用别人监督就能自觉地把工作搞好。另外值得注意的是，目标必须切合实际，并且要将部门目标转化为岗位及员工个人的目标，使酒店各项指标层层落实，每个员工既有目标又有压力，产生强烈的动力，努力完成任务。还应注意目标难度和期望值，这样目标激励才能产生强大的效果。

在目标激励的过程中，要引导员工个人目标与酒店目标同向，使员工的个人切身利益与酒店的集体利益一致。设置既体现酒店的任务要求，又能满足员工个人的需要，把酒店要求与个人需要结合起来的酒店目标，是企业凝聚力的核心，如为了提高酒店的服务质量，上效益，全店通过培训提高所有员工的服务意识、服务技能、服务态度。它体现员工工作的意义，预示着酒店光辉的未来，让全体员工看到自己工作的巨大社会意义和光明的前途，从而激发大家强烈的事业心和使命感。

在应用目标激励时，要注意目标效价和期望概率的关系，尽量使二者保持较高水平。并让大家了解，只有在完成酒店目标的过程中才能实现个人目标，事业有了发展，效益有了提高，相应地员工的工资奖金、福利待遇才会有所改善，使大家真正感受到“店兴我富，店兴我荣”的道理，从而激发出强烈的归属意识和巨大的劳动热情。

（2）过程激励

人的自我实现需要的满足，是通过从事自己想干、能干的工作，从工作本身获得的。工作本身具有激励力量，特别是在各方面条件都较好的旅游酒店行业，员工十分关注工作本身的吸引力、创造性、挑战性，工作内容是否丰富多彩、引人入胜，在工作中是否会感受到生活的意义，在工作中能否取得成就、获得自尊、实现自我价值等。

为了更好地发挥员工的工作积极性，酒店管理人员要考虑如何才能使工作本身更有内在意义和挑战性，给员工一种自我实现感。管理者要进行“工作设计”，使工作内容丰富化和扩大化，并创造良好的工作环境。用工作本身来提高员工积极性，就是为了更好地发挥过程激励的作用。此外，还可通过员工与岗位的双向选择，使员工对自己的工作有一定的选择权。根据员工兴趣爱好，为其调整工作岗位等，均收到了较好激励效果。

（3）角色激励

角色激励就是让个人通过对角色行为规范的认识，自觉担负起特定角色应负的责任，“重任在肩”，激发他们因为角色责任而努力工作。

（4）荣誉激励

荣誉是对个体或群体的崇高评价，是满足人们自尊需要、激发人们奋力进取的重要手段。从人的动机看，人人都具有自我肯定、光荣、争取荣誉的需要。对于一些工作表现比较突出、具有代表性的先进员工，给予必要的荣誉奖励，是很好的精神激励方法。荣誉激励成本低廉，但效果很好。当然要侧重于集体荣誉，通过给予集体荣誉，培养集体意识，从而产生自豪感和光荣感，形成自觉维护集体荣誉的力量。各种管理和奖励制度要有利于集体意识的形成，以形成竞争合力。

授予员工“先进工作者”“礼仪小姐”“五好标兵”“礼貌大使”“优秀青年”等荣誉称号，激励先进个人和集体，也激励更多的有进取心的人们。在酒店实际工作中，可以灵活地运用荣誉激励手段。

（5）兴趣激励

兴趣对人们的工作态度、钻研程度、创造精神的影响很大，往往与求知、求美和自我实现密切相关。在管理中重视兴趣因素会取得很好的激励效果。

在酒店内部，建立各种兴趣小组，吸收具有各种爱好的员工在一起活动，如为喜欢钻研技术、热心于技术革新的员工成立“技改小组”“TQC小组”，不仅使他们能够满足自己的兴趣爱好，而且还可激发参与感、归属感，增加其主人翁责任感。许多酒店由工会出面，组织摄影、体育、舞蹈、棋类、书画、集邮等兴趣小组，使员工的业余爱好得到满足，增进了员工之间的感情交流，感受到酒店的温暖和生活的丰富多彩，大大增加了员工的归属感、依赖感，满足了员工的社交需要，有效地提高了酒店的凝聚力。

（6）参与激励

员工参与酒店重大决策，建立“奖励员工合理化建议”制度，是行之有效的参与激励形式。在酒店中可能会听到员工这样的埋怨：“反正也不关我的事，管那么多干什么?”似乎酒店利益对他们已经没有意义了。其实每一个人都希望参与管理，酒店的员工也不例外，他们总想拥有参与酒店管理的发言权。因此，酒店管理者和人力资源工作者要善于给予员工参与管理、参与决策和发表意见的机会。要倾听下属的心声，因为决策的最终执行者还是下属员工。让员工参与管理能最大限度地激发员工的主人翁意识，把员工摆在主人的位置上，尊重他们，信任他们，把酒店的底牌交给他们，让他们在不同层次和不同深度上参与决策，吸收他们中的正确意见，全心全意地依靠他们办好酒店。这在管理学中叫作“参与激励”。现代人力资源管理的实践经验和研究表明，员工都有参与管理的要求和愿望，创造和提供一切机会让员工参与管理是调动员工积极性的有效方法。毫无疑问，很少有人参与商讨和自己有关的行为而不受激励的。因此，让员工适当地参与管理，给予员工发表意见的机会，尊重他们的意见和建议，既能激励员工，又能为酒店的发展获得有价值的知识。通过参与，形成对酒店的归属感、认同感，可以进一步满足员工自尊和自我实现的需要。

（7）感情激励

感情激励就是对员工在工作上严格要求，同时在生活上给予关心和尊重，以“情”动人。感情因素对人的工作积极性有重大影响。感情激励就是加强与员工的感情沟通，尊重员工、关心员工，与员工之间建立平等和亲切的感情，让员工体会到领导的关心、企业的温暖，从而激发出主人翁责任感和爱店如家的精神。所谓尊重员工，就是尊重员工在酒店的主人翁地位；理解员工，就是理解员工的精神追求和物质追求；关心员工，就是要心系员工，尽可能解决员工的实际困难。高昂的士气必须要有必要的物质保障，在酒店就意味着要为员工创造良好的工作环境和生活条件。只有员工真正意识到自己受到了尊重，真正是酒店的主人，他们才会以主人翁的精神积极工作。采取这种方式并不意味着无时无刻都充满感情，有时“雪中送炭”所带来的情感震撼是不可估量的。感情激励的技巧在于“真诚”2字。常见的感情激励形式很多，如遇员工生日，领导亲自祝贺，送生日蛋糕、生日卡，举办生日晚会、生日舞会等，为员工排忧解难，为员工办实事，送温暖活动等。

（8）榜样激励

模仿和学习也是一种普遍存在的需要，其实质是完善自己的需要，这种需要对青年尤为强烈。榜样激励是通过满足员工的模仿和学习的需要，引导员工的行为达到组织目标所期望的方向。“榜样的作用是无穷的”，管理人员要善于及时发现典型、总结典型、运用典型。通过具有典型性的人和事，营造典型示范效应，让员工明白提倡或反对什么思想、作风和行为，鼓舞员工学先进、帮后进。另外，酒店管理人员首先应从各方面严格要求和提高自己，通过各级管理人员的行为示范、敬业精神来正面影响员工。

榜样激励的方法是树立酒店内模范人物的形象，号召全体员工向模范学习。树立和宣传劳动模范时，切忌拔高、理想化，搞成“高、大、全”，也不要躲躲闪闪，不敢充分肯定，使“英模”身上的光彩人为地淡化。这 2 种倾向都违背了实事求是的原则，因而都缺乏号召力、感染力。

（9）尊重激励

尊重是加速员工自信力爆发的催化剂，尊重激励是一种基本的激励方式。尊重各级员工的价值取向和独立人格，尤其尊重普通员工，会达到一种知恩必报的效果。上下级之间的相互尊重是一种强大的精神力量，有助于酒店员工之间的和谐，有助于企业团队精神和凝聚力的形成。有时听到“酒店的成绩是全体员工努力的结果”之类的话，表面看起来管理者非常尊重员工，但当员工的利益以个体方式出现时，管理者会以酒店全体员工整体利益加以拒绝，他们会说“我们不可以仅顾及你的利益”或者“你不想干就走，我们不愁找不到人”，这时员工就会觉得“重视员工的价值和地位”只是口号。显然，如果管理者不重视员工感受，不尊重员工，就会大大打击员工的积极性。使他们的工作仅仅为了获取报酬，激励作用大大削弱。这时，懒惰和不负责任等情况将随之发生。

7.3.3.3 激励的综合应用

你怎样使迪克在本部门积极工作?

迪克是你的直接下属，是一个讨人喜欢的家伙，迪克对酒店的规章制度和报酬制度都积极响应和执行，而且对酒店有很高的个人忠诚度。迪克的毛病在于他做事的独立性不是特别强。他对那些指派给他的任务完成得非常好，但他的创新精神不足，在自己干活时依赖性比较强。他还是一个相当内向的人，在与部门外的人士打交道时显得信心不足。这在某种程度上会对他的业绩带来一些伤害，因为他不能够在短时间里把自己或本部门推销给别的部门或酒店的高层管理机构。鉴于此，你应该如何激励迪克?

在实际工作中，应该针对不同情况，从实际出发，综合地运用一种或多种激励手段，才能收到事半功倍的效果。这是因为人有多种需要，有物质的、精神的需要，有外在的、内在的需要，有生理、安全、社交、尊重、自我实现的需要，有生存、关联、成长的需要等。激励就是通过满足员工个人的需要来调动其积极性和主动性。酒店行业，特别是涉外旅游酒店，在工作条件、工资报酬、福利待遇等方面具有优越性，对于员工具有较强的吸引力。酒店组织应充分利用这一优势，激励员工的工作积极性。

（1）为员工创造良好的工作环境

要充分利用酒店优越的设施与设备条件，使员工能在良好的工作环境中心情舒畅、精力集中地工作，从而激发他们的工作热情，使其能较好地完成本职工作。

（2）创立宽松而融洽的人际环境

酒店管理人员要重视内部人际关系，注意改善领导作风，尊重和关心员工的工作、生活，搞好员工集体福利，解除后顾之忧。在员工遇到困难和挫折时给予及时的鼓励与支持，使员工感到集体的温暖、组织的关怀。

（3）工作安排得当，工资报酬合理

酒店的管理者在工作中应坚持各尽所能、按劳分配的原则，建立合理的工资及奖金分配制度，充分体现按劳分配、多劳多得的分配原则。

（4）搞好员工培训，为员工个人发展创造条件

酒店在激烈的行业竞争中，要求提高员工业务素质，而广大员工有上进的需求。人力资源管理部门应针对员工的上进心，制订培训计划，鼓励员工通过培训获得个人发展的机会，激发员工的事业心，为酒店培养大批业务能力强、忠实可靠的员工队伍。

（5）注重酒店文化建设

以酒店精神、共同的价值观念来协调、激励每个员工的自主精神与创新意识，使他们齐心协力为完成酒店目标而奋斗。成功的酒店精神是酒店经营的精神支柱，是酒店对员工的向心力与凝聚力，成为“酒店生存的基础、发展的动力、行为的准则、成功的核心”。卓越的酒店文化对员工的精神激励作用是难以估量的。

（6）信任和尊重激励员工

要以人为中心进行管理，靠激发员工的积极性来改善酒店的服务质量，提高酒店的管理水平与竞争能力。相信人、尊重人，尊重每个员工的人格，承认员工的工作成绩和对酒店的贡献，员工才会感到工作的意义和自我的价值，从而提高他们的自信心与责任意识。

酒店应该如何建立奖励制度呢？酒店良好的激励机制主要包括以下4个方面的内容。

建立一支情绪积极高涨的工作团队 缺乏积极性的员工会无故缺勤、跳槽，更糟糕的是服务质量低下，这些方面都会使酒店蒙受巨大的经济损失。当员工为他的工作所鼓舞时，他会竭尽全力确保顾客的需求得到满足，员工甚至会主动地提前考虑到顾客会有什么要求，做好回应客人要求的准备。有工作积极性的员工会在点滴小事中表现出对顾客的关心。

奖励应符合要求 如果想通过奖励来调动员工积极性，那么就必须使奖励方式与员工当时需求层次相吻合。如果是用金钱去奖励那些追求自我价值观的员工，则奖金不会使他们实现最佳自我价值的愿望得到增强。同样，如果用更多的责任和自主权而不是金钱去奖励那些生活没有基本保障的员工，他们也不会更多地为酒店努力工作。

奖励要相对公平 作为管理者，从公平的理论中就可知道，合理的报酬可以导致工作满意度的增加及绩效的提高；不公平的报酬会使效率降低，人员流失率升高。所以，酒店管理人员应尽量给予员工酒店所能承担的最丰厚的报酬。要注意的是，员工感到报酬不公平时，就很有可能被别的酒店“挖”走，同时单独给某个员工高薪时要慎重，你的工作团队成员会把自己的报酬和他相比。当他们觉得自己应该享受同样的待遇时，不公平的感觉就出现了。

奖励任务分配要恰当 优厚的待遇及优越的工作条件固然重要，但它们本身并不能激励员工同等发挥最佳的水平。要达到更高水平的业绩，很多员工需要的是他们能够分配到感兴趣的任务。尽可能多地给员工额外的责任和控制的权力，尽量给员工分配喜欢的任务，那样，他们就会从内心受到激励，从而发挥最佳的水平。

7.3.4 不同员工的激励策略选择

7.3.4.1 人才模型

酒店的活力源于每个员工的积极性、主动性和创造性。由于人的需求多样性、多层次性、动机的反复性。有针对性的激励策略才能取得良好的激励效果。我们将人才分为4种类型，如图7－3所示。

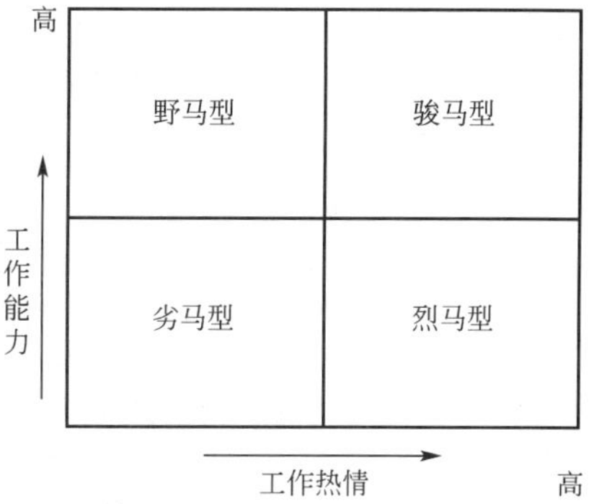

图7－3 酒店员工类型模型

7.3.4.2 激励对策

（1）骏马型人才

高热情、高能力，这是酒店最理想的人才。基本对策是重用，给这些人才充分授权，赋予更多的责任。

（2）野马型人才

低热情、高能力，这类人才一般对自己的职位和前程没有明确目标。对这类人才有不同的应对之策。

挽救型 不断鼓励、不断鞭策，一方面肯定其能力并给予信任，一方面给予具体的目标和要求。必要时在报酬上适当刺激。特别要防止这些“怀才不遇”人的牢骚和不满感染到酒店其他员工，要与他们及时沟通。

辞退型 对难以融入本酒店文化和管理模式的员工，干脆趁早辞退。

（3）烈马型人才

高热情、低能力，这是较常见的一种人，尤其年轻人和新进员工。应该充分利用员工热情，及时对他们进行系统、有效的培训，提出提高工作能力的具体要求和具体方法，调整其到最适合的岗位或适当变动其职务。

（4）劣马型人才

低热情、低能力，对这类人才有不同的应对之策。

有限利用 不要对他们失去信心，但控制所花时间，仅开展小规模培训，首先激发其工作热情，改变其工作态度，再安排到合适岗位。

解雇辞退 酒店的发展需要员工的支持。管理者应懂得，员工决不仅是一种工具，其主动性、积极性和创造性将对酒店生存发展产生巨大的作用。酒店要取得员工的支持，就必须对员工进行激励：要想激励员工，又必须了解其动机或需求。每个管理者要明确的2个基本问题：① 没有相同的员工；② 不同的阶段中，员工有不同的需求。

只能有一把“尺子”

客房部黄经理接到主管的报告，说有个员工私拿工作车上的小肥皂、牙刷和浴帽。黄经理把那位服务员叫来，经查问，情况属实。该员工因一个朋友的索要，不好意思拒绝，便趁客房服务员在打扫房间时，偷偷藏了一些在口袋中，想不到被人看见并告诉了主管。根据酒店规定，由于那位员工以前一直表现尚可，从未犯过错误，黄经理决定扣除他50元奖金并警告一次，还在内部公布这一处分结果。对此，全店上下均认为合情合理，连受处罚员工本人也口服心服。客房部运用这一反面例子在全体员工中进行了一次教育。

半个月后，客房部主管又来报告黄经理，说 10 楼姓侯的领班在检查房间时，当着一位服务员的面拿了 2 小瓶洗发露。因为客房部原有的洗发露存货已全部用完，这次进的货是一种新产品，质量相当不错，小侯说她想试用一次，如果效果好，也给家里买一些。黄经理接到这一报告后有点不相信，因为一则刚在本部门处理了类似事件，二则小侯进店时间更长，表现始终比较突出。于是他约小侯 16：00 在他办公室谈话。这几天黄经理由于家逢喜事，心情舒畅。16：00 整，小侯来到黄经理的办公室，心里七上八下，责怪自己贪小便宜，一时糊涂，还不知道要受什么处分呢。

"小侯，请坐下。别把脸拉得这么长，不就是 2 小瓶洗发露嘛！人孰能无过？认识了就好，下次不要再犯了，好吗？"黄经理那轻松的心情和讲出的话格外亲切。小侯没想到事情这么容易便解决了，她向黄经理保证此后再也不私拿酒店任何一件东西。第 2 天，客房部员工纷纷议论开来，认为黄经理偏袒小侯，厚此薄彼，执法不公。

【思考题】

1. 名词解释：

激励、需要层次理论、双因素理论、成就需要论、X 理论和 Y 理论、公平理论、期望理论、强化理论、归因理论。

2. 激励的作用是什么？
3. 过程型激励理论的内容都有哪些？
4. 改造型激励理论的内容有哪些？
5. 影响激励的因素有哪些？
6. 酒店员工激励原则有哪些？
7. 酒店员工激励的方式有哪些？
8. 简述不同员工的激励策略选择。
9. 在酒店中，如何应用激励理论来有效地激励员工？

【经验性训练】

为当地的某家酒店制订一份激励计划

【概述】

为研究当地一家三星级以上酒店员工工作的积极性和激励现状，将学生们分成若干个小组。

【步骤】

1. 每组分成 7 人左右（人数为单数）。小组的任务是运用激励理论知识评价酒店的激励计划。
2. 以小组为单位，就该酒店如何进一步调动员工工作积极性、实现有效激励组织研讨。
3. 到酒店实行调研，方式自行确定。
4. 汇总调研结果，小组成员共同商议，为该酒店起草一份激励计划（每组一份，字数不少于 1000 字）。
5. 在课堂上集中汇报各小组的激励状况调研结果及结论（有严格的时间限制）。
6. 全班一起讨论各小组在调研中的相同之处和不同之处，产生分歧时，找出可能的原因。
7. 深入分析目前的激励状况，研讨如何有效激励，充实完善同学们的激励计划。

【案例分析】

失误的激励方案

小吴是某大酒店的前厅部经理。在每周一次的部门会议上，酒店都要对反馈回来的客人意见进行分析。上个月，有好几个投诉都是关于登记入住和结账时间方面的问题。这些投诉让小吴很烦躁，她要尽力减少针对自己部门的投诉。最近她刚刚参加了 1 个为期 3 天的酒店管理培训班，培训回来后，她的脑子里充满了如何提高前厅部服务质量的想法，让她考虑最多的就是如何将业绩与奖金联系起来，这一点非常重要，因为老师在课堂上不断强调“想让员工付出得更多，就要让员工得到合理的回报”。为了实现这个目标，她决定把自己在学校里学到的理论知识应用在自己的工作之中。她设计了一套前厅管理的方案，希望能激发前厅员工的内在动力，挖掘员工的内在潜力，以至员工最后能为顾客提供最贴心、最快捷的服务，提高酒店的知名度与美誉度。在接下来的班前会议上，她介绍并说明了她的新计划。例如，在每 8h 一次的轮班中，登记客人人数最多和办理客人结账手续最多的 2 个员工在月底将得到额外奖金。这个体系运作得十分顺利，员工的工作速度比以前快多了，虽然她的员工之间似乎不像过去那样友善并互相帮助了。由于新体系的激励，客人办理入住结账手续似乎迅速了许多，但他们现在开始抱怨说前台人员缺乏友善的态度和礼貌。一名客人评价说：“我感觉自己就像正在被赶过河的鸭子一样，这不是我所期待的想从这样级别的酒店中得到的服务。”小吴感到很困惑：怎么才能兼顾 2 方面利益？我们怎样做客人才会百分之百的满意呢？随后麻烦又来了，财务处审计员查账时发现，在记账问题上，前台存在失误。为了在结账程序上加快速度，很多费用没有登记在账单上，这样做的结果是不仅产生了很多错误，而且给酒店收入带来了不少损失。同时，在登记入住的时候，很多重要的信息没有被输入到计算机系统中。小吴很快就对自己的经营管理理论失去了信心。

【案例思考题】

前厅部经理小吴的激励方案失误在哪几个方面？

【本章推荐阅读书目】

1. 精妙用人技巧．杨志岐．上海文化出版社，2005.
2. 1001 种激励员工的方法．纳尔逊（美）著，卫青青 译．中信出版社，2006.
3. 激励员工全攻略．胡八一．北京大学出版社，2007.
4. 激励员工不用钱．唐华山，闵宪伟．人民邮电出版社，2007.
5. 如何进行员工激励．王小艳．北京大学出版社，2004.

【相关链接】

1. www. globrand. com
2. www. green_ training. com
3. 中国人力资源网
4. www. bokee. net
5. www. chinahrd. net
6. www. 511xuexi. com

第 8 章

酒店员工绩效管理

【本章概要】

本章主要从绩效管理的基本理论着手，阐述了什么是绩效和什么是绩效管理、酒店绩效管理战略地位和绩效管理的基本流程、酒店绩效管理计划目标和程序、酒店绩效评价基本内容和形式及实施过程、酒店绩效评价基本方法和绩效评价结果运用。

【学习目标】

- 了解绩效和绩效管理的概念；
- 了解酒店绩效管理的战略地位；
- 理解酒店绩效管理的基本流程；
- 理解酒店绩效管理计划目标和程序；
- 掌握酒店绩效评价的概念和基本内容；
- 掌握绩效评价的形式和绩效评价实施过程；
- 熟悉酒店绩效评价基本方法；
- 了解绩效评价结果的运用。

【关键性术语】

绩效、绩效管理、绩效管理流程、绩效管理计划、绩效管理计划目标、绩效管理计划程序、绩效评价、绩效评价内容、绩效评价形式、绩效评价实施、绩效评价方法、绩效评价结果运用。

【章首案例】

酒店应如何做好主管人员的绩效评价

某酒店集团后勤部新上任的王经理，针对集团后勤工作管理不善，员工热情不高，大家对整个后勤部意见大等问题进行了充分的调查研究，制定了“严格管理，促进后勤工作转变”的工作方针，并将主管人员绩效评价作为整个方针落实的第一步。王经理的意见在部办公会议一表露，便引来各种意见。

负责业务的副经理老刘认为：后勤工作千头万绪，关键要稳住顶在第一线的主管们。绩效评价工作很重要，但在全酒店尚未全面实行管理人员绩效评价之前我们自搞一套，主管们压力一定很大，一旦影响了情绪，工作会更糟的。负责行政人事的副经理老肖则认为：后勤工作繁重琐碎，能维持现状已属不易，再折腾，搞乱了管理人员的思想。

王经理再次强调管理人员绩效评价的意义，他认为只有做到奖惩分明，打破大锅饭，并把管理人员的奖金、提拔和晋升工资与工作好坏挂起钩来，后勤工作才可能根本改观，在王经理的坚持下，部办公会议同意了对主管进行绩效评价的意见，并让肖副经理拿出具体绩效评价细则交给全体主管会议讨论。

经过几次部办公会议的争论，王经理也听取了老刘、老肖的意见，意识到主管能否理解绩效评价的意义将成为整个绩效评价工作成败的关键，因此在几天后的主管会议上，王经理把解决主管的认识问题列为会议的重点，主管会议开得不错，在王经理阐明绩效评价工作意义之后，不少主管纷纷发言表态，支持领导决定，气氛相当热烈，王经理看到原先的担忧基本解除了，便给每位主管1份《绩效评价细则》，并当众宣布下一季度试行，第1个月的奖金将按绩效评价后的实际得分发放。

1个月的绩效评价工作顺利进行着，主管们比过去忙多了，后勤工作多少有些起色了。每当全体主管召开会议时，到场的人多了，平时不记录的主管也带上了小本本，各部门挂起了行踪留言黑板。各科应上报的月工作计划和工作汇报都早早收到了。后勤部办公室也整整忙了1个月，记录着各种反馈信息。

第2个月的5日，王经理收到了主管们送上的自评表，出乎意料，主管们几乎都给自己打上满分；员工评议表和其他科的打分表又带有很浓的个人成见。如物资科主管工作负责、原则性很强，得罪了一些人，被其他科打了最低分；只有部领导的评分才恰如其分，可以公布。

在第2天的主管会议上，王经理公布了部领导对主管的绩效评价结果，宣布奖金获得数，6位得分少的主管当场要求部领导说明原因和理由，会议难以进行下去。当天下午他们还联合起来到集团办公室和人事部告状。由于6位主管接连几天没有主持工作，闹得不可开交，直接影响了整个后勤部的正常工作秩序。

1周之后，经集团领导调节，后勤部10位主管的奖金仍按最高等级发放。面对这一切，王经理陷入了苦闷的沉思。

8.1 绩效管理概述

8.1.1 绩效与绩效管理

8.1.1.1 绩效的含义

对于绩效的理解，众说纷纭，在不同的情景之下有不同的理解。有人认为："绩效指的是完成工作的效率与效能"；也有人认为："绩效是员工的工作结果，是对企业的目标达成具有效益、具有贡献的部分"；更有的人认为，"绩效是个人知识、技能、能力等一切综合因素通过工作而转化为可量化的贡献，包括有形和无形的2部分"；还有的人认为，"所谓绩效，简单地讲就是指事物运动过程（狭义上：业务运作过程）中所表现出的状况或结果，它包含质和量2方面的规定，可以通过定性和定量2种方式进行描述和反映，最终通过客观的评价和主观的评价等评价方式表现出来"等。

很显然，绩效是一个多义的概念，从管理实践的历程来看，人们对于绩效的认识是不断发展的：从单纯地强调数量到强调质量再到强调满足顾客需要；从强调"即期绩效"发展到强调"未来绩效"。从上面种种说法可以看出，绩效实际上反映的是员工在一定时期内以某种方式实现某种结果的过程。简而言之，我们一般认为绩效指的是那些经过评价的工作行为、方式及其结果，也就是说绩效包括了工作行为、方式以及工作行为的结果。

管理学认为绩效可以分为员工绩效和组织绩效。酒店员工绩效是指员工在某一时期内的工作结果、工作行为和工作态度的总和。组织绩效是指组织在某一时期内组织任务完成的数量、质量、效率及盈利状况。

员工绩效和组织绩效是既相互区别又密切联系的2个概念。二者的区别在于其侧重点不同，员工绩效着重于员工的行为和产出，组织绩效侧重于组织的行为和产出。而二者的联系主要表现在：一方面，员工绩效直接影响着组织绩效；另一方面，组织在其运行过程中，其系统结构以及运行机制的合理与否也会促进或阻碍员工绩效的发挥。所以，在酒店员工绩效管理方面，我们必须同时考虑酒店本身因素。

8.1.1.2 绩效管理的含义

(1) 绩效管理的含义

绩效管理是指对绩效实现过程各要素的管理，是基于酒店经营管理战略基础之上的一种管理活动。绩效管理是通过对酒店经营管理战略的建立、目标分解、业绩评价，并将绩效成果用于酒店日常管理活动中，以激励员工业绩持续改进并最终实现酒店经营管理战略目标的一种正式管理活动。

对大多数酒店来讲，绩效管理的首要任务是员工的业绩评价，当然，除此之外可能还包含有其他目标。一个设计科学合理的绩效管理系统应该和酒店其他管理系统的关联性很好地连接，既有助于实现酒店经营管理目标和提高员工的工作业绩，又能够很好地实现员工绩效的评价。

(2) 绩效管理的特征

第一，绩效管理是防止员工绩效不佳和提高工作绩效的有力工具。绩效管理具有明确的目标导向性，所有的绩效评价关注的都是员工在工作目标范围内的工作产出与工作表现，因而绩效管理不仅要针对工作中存在的问题，更重要的是要着眼于提高现有的绩效水平，从而促使酒店管理目标得以顺利实现。

第二，绩效管理还特别强调沟通辅导及员工能力的提高。从绩效管理目标的制订、绩效管理计划的形成、达成目标过程中的目标调整和任务变更，到对工作贡献与产出的评价、绩效改进计划的形成以及提出新的绩效管理目标，都会通过员工与直接主管的沟通来实现。因此，绩效管理非常强调酒店各级管理者的人力资源管理责任，通过强调沟通辅导的过程以实现绩效管理的目的。

第三，绩效管理是一个过程，是一个包括若干个环节的系统。绩效管理不是一年一次的填表、交表工作，对酒店员工绩效评价之后必须伴随有改进与提高绩效的计划和行动。酒店管理者需要与员工进行绩效反馈面谈，将绩效评价的结果反馈给当事人，并与员工共同制订绩效改进和提高的计划。绩效管理不仅强调绩效的结果，而且注重达成绩效目标的过程，通过控制整个绩效周期中的员工的绩效情况来达到绩效管理的目的。

总之，绩效管理不是简单的工作任务管理。绩效管理是根据整个酒店管理目标，为了实现一系列中长期的酒店管理目标而对员工绩效进行的管理。因此绩效管理具有重要的战略意义。

(3) 绩效管理的真正意义

第一，将员工的工作目标与酒店管理目标联系在一起。在酒店经营管理战略的基础之上建立科学合理的管理目标，通过管理目标，目标层层分解，形成员工的工作目标。这就保证了员工工作目标与酒店管理目标的一致性，从而也确保了员工的工作目标和酒店管理目标的同步性。

第二，绩效管理促使酒店管理者对员工进行指导、培养和激励，以提高员工的工作能力和专业水平。

第三，通过绩效管理，发现员工之间的差距，找出员工工作中存在的问题，从而使员工扬长避短，在工作中不断进步。

第四，通过绩效管理，持续改进工作绩效。

第五，通过绩效管理，促使酒店各级管理者之间、管理者和员工之间进行沟通协作，增强酒店的凝聚力，树立较强的团队意识。

第六，绩效管理可以使酒店各级管理者合理分配部门工作，确保员工在清晰的目标指导下工作。

8.1.1.3 绩效管理的基本功能

(1) 在酒店管理方面的功能

诊断功能 绩效管理的第1个重要功能就是它的组织诊断功能。绩效管理可以对酒店管理过程中的各个环节进行诊断分析，为酒店变革和发展提供重要依据。绩效管理作为酒店各个职能和业务部门主管的基本职责，在绩效管理目标明确的前提下，不但需要对酒店组织中每个成员的活动进行追踪，及时沟通和分析、反馈绩效管理信息，而且要及时发现存在的共性问题，采用科学方法进行诊断，通过调查，掌握现状及存在的问题，并对照工作岗位说明书、组织机构功能图、管理业务流程图等文件，进行组织职能分析、组织关系分析和决策分析，找出酒店组织中现存问题的症结所在，指出哪些部位、流程、程序、授权和协作关系需要改进和调整，从而为酒店的变革和发展提供依据。

监测功能 绩效管理的第2个重要功能就是它的组织监测功能。有效的绩效管理体系的运行，可以显示出酒店组织中从高层到中层管理人员以至一线员工，从硬件如劳动环境、生产条件、技术装备、工作场地、工作条件等，到软件如酒店文化、经营理念、领导方式、工作方法、工时制度等方面的实际运行情况。在绩效管理的过程中，酒店各级主管只有对人力、物力和财力等资源的配置及实际运行情况进行及时监督、测定和考量，才能达到有效地组织、指挥、协调和控制，从而实现预定的绩效管理目标。

导向功能 绩效管理的第3个重要功能就是它的组织导向功能。绩效管理基本目标非常明确，即不断改善酒店经营管理氛围，促进员工与酒店共同发展，以提高整体效率和经济效益。要达到和实现这一基本目标，酒店各级管理者在绩效管理的活动中，应当充分发挥绩效管理的导向功能，通过积极、主动的绩效沟通和反馈面谈，采用科学方法从不同需求出发，激励、诱导下属朝着共同目标努力学习，积极工作。

竞争功能 绩效管理的第4个重要功能就是它的组织竞争功能。绩效管理总是与酒店薪酬奖励、晋升调配等制度密切相关，绩效优秀的员工不但会受到奖励，还可能得到一定的晋级和提升，为全体员工树立了工作模范和榜样。同时那些工作绩效不佳的员工，也可能受到一定的批评或处罚。无论是受奖还是受罚，对员工都会产生某种触动和鞭策，其结果是优秀的人希望更优秀，落后的人不甘于落后，在酒店中形成你追我赶的局面。这种员工之间的相互比赛和竞争，势必有助于酒店管理目标的实现，从而使酒店和员工同时获利。

(2) 员工管理方面的功能

激励功能 绩效管理可以充分肯定员工的工作业绩，能使员工体验到成功的满足感与自豪感，有利于鼓励先进、鞭策落后、带动中间，从而对每个员工的工作行为进行有效激励。

规范功能 绩效管理为人力资源各项管理提供一个客观而有效的标准和行为规范，并依据这个绩效评价结果进行晋升、奖惩、调配等，通过不断绩效评价，按照标准进行奖惩与晋升，使酒店形成事事按标准办事的风气，使酒店人力资源管理更加标准化。

发展功能 绩效管理的发展功能主要表面在2方面：一方面使酒店根据绩效评价结果，制订正确的培训计划，达到提高全体员工素质的目标；另一方面可以发现员工的特点，根据特点决定员工的培养方向和使用方法，充分发挥员工长处，将员工个人目标与酒店管理目标有效地结合起来。

控制功能 通过绩效管理，不仅可以把员工工作的数量和质量控制在合理范围内，还可以控制工作进度和协作关系，使员工明确自己的工作职责，既能按制度和规定做事，又能提高工作的自觉性和纪律性。

沟通功能 绩效评价结果出来以后，酒店管理者将与员工谈话，说明评价结果，听取员工的申诉和看法，这样就为上下级提供了一个良好的沟通机会，使上下级相互了解，增进相互间的理解。

8.1.1.4 绩效管理与传统绩效评价的区别

传统的绩效评价仅仅是含义更为广泛的绩效管理过程的一个组成部分。在传统意义上，绩效评价就是评定和估价员工个人工作绩效的过程和手段；绩效评价是管理人员所承担的一项管理职责，并由酒店人力资源管理职能部门负主要责任。实际上绩效管理与绩效评价相比，具有很大的差异，主要表现为以下特点。

(1) 绩效管理所包含内容更丰富

传统的绩效评价更多的是强调员工评价结果，而绩效管理不仅包括上述内容，还着重强调了绩效信息的分析、员工绩效的改进与提升。

(2) 绩效管理实施过程更加完善

传统的绩效评价也包括评价标准的制订、标准的衡量与绩效信息的反馈，注重员工的绩效结果；但绩效管理在实施上更是一个循环往复的过程，作为一种管理模式贯穿于酒店经营管理的始终，具有延续性、灵活性，更注重员工的行为与结果的评价。

(3) 从实施结果上看，绩效管理更为广泛

传统的绩效评价的结果更强调权威性，酒店管理者利用其评价结果更多地与员工的薪酬挂钩；但绩效管理的结果更多地用于开发员工潜能、培养员工技能、提高员工绩效。

(4) 从实施角度上看，绩效管理更强调从酒店的战略管理整体出发

传统绩效评价标准更多的是以员工为基础，强调评价员工的工作绩效。但绩效管理更多是强调从整体、战略角度出发，强调评价的过程——员工与管理者之间的沟通。

因此，我们认为，绩效管理绝不仅仅是绩效评价。绩效评价只是绩效管理的一个环节，如果单纯地看待绩效评价，它实质上反映的是过去的绩效，而不是未来的绩效，而绩效管理更强调未来绩效的提升。绩效管理不能离开绩效评价，同时成功的绩效评价不仅取决于评价本身，它在很大程度上也取决于评价相关联的整个绩效管理过程。

8.1.2 影响绩效管理的因素

8.1.2.1 绩效管理的性质

根据绩效管理的定义，绩效管理应具有3个性质。

（1）多因性

绩效管理过程的多因性是指酒店员工绩效的优劣不是由员工单一因素决定的，而是受制于主客观多种因素。它既受到环境因素的影响，又受到工作特征因素影响，也与酒店的各种管理制度和机制有关，同时更受到酒店员工的工作动机、价值观的影响。

（2）多维性

绩效管理过程的多维性指的是需要从多个维度或方面去分析与评价绩效。比如，考察一个营业部门经理的绩效时，我们不仅要看他的经营指标完成情况，还要综合考虑他的管理指标，比如，对部下的监控、指导、整个团队是否有创造性等，通过综合评价各种硬、软指标得出最终的评价结论。通常，我们在进行绩效评价时应综合考虑酒店员工的工作能力、工作态度和工作业绩3个主要方面的情况（这3个维度分别包括许多具体的评价指标）。

（3）动态性

绩效管理过程的第3个特征是动态性。我们知道，酒店员工的绩效会随着时间的推移而发生变化。原来较差的绩效有可能好转，而原来较好的绩效也可能变差。这就要求我们在评价员工绩效表现时应充分注意绩效管理过程的动态性，而不能用一成不变的思维来看待有关员工绩效管理的问题。

8.1.2.2 影响绩效管理的因素

酒店员工绩效管理主要是由图8－1所示的几个因素决定的。

- 技能（*S——skill*）
- 机会（*O——opportunity*）
- 激励（*M——motive*）
- 环境（*E——environment*）
- 绩效（*P——performance*）

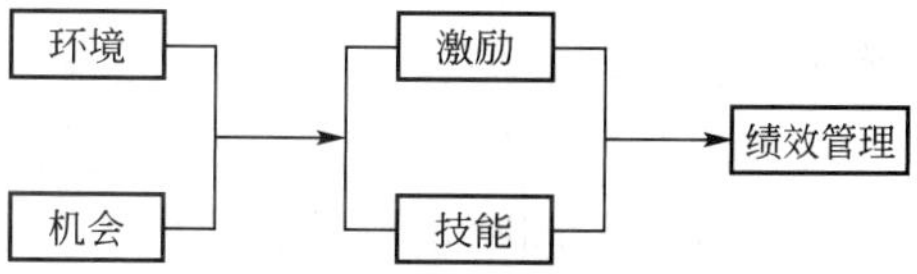

图8－1 影响酒店员工绩效管理的主要因素模型

可以用以下公式来表示：

$$P=f(S\cdot O\cdot M\cdot E)$$

这个公式表明：

- 绩效管理过程是技能、机会、激励、环境4个变量的函数；
- 在其他因素不变的情况下，酒店员工的技能越高，绩效越显著，因此技能与绩效成正比；
- 激励是指酒店员工的工作状态，也就是他的积极性如何；
- 机会指的是一种偶然性，俗称“运气”；
- 环境是指酒店员工工作的软、硬2方面的环境。

上面这些因素中，环境与机会对员工来说都是客观的，但对酒店来说却是可以创造和争取的，技能完全是由酒店员工的主观因素决定的，激励主要取决于主观因素，同时也与酒店正确的政策有密切的关系，酒店应当用科学有效的方法调动员工的积极性，以争取员工最大的绩效。

8.1.3 酒店绩效管理的战略地位

8.1.3.1 绩效管理是酒店人力资源管理的核心

酒店人力资源系统是由人力资源规划、绩效评价、培训开发、薪酬激励、酒店文化的认可等一系列要素形成的有机整体（如图8－2所示）。

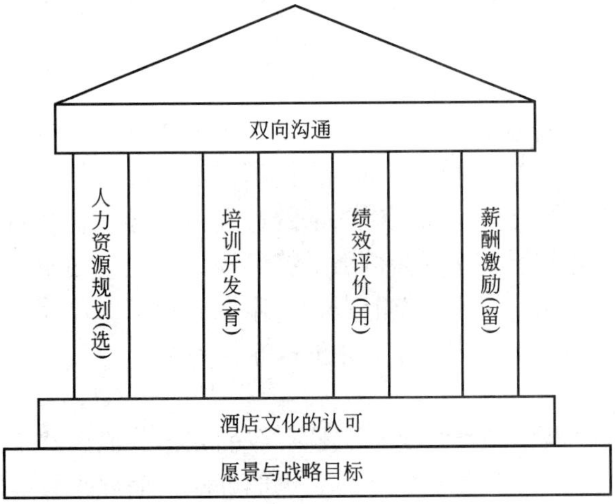

图8－2 酒店人力资源管理大厦

根据图8－2，我们可以得出酒店人力资源管理大厦的整个框架：

● 愿景与战略目标是酒店人力资源管理大厦的基石，它为酒店绩效管理系统提供了根基；

● 酒店文化的认可是酒店人力资源管理大厦的平台，它是酒店绩效管理系统运作方针原则的导向；

● 人力资源规划、培训开发、绩效评价、薪酬激励等是酒店人力资源管理大厦的几大支柱，同时也是酒店绩效管理系统的支持系统；

● 酒店管理中的双向沟通作为"横梁"，构成了酒店人力资源管理大厦各个支柱的连接，同时也是绩效管理系统中有力的调节剂和催化剂。

上述基石、平台、支柱、横梁的有效结合共同支撑着酒店创造持续的优良业绩。

由于绩效管理是将酒店的管理目标分解到各个业务单元，并且分解到每个人，因此对每个员工的绩效管理都得到改进和提高，从而提高酒店整体的绩效，酒店经营管理的价值随之提高，酒店的竞争优势也就由此而获得。

酒店人力资源管理是一个有机系统，这个系统中各个环节紧密相连。绩效管理在这个系统中占据核心的地位，起到重要作用（如图8－3所示）。

其中，绩效评价是酒店整个绩效管理系统的中介与核心环节，而且，通过有效的绩效评价，促进酒店人力资源管理不同组成部分的一体化，并使它们与酒店管理目标紧密地结合起来（如图8－4所示）。

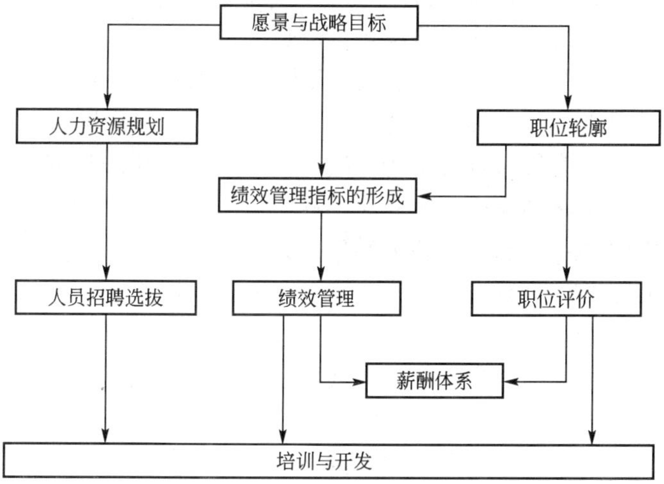

图8－3 绩效管理在酒店人力资源系统中的核心地位

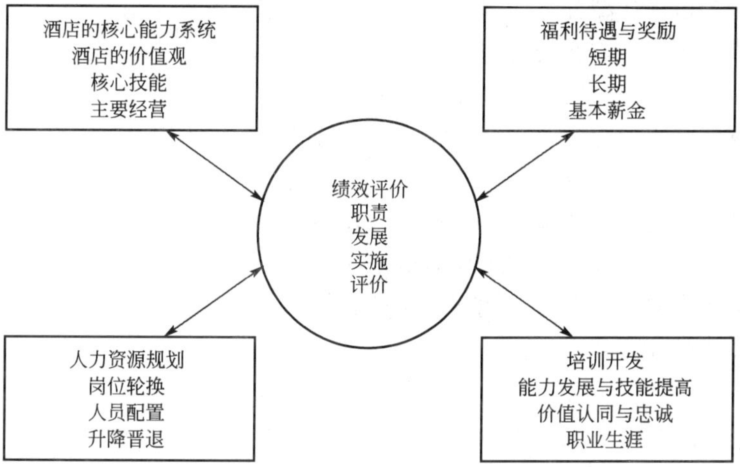

图8－4 绩效评价推动酒店人力资源管理的一体化

8.1.3.2 绩效管理与工作分析的关系

工作分析是酒店员工绩效管理的重要基础。通过工作分析，确定了一个职位的工作职责和工作范围，内容据此制订，是对这个职位进行评价的关键绩效指标，按照这些关键绩效指标确定对该职位任职者进行评价的绩效标准。可以说，工作分析提供了酒店员工绩效管理的一些基本依据。

（1）职位描述是最直接影响绩效的因素

酒店员工的绩效是员工外显的行为表现，这种行为表现受很多因素影响，正如图8－5所示，众多因素影响着外在的行为，有的因素是比较深层的因素，有的因素是比较直接的因素。

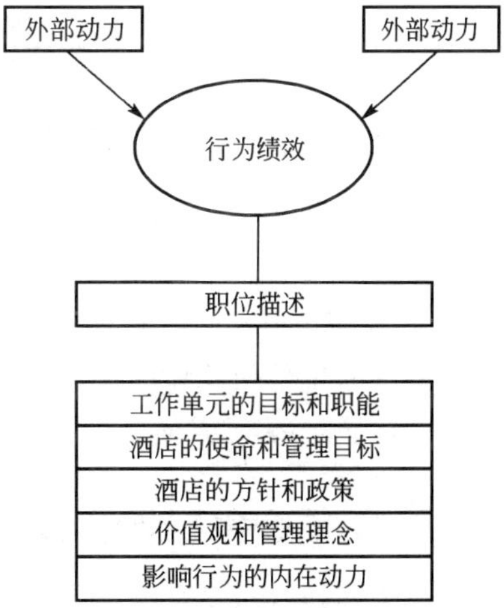

图8－5 确定酒店员工行为绩效的因素

从图8-5中可以看出，影响酒店员工行为绩效的内在因素分成很多层次，处在最深层是员工内在动力因素；其次是价值观、理念和意识层面的因素。酒店的管理理念决定着酒店的方针和政策，从而影响酒店的管理目标。酒店的管理目标被分解成各个工作单元的目标，而各个工作单元的目标又决定了职位描述。处于最外层的职位描述是直接影响员工行为绩效的因素。因此，要想有效地进行绩效管理，必须首先有清晰的职位描述信息。

（2）职位特点决定了绩效评价所采用的方式

采取什么样的方式进行绩效评价是我们在进行绩效评价的准备工作时所需要解决的一个重要问题。绩效评价的方式主要包括由谁进行评价、多长时间评价一次、绩效评价的信息如何收集、采取什么样的形式进行绩效评价等。对不同类型的职位采取的绩效评价方式也应该有所不同。

（3）职位描述是设定绩效指标的基础

对一个职位的任职者进行绩效管理应该设定哪些关键绩效指标，往往是由他的关键职责决定的。虽然从目标管理的角度，一个被评价者的关键绩效指标是根据酒店的管理目标逐渐分解而形成的，但酒店员工的工作目标终究要依据职位的关键职责来确定，一定要与他的关键职责密切相关。

职责是一个职位比较稳定的核心，表现在任职者所要从事的核心活动。工作目标则经常随时间而变化，一个职位的工作职责可能会几年稳定不变或变化很小，而工作目标则可能每年都不同。

对于那些较为稳定的基础性职位，如秘书、会计等，他们的工作可能并不由目标直接控制，而主要是依据工作职责来完成工作，对他们的绩效指标的设定就更需要依据工作的核心职责。例如，对酒店行政办公室秘书来说，核心工作职责和关键绩效指标如表8-1所示。

表8-1 秘书的工作职责与关键绩效指标

工作职责	关键绩效指标
录入、打印各种文件（文字材料）	错误率、时效性（是否在规定时间完成）、客户（授予任务者）满意度
起草通知或日常信件	主管人员满意程度、工作的独立性（是否需要主管人员进行修改和指导）
为出差人员安排旅程	时效性和准确性、客户（出差人员）满意度
会议安排	会前准备是否周到、会议过程中突发问题的处理

8.1.3.3 绩效管理与酒店员工薪酬体系的关系

目前比较盛行的制订薪酬体系的原理是3P模型，即以职位价值决定薪酬（Pay for Position）、以绩效决定薪酬（Pay for Performance）和以任职者胜任力决定薪酬（Pay for Person）的有机结合。因此，绩效是决定薪酬的一个重要因素。通常来说，职位价值决定了薪酬中比较稳定的部分，绩效则决定了薪酬中变化的部分，如绩效工资、绩效奖金等。

8.1.3.4 绩效管理与酒店员工培训开发的关系

由于绩效管理的主要目的是了解目前酒店员工绩效状况中的优势与不足，进而改进和提高员工的绩效。因此，培训开发是在绩效评价之后的重要工作。在绩效评价之后，酒店管理人员往往需要根据被评价者的绩效现状，结合被评价者个人发展愿望，与被评价者共同制订绩效改进计划和未来发展计划。酒店人力资源部门则根据员工目前绩效中待改进的方面，设计整体的培训开发计划，并帮助酒店管理人员和员工共同实施培训开发计划。

综合以上几点可以看出，员工绩效管理与酒店人力资源管理的几大职能都有着密切的关系，通过发挥员工绩效管理的纽带作用，酒店人力资源管理的各大职能就能有机地互相联系起来，形成一种互动的关系。所以说，员工绩效管理是酒店人力资源管理的核心内容，在人力资源管理中占据了核心地位。

8.1.4 酒店绩效管理的基本流程

酒店绩效管理的基本流程包括5个阶段，即准备阶段、实施阶段、评价阶段、总结阶段和应用阶段。

8.1.4.1 准备阶段

在准备阶段，需要明确4个基本问题：绩效评价的参与者是哪些人？采用什么样的评价方法？如何衡量和评价绩效？怎样组织实施绩效管理的全过程？

(1) 明确绩效管理的参与者

绩效管理的对象是酒店的全体员工，无论员工从事何种类型的工作，不管其级别如何，不管是酒店管理者还是被管理者，都是绩效管理的对象。

从酒店的一般情况来看，绩效管理的参与者主要涉及以下5类人员：

- 评价者：涉及各层级管理人员（主管）、人力资源部专职人员；
- 被评价者本人：涉及全体员工；
- 被评价者的同事：涉及全体员工；
- 被评价者的下级：涉及全体员工；
- 酒店外部人员：客户、供应商等与酒店有关联的外部人员。

由于参与绩效评价的人员不同，绩效评价可以区分为以下5种类型。

上级评价 管理人员（上级）是被评价者的上级主管，他对被评价者承担着直接领导、管理与监督责任，对下属人员是否完成工作任务，是否达到预定的绩效管理目标等实际情况比较熟悉了解，而且在思想上也没有更多的顾忌，能较客观地进行评价，所以在绩效管理中，一般以上级主管的评价为主。

同级评价 同级人员通常与被评价者共同处事，密切联系，相互协作，相互配合，被评价者的同级人员比上级能更清楚地了解被评价者，对其潜质、工作能力、工作态度和工作业绩了如指掌。

下级评价 被评价者的下级与上述评价者不同，他们作为被评价者的下属，对其工作作风、行为方式、实际成果有比较深入的了解，对其一言一行有亲身感受，而且有独特的观察视角。

自我评价 被评价者对自己的绩效进行自我评价，能充分调动被评价者的积极性，特别是对那些以“实现自我”为目标的人更显重要。但在绩效管理中，由于自我评价容易受到个人的多种因素影响，有一定的局限性。

外部人员评价 外部人员即被评价者所在部门或小组以外的人员，如直接服务的客户，他们虽能较客观、公正地参与绩效评价，但他们很可能不太了解被评价者及其能力、行为和实际工作的情况，使其绩效评价结果的准确性和可靠性大打折扣。在实际评价中，采用外部人员评价形式时，应当慎重考虑。

在绩效管理的活动过程中，根据不同的绩效评价目的，有时需要由几个方面的人共同对被评价者进行全面的评价，有时可能是部分人员分别对其进行绩效评价。在绩效管理中，上述5类人员参加绩效评价各有优势。

在设计绩效评价方案、建立组织评价机构时，在被评价者明确的情况下，具体评价人员由哪些人组成，取决于3种因素：被评价者的评价类型、绩效评价目的、绩效评价指标和标准。

例如，酒店对专业技术人员的绩效评价，如果以主管独立完成评价，由于他们对下属具体技术性工作的内容不够熟悉，难以保证判断和评价的准确和客观、公正。因此，这时的评价可能又是另一种方式，酒店可以召开由主管主持的，由被评价者即专业人员自己、下级、有关的同事，以及其他相关人员参与的绩效评价会议，围绕技术绩效的核心问题一起进行讨论，以求获得满意的评价结果。

(2) 绩效评价方法的选择

在绩效评价对象确定的情况下，首先应当解决好采用什么绩效评价方法的问题。绩效评价方法在形式上各有千秋，从评价的绩效标准上看，基本上有3类：特征性绩效标准、行为性绩效标准和结果性绩效标准。

一般来说，服务性工作的绩效标准，员工人员宜采用以行为或品质特征为导向的评价方法；酒店总经理、管理人员或专业人员宜采用以结果为导向的评价方法。

总之，在设计绩效评价方法时可依据以下几个基本原则：

- 其成果产出可以有效进行测量的工作，采用结果导向的评价方法；
- 评价者有机会、有时间观察下属需要评价的行为时，采用行为导向的评价方法；
- 2种情况都存在，应采用2类或其中某类评价方法；
- 上述2类情况都不存在，可以考虑采用品质特征导向的评价方法，如图解式测量表评价法，或者采用综合性的合成方法进行评价。

(3) 确定各类人员绩效评价要素（指标）和标准体系

由于员工绩效的多因性，为了保证绩效评价的质量，在评价者和被评价者以及评价方法做出明确定位之后，需要根据评价方法及其对象的特点，进行绩效评价指标和标准体系的设计。一般来说，评价指标应当具有代表性和典型性，评价指标的数量不宜过多，要少而精；评价标准要具体明确，易于评价者和被评价者理解和掌握。

(4) 对绩效管理的运行程序的要求

在明确了"评价谁？谁负责评价？用何种方法评价？评价的指标和标准是什么？"等一系列问题之后，需要对绩效管理的运行程序、步骤提出具体明确的要求。主要应考虑以下2个问题。

评价时间的确定　主要包括评价时间和评价期限的设计2方面。评价时间除取决于绩效评价的目的外，还应服从于酒店人力资源管理制度与其他相关的管理制度。在一般情况下，评价时间要与评价目的、酒店管理制度相协调，以定期提薪和奖金分配为目的的绩效评价总是定期进行的，而且与酒店薪酬奖励制度的要求相配套。以提薪的绩效评价期为1年，一般应在上一年度的年终进行，以便根据员工绩效的评价结果，确定其未来的薪金水平。每年2次分配奖金的酒店，其评价期控制在6个月，分别在年中和年终进行。用于培训的评价，可以在员工提出申请时或酒店发现员工的绩效降低或是有新的技术和管理要求时组织进行，以便正确地进行员工培训与技能开发的需求分析，制订有针对性的培训计划和培训实施方案。用于员工晋升晋级的绩效评价，其评价时间一般是在出现职位空缺或准备提升某类人员的时候进行，它属于不定期的绩效评价。

工作程序的确定 上级主管与下属之间所形成的评价与被评价的关系，是酒店绩效管理活动的基本单元。从酒店的全局来看，绩效管理需要按一定的时间顺序按部就班地一步一步推进。

8.1.4.2 实施阶段

实施阶段是在完成酒店员工绩效管理系统设计的基础上，组织全体员工贯彻绩效管理制度的过程。在这个过程中，无论是上级还是下级，他们作为绩效的评价者与被评价者，都必须严格地执行绩效管理制度的有关规定，严肃认真地完成各项工作任务，认真实施绩效评价工作。作为酒店绩效管理的领导者和评价者，在实施阶段应当注意以下2个问题。

（1）收集信息与资料积累

在绩效管理的实施阶段，从宏观上看，涉及酒店整体到各个业务、职能部门；从微观上看，具体到每个绩效管理的单元，在绩效管理系统运行的过程中都会产生大量的新信息，这些信息既可能涉及评价指标和标准体系，也可能涉及某些部门或个人。因此，需要各级主管注意定期或不定期地采集和存储这些相关信息，以便为下一个阶段的评价工作提供准确、翔实和可靠的数据资料。

酒店为了保证绩效管理信息的有效性和可靠性，应建立好原始记录的登记制度。该制度提出以下具体要求。

- 所采集的材料尽可能以文字的形式证明所有的行为，应包括有利和不利的记录。所采集的材料应当说明是评价者直接观察的结果，即第一手资料，还是间接的第二手资料，即由其他人观察的结果。
- 详细记录事件发生的时间、地点以及参与者。
- 所采集的材料在描述员工行为时，应尽可能对行为的过程、行为的环境和行为的结果做出说明。
- 汇集并整理原始记录。
- 做好原始记录的保密工作。

（2）绩效沟通与管理

从宏观上看，酒店绩效管理的目的非常明确，就是要不断地提升酒店的整体素质以增强酒店的核心竞争力。有效的绩效管理系统在绩效管理的实施阶段，通过以下4个环节，不断提高员工工作绩效，保持和增强酒店竞争的优势。

目标第一 在绩效评价初期，上级主管必须与被评价者进行必要沟通，明确工作绩效的目标和要求，使员工正确的理解和接受，并能全身心投入工作之中。

计划第二 主管根据酒店现有的资源和条件，听取员工的意见，分析轻重缓急，选择确定实现绩效目标的具体步骤、措施和方法。

监督第三 良好的绩效管理系统为各级主管提供了一个系统全面地监督下级的程序和方法，主管知道“员工应当在什么时间和地点，怎样去完成工作任务”，主管可以通过多种监测手段，了解和掌握下属的行为、工作态度以及工作进度和工作质量，并激励下属达到评价标准乃至超过标准。对达不到评价标准的员工，通过监测和确认，帮助他们改进工作。

指导第四 员工为了“达标”，在执行计划的过程中，会对上级的指令和工作安排产生疑问，在作业中会遇到很多困难和难题。当下属有困难时，上级主管应给予必要的指导，可以与下属交换意见，解释有关决策、指令的含义，说明预定的步骤和方法；也可以召集有关人员共同研讨，集思广益，合作攻关；也可以对不切合实际的计划、目标和措施进行必要的调整，以促进员工工作绩效的提高。

在员工按照预定目标努力工作的过程中，上级不仅应对下属的具体工作进行必要的指导，还应在精神和物质上给予必要的支援和帮助，主动为下属排忧解难，以增强他们的信心，鼓励他们的斗志。

8.1.4.3 评价阶段

评价阶段是酒店员绩效管理的重心，它不仅关系到整体绩效管理系统运行的质量和效果，也将涉及员工当前和长远利益，需要酒店人力资源部门和所有参与评价的工作人员高度重视，并注意从5个方面做好评价的组织实施工作。

(1) 提高绩效评价的准确性

在绩效评价的工作阶段，如何保证并提高评价的精度是一个极为重要的关键问题。准确的绩效评价结果有利于人事决策的科学性，能有效地激励员工、鼓舞士气；不准确的绩效评价，不但会造成决策上的失误，严重挫伤员工的积极性，还会引起员工较大幅度的流失，给酒店正常的经营管理活动带来极为不利的影响。

通常，人们将评价失误的责任归因于评价者，认为评价的偏颇和误差主要来自以下一些原因：① 评价标准缺乏客观性和准确性；② 评价者不能坚持原则，随心所欲，亲者宽，疏者严；③ 观察不全面，记忆力不好；④ 评价程序不合理、不完善；⑤ 信息不对称、资料数据不准确；⑥ 其他因素的影响。

(2) 保证绩效评价的公正性

在确保绩效评价准确性的同时，还应当重视评价的公正公平性，带有偏见、缺乏公正公平性的评价，可能在员工中滋生不良的思想情绪，为了保证评价的公正公平性，酒店人力资源部门应当确立2个保障系统。

酒店员工绩效评审系统 酒店员工绩效评审系统作为绩效管理系统子系统，其主要功能是：① 监督各个部门的管理者有效地组织员工的绩效评价工作；② 针对绩效评价中存在的主要问题，进行专题研究，提出具体对策；③ 对员工评价结果进行必要复审复查，确保评价结果的公正公平性；④ 对存在严重争议的评价结果进行调查甄别，防止诱发不必要的纷争。

为了保障子系统的运行，可以由酒店人力资源部门牵头，建立一个由酒店高层管理者和专家、专业人员组成的工作小组，承担监督评审评价结果的工作任务。

酒店员工申诉系统 为了广开言路，给被评价者提供一个发表意见的通道，酒店应建立员工申诉的子系统。这一系统的主要功能是：允许员工对绩效评价的结果提出异议，可以就自己关心的事件发表意见和看法；给评价者一定的约束和压力，使他们慎重从事，在评价中更加重视信息的采集和证据，以减少矛盾和冲突，防患于未然，将不利影响压低到最低限度。

酒店在人力资源部应建立一个工作小组，全面负责员工的申诉接待和调解。有些酒店设立了劳动争议调解小组，本项工作职责也可由其承担。在绩效评价的面谈中，评价者应当允许下属对评价结果发表意见，尽可能达成共识。如果对某项结果争持不下，可以记录在评价反馈的表格上，保存在个人档案里作为以后的参考。如果员工仍不满意，可以通过申诉通道，要求更高一层的管理者听取员工的申诉，并给予解决。有时也可以针对没有解决的问题，召开有员工代表和主管经理参加的专门会议，倾听员工的申诉，寻求解决的对策。

（3）评价结果的反馈

绩效反馈主要的目的是为了改进和提高绩效。为了有效进行评价结果的反馈，应建立与员工面谈的制度。通过面谈，使被评价者知道自己在过去的工作中取得何种进步，有哪些方面存在不足，有待在今后工作中加以改进和提高。人们常说，知人者智，自知者明。但往往是自己不自知，对自己的短处、劣势或不足看得过轻，或者根本看不清。实际上，即使最优秀的主管，也会感到有效批评下属的难度。很显然，“好大喜功”是人之常情。在面谈时应当以表扬为主，但是不能没有必要的批评，特别是对那些不够自觉的下属。

绩效面谈是整个绩效管理中非常重要的环节，应当给予足够的重视。绩效面谈为主管与下属讨论工作业绩，挖掘其潜能，拓展新的发展空间，提供了良好的机会。同时，上下级之间进行面谈，能够全面了解员工的态度和感受，从而加深双方的沟通和了解。各级评价者应当掌握绩效面谈的技巧。在将评价结果反馈给下属的过程中，评价者应循循善诱，使员工明白其工作中的优缺点，鼓励员工自己发现和分析问题，即使有些问题难以达成共识，也应当允许员工保留意见。

（4）评价表格的再检验

在绩效评价的过程中，应当注意对评价使用的各种表格进行必要检验。一个良好的评价表格的设计，有利于提高评价者的评分速度和评价质量。对评价表格要进行以下检验。

评价指标相关性检验 在评价表格中所列举的评价指标与本岗位的实际工作绩效存在多大的关系？多余的与工作无关的指标有哪些？尚有什么指标没有列入？例如，一份市场营销人员的绩效评价表中，仅有一项“酒店产品的销售额”作为核心评价指标，却忽视了服务态度、接待客户数、合同兑现率等其他一些重要的评价指标。

评价标准准确性检验 每个评价项目和指标的评价标准是否清晰、准确，并且具有可检测、可衡量性。例如，工作数量指标的衡量标准，采用“每位员工 8h 完成 14 间客房的清洁卫生工作”，要比“迅速及时完成客房清洁卫生的任务”具体清晰得多。

评价表格的简易程度检验 一个设计良好的评价表，应当是文字说明简洁、栏目结构简单、使用填写简便、整理汇总快捷、省事省时省力。

（5）评价方法的再审核

酒店采用的评价方法可以有多种选择，不同的评价方法有各自的适用范围。酒店不可能在一次评价中使用所有的方法，在评价过程中，酒店也会遇到很多在设计上没有考虑到的问题。评价方法作为绩效评价的基本工具，应当在成本、适用性和实用性 3 个方面符合酒店的标准和要求，如果成本低，而适用性和实用性很差，这种方法就不宜使用，需要总结经验教训，考虑设计新的工具和方法，以保障员工绩效管理活动的有效性和可靠性。

8.1.4.4 总结阶段

总结阶段是酒店员工绩效管理循环期即将结束的一个重要阶段。在这个阶段，各个管理的单元，即主管与下级（评价者和被评价者）之间需要完成绩效评价的总结工作，各个部门乃至全酒店应当根据各自的职责范围和要求，对绩效管理的各项活动进行深入全面的总结，完成绩效评价的总结工作，同时做好下一个循环期绩效管理的准备工作。

绩效管理的最终目标是为了促进酒店与员工的共同提高和发展，因此，每一轮绩效管理活动结束之前，各级主管都要将评价结果反馈给被评价者，上下级之间对本期绩效管理活动做一次全面的回顾，总结经验，发扬成绩，纠正错误。

从酒店的全局来看，负责绩效管理的总经理或人力资源部门应当将酒店各部门的评价结果反馈给各部门负责人，使他们对本次评价结果有更加全面深入的了解和认识。例如，本酒店有何长处和优势？与其他酒店比较，本酒店还存在着什么明显差距？下一步的主攻方向是什么？等等。而从个体来看，每个绩效管理的单元，评价者和被评价者之间也必须进行一次绩效评价的面谈，既要对过去的活动进行必要的回顾和总结，看到自己的长处和所取得的业绩，也要冷静客观地进行分析，找出工作中的薄弱环节和存在的主要问题，查明问题产生的原因，提出今后的绩效改进计划，突出工作重点，明确努力方向。

绩效管理的总结阶段，不仅是各个层面进行绩效面谈和沟通，上下级之间交流绩效管理信息，彼此激励互动的过程，也是对酒店整体绩效管理体系乃至酒店总体管理状况和水平进行必要的检测、评估和诊断的过程。

（1）对酒店绩效管理系统的全面诊断

在绩效管理的总结阶段，为了提高酒店人力资源和酒店的整体管理效率，人力资源部门应当对酒店绩效管理体系进行一次全面的诊断分析。

通过绩效诊断分析发现的问题，应及时反馈给有关的主管和员工，这样做既有利于保证酒店总体系统的有效运行，也有利于提高员工的素质和工作质量。绩效诊断的主要内容如下。

对酒店员工绩效管理制度的诊断 如现行的绩效管理制度在执行过程中，哪些条款得到落实，哪些条款遇到障碍难以贯彻；绩效管理制度存在哪些明显的不科学、不合理、不现实的地方需要修改调整。

对酒店员工绩效管理体系的诊断 如绩效管理体系在运行中存在哪些问题；各个子系统之间健全完善的程度如何；各个子系统相互协调配合的情况如何；目前亟待解决的问题是什么等。

对绩效评价指标和标准体系的诊断 如绩效评价指标与评价标准体系是否全面完整、科学合理、切实可行；有哪些指标和标准需要修改调整等。

对评价者全面、全过程的诊断 如在执行绩效管理的规章制度以及实施评价的各个环节中，有哪些成功的经验可以推广，有哪些问题亟待解决；评价者自身的职业品质、管理素质、专业技能存在哪些不足，有哪些亟待提高才能满足绩效管理的要求等。

对被评价者全面、全过程诊断 如在酒店员工绩效管理的各项活动中，员工持有何种态度，通过参与绩效管理活动员工有何转变，在实际工作中取得何种成果，职业品质和素质有哪些提高等。

对酒店组织的诊断 对被评价者全面、全过程的诊断是对酒店各级组织诊断分析的基础和前提，在绩效管理的诊断活动中，最重要的是及时发现员工绩效不高的原因，因为它是导致组织总体效率低下的重要因素。绩效不佳的原因可以分成2种：一种是个体原因，如个人能力不足、努力程度不够等；另一类是组织或系统的原因，如目标设置不科学、工作流程不合理、组织领导不得力、规章制度不健全等。绩效诊断应当先找出组织或系统的原因，再考虑个体原因。员工是查找原因的重要渠道，但要努力创造一个宽松的环境，确保员工不会因为明白真相、吐露实情而受到责难。一旦查明原因，酒店各级主管和员工应群策群力，制订可行的改进计划，明确今后的发展方向和目标，并为之共同努力。

（2）酒店各部门的主管应当履行的重要职责

在绩效管理的总结阶段，酒店各部门的主管应当认真地履行以下2项重要的管理职责。

召开月度或季度绩效管理总结会 酒店各部门的主管应定期召开有全体员工参加的绩效管理总结会议，与下属一起讨论和回顾他们在本期内所取得的绩效。绩效管理的总结会应当以员工为中心，使他们在自由宽松的气氛下，对组织的工作进度和成果，以及个人所面临的问题，广泛地发表意见，并针对现存问题，探讨和寻求具体的解决途径和办法。

如果不召开这样的总结会议，部门主管将难以获得下属对本期绩效管理活动的意见和看法，也无法从全局上把握本部门员工所面临的各种困难和问题；同时，员工也不可能全面了解组织绩效状况和实际评价的结果，更不会知道上级对他们抱有什么样的期望，以至今后他们将如何工作才能符合标准，并能满足上级领导的要求。

在绩效管理的总结会议上，酒店各部门主管的态度应当具有鲜明的建设性、支持性和指导性，讨论中应注重分析成功的经验，总结失败的教训，帮助员工找出改进其绩效的方法，要避免讨论人事晋升、薪酬调整以及绩效得分的情况。

召开年度绩效管理总结会 其目的是：把年度绩效评价的结果以及结果将被使用的情况（如晋升、加薪）告知员工，进行绩效反馈，让有效率的员工达到预定的目标，同时改进无效率员工的绩效，将评价结果反馈给被评价者，有助于增强评价透明度与公开性，有利于激励被评价者，从而完成既定的评价目的。

总之，在总结阶段要完成的工作是：各个评价者完成评价工作，形成评价结果的分析报告（包括上下级绩效面谈记录在内的各种相关表格资料的说明）；针对绩效诊断所揭示出的各种涉及酒店组织现存的问题，写出具体详尽的分析报告；制订下一期酒店全员培训与开发计划，薪酬、奖励、员工升迁与补充调整计划；汇总各个方面的意见，在反复论证基础上，对酒店员工绩效管理体系、管理制度、绩效评价指标和标准、评价表格等相关内容，提出调整和修改的具体计划。

8.1.4.5 应用阶段

应用阶段是酒店员工绩效管理的终点，又是一个新的绩效管理工作循环的始点。在这个阶段上，应从4个方面入手，进一步推动酒店员工绩效管理活动的顺利开展。

（1）评价者绩效管理能力开发

在酒店员工绩效管理的全过程中，评价者担负着极为重要的“导演”角色，在一定的条件下，绩效管理的成效与结果如何，关键看各级评价者“导演”得如何。如果每个评价者都能理解绩效管理的真谛，熟练掌握评价的技术、技巧和要领，认真贯彻执行管理制度和运行程序的规则和要求，即使在绩效评价中会遇到各种各样的困难和问题，也能较圆满地加以解决。因此，酒店人力资源部门应定期地组织专题培训或研讨会议，组织评价者围绕绩效管理中遇到的各种问题进行培训和讨论，寻求解决问题的办法和对策；采取有效措施和方法，不断增强各级主管人员的绩效管理的意识和管理技能，促进酒店员工绩效的提高。

(2) 被评价者职业技能的开发

被评价者与评价者在绩效管理中具有同等重要的地位和作用，如果说评价者是绩效管理的“导演”的话，那么被评价者则是绩效管理表演舞台上的“主角”。评价者运用绩效管理的工具对下属工作活动和所取得的绩效进行评价，其目的在于激励员工不断增长自己的才干。从某种意义上说，酒店员工绩效管理具有双重功能，一方面要为酒店重要的人事决策如员工薪酬福利、升迁调动等提供依据；另一方面是为了调动全体员工的积极性、主动性和创造性，行使开发酒店员工潜能的职能。为了使绩效管理的双重功能得以贯彻和体现，在绩效管理各个环节中，被评价者应当始终是管理者关注的中心和焦点，其一言一行都应当置于评价者的关注之中，使被评价者在优化的宽松氛围和环境中得以提高和发展。

(3) 绩效管理的系统开发

酒店员工绩效管理体系是保证评价者和被评价者正常活动的前提和条件。一个绩效管理系统需要经过多次实践验证、多次修改和反复调整，才能成为一个具有可靠性、准确性和实用性的系统。在绩效管理的各个阶段，准备阶段要为这套系统的运行提供各前期保障；实施和评价阶段是为了检测和验证这套系统的可行性和有效性；总结阶段是为了发现这套系统存在的问题，以便查明原因提出改进对策；而在应用阶段是将系统改进的计划变为现实，对该体系做出必要的修改调查，进行深层开发的过程，使其在酒店经营管理活动中释放出更大的能量。

(4) 酒店组织的绩效开发

在绩效管理应用阶段，无论是对评价者、被评价者的开发，还是对绩效管理系统的深层开发，其最终目的是一致的，就是要推进酒店组织效率和经济效益的全面提高和全面发展。因此，在这个阶段上酒店各部门主管人员应当根据本期绩效评价的结果和绩效改进计划，从本部门全局出发，针对现存的各种问题，分清主次，按照重要性程度一一解决。绩效管理中发现的各种问题，究其原因，有的属于本部门的员工，有的属于本部门内部的管理者，有的可能来自上级或同级的相关部门。为了推动组织的进步，部门主管人员首先应当从我做起，认真转变观念，优化组织环境，改善各种不合理的规章制度，简化作业程序，提高工作的计划性和指导性；同时，针对员工存在的共性问题开展必要的培训和专题研讨，使员工找到克服目前困难和问题的途径和办法。对上级和同级部门存在的问题，应当提请上一级领导协助解决，有些问题可能会很快得到解决，有些问题短时间内可能无法解决，对这种短期内难以解决的问题，部门主管人员应灵活应对，尽可能平和下属的埋怨情绪，采取机动灵活的策略，保证本部门工作沿着正常轨道前进。

8.2 酒店绩效管理计划

8.2.1 酒店绩效管理计划概述

酒店员工绩效管理计划是作为酒店员工绩效管理的起点，是酒店员工绩效管理循环中最为重要的环节。从静态的角度看，绩效管理计划是一个关于工作目标和标准的契约；从动态的角度看，绩效管理计划就是酒店管理者和员工共同讨论以确定员工绩效评价期内应该完成什么样的工作和达到什么样的绩效的过程。在绩效管理计划阶段，酒店管理者和员工应该经过充分的沟通，明确为了实现酒店的经营计划与管理目标，员工在绩效评价期内应该做什么事情以及应该将事情做到什么程度，也就说确定员工的绩效目标，约定员工的成功标准。从具体的表现形式看，绩效管理计划是用于指导员工行为的一份计划书。通过制订这样一份计划书，酒店员工可以了解本周期绩效的工作安排和目标，并了解将会遇到的障碍和可能的解决办法。

（1）绩效管理计划是关于工作目标和标准的契约

在绩效管理期开始的时候，酒店管理者和员工必须对员工工作的目标和标准达成一致的契约。在员工的绩效管理契约中，至少应包含以下 5 方面的内容：

- 员工在本次绩效管理期间内所要达到工作目标是什么？
- 达成目标的结果是什么样的？
- 这些结果可以从哪些方面去衡量，评价的标准是什么？
- 从何处获得关于员工工作结果的信息？
- 员工的各项工作目标的权重如何？

（2）绩效管理计划是酒店员工与管理者双向沟通的过程

绩效管理计划不仅意味着在纸面上的一纸契约，如何达成这个契约的过程非常重要。

建立绩效管理契约的过程是一个双向沟通的过程。绩效管理计划的过程更加强调通过互动式的沟通手段使酒店管理者与员工在如何实现预期绩效的问题上达成共识。因此，绩效管理计划的内容除了最终的个人绩效目标之外，还包括双方应做出什么样的努力以达到计划中的绩效结果，应采用什么样的方式可以顺利实现预期的绩效，应该进行什么样的技能开发，等等。也就是说，在这个过程中酒店管理者和员工双方都应负有责任。

在双向沟通的过程中，酒店管理者主要向员工解释和说明的是：

- 酒店管理的目标是什么？
- 为了完成酒店管理目标，我们所处的业务单元的目标是什么？
- 为了达到业务单元的目标，对员工的期望是什么？
- 对员工的工作应该制订什么样的标准？完成工作的期限应如何制订？

在双向沟通的过程中，员工应该向酒店管理者主要表达的是：

- 自己对工作目标和如何完成工作的认识；
- 自己所存在的对工作的疑惑和不理解之处；
- 自己对工作的计划和打算；
- 在完成工作中可能遇到的问题和需要申请的资源。

（3）制订绩效管理计划的前提是参与和承诺

社会心理学家进行了大量关于人们对某件事情的态度形成与改变的研究，结果表明，人们坚持某种态度的程度和改变态度的可能性主要取决于2大因素：一是他在形成这种态度时卷入的程度，即是否参与态度形成的过程；二是他是否为此进行了公开表态，即做出了正式的承诺。

在绩效管理计划阶段，让酒店员工参与制订绩效管理计划，并且签订非常正规的个人绩效契约，实际上就是让员工感到自己对绩效管理计划中的内容是做了公开承诺。这样员工就会更加倾向于遵守这些承诺，履行自己认可的绩效管理计划。

8.2.2 酒店绩效管理计划目标

绩效管理计划目标是酒店目标、期望和要求的传递过程，同时也是牵引工作前进的关键，通过绩效管理计划目标的牵引使酒店、酒店各部门和员工向一个方向努力，共同完成酒店的管理目标。在制订绩效管理计划目标的过程中，我们将会遇到2个方面的最大挑战：一方面是如何促使目标切实可行；另一方面则是使预期的目标尽可能地量化，以便进行评价和反馈。

在这里需要特别指出的是，一个量化的目标还能够帮助员工更好地了解自己的工作情况，进行自我反馈。因为量化的目标能够使员工自行发现自己的工作绩效与目标之间的差距。对这种差距的了解是一个很好的自我反馈的方式，在这种反馈下，员工能够为此有意识地努力工作，并不断追求自己的工作进展。

酒店管理者在制订绩效管理计划目标时应注意以下3点。

（1）不要混淆需要达到的目标和切实可行的目标

酒店各部门的绩效管理计划目标需要落实到员工的绩效目标中，另外，管理者可能面对来自上级或客户的压力。因此，管理者在制订绩效管理计划目标时就可能将需要达到的目标与切实可行的目标相混淆。在这种情况下，管理者提出的绩效管理计划目标就可能会超越员工的能力与资源的限制。由于员工没有最后的决定权，他们最终将面对这样的绩效目标。这种超越可能的目标会给员工带来挫折感，从而减少努力工作的程度。

（2）确定绩效管理计划目标应让员工有机会参与

必须让员工能够有机会参与到确定绩效管理计划目标的过程中，这里我们再次强调：只要把酒店员工纳入确定绩效管理计划目标的进程中，他们履行承诺的程度就会有所增加。

（3）动态的绩效管理计划目标

绩效管理计划目标是根据每个绩效周期现状确定的，而现实情况处在不断的变化之中。因此，酒店管理者应注意对目标进行及时的动态调整。特别是制订有分阶段目标的情况下，这种调整就更为频繁。当员工轻易地达到上一阶段的目标时，就应该分析其中是否有特殊的原因，并通过目标的调整来适应情况的变化。如果目标明显地不可实现，也应该在分析原因之后适当地进行下调。除非发生比较大的变动，绩效评价标准往往是相对固定的，但绩效管理计划目标则应该处在不断变化的状态之中。

8.2.3 酒店绩效管理计划程序

酒店绩效管理计划程序可分4个步骤：

- 酒店制订经营重点，并以经营管理计划的形式发布；
- 酒店各部门制订部门目标并将任务分解到员工；
- 员工依据部门目标分解的个人任务，制订工作计划；
- 员工与主管人员就工作计划进行沟通并达成一致，形成绩效管理计划目标。

总之，员工的绩效管理计划来源于工作计划，但是无论员工个人的工作计划还是部门的工作计划都应根据酒店内部的经营状况、市场竞争状况、内部的财务状况进行经常不断的调整，然后员工的绩效管理计划目标也要根据计划的调整进行相应的调整。试图用固定的指标去评价员工的绩效是无法全面和公正地反映出员工的真实绩效水平的。

8.3 酒店绩效评价内容

8.3.1 酒店绩效评价概述

酒店绩效评价是指管理者依据绩效管理计划阶段所确立的绩效管理计划目标和标准，以及绩效辅导阶段收集的相关信息、数据、资料等对员工在绩效管理期内的工作能力、工作业绩、工作态度和工作潜力进行评定。通常来说，就是指对酒店员工的“德、能、勤、绩”4 个方面的评价。

8.3.2 酒店绩效评价基本内容和形式

8.3.2.1 绩效评价内容

酒店员工绩效评价的内容分为：工作能力评价、工作业绩评价、工作态度评价和员工潜力评价。绩效评价的 4 个方面并不是孤立存在的，都是为实现特定的管理目的而相互联系，形成一个整体的绩效评价系统。但是，由于绩效评价的内容不同，这 4 个方面又有各自不同的特征。

(1) 工作能力评价

工作能力指的是酒店员工工作业绩的基础和潜在条件。没有工作能力，创造好的业绩几乎就不可能。工作能力包括：体能、知识、智能、技能等内容。

体能 取决于年龄、性别和健康状况等因素。往往要求酒店员工的精神高度集中，反应敏捷，判断准确，同时还要求有持续的耐久力。

知识 包括文化水平，专业知识水平，工作经验等项目。员工在酒店中所表现出来的专业知识水平，工作经验是和他所受的教育分不开的。

智能 包括记忆、分析、综合、判断、创新等能力，即人认识客观事物获得知识并运用知识解决问题的能力。智能水平的变化集中表现在人认识客观事物的深刻、正确和完整的程度上，表现在人获取和运用知识解决实际问题的速度与质量上。

技能 包括操作、表达、组织等能力。

(2) 工作业绩评价

工作业绩指的是酒店员工的工作效率及效果。工作业绩就是对员工职务行为的直接结果进行评价的过程。这个评价的过程不仅要说明员工的工作完成情况，更重要的是通过这些评价知道员工有计划地改进工作，以达到酒店管理的要求。

我们可以从数量、质量和效率3个方面对员工的工作业绩进行评价。

工作业绩评价对于酒店管理者和员工个人来说，都是非常必要的。对管理者来说，他们都希望员工能够通过职务行为促进酒店完成既定的经营管理目标。对于员工业绩的评价能够直接反映在实现酒店管理业绩的过程中，并对这一过程进行控制。对于每一名员工来说，他们都希望自己的工作业绩能够得到承认，因而需要通过工作业绩评价的结果客观反映自己的贡献。

需要注意的是，工作业绩评价是对于员工担当工作的结果或履行职务的结果进行评价。员工对酒店的贡献程度并不单纯取决于工作业绩评价的结果，同时还取决于工作本身对于酒店的贡献程度。

（3）工作态度评价

工作态度主要指纪律性、协作性、积极性、主动性、服从性、执行性、责任性、归属性、敬业精神、团队精神等。它是影响工作能力发挥的个性因素，当然，内外部条件的约束也会影响工作能力的发挥。也就是说，好的工作能力并不一定产生高的绩效，它首先必须要在个体良好的工作态度下，并具有内外部条件的支持才能取得。因此，我们主张在绩效评价中还要对酒店员工的工作态度进行评价，以鼓励员工充分发挥现有的工作能力，最大限度地创造优异的工作业绩。并通过日常工作态度评价，引导员工增强工作热情，避免“出工不出力”的情况。

（4）员工潜力评价

所谓潜力评价就是通过各种手段，了解酒店员工的潜力，从而找出阻碍员工发挥潜力的原因，更好地将员工的工作潜力发挥出来，将潜力转化为现实的工作能力。能力评价解决的是对员工通过职务行为反映出来的能力进行评价，而潜力评价针对的则是如何评价员工在工作中没有机会发挥出来的能力。通过潜力评价，可以为员工的工作轮换、晋升等各种人事决策提供依据。

8.3.2.2 绩效评价形式

在具体设计采用什么内容和形式评价时，由于酒店各部门、各工作岗位存在不同的工作性质的特点和评价复杂程度不同，还应该做一些区别对待。在设计时主要取决于评价对象的职位特点和目的来确定，具体而言有以下几点。

（1）对于酒店高层管理者而言

评价内容主要是针对战略目标实施的指标程度和管理状况，通常采取述职的形式。

（2）对于酒店中层管理者而言

评价内容主要基于落实的工作目标完成情况。同时，中层管理者也在承担上传下达的职能，如何将高层管理者承担的基于战略管理目标和关键措施的落实，中层至关重要。因此，对于中层管理者，不少酒店也采用述职评价的方式，通过述职，一方面让高层确信中层在沿着预定的目标前进，同时，也便于高层管理者及时掌握环境变化信息，及时调整思路，采取针对性应对措施。

（3）对于酒店服务人员而言

评价内容应包括：工作计划的完成情况、工作职责的履行情况，以及工作执行过程中的规范性、主动性、责任性等关键行为。因此，评价形式更多采用的是评价表格的方式，上下级将评价内容列入评价表，最后依照预定的目标和要求进行评价。

(4) 对于酒店操作类人员而言

评价相对比较简单，因为大多数是可以计量的，评价的内容以时间、数量、质量、成本为基准。评价形式更多用的是过程记录表。

8.3.3 酒店绩效评价实施

8.3.3.1 绩效评价的执行者

在设计绩效评价机制时，确定由什么样的人来参与对酒店员工的绩效进行有效的评价尤为重要。绩效评价者应包括：直接上级、同级同事、被评价者本人，直属下级以及酒店外界绩效评价专家或顾问。

合格的绩效评价执行者应满足以下条件：了解被评价者职务的性质、工作内容、工作要求及绩效评价标准与酒店有关政策；熟悉被评价者在绩效管理计划周期内的工作表现，最好有直接的零距离的密切观察其工作的机会；在绩效评价过程中，应当公正客观，不具偏见。

(1) 直接上级

符合上述条件中的前2条。授权他们来进行绩效评价，也是酒店的期望。他们握有奖罚手段，无此手段的评价便失去了权威。但在第3个条件即公正性上不太可靠，因为频繁的日常直接接触，很容易使绩效评价过程中掺入个人感情色彩。所以，有的酒店用一组同类部分的管理者共同评价彼此的下级，只有意见一致的判断才作为结论。

(2) 同级同事

对被评价者的职务最熟悉、最内行，对被评价同事的情况也很了解。但同事之间必须关系融洽，相互信任，团结一致；相互间有一定的交往与协作，而不是各自为战独立作业。它不但适用于酒店专业性很强的部门，也适用于评价很难由另一类人评价的职务，如对酒店中层管理者的评价。

(3) 被评价者本人

通常说的自我鉴定。可以使被评价者得以陈述对自身绩效的看法，而他们也确实最了解自己所作所为的人。自我评价能令被评价者感到满意、抵制少，有利于自身工作的改进。不过自评时，本人对评价程度及权重的理解可能与上级要求不一致，常见的是自我绩效评价的评语优于上级的评价。

(4) 直属下级给上级进行绩效评价

有相当一些人不太主张用此法。这是因为下级若提了上级缺点，怕被报复，“给小鞋穿”，所以只报喜不报忧；下级还易于单凭上级是否照顾自己个人利益判断其好坏，对坚持原则、严格要求而维护酒店利益的上级评价不良。对上级来说，常顾虑这些会削弱自己的威信与奖惩权；而且知道自己的绩效要由下级来做，有可能在管理中缩手缩脚，投鼠忌器，充当老好人，尽量少得罪下级，使管理工作受损。

(5) 外界绩效评价专家或顾问

他们有绩效评价方面的专门技术与经验，理论修养深，而且他们在酒店中无个人瓜葛，较易做到公允。他们被请来，会得到本应担任绩效评价者的管理人员的欢迎，因为可以省去自己的时间，还可免去不少人际矛盾。被评价的下级也欢迎，因为专家不涉及个人恩怨，较易公正。酒店也欢迎，因为专家们很内行，在酒店各部门所用的绩效评价方法与标准是一致的，具有可比性，而且较为合理。

只是成本较高，而且他们对被评价专业不一定都内行。

8.3.3.2 绩效评价的时间

酒店员工绩效评价时间并没有什么唯一的标准。典型的绩效评价周期是一季度、半年或一年，也可在一项特殊任务或项目完工之后进行。如果绩效评价周期太密，不但白浪费精力和时间，还给酒店员工带来过多的不必要的干扰，造成心理负担。但绩效评价周期过长，反馈太迟，不利于改进绩效，并使大家觉得绩效评价作用不大，可有可无，结果绩效评价流于形式。一般来说，半年一次较为适宜，把2个半年评价分的平均值作为全年获分，并据此实行奖惩。当然最好保持连续考察，注重记录关键事件，再结合定期评价。

8.3.3.3 绩效评价的可信度和效度

酒店员工绩效评价要求准确而全面，这就提出了对绩效评价过程的可信度与效度的要求。

（1）可信度

所谓可信度是指绩效评价的一致性（不因所用绩效评价方法及评价者的改变而导致不同结果）和稳定性（不久的时间内重复评价所测评的结果应相同）。影响绩效评价可信度的因素既有情景性的（如评价时机不同、对比效应等），也有个人性的（评价者情绪、疲劳程度、健康等），还有绩效评价方法等方面的因素（如忽略了某些重要绩效维度、评价者对所评价维度的意义及权重有不同认识，评价方法自身也可能造成差异等）。为了提高可信度，应在评价中对同一维度采用多种方法与角度，请一个以上的评价者进行多次测评，并应使评价程序与格式尽量标准化。对评价者进行统一的培训，也有助于可信度的改善。

（2）效度

效度则是指绩效评价所获信息与待测评的真正工作绩效间的相关程度。效度差表现为所测量不是拟测的，无关信息被纳入，有关信息却被忽略了。出现文不对题与答非所问的弊端。为了保证绩效评价的高效度，应选用和设计适当的评价方法，并着重绩效评价具体的、可量化测定的指标，不流于泛泛的一般性评价。

8.4 酒店绩效评价方法

8.4.1 酒店绩效评价方法

每个酒店都有适合自己的绩效评价方法，绩效评价方法多种多样，许多知名企业在自身发展过程中为酒店业提供了许多值得借鉴的绩效评价方法，有助于酒店员工绩效评价的合理展开。

（1）图尺度法

图尺度法是运用最普遍的工作绩效评价技术之一。它通过列举出一些绩效构成要素（如“工作质量”和“工作数量”）和工作绩效等级（如“优、良、中、差、劣”）进行评价。利用图尺度法进行绩效评价时，首先，针对酒店每一位员工，从每一项评价要素中找到最能符合其绩效状况的分数；然后将每一位员工得到的所有分值进行加总，就得到了最终的工作绩效评价结果。图尺度法简单、易用、成本小，但它的有效性不断受到质疑。

（2）强制分布法

强制分布法需要评价者将被评价的员工分配到一种类似于一个正态频率分布的有限数列去。例如，把最好的10%的员工放在最高等级的小组中，次之的20%的员工放在次一级的小组中，再次之的40%的员工放在中间等级的小组中，再次之的20%的员工放在倒数第2级的小组中，余下10%的员工放在最低等级的小组中。这种方法是基于这样一个有争议的假设，即所有小组中都有同样优秀、一般、较差表现的员工分布。可以想象，如果酒店一个部门全都是优秀员工，则部门经理可能难以决定成员的分布。

（3）业绩评定表

业绩评定表是一种被普遍使用的评价方法，它根据所限定的因素对酒店员工进行绩效评价。这种方法是在一个等级表上对业绩的判断进行记录，这个等级被分成几类（通常用数5~7表示），每一类常常采用诸如优秀、中等或较差这些形容词来定义。当给出了全部等级时，这种方法通常可以使用一种以上的业绩评定标准。业绩评定表因为简单、迅速，所以特别受欢迎。

评价时所限定的因素可以分2类：与工作有关的因素和与个人特征相关的因素。与工作有关的因素是指工作质量和工作数量以及整个系统的运作；个人因素通常包括依赖性、积极性、适应能力和合作精神等个人特征。评价者通过指明最能描述出员工及其业绩的每种因素的比重完成对员工的评价。

对各种因素和等级定义越精确，评价者评价员工业绩的工作就越完善。当每个评价者对每个因素和等级都依据相同的方法解释时，在整个组织中就产生一个公共的评价准则。

（4）关键事件法

关键事件法要求保存最有利和最不利的工作行为的书面记录。当某一种行为对酒店某部门的效益产生无论是积极还是消极的重大影响时，管理者有责任将其记录在案。这样的事件就叫关键事件。在绩效评价后期，评价者运用这些记录和其他资料对员工业绩进行评价。用这种方法进行的评价必须贯穿整个评价阶段，而不应该仅仅集中在绩效评价期的最后几周或几个月里。

（5）评价会见

酒店部门经理通常应该在一名员工的绩效评价期末进行一次正式的评价会见。这次会见对员工本身意义重大。有效的绩效评价体系不仅仅需要一次这样的单独会见，管理者需要不断地保持与员工的交流，以强调他们在个人的职业发展和对酒店管理支持上的责任。

酒店应依据固定的流程来组织一次成功的会见，此时部门经理和下属都应避免把它作为一次发现错误的时机，这应该是一次解决问题的时机。酒店部门经理在计划一次评价会见时应考虑3个基本内容：讨论员工的业绩、帮助员工确定目标、提出员工实现这些目标所采取的措施。比如，根据服务质量这个要素，某位员工可能被评价为“一般”，那么在这次会见中，双方最好都同意把服务质量这一要素作为下个绩效评价时期里需要特别改进的要素。

（6）排序比较法

排序比较法是根据某些工作绩效评价要素，将酒店员工按绩效的高低进行排序，是一种普遍运用的绩效评价方法，也是一种古老而简单的绩效评价方法。排序比较法分为简单排序法和交替排序法。

简单排序法 要求酒店管理者将本部门所有员工按照绩效成绩从高到低进行排序。

交替排序法 是根据某些工作绩效评价指标将员工们根据绩效最好和绩效最差分别进行排序。由于从员工中挑选出最好的和最差的比将全体员工一一排序要容易，因此交替排序法是一种应用非常普遍的绩效评价方法。

（7）关键绩效指标法

关键绩效指标法是通过对工作绩效特征的分析，提炼出最能代表绩效的若干关键指标，并以此为基础进行绩效评价的模式。所选出的关键指标必须能衡量酒店管理目标实施的效果，这种方法的目的是将酒店战略管理转化为酒店的内部过程和活动，以不断增强酒店的核心竞争力。

（8）目标管理法

目标管理法作为一种成熟的绩效评价模式，始于管理大师彼得·德鲁克。酒店目标管理法主要包括2个方面的重要内容：① 与酒店每一位员工共同制订一套便于衡量的工作目标；② 定期与员工讨论他的目标完成情况。目标管理法主要有6个实施步骤：确定酒店管理目标、确定部门目标、讨论部门目标、对预期成果的界定、工作绩效评价和提供反馈。

（9）360°绩效评价法

360°绩效评价也称全方位绩效评价，即采用上司、同事、下属、客户及员工自评相结合的方法对员工进行绩效评价。这种方法可以全方位、多角度地对员工进行评价，评价结果也较为公正客观，是目前比较流行的绩效评价方法。但采用这一方法程序复杂，成本较高，因此多用于酒店管理者的绩效评价。

8.4.2 酒店绩效评价操作程序

绩效评价的效果很大程度上取决于绩效评价系统的设计、评价方法的选择和实施过程的安排。一般而言，完整的绩效评价的实施过程必须包括以下步骤（图8－6）。

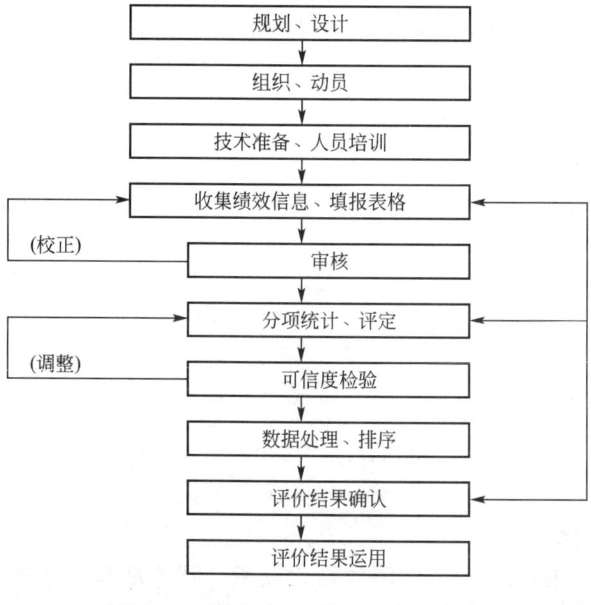

图8－6 酒店员工绩效评价操作程序

(1) 规划、设计

一旦要对员工进行绩效评价，酒店管理者和人力主管部门应着手制订绩效评价活动的实施规划，明确评价目的、要求和内容，设计绩效评价方案和具体执行办法，发布相应的文件。

(2) 组织、动员

成立相应的组织机构和工作小组，指定工作人员，明确职权划分。

在评价对象或全体工作人员范围内进行实际操作前的动员，说明绩效评价的目的、内容、方法、要求及评价结果的运用方式，端正态度，消除有意无意的抵制情绪和抗拒心理。

(3) 技术准备和人员培训

根据工作分析的结果确定具体的绩效评价标准，准备评价所需的各种表格和工具，对评价者进行特别的培训，提高他们的业务能力，减少评定中人为的非正常误差。培训的内容一般包括以下方面：培养正确的态度；提高对绩效评价及其意义、人力资源开发与管理和评价关系的认识；提高专业知识和技术水平，包括绩效评价中容易产生错误的原因及其防止对策、评价方法、文件资料和数据处理的方法、专用工具与设备的使用技术；等等。

(4) 收集绩效信息、填报表格

按照拟定的绩效评价方案，收集被评价者所必需的绩效信息（其中包括日常工作记录等资料）；安排有关人员填写各种绩效评价表格，以期全面反映被评价者对象的绩效情况。

(5) 审查与核实

对收集和填报的初始信息资料进行审查与核实，剔除虚假信息，修正有误差的资料。

(6) 分项统计与评定

对不同的绩效评价指标，按标准或专门设计的方法进行分项计数或计量统计计数。而对不可直接统计分析的指标项目，由特定的评议委员会（小组）按照标准系统设计的规则和数据加以评定。

(7) 可信度检验

对分项统计和评定质量进行检查和验证，提高统计的准确性和评定的一致性。如若发现统计和评定质量不符合要求，应及时反馈调整，复核统计或重新评定。

(8) 处理与排序

按一定的规划，将分项统计和评定的结果加以综合运算，根据运算结果区分绩效水平的优劣、等级，作为相关决策的依据。

(9) 绩效评价结果确认和通告

对排序所得出的人员评价的初步结果加以确认，对不合理的评价结果与排序需通过复评予以调整或重新评定和分析。然后将最终结果在一定的范围（大到全体员工，小到被评价对象本人）进行通告。如有人对绩效评价结果不服，必要时可以再次进行复评。

(10) 评价结果运用

按最终确定的绩效评价结果，对被评价对象的职务、职称、工资、培训等做出合理的安排。

8.5 酒店绩效评价结果运用

应付差事的员工考核评估

岁末年初，许多餐饮企业都要进行绩效考核，对员工1年来的业绩进行回顾和评价。但是，从许多企业以往的绩效考核来看，结果并不尽如人意。具体表现在：管理层觉得考核并没有对员工进行恰当区分，员工业绩优劣不明显；觉得考核结果并未反映出自己的工作实绩，因而满腹牢骚。那么，怎样才能使绩效考核发挥应有的积极作用呢？考评反馈很关键。

王先生是一家大酒楼的餐厅经理，直接管着16名员工。年终已到，他又将忙于填写16份内容相差不多的绩效考核表。由于人力资源部已经催了好几次，所以他必须在周末的时候完成这些表格。否则，下周一又要接到人力资源部经理的电话了。

他想到了一个好办法。把表格发给每位员工，让员工自己在上面打分，然后派人收齐，在上面签上名，再交给人力资源部。好，问题解决了，纸面上的工作都按人力资源部要求完成了，人力资源部也很满意，于是每个人都结束表演，回到了“现实工作”中去。

忙碌一时的绩效考评工作就这样“完成”了。

【案例评析】

王经理的绩效考评工作是不是真的完成了呢？如果你是王经理的老板，你会对他的这些表现满意吗？我相信你不会！因为他的工作完成得并不出色。

那么，王经理的问题到底出在哪里呢？

抛开形式主义不说，即使是形式主义，他也没有走完“形式”，因为他还有一项很重要的工作没有做，那就是绩效考评结束后对员工绩效考评结果的反馈，他没有组织有效的绩效反馈面谈。

8.5.1 酒店绩效反馈面谈

在许多建立了规范化的绩效管理机构的酒店中，绩效评价之后进行的绩效反馈面谈是一种正式的绩效沟通。如果缺少了将绩效评价结果和酒店管理者的期望传达给被评价的员工，我们就无法实现绩效评价和绩效管理的最终目的。要实现这个环节，最重要手段就是进行有效的绩效反馈面谈。

8.5.1.1 酒店绩效反馈面谈的目的

（1）让酒店员工清楚管理者对自己工作绩效的看法

一个绩效管理循环即将结束，酒店员工希望能够得到管理者对于自己工作绩效反馈信息，以便在以后的工作中不断提高技能、改进绩效；另一方面，酒店员工也想就一些具体问题或自己的想法与管理者进行交流。

（2）让酒店员工认识到自己的成就和优点

每个人都有被认可的需要。当酒店员工做出成就时，他需要得到管理者的承认或肯定，从而对员工起到积极的激励作用。

（3）指出酒店员工有待改进的方面

酒店员工的绩效中可能存在一些不足之处，或者员工目前的绩效表现比较优秀，但如果今后想要做得更好仍然有一些需要改进的方面，所谓“改进无极限”。酒店员工不仅关注自己的成绩和绩效结果，更希望有人指出自己需要改进的地方，通过绩效评价反馈，管理者和员工共同分析绩效不足的原因，找出双方有待改进的方面。

（4）协商下一个绩效管理周期的绩效管理计划目标和改进要点

绩效管理是一个往复不断的循环过程，一个绩效管理周期的结束恰好是下一个周期的开始。因此上一个绩效管理周期的绩效评价反馈面谈可以与下一个绩效管理周期的绩效管理计划面谈合并在一起进行。

8.5.1.2 酒店绩效反馈面谈前的准备

要想充分实现绩效反馈面谈的上述目的，就必须做好充分的准备。由于绩效反馈面谈是酒店管理人员与员工双方的责任，管理人员和员工都应该为绩效反馈面谈做好各自的准备。

（1）酒店管理人员应该做的准备

选择适宜的时间 选择什么时间进行绩效反馈面谈非常重要，管理人员在选择面谈时通常要注意以下几个问题：① 选择双方都有空闲的时间，如果在绩效反馈面谈的时间又安排了其他事情，那么面谈时双方就难以集中注意力；② 尽量不要安排在上班、下班的时间，因为刚上班时双方都难以一下子进入状态，而在下班时间，员工则归心似箭，很难集中精力与管理人员进行交流；③ 时间段安排要适当，比如，0.5～1h，过长或过短都是不适宜的；④ 时间尽量避开整点，例如，安排在10：10开始，而不是10：00，这样便于让员工感到时间紧迫，有利于时间的控制。确定了面谈时间，酒店管理人员应提前征询员工的意见，一方面是对员工的尊重，另一方面也利于员工做好安排。

选择适宜的场所 场所的选择对于绩效反馈面谈的效果影响很大，面谈场所的选择应注意：尽量选择不受干扰的场所，远离电话、计算机、传真机，避免面谈被中途打断。场所最好是封闭式的，一般不宜于在开放的办公区进行，相比较而言地点应选择小型会议室较为理想。

准备面谈的资料 在进行正式面谈之前，酒店管理人员必须准备好面谈的所需资料。这些资料包括评价表、该员工的日常工作表现记录、员工的定期工作总结、岗位说明书、薪金变化情况等。管理人员必须对这些信息非常熟悉。

计划好面谈程序 首先与员工沟通本次绩效评价的目的和评价标准，在这些方面达成共识之后再讨论员工的具体分数和员工的绩效评价结果。先谈员工的优点，再谈工作中需要改进的地方。直接从表格入手，说出你的意见，逐项地进行讨论，没有获得同意前不进行下一项。在提出你的评价之前，先让员工说出自己的看法；或者，让员工把表格中的所有项目先说完；或者，逐项讨论时让员工先说。采取与员工轮流发言的次序。

计划好在什么时候结束面谈以及如何结束面谈 一般情况，在双方对绩效评价中的各项内容基本达成一致意见之后，就可以结束面谈了。如果双方就某些问题争执不下，酒店管理人员可以建议将其作为双方回去继续思考的问题，留作下一次面谈时需要沟通的内容，而不一定非要在当时得出结论。

（2）酒店员工应该做的准备

绩效反馈面谈是一个双向沟通的过程。因此，员工单方也应该做好充分的前期准备。这些前期准备主要包括以下内容。

填写自我评价表 即要求员工在绩效面谈前，以填写“自我评价表”（如

表8－2所示）的方式，让员工对自己的工作事项进行了解与检讨。

表8－2 酒店员工自我评价表

员工姓名		岗位名称/部门		监督者		评价时间	

1. 你认为你充分理解你的岗位吗？ 是______否______
评语：
2. 你认为你所做的是正确的工作吗？ 是______否______
评语：
3. 你认为你是以一种完美并且准确的方式执行你的工作吗？ 是______否______
评语：
4. 你能够达到以你为基础的、其他员工的要求吗？ 是______否______
评语：
5. 你有什么提高岗位/部门效率的建议吗？ 是______否______
评语：
6. 你完成了可能已经分派给你的额外工作任务吗？ 是______否______
评语：
7. 你认为你的表现已经达到了对你工作的总体要求吗？ 是______否______
评语：
列明你想要讨论或你认为是重要的有关你岗位或岗位绩效的任何问题或方面：

8. 你希望本表格存放在你的个人档案中吗？ 是______否______

员工签名：________________ 日期：________________

准备好个人的发展计划 绩效反馈面谈注重现在的表现，更注重将来的发展。因此，酒店管理人员除了想听到员工对自己过去的绩效的总结和评价，也希望了解到员工自己的未来发展计划。

准备好向酒店管理人员提出的问题 绩效反馈面谈是一个双向交流的过程，不但管理人员可以问员工一些问题，员工也可以主动向管理人员提出一些自己所关心的问题。

将自己的工作安排好 由于反馈面谈可能要占用约1～2h的时间，因此应事先安排好工作时间，尽量避免一些重要的事情。如果有非常紧急的事情，应交代同事帮忙处理一下即可。

总之，绩效反馈面谈是在酒店管理人员和员工有计划有准备的前提下进行的一项活动，在双方的共同努力下才能很好地完成这项工作。

8.5.1.3 酒店绩效反馈面谈的原则

（1）建立并维护酒店与员工彼此之间的信任

信赖可以定义为一种适合面谈的气氛。首先，面谈的地点非常重要，必须在一个使彼此都能感到轻松的场合。噪音一定要极小，没有第3者可以看到面谈的2人。要使员工感到自在，2人应该并肩而坐，而不是隔着桌子对坐。酒店管理者所说的话或是动作要使双方能顺利沟通，使员工无拘无束坦诚地表达意见。此时，来一杯咖啡或红茶有助于制造良好的气氛。

面谈时如能促进彼此的信赖，那么花几分钟作应酬式的交谈也是值得的。表8－3表示了融洽气氛和缺乏融洽气氛的2种不同的面谈气氛。

在面谈时一定要以一些称赞和鼓励的话打开局面，这种称赞和鼓励可以营造一种轻松、热情、愉快及友好的氛围，使面谈在一种双方都愉快的气氛中开始。

表 8-3　2 种面谈气氛的比较

融洽的气氛	缺乏融洽的气氛
自在、轻松	紧张、恐惧、急躁
舒适	不舒服
友善、温暖	正式、冷峻
敢自由开朗地说话	不敢放开说话
信任	挑战、辩解
倾听	插嘴
明白	不明白
开放的胸怀	闭塞的胸怀
接受批评	怨恨别人的批评
不同意别人的意见时，也不攻击对方	争辩、侮谩对方

（2）清楚说明绩效反馈面谈的目的和作用

清楚地让员工明了此次面谈要做什么，可用较积极的字眼，譬如，“今天面谈的目的是希望大家能一起讨论一下你的工作成效，并希望彼此能有一致的看法，肯定你的优点，也找出哪些地方有待改进，紧接着我们要谈谈你的未来及将来如何合作达成目标。”明确面谈目的，可以消除被评价者心中的疑虑。

（3）绩效反馈面谈时鼓励员工多说话

在面谈的过程中，应当注意停下来听员工正在说什么，因为你了解的情况不一定就是真实的，鼓励下属主动参与，有利于对一些问题快速达成共识，同时，也便于了解下属的思想动态。

（4）注意全身心的倾听，以示对员工的尊重

倾听时要以员工为中心，把所有的注意力都放在员工身上，因为倾听不单是对员工的尊重，也是营造氛围、建立信赖、把握问题的关键。

（5）避免绩效反馈面谈的对立和冲突

在面谈中，员工往往有一种自卫的本能阻挡接受他不愿听的信息，甚至容易为此与酒店管理者发生冲突，如果酒店管理者利用自己的领导权威强行解决冲突，很可能会付出相当大的代价，它可能破坏了员工与管理者之间的信赖，导致以后的沟通难以做到开诚布公。

（6）绩效反馈面谈集中于未来而非过去

绩效管理的核心在于未来绩效的提升，而不是像反光镜那样聚焦过去。双方只有关注未来，才能使得员工真心实意地拥护并切实参与到绩效管理当中来，绩效管理才是真正具有激励意义的管理。

（7）集中在绩效，而不是员工的个性特征

在绩效反馈面谈中双方应该讨论和评价的是工作绩效，也就是工作中的一些事实表现，而不是讨论员工个人的个性。员工的个性特点不能作为评价绩效的依据。但是，在谈到员工的主要优点和不足时，可以谈论员工的某些个性特征，但要注意这些个性特征必须是与工作绩效有关的。例如，酒店员工个性特征中有不太喜欢与人沟通的特点，这个特点使他的工作绩效因此受到影响。由于不能很好与人沟通，影响了必要的工作信息的获得，也不能得到他人很好的配合，从而影响了绩效。这样关键性的影响绩效的个性特征还是应该指出来。

(8) 找出双方待改进的地方，制订具体的改进措施

双方沟通的目的主要在于未来如何改进和提高。改进包括下一阶段绩效管理目标的确定，以及与员工订立发展目标。只有这样，你的评价才不只是为了评价，也关注了另一个重要的职能——员工职业生涯的发展。

(9) 该结束绩效反馈面谈时立刻停止

如果你认为面谈该结束时，不管进行到什么程度都不要迟疑。下面情况有任何一种出现都应该叫停：① 彼此信赖瓦解了；② 管理者或员工急着要前往其他地方；③ 下班时候到了；④ 面有倦容。如果原先预订的目标没能在结束之前达成，待下次再继续吧！

(10) 以积极的方式结束绩效反馈面谈

要使员工离开时满怀积极的意念。不要让他因为只看到消极的一面而怀着不满的情绪离去。面谈结束时，酒店员工应该是说（或起码也是这样感觉）："谢谢您，我很高兴有这么一个机会一起来讨论我的工作成绩。现在我知道我自己的工作达到怎样的程度，也知道以后要怎么做，而且我知道您会不断地协助我。"

8.5.1.4 酒店绩效反馈面谈的技巧

如果工作要求及绩效标准早已经明确并以此作为评价的基础，反馈面谈时应该不会让彼此有太意外的感觉。酒店员工的自我评价，不论是心里想的或者是写下来的都该不至于与酒店管理人员所写的评价相差太远。

酒店管理者在面谈时所面临的问题是要能掌握员工诚实的回答，不管是同意还是不同意。当然，最重要的还是取得员工的信任，虽然如此，下列绩效反馈面谈技巧仍然不可缺少。

(1) 坦诚相见，把绩效评价表展示在员工面前

当绩效评价的结果与员工的薪酬挂钩时，同时员工又没有得到理想的评价结果时，酒店管理者往往会感到"难以启齿"，最好的方式就是直接向员工展示评价表格，因为隐瞒并不能解决任何问题。

(2) 耐心解释员工绩效评价的结果

如果能够提供实施依据就直接展示出来。如果是通过自己的主观判断也要诚实地讲述你的看法和理由。双方之间存在分歧是十分正常的，酒店管理者应该有足够的耐心进行解释。

(3) 给员工发表自己看法的时间和机会

让员工感到你确实重视他的看法。酒店管理者往往容易只顾发表自己的看法，而忽略员工的感受。要知道绩效反馈面谈是一个双向沟通的过程，来自员工的信息是十分重要的。酒店管理者应该给员工机会谈谈他自己的看法。如果员工没有谈的意愿。管理者应该尽量找出原因所在，并通过鼓励性的语言鼓励员工说出他的看法。

(4) 充分激励员工

绩效反馈面谈往往不受欢迎的一个重要原因，在于面谈中难免要谈论员工在上一阶段工作中的失误。但是酒店管理者应该明确，指出问题并不是目的。应该充分激励员工提高工作能力，改进工作方法。只有充分地激励员工，才能真正地实现绩效反馈的目的。

（5）要敢于承认错误

绩效评价是一个主观判断的过程，难免会出现与实际情况之间的偏差。在绩效反馈面谈中发现这类问题是十分常见的，关键在于酒店管理者应该坦率地承认可能出现的误差。这种态度将有助于与员工进行更进一步的沟通。

（6）认真做好绩效反馈面谈的记录

绩效反馈面谈结束后，酒店管理者与员工双方要将达成的结论性意见或经双方确认的关键事件或数据及时予以记录、整理，填写在评价表中。对于达成共识的下期绩效管理目标也要进行整理，形成下期的评价指标和评价标准。并给员工一份与你一样的资料。

8.5.2 酒店绩效评价结果运用

酒店能否成功地实施绩效评价，关键一点在于绩效评价结果如何去运用。绩效评价结果如果得不到合理的运用，那么绩效管理对员工业绩和能力提升的激励作用就会大打折扣。

（1）绩效评价结果运用于酒店人力资源的战略规划

提高绩效评价，为酒店提供总体人力资源质量优劣程度的确切情况，获取酒店所有员工晋升和发展潜力的数据，以便为酒店的未来发展制订人力资源规划。

（2）绩效评价结果运用于酒店薪酬体系的调整

绩效评价结果，为酒店薪酬管理的合理化提供决策的基础，使酒店薪酬体系的调整更加公平、客观，并具有良好的激励功能。如酒店员工提薪的标准和提薪的方式；酒店员工奖金的标准和分配方式；为有贡献的员工追加特别福利和保险等都是依据绩效评价结果做出的决策。

（3）绩效评价结果运用于酒店员工职位的变动

绩效评价的结果也可以为酒店员工职位的变动提供一定的依据。员工在某方面的绩效突出，就可以让其在此方面承担更多的责任。如果员工在某方面的绩效不够好，也很可能是目前他所从事的职位不适合他，可以通过职位调整，使他从事更加适合的工作岗位。

（4）绩效评价结果运用于酒店员工的招聘和选拔

根据绩效评价结果的分析，可以确认采用何种评价指标和标准在招聘和选拔员工时使用，以便提高绩效管理的预测效度，提高酒店员工招聘的质量并降低招聘的成本。

（5）绩效评价结果运用于酒店人力资源的培训与开发

根据绩效评价的结果，分别满足员工在培训和发展方面的特定需要，以便最大限度地发展他们的优点，使缺点最小化，实现人尽其才，才尽所用；在实现酒店管理目标的同时，帮助员工发展和执行他们的职业生涯规划；同时提高员工培训效果，降低培训成本。

（6）绩效评价结果运用于正确处理酒店内部员工的关系

坦率公平的绩效评价，为酒店员工在提薪、奖惩、晋升、降级、调动、辞退等重要人力资源管理环节提供公平客观的数据，减少人为不确定因素对人力资源管理的影响，因而能够保持酒店内部员工的相互关系基于可靠的基础之上。

（7）绩效评价结果运用于酒店员工职业生涯的发展规划

绩效评价结果反馈给员工，评价者同时还指出员工的工作优缺点，使员工改进工作有了依据和目标。在酒店管理目标的指导下，员工不断提高工作能力，开发自身潜能，不断改进和优化工作，有助于员工职业生涯发展目标的实现，有助于员工职业生涯的发展规划。

总之，绩效评价结果可以运用在酒店管理的诸多方面，一个有效的绩效管理，无论对酒店还是对员工本人，它的益处是显而易见的。

【思考题】

1. 名词解释：

绩效、绩效管理、绩效管理流程、绩效管理计划、绩效管理计划目标、绩效管理计划程序、绩效评价、绩效评价内容、绩效评价形式、绩效评价实施、绩效评价方法、绩效评价结果运用。

2. 酒店绩效管理的基本功能是什么？

3. 绩效管理与传统绩效评价的区别有哪些？影响绩效管理的因素有哪些？

4. 酒店绩效管理的战略地位体现在哪几个方面？

5. 如何理解酒店绩效管理的基本流程？

6. 酒店管理者在判定绩效管理计划目标时应注意哪些问题？酒店绩效管理计划程序可分为几个步骤？

7. 酒店绩效评价的基本内容和形式有哪些？酒店绩效评价如何实施？

8. 如何领会绩效评价方法中的图尺度法、强制分布法、业绩评定表、关键事件法、目标管理法和360°绩效评价法。

9. 如何理解酒店绩效评价操作程序？

10. 酒店绩效反馈面谈有哪些原则和技巧？酒店绩效评价结果的运用体现在哪些方面？

【经验性训练】

评价调查当地一家酒店服务员的绩效考核

【概述】

为评价当地三星级以上酒店员工的绩效考核情况，将学生分成若干小组。

【步骤】

1. 分成7人左右的小组若干（人数为单数）。到当地酒店调查酒店名称、星级规格。要求各小组调查时尽量避免重复，可任选餐厅、客房、前台接待服务员的一种，也可全部调查后进行比较。

2. 各小组选举产生小组长。小组长负责制订评价得分要素，经小组成员协商后执行。若小组成员协商不成，可寻求任课教师的帮助。

3. 依据绩效考核评价内容，小组成员制作表格。

4. 小组成员到拟定的酒店进行实地调查或暗访，并填写表格，形成一份书面报告。

5. 在课堂上集中汇报各小组的评价结果（有严格的时间限制）。

6. 找出酒店在对员工进行绩效考核时的不足与长处，结合所学内容，找出不足问题的解决方法。

7. 查找资料，结合此次调查结果，撰写一篇学期论文（每人一份，字数不少于1500字）。

【案例分析】

绩 效 考 评

酒店年终的绩效考评结束了，小王的绩效考评分数低于他的同事小何。小王和小何是同时应聘进入这家酒店的，做着同样的工作。这是她们进入酒店后接受的第一次绩效考评，而且这一次的绩效考评结果，可能会影响到下一年度谁能够被提升的问题。

从进入这家酒店开始，小王一直勤勤恳恳努力工作，并希望自己的这一付出能够得到上司的认可。并且，无论从学历来讲，还是工作能力方面，小王都自认为优于小何，这一考评结果令小王产生了困惑。

这时，邻座的电话响了，电话铃声不由得使她想起了一件事情。刚刚进入这家酒店后不久的一个周末，她和小何都在加班，因为有事情需要请示领导，所以小何拨通了上司家的电话。刚开始接电话的可能是上司家5岁的儿子，上司接了电话后，小何并没有直接谈工作，而是先问“刚才接电话的是亮亮吗？真可爱，让他再和阿姨说几句话？贝贝在叫啊，是不是着急让你带它出去?”小王觉得奇怪，她怎么会知道上司儿子的名字？贝贝又是谁？事后她才知道贝贝原来是上司家的一条宠物狗。小王当时的感觉是这件事情很无聊，也很浪费时间，如果是她挂电话，一定会直接和上司谈工作，别人的儿子和狗与工作又有什么关系？

现在小王开始明白了，自己恐怕是在人际关系方面出了问题。因为自己过于关注工作，忽视了很多和同事之间的这种沟通，并且在工作中过于认真的态度，也可能会令同事感觉紧张，会给人不够随和的感觉。但是，人际关系和工作质量有什么关系呢？小王自认为自己的工作质量和业绩是无可挑剔的，为什么最后的考评结果仍然很低呢？毕竟人际关系也只是考核内容中的一方面而已呀？那么，究竟是应该适应酒店的这种方式，改变自己的个性，还是应该考虑重新找工作呢？

对绩效考评结果产生困惑的不只是小王一个人。广告部的员工对金融部员工的成绩普遍高于自己而不满，而酒店里有些年纪较大的员工也认为他们的成绩低于年轻人是因为上司认为自己年纪大，绩效就一定低。

绩效考评结束了，酒店却开始变得不平静了。员工的这些抱怨也传到了老总的耳朵里。他在思考，究竟问题出在哪里？

【案例思考题】

1. 该酒店的绩效考评问题出在哪里？
2. 小王和小何谁做得好呢？

【本章推荐阅读书目】

1. 绩效管理．杜映梅．对外经济贸易大学出版社，2003.
2. 旅游企业人力资源管理．赵西萍．南开大学出版社，2003.
3. 旅游企业人力资源管理．郝树人，朱艳．东北财经大学出版社，2004.
4. 人力资源管理．秦志华．中国人民大学出版社，2004.

【相关链接】

1. 卓越领导网·卓越领导网社区·人力资源论坛·HR管理实务（http：//www. injoyceo. com/bbs/ShowPost. asp？ id = 7284）：《360°绩效评价系统》

2. 华军软件园·下载分类·管理软件·商业贸易（http：//www. onlinedown. net/soft/15707. htm）：《企业经营绩效评价系统 2.0》

3. 中国人力资源开发网·人力资源·绩效管理（http：//www. chinahrd. net/zhi_ sk/jt_ page. asp？ articleID = 128477）：《对国有企业整体绩效评价指标设立的思考》

4. 人力资源沙龙（http：//www. bokee. net/newcirclemodule/article_ viewEntry. do？ id = 106297&circleId = 115172）：《公司绩效评价指标设计及解析》

5. 第一管理网（http：//www. 1mba. cn/Article/class03/rc/200505/27532_ 3. html）：《企业绩效评价指标》

第 9 章

酒店劳动关系管理

【本章概要】

本章阐述了劳动关系的内涵和劳动关系的构成要素与特征，明确了劳动安全与劳动保护的任务、内容以及相关的管理制度，详细分析了酒店劳动关系的调整途径，叙述了酒店劳动合同管理的环节，以及对酒店员工关系管理进行了全面的诠释，详细介绍了酒店劳动争议处理原则和方法以及酒店常用的劳动合同范本。

【学习目标】

- 了解劳动关系的内涵和劳动关系的构成要素与特征；
- 理解劳动安全与劳动保护的任务、内容及相关的管理制度；
- 掌握酒店劳动关系管理制度的特点；
- 掌握酒店劳动关系管理制度的内容；
- 掌握酒店劳动合同的管理环节；
- 熟悉酒店员工关系的管理技巧；
- 了解酒店劳动争议的处理原则和方法；
- 了解酒店常用的劳动合同范本。

【关键性术语】

劳动关系、劳动安全、劳动保护、劳动关系管理、劳动合同、社会保险、劳资谈判、劳动争议、订立、履行、变更、解除、终止、调解、仲裁。

【章首案例】

贺新的遭遇

贺新去年年底被上海某酒店录用为工程师，签订了 3 年期的劳动合同。当时，合资酒店经营状况非常好，所以，员工们的奖金较高，活儿也较多。酒店经理本以为，贺新此时来到酒店，能减轻技术人员不足的压力，可没想到，贺新的工作能力水平、业务水平一般。虽然他勉强胜任本职工作，却缺乏其他员工那种对工作积极主动的热情。由于当时工作繁忙，经理也顾不上理他。

半年后，酒店到了销售淡季，经理找到了贺新，说："贺新，你看咱们酒店这 2 个月的效益没有以前好了，而且还有经营继续滑坡的趋势，这种形势与你来酒店时相比，有了很大变化，所以，酒店要跟你协商变更一下劳动合同，把你的工作岗位由'技术干部'变更为'销售员岗位'。"贺新没等经理把话说完，就明确表示了自己的态度。

第 2 天，贺新接到了酒店给他的通知书。原来酒店已决定在 30 天后，与他解除劳动合同，理由是酒店经济滑坡，根据《劳动法》第26条第3项的规定，酒店可以与他变更劳动合同。贺新这时恍然大悟，明白了经理昨天提出要跟他变更劳动合同的目的。后因为有人求情，加之酒店生意转好，经理就再也没有和贺新提过此事。

但贺新毕竟年轻气盛，在以后的工作中总是心不在焉的，由此造成了后患，在一次工作中给酒店造成了近5万元的经济损失。酒店经理当即决定将其开除，但在贺新的苦苦哀求下，经理也考虑到“开除”的名声会影响到贺新的一生，于是，以双方协商一致的方式，与贺新解除劳动合同，并为贺新办理了离开酒店的全部手续。

当时，贺新对经理没有按开除处理他，心里充满了感激。几天后，贺新的脑子又开始琢磨了：“酒店跟员工协商解除劳动合同后，要给员工一笔经济补偿金。我虽然有错，但酒店最后是以协商解除劳动合同的形式办的调离手续，所以，酒店是不是也得给我一笔经济补偿金呀？”可他转念一想，估计不会。嗨，等等看吧。过了几个月……一直没听说酒店要给他经济补偿金。直到5个月后，他终于忍不住给经理打了电话，要求酒店向他支付解除合同的经济补偿金，但当时就遭到了拒绝。

被拒绝后，贺新心中不快，第2天准备去仲裁委员会申请仲裁。可一位朋友却告诉他：“你已经不能去仲裁了，因为根据《劳动法》的规定，申请仲裁的时效是60天，酒店跟你解除劳动合同都已经5个多月了，早超过仲裁时效了。”贺新听了这位朋友的话，正在后悔，另一位朋友又说：“你现在完全可以申请仲裁，因为国务院在1993年颁布的《中华人民共和国企业劳动争议处理条例》中规定，申请劳动仲裁的时效为6个月。现在你离开酒店还不到6个月。再说，你们之间的争议一直未发生。只有昨天经理在电话里拒绝你时，你才知道酒店不准备给补偿金了，此时争议才算发生嘛。所以，就是按《劳动法》的规定，‘应当自劳动争议发生之日起60日内向劳动争议仲裁委员会提出’来衡量，昨天发生争议，今天去申请仲裁也根本没问题，不存在超过时效的情况。”听了2位朋友的不同说法，贺新一时也搞不清谁说得有理。

9.1 劳动关系概述

劳动关系主要指酒店所有者、经营者、普通员工及其工会组织之间在酒店经营与管理活动中形成的各种权、责、利之间的关系。

一般来说，劳动关系主要包括酒店所有者与全体员工的关系；经营管理者与普通员工之间的关系；经营管理者与员工组织之间的关系和工会与员工之间的关系等。

9.1.1 劳动关系的构成要素

劳动关系由3个基本要素构成，即劳动关系的主体、劳动关系的内容和劳动关系的客体。

(1) 劳动关系的主体

劳动关系的主体是劳动关系的参与者，包括劳动者、劳动者的组织（工会、职工代表大会）和酒店。

(2) 劳动关系的内容

劳动关系的内容是指劳动主体双方依法享有的权利和需要承担的义务。也就是酒店与员工各自享有的责、权、利和义务。

(3) 劳动关系的客体

劳动关系的客体是指主体的劳动权利和劳动义务共同指向的事物，如劳动时间、劳动报酬、安全卫生、劳动纪律、福利保险和教育培训等。

我国《劳动法》规定的劳动者的主要权利是：劳动权、民主管理权、休息权、劳动报酬权、劳动保护权、职业培训权和社会保险权等。

我国《劳动法》规定劳动者的主要义务是：按质、按量完成生产任务和工作任务，学习政治、文化、科学技术和业务知识，遵守劳动纪律和规章制度，保守国家和企业的机密。

我国《劳动法》规定用人单位的主要权利有：依法录用、调动和辞退员工；决定企业的机构设置；任免企业的行政干部；劳动工资、报酬和福利方案；奖惩员工。我国《劳动法》规定用人单位的主要义务有：依法录用、分配、安排职工的工作；保障工会和职工代表大会行使其职权；按劳动质量、数量支付劳动报酬；加强对职工思想、文化和业务的教育及培训；改善劳动条件，搞好劳动保护和环境保护。

9.1.2 劳动关系的明显特征

（1）劳动关系是劳动的社会形式

劳动是这种关系的基础，也是它的实质和内容。劳动关系以劳动力的所有权与使用权相分离为核心；劳动者在劳动关系中始终是劳动力的所有者，在劳动过程中是劳动力的支出者；酒店以拥有生产资料的产权为条件，使其成为劳动力的使用者。

（2）劳动关系具有人身关系属性和财产关系属性相结合的特点

由于劳动力是一种特殊的商品，劳动力是人体中的一种机能，只能在人体之中。劳动力的存在和消费与劳动者人身瞬间都不能分离，劳动者向酒店提供劳动力，实际上就是将其人身在一定限度内交给酒店，因而劳动关系从其本质意义上说是一种人身关系。人身关系的隶属性使得劳动关系的运行具有极其复杂的特征，从而对酒店人力资源管理提出了有别于其他管理的特殊要求。

（3）劳动关系具有平等性和隶属性的特点

劳动关系的当事人即酒店与员工之间是平等主体的劳动合同关系，二者具有平等的法律人格。但是，在劳动合同签订以后，劳动者就成为酒店的员工，酒店就成为劳动力的支配者和劳动的管理者，员工必须听从酒店的领导，并要遵守酒店内部的劳动规则，这样一来使得劳动关系具有了隶属性，也就是说成为了一种隶属主体之间的以指挥和服从为特征的管理关系。

9.1.3 劳动安全与劳动保护

9.1.3.1 劳动安全与劳动保护的概述

劳动安全 是指酒店员工在工作过程中伤亡事故的防止和消除，是员工生命安全的保障，繁重体力劳动的减轻，以及生产设备的保护。

劳动保护 是指国家和酒店对员工工作过程中安全和健康的保护，是酒店在经营管理过程中消除伤亡事故、职业病、火灾等采取的综合措施以保护酒店人力资源，从而提高酒店经济效益和社会效益。

劳动保护是酒店人力资源保护中的核心内容，也是满足员工的安全需要，激发其工作热情的必要措施。

广义的劳动保护概念有以下3个层次的含义。

酒店员工的生理保护 国家通过立法形式和强制方式保护员工在工作过程中的安全与健康，以防止和消除工伤事故和职业病的发生。

酒店员工的经济条件的保护 主要是对员工的劳动报酬和福利的保护。

酒店员工的社会条件的保护 包括对员工的素质、员工的职业稳定和职业提升、工作中良好的人际关系以及员工参与酒店经营管理的权益保护。

狭义的劳动保护是为了保护酒店员工在工作过程中的安全和健康所采取的各种技术措施和组织措施的总称。

9.1.3.2 劳动保护的基本任务

保证工作安全 采取各种有效措施，减少和消除工作中的不安全、不卫生因素，改善酒店员工的劳动条件，满足其安全需要。

实现劳逸结合 采取各种必要措施，使酒店员工有劳有逸，有张有弛，既紧张地工作，又保证员工的休息和娱乐。这是员工维持再工作的需要，也是提高酒店员工生活质量的需要。

对女员工实行特殊保护 酒店女员工由于其生理特点，比男员工的受毒敏感性高，患病率也高，特别是在经、孕、产、哺乳期，受毒敏感性和患病率比平时更高，而且女员工的健康关系到下一代的人口素质，因此，对酒店女员工的保护意义更大。

工作时间限制 规定酒店员工的工作时间和休假制度，限制加班加点，保证员工有适当的休息时间和休假日数，使他们能保持旺盛的精力。

组织工伤救护 保证酒店员工一旦发生工伤事故，应立即受到良好的治疗。并全力做好职业中毒和职业病的预防救治工作。

9.1.3.3 劳动保护的主要内容

(1) 安全生产技术

安全生产技术是指工作过程中，为了预防伤亡事故，保障酒店员工人身安全和改善劳动条件所采取的各项技术措施的总称。比如，酒店工程部门的电气技术、起重技术、锅炉压力容器安全技术、防火防爆技术、强弱电维修技术等。

预防伤害事故的技术措施有以下 3 个方面。

加强生产设备的安全防护 生产设备是酒店员工的主要接触物，对其进行安全防护是预防和消除工伤事故的主要措施。

隔离装置 对各种带有危险性的机器设备采用屏护的办法，使人体与生产过程中正在运转的设备隔离，如金属防护网、挡板等。

保护装置 使设备在出现危险状况时自动启动保护装置从而消除危险，保证安全生产。如酒店电力系统中的继电保护装置。

警告装置 当危险状况可能发生时，该装置便自动发出警告信号，提醒酒店操作人员预防或及时消除危险。例如，发出音响信号、颜色信号、仪表指示等。

在工作现场容易发生事故处设置标志牌 用安全色、图形、符号传递特定的安全或危险信息，引起酒店工作人员对安全因素的注意。

改善工作环境与条件 工作环境与条件指工作场所的建筑采光、照明、温度、湿度、通风条件、噪音、整洁度、粉尘含量，等等，改善这些因素有助于提高工作效率，也是确保安全的必要条件。例如，建筑物必须符合机器设备工作时的要

求；照明需符合视力卫生；工作中产生的噪音必须控制在安全的范围内，等等。

酒店员工要采取个人防护措施 坚持使用个人防护用品，如电焊工的面罩，在有毒场所作业使用的防毒面具、防电磁辐射的防护服装等。

改进生产工艺 通过改进生产工艺使操作简易化，减少操作人员的紧张，防止疲劳。对于机器设备运转中存在的危险作业，应加强技术改造力度，进行工艺改革，提高自动化程度，从而达到降低危险性的目的。

同时，要注意工作场所合理布局和整洁。合理的标准是：符合操作顺序、工艺流程；搬运路线要短，通道要畅通，距离适当；物品摆放要整齐、稳固、清洁。

加强设备管理 酒店各种机器及设备在使用过程中应按照有关安全标准的要求和规定进行预防性试用，合格后才准予使用，同时应做好机器设备的维护保养与计划检修，防止设备老化而发生意外事故。

在安全生产技术的改进过程中，应从整个工作的所有方面加以考察，不断发现薄弱环节，提高工作整体的安全性。

(2) 劳动卫生

劳动卫生指在工作中为了改善劳动条件，保护酒店员工健康，避免有毒、有害物质的危害，防止发生职业病和职业中毒而采取措施的总称。

职业危害因素 包括以下4种因素。

化学因素 这是引起职业危害最为常见的因素。例如，有机化合物（苯、汽油等）高分子化合物（如合成橡胶、塑料等）以及刺激性、窒息性气体。

物理因素 如生产过程中的高温、高压、高湿，各种强烈的辐射、振动，生产性噪音，各种电磁波等。

劳动组织和劳动制度因素 如工作时间安排过长、劳动强度过大导致的酒店员工疲劳无法恢复；由于长时间重复一不良动作，导致员工个别器官或人体系统的失调，造成慢性病等。

工作环境因素 如噪音过大、粉尘含量过高、照明不足、防暑降温设施不良等，都会造成长期处于此环境下工作的酒店员工受到慢性伤害。

职业病 职业病是指酒店员工在职业活动中，员工因接触粉尘、放射性物质和其他有毒、有害物质等因素而引起的疾病。比如，尘肺、职业性传染病和皮肤病、物理因素职业病等。对酒店员工患有职业病者应建立劳动医疗保险，更重要的是对职业病的预防。

防止职业病和职业毒害的措施 主要包括以下3种。

组织措施 酒店各部门应组织安全、卫生监督网，强化监察，保障员工的工作环境符合安全标准和卫生标准。

技术措施 改革旧工艺，采用新技术，将有毒有害因素与操作者隔离，尽量采用仪表控制、远距离操作，采用通风、回收、净化的方法防尘防毒，采用合理的工作区域的规划与恰当的照明等。

医疗措施 按期普查，以预防为主，对患有职业病的酒店员工及时治疗。

此外，还应改进劳动制度，有些工作岗位可以实行员工轮换制。

(3) 劳动时间

对劳动时间限制是维护酒店员工的休息权，保障员工身心健康的重要手段，劳动时间的规定有：工作时间的长度；工作时间的安排；工作时间的中断，使员工得到必要的休息和休养时间。现行的关于员工工作时间和规定主要有以下内容。

第一，员工每日工作8h、每周工作40h。实行这一工时制度，应保证完成工作任务，不减少酒店员工的收入。

第二，因工作性质或者工作特点的限制，不能实行每日工作8h、每周工作40h标准工时制的，按照国家有关规定，可实行其他工作和休息办法。

第三，任何酒店和个人不得擅自延长员工的工作时间，因特殊情况和紧急任务确需延长工作时间的按照国家有关规定执行。

第四，酒店由于经营管理的需要，经与工会和酒店员工协商后可以延长工作时间，一般每日不得超过1h，因特殊原因需要延长工作时间的，在保障酒店员工身体健康的条件下延长工作时间每日不得超过3h，但是每月不得超过36h。

这些规定是酒店必须遵守的，也是员工在工作时间被无理延长时拒绝工作的法律依据，从而保障员工的安全与身体健康。

9.1.3.4 劳动保护的管理制度

(1) 安全生产责任制

安全生产责任制是酒店各级领导、职能部门、有关酒店工程技术人员和员工在生产与服务中应负的安全责任的一种制度。通过这一制度，把安全生产工作从组织领导上统一起来，把“管生产与服务的必须管安全”的原则从制度上固定下来。

(2) 编制劳动保护措施计划制度

这一制度是酒店财务计划的一个组成部分，把劳动保护措施所需经费、物资以及设计、施工等落在实处。所需经费按国家规定，在酒店更新改造资金中予以安排，一般占10%～20%，不得挪用。利改税后，在税后利润的生产发展基金中支付。

(3) 安全生产教育制度

安全生产教育制度旨在帮助酒店员工正确地认识和掌握自然规律，提高他们的生产与服务技术水平，使他们能够自觉地贯彻执行安全生产与服务的方针和各项劳动保护政策、法令、认真遵守酒店有关安全生产与服务的规章制度，保证实现安全生产与服务。

(4) 安全生产检查制度

在酒店中进行安全检查，是宣传安全生产与服务的方针，消除事故隐患，交流安全经验，推动劳动保护工作的一个重要方法。它包括酒店本身对安全卫生工作进行的经常性检查，也包括由地方劳动部门或行业主管部门组织的定期或不定期的安全大检查。这种检查可以是普遍检查，也可以是专业检查和季节性检查。安全检查的内容可分为查思想、查隐患、查管理、查制度等几方面。

(5) 伤亡事故处理报告制度

为了及时了解酒店员工伤亡事故发生的情况、原因和规律，以便采取预防措施，防止事故重复发生，酒店必须做好对员工伤亡事故进行报告、登记、调查、处理和统计分析工作，总结和吸取经验教训，为改善劳动条件减少伤亡事故和正确地执行劳动保护政策、法令提供可靠的依据。通过对事故责任的追查和处理，提高广大员工的安全意识。同时，还可以从中发现和解决管理上的问题，进一步加强酒店管理。

(6) 防护用品和保健食品管理

防护用品和保健食品是保护酒店员工在工作过程中安全健康的一种辅助措施，是根据工种劳动条件、有毒有害物质危害程度发给不同防护用品和不同等级保健食品的原则确定的。它不是一般性的生活福利待遇，必须严格按照规定发放范围、原则和标准执行。

酒店厨房的安全生产守则

文香阁大酒楼是一家有380多个餐位的四星级餐饮企业。为保证安全生产，该企业制定了比较完善的安全制度。其中，厨房安全生产守则内容摘要如下：

(1) 厨房员工上班一律穿工作服。要求戴帽子，穿平底鞋，系围裙，着装整洁、规范。

(2) 厨房内禁止抽烟，工作服口袋中不得带打火机、香烟和火柴，衣物、围裙等易燃物品不得在炉火上烘烤。

(3) 电器、煤气、电源插头由领班专人负责班前、班后检查，按安全操作规程使用。发现问题或故障时，要及时报修。冰箱、冷柜、橱柜由领班负责，下班后上锁。

(4) 油水、食物撒到地上时，要及时清除。碗、盘和玻璃器皿打碎时，要及时清理。始终保持地面整洁、干燥，防止滑倒和撞伤、摔伤。

(5) 擦拭炉台、锅盘；打开蒸锅时，要防止烫伤。

(6) 刀具使用后放在规定位置，不得乱放，不得用刀具打开罐头，不得拿刀嬉戏。

9.2 酒店劳动关系的调整

目前，酒店劳动关系常用的调整形式主要有2种：酒店劳动关系管理制度对劳动关系的调整；酒店职工代表大会对劳动关系的调整。此外，还有通过劳动合同规范对劳动关系的调整等。

9.2.1 酒店劳动关系管理制度对劳动关系的调整

酒店劳动关系管理制度是酒店根据国家法律法规的规定，并充分结合酒店自身实际情况，为协调酒店内部劳动关系，确保酒店内部各项事务正常运转而制定的办法。

9.2.1.1 酒店劳动关系管理制度的特点

酒店劳动关系管理制度是酒店规章制度的重要组成部分，具有如下特点。

(1) 酒店和员工双方必须共同遵守的行为规范

酒店劳动关系管理制度是规范在劳动过程中的酒店和员工之间的相互关系。酒店劳动关系管理制度所调整的行为是作为劳动过程组成部分的用工行为和劳动行为。既约束全体员工，又约束酒店各职能部门和酒店的其他组成部分。

(2) 酒店劳动关系制度制定的特定性

酒店劳动关系管理制度以酒店为制定的主体，以酒店公开、正式的行政文件为表现形式，只在本酒店范围内适用。

(3) 酒店经营自主权与员工民主管理权相结合

酒店劳动关系管理制度的制定和实施是酒店通过规范化管理协调劳动关系，

对劳动过程进行监督和管理的行为，是酒店以经营权为基础，行使用工权的一种形式和手段。酒店员工作为被监督的对象，一方面要在酒店的领导下有组织地为酒店工作，同时，员工有权参与酒店相关制度的制订，并有权对制度的实施进行监督。

9.2.1.2 酒店劳动关系管理制度的基本内容

酒店劳动关系管理的基本内容主要包括劳动合同管理制度、劳动纪律、劳动定员定额规则、工作岗位规范制定规则、劳动安全卫生制度和其他相关制度。

（1）劳动合同管理制度

劳动合同管理制度的主要内容有：

- 劳动合同履行的原则；
- 员工招收录用的条件、劳动合同草案、有关部门专项草案审批权限的规定；
- 员工招收录用计划的审批和执行权限的划分；
- 劳动合同续订、变更、解除事项的审批；
- 使用期的绩效评价办法；
- 员工档案的管理办法；
- 应聘人员相关材料的保存办法；
- 集体合同草案的拟订；
- 接触、终止劳动合同人员的档案移交办法、程序；
- 劳动合同管理制度修改、废止等。

（2）劳动纪律

劳动纪律是酒店依法制定全体员工在劳动过程中需要共同遵守的行为规范。劳动纪律的主要内容有：时间规则、组织规则、岗位规则、协作规则、品行规则、其他规则。

（3）劳动定员定额规则

编制定员规则　编制定员规则是酒店根据自身实际情况制定的酒店机构设置和配备人员的数量和质量等。

劳动定额规则　劳动定额规则是酒店在一定生产技术和组织规模条件下，由酒店员工完成工作任务或工作活动消耗量的限额。定额规则通常分为工时定额和产量定额 2 类。

（4）工作岗位规范制定规则

工作岗位规范是根据工作岗位职责、任务和生产手段的特点对酒店员工提出的客观要求的综合规定。工作岗位规范主要包括以下内容、岗位名称、岗位职责、生产技术规定、上岗标准等。

（5）劳动安全卫生制度

劳动安全卫生制度是酒店按照《劳动法》对酒店必须贯彻落实的各项劳动安全卫生规程和各项管理制度所做的全面规定，劳动安全卫生制度主要包括以下几个方面：劳动安全技术规程；劳动卫生规程；安全生产责任制度；安全技术措施计划管理制度；安全生产教育制度；安全生产检查制度；重大事故隐患管理制度；安全卫生认证制度；伤亡事故报告和处理制度；个人劳动安全卫生防护用品管理制度；劳动者健康检查制度；女员工的特殊保护制度等。

（6）其他相关制度

其他相关制度主要包括工资制度、福利制度、绩效评价制度、奖惩制度、培训制度等。

9.2.2 酒店职工代表大会对劳动关系的调整

9.2.2.1 酒店职工代表大会制度的特点

第一，员工参与酒店民主管理有多种形式，具体表现在：

- 组织参与。员工通过组织一定的代表性机构参与酒店管理。
- 个人参与。即员工通过其个人的行为参与酒店管理。

第二，酒店的民主管理制度与合同规范协调劳动关系运行制度相比，具有以下特点：

- 员工民主管理是由劳动关系当事人双方各自的单方行为所构成。
- 员工民主管理是一种管理关系中的纵向协调。

第三，酒店民主管理制度与劳动争议处理制度在协调劳动关系运行中的功能相比，具有以下特点：

- 员工民主管理是一种自我协调或内部协调方式，而劳动争议仲裁是一种外部协调方式；酒店劳动争议调解委员会对劳动争论的调解是一种群众自治的活动。
- 员工民主管理是在劳动关系运行中的自行协调和事前协调，其目的是预防劳动争议；而劳动争议处理则是事后协调，其目的是解决劳动争议。

9.2.2.2 酒店职工代表大会的职权

酒店职工代表大会的职权是依法享有的，对酒店经营管理事务进行咨询、建议或决定的权力。职工代表大会的职权主要表现在以下4个方面。

审议建议权 所谓的审议建议权是通过对酒店经营管理重大决策事项进行审查、咨询和建议，如酒店经营管理目标、重大服务项目引进与改造和财务预算等提出意见或建议，并做出相关决议。

审议通过权 对酒店有关员工切身权益的重大事项进行审查、讨论，并做出同意或否决的决议，从而维护和保障员工的合法权益。

评议监督权 评议监督酒店各级管理人员，并提出相应的奖惩和任免建议。

推荐选举权 根据酒店所有者的决定，如民主推荐酒店经营者或民主选举酒店经营者。

9.3 酒店劳动合同的管理

9.3.1 劳动合同的概述

9.3.1.1 劳动合同的概述

我国《劳动法》第十六条规定：“劳动合同是劳动者与用人单位确立劳动关系、明确双方权利和义务的协议。”酒店与员工通过劳动合同的签订、履行、终止以及变更、解除，调节酒店劳动力的供求关系。既能使酒店员工有一定的择业和流动自由，又能制约酒店员工在合同期履行劳动义务和应尽职责，使酒店劳动力有相对的稳定性和合理的流动性。

要遵守订房合同

游客钱某投诉A酒店，因A酒店超额预订，使他订妥的客房没有保障，要求A酒店赔偿经济损失。

游客钱某通过旅行社预订了A酒店的标准间。但当钱某按照约定的时间到达A酒店时，A酒店总服务台却告诉他标准间已客满，只剩下一间小套房，钱某须交纳200元房费差价方可入住。钱某不同意A酒店的安排，服务前台便通过电话与附近的B酒店取得联系，并且写好一张便条让钱某"打的"前往。钱某到达B酒店后得知，B酒店的标准客房比A酒店的质量要差一些，而且还需要补交80元的房费差价。由于当时天色已晚，为了安全，钱某只得付钱入住。

旅游结束后，钱某向当地旅游质监部门投诉，要求A酒店赔偿经济损失，同时要求B酒店退还房费差价。

9.3.1.2 劳动合同的订立

(1) 劳动合同订立的原则

一般订立劳动合同应注意以下原则：

- 合法互惠原则；
- 平等自愿原则；
- 协商一致原则。

(2) 劳动合同的形式与内容

劳动合同的形式 可以分为口头形式和书面形式2种，而书面形式的劳动合同又有主件和附件之分。主件一般是指在确立劳动关系时所订立的书面劳动合同；附件一般是指法定或约定作为劳动合同主件的补充，进一步明确当事人双方相互权利义务的书面文件。

劳动合同的内容 即劳动合同条款，分为一般法定必备条款、特殊法定必备条款、约定必备条款。

一般法定必备条款是法律要求各种劳动合同都必须具备的条款。劳动合同应当具备以下条款。

合同期限 除依法允许订立不定期合同的情况以外，都应当规定合同有效期限，其中应包括合同的生效日期和终止日期，或者决定合同有效期的工作项目。

工作内容 即关于酒店员工的工作岗位、劳动任务条款。

劳动保护和劳动条件 即关于酒店应当为员工提供劳动安全卫生条件和劳动条件的条款。

劳动报酬 即关于酒店员工报酬的形式、构成、标准等条款。

劳动纪律 即关于酒店员工应当遵守劳动纪律的条款，它一般不列劳动纪律的内容，只是表明员工同意接受酒店依法制定的劳动纪律。

合同终止条件 即关于劳动合同在法定终止条件之外的哪些情况下可以或应当终止的条款。

违约责任 即关于违反劳动合同的酒店和员工各自应如何承担责任的条款，不仅包括关于依法承担违约责任的抽象规定，而且含有关于在合法范围内承担或免除违约责任的具体约定。

(3) 劳动合同的订立程序

提出劳动合同草案 酒店向员工提出拟订的劳动合同草案，并说明各条款的具体内容和依据。

介绍内部劳动规则 在提出劳动合同草案的同时，酒店还必须向员工详细介绍本单位内部劳动规则。

商定劳动合同内容 酒店与员工在劳动合同草案和内部劳动规则的基础上，对合同条款逐条协商一致后，以书面形式确定其具体内容。对劳动合同草案，员工可以提出修改和补充意见，并就此与酒店协商确定。对内部劳动规则，酒店员工一般只需表示接受与否即可，而不能与酒店协商修改或补充其内容；不过双方可以在劳动合同中做出不同于内部劳动规则某项内容或者指明不受内部劳动规则某项内容约束而对员工更有利的约定。

签名盖章 酒店和员工应当在经协商一致所形成的劳动合同文本中签名盖章，以此标志双方意思表示一致的完成。凡属不需要鉴证的劳动合同，以双方当事人签名盖章后即告成立。

鉴证 按照国家规定或当事人要求而需要鉴证的劳动合同，应当将其文本送交合同签订地或履行地的合同鉴证机构进行鉴证。凡需要鉴证的劳动合同，经鉴证后方可生效。

上述各阶段是紧密相连、不可分割的连续过程，酒店招聘合同制员工，必须依次确定合同当事人、确定合同内容，才能在当事人之间确立劳动法律关系。

(4) 劳动合同的法律效力

劳动合同的有效 劳动合同依法成立，从合同成立之日或者合同约定生效之日起就具有法律效力。其具体表现主要包括以下条款。

- 当事人双方必须亲自全面履行合同所规定的义务；
- 合同的变更和解除都必须遵循法定的条件和程序，任何一方当事人都不得擅自变更和解除合同；
- 当事人违反合同必须依法承担违约责任；
- 当事人双方在合同履行过程中发生争议，必须以法定方式处理。

劳动合同具有法律效力 必须以完全具备法定有效要件为前提。劳动合同有效要件一般包括以下内容。

合同主体必须合格 双方当事人都必须具备法定的主体资格，即一方必须是具有劳动权利能力和劳动行为能力的公民，另一方必须是具有用人权利能力和用人行为能力的酒店。

合同内容必须合法 即劳动合同必须完全具备法定必备条款，并且所载各项条款的内容都必须符合劳动法规、劳动政策和集体合同的要求。

意思表示必须真实 即双方当事人的意思表示都出于本人自愿，并且与本人内在意志相符。

合同形式必须合法 劳动合同必须采用法规的书面合同或标准合同形式；非正式劳动合同应采用当事人所要求的书面或口头合同形式。

订立程序必须合法 劳动合同的订立必须完成各项法定必要程序，并且在订立程序中必须严格遵循法定规则，尤其应当遵循平等自愿和协商一致的原则。

劳动合同的无效 劳动合同无效是指劳动合同由于缺少有效要件而全部或部分不具有法律效力。其中，全部无效的劳动合同，它所确立的劳动关系应予以消灭；部分无效的劳动合同，它所确立的劳动关系可依法存续，只是部分合同条款无效，如果不影响其余部分效力，其余部分仍然有效。

“违反法律、行政法规的劳动合同”“采取欺诈、威胁等手段订立的劳动合同”一般确定为无效合同。无效的劳动合同从订立的时候起就没有法律约束力。按劳动部的解释：“员工被迫签订的劳动合同或未经协商一致签订的劳动合同为无效劳动合同。”所谓“员工被迫签订的劳动合同”，是指有证据表明员工在受到胁迫或对方乘己之危的情况下，违背自己真实意思而签订的劳动合同；所谓“未经协商一致签订的劳动合同”，是指有证据表明酒店和员工不是在双方充分表达自己意思的基础上，未经平等协商、取得一致的情况下签订的劳动合同。劳动合同的无效由劳动争议仲裁委员会或者法院确认。

对无效劳动合同的法律后果有必要按照下述 2 个阶段认定和处理。

第一，自合同订立时起至合同被确认无效时止，合同全部无效的，当事人之间仅存在事实劳动关系；合同部分无效的，当事人之间并存着部分劳动法律关系和部分事实劳动关系。事实劳动关系中当事人的权利和义务应当以劳动法规、劳动政策、集体合同和内部劳动规则的有关规定为依据重新确定。其中，劳动者如果未得到或者未全部得到劳动法规、劳动政策、集体合同、内部劳动规则所规定标准的物质待遇，酒店应当按照该标准予以补偿。

第二，自合同被确认无效时起，全部无效的合同所引起的事实劳动关系应予终止；部分无效的合同所引起的事实劳动关系应予终止；部分无效的合同中，无效条款应当由劳动法规、劳动政策、集体合同和内部劳动规则中的有关规定所取代，或者由当事人依法重新商定的合同条款所取代。

劳动合同被依法确认无效，还会导致特殊的法律后果。主要包括以下 3 种情况。

第一，酒店对员工收取保证金或扣押证件等物品的，应当返还给员工。

第二，劳动合同全部无效而酒店对此有过错的，如果当事人双方都具备主体资格而要求订立劳动合同的，在终止事实劳动关系的同时，酒店应当与员工依法订立劳动合同。因为，在这种情况下确认劳动合同无效，并未否定劳动合同订立程序的第一阶段（即确定合同当事人阶段）双方所做出的同意与对方订立劳动合同的意思表示，所以，可重新开始劳动合同订立程序的第 2 阶段（即确定合同内容阶段）；并且，这样做可避免员工因劳动合同无效而失业。

第三，酒店对劳动合同无效有过错，如果给员工造成损害，应当承担赔偿责任。

9.3.1.3 劳动合同的履行

劳动合同的履行是指合同当事人双方履行劳动合同所规定义务的法律行为，亦即酒店和员工按照劳动合同的要求，共同实现劳动过程和各自的合法权益。劳动合同依法订立就必须履行。

（1）劳动合同的履行原则

劳动合同的履行应遵循以下几项原则。

亲自履行原则 劳动合同的履行也只能在签订合同的特定主体之间进行。员工一方的主体变更一般视为合同解除，酒店一方对员工提供劳动义务的请求权也不应转让给第 3 人。劳动法律关系确立后，员工不允许请他人代为劳动，酒店也不能擅自将员工调动转移到其他单位。

全面履行原则 合同当事人双方都必须履行合同的全部条款和各自承担的全部义务，既要按照合同约定的标准及其种类、数量和质量履行，又要按照合同约定的时间、地点和方式履行。

协作履行原则 劳动合同协作履行原则要求如下：

- 当事人双方首先应按照劳动合同和劳动纪律的规定履行自己应尽的义务，并为对方履行义务创造条件；
- 当事人双方应互相关心，通过经营管理和民主管理，互相督促，发现问题及时协商解决；
- 无论是酒店还是员工遇到困难时，双方都应在法律允许的范围内尽力给予帮助；
- 员工违纪，酒店应依法进行教育，帮助员工改正；酒店违约，员工也要及时反映问题，尽快协助酒店纠正，并设法防止和减少损失；
- 在合同履行过程中发生了劳动争议，当事人双方都应从大局出发，根据劳动法和劳动合同的有关规定，结合实际情况，及时协商解决，酒店与员工应建立起和谐的劳动关系。

（2）劳动合同的特殊规则

履行不明确条款的规则 对于劳动合同中内容不明确的条款，应当先依法确定其具体内容，然后予以履行。一般认为，酒店内部劳动规则有明确规定的，按照该规定履行；酒店内部劳动规则未做明确规定的，按照集体合同的规定履行；劳动法规和政策未做明确规定的，按照通行的习惯履行；没有可供遵循的习惯的，由当事人双方协商确定如何履行。其中，劳动给付义务也可按照酒店的指示履行。

向第3人履行的规则 劳动合同的任何一方当事人，一般都只向对方当事人履行义务，并且要求对方当事人履行义务的请求权一般不得转让给第3人。换言之，只有在法律允许的特殊情况下，员工或酒店才应当向第3人履行义务。

履行约定之外劳动给付的规则 员工履行劳动给付义务原则上以劳动合同约定的范围为限，在劳动合同未变更时，酒店一般不得指示员工从事劳动合同约定之外的劳动。但是遇有紧急情况时，如为了避免发生危险事故或者进行事故抢救和善后工作，酒店可指示员工临时从事劳动合同约定之外的劳动，员工应当服从这种指示。员工于其约定的劳动给付外，无给付其他附带劳动的义务，但有紧急情形或其职业上有特别习惯时，不得拒绝其所能给付的劳动。

9.3.1.4 劳动合同的变更

劳动合同的变更是指合同当事人酒店与员工双方或单方依法修改或补充劳动合同内容的法律行为。它发生于劳动合同生效后尚未履行或尚未完全履行期间，是对劳动合同所约定的权利和义务的完善和发展，是确保劳动合同全面履行和劳动过程顺利实现的重要手段。

劳动合同变更的对象只限于劳动合同中的部分条款。它应当符合下述要求。

尚未履行或者尚未完全履行的有效条款 已履行完毕的条款再无变更的必要和可能；而无效的条款应予取消，不适用于变更。

依法可予变更的条款 换言之，依法不应作为变更对象的条款，如合同当事人条款、合同期限条款等，不得进行变更。

引起合同变更的原因所指向的条款 合同变更由于法定或约定的原因不同，所应变更的条款也就有所差异。凡是与合同变更的原因无关的条款则不必予以变更。即只有在订立劳动合同所依据的主客观条件发生变化，致使劳动合同中一定条款的履行成为不可能或不必要的情况下，劳动合同才可变更。

劳动合同的自愿变更是指劳动合同订立以后，由于订立合同时所依据的情况发生变化，经劳动合同双方当事人协商同意，变更原订合同。变更劳动合同确定了与劳动合同订立完全一致的原则，即遵循平等自愿、协商一致的原则，不得违反法律、行政法规的规定。

(1) 劳动合同变更原因

引起劳动合同变更的原因按照其来源不同可大致归纳为 3 个方面。

酒店方面的原因 例如，调整工作岗位或经营管理项目、重新进行劳动组合、修订劳动定额、调整劳动报酬或员工福利分配方案、发生严重亏损、防止泄露商业秘密等。

员工方面的原因 例如，身体健康状况发生变化、劳动能力部分丧失、所在岗位与其职业技能不相适应、职业技能提高到一定等级等。

客观方面的原因 例如，法规和政策发生变化、物价水平大幅度变化、国民经济调整、社会动乱、自然灾害等。

(2) 劳动合同变更条件

根据规定，劳动合同的变更应具备 3 个条件。

酒店与员工双方原来已经存在着劳动合同关系 所谓“变更”是对原订合同的修改和增删，没有一个已经生效的劳动合同，就谈不上合同的变更，这是劳动合同变更的前提条件。

订立合同时所依据的情况发生变化 劳动合同依法订立后就具有法律的约束力，酒店与员工双方都必须严格按照劳动合同规定的条款履行自己应尽的义务。只有出现情况变化时，才允许变更劳动合同，这是劳动合同变更的客观条件。

劳动合同变更必须经酒店与员工双方当事人同意 劳动合同在签订时要贯彻平等自愿、协商一致的原则。这种当事人之间通过协商一致形成的合同法律关系，一般也应通过协商一致才可予以变更，这是变更的主观条件。

(3) 劳动合同变更程序

合同变更的法定程序包括下面几个主要环节。

预告变更要求 需要变更合同的一方当事人应当按照规定时间提前向对方当事人提出变更合同的要求，说明变更理由、条款、条件以及请求对方当事人答复的期限。

按期做出答复 得知对方当事人提出的变更合同的要求后，通常应当在对方当事人要求的期限内做出答复，可以表示同意，也可以提出不同意见而要求另行协商，如果不属于法定应当变更合同的情况，还可以表示不同意。

签订书面协议 酒店与员工双方均同意变更合同的，应当就合同变更达成书面协议，并签名盖章。协议书中应当指明变更的条款，并约定所变更条款的生效日期。

鉴证或备案 凡在订立时经过鉴证或备案的合同，变更合同的协议签订后也要办理鉴证或备案手续。

9.3.1.5 劳动合同的解除

（1）劳动合同解除的含义和种类

劳动合同解除是指劳动合同生效以后，尚未全部履行以前，当事人一方或双方依法提前消灭劳动关系的法律行为。

劳动合同的解除主要包括以下几种。

协议解除　即劳动合同经酒店与员工双方协商一致而解除。

单方解除　即享有单方解除权的当事人以单方意思表示解除劳动合同。酒店员工可以无条件地预告辞职，但即时辞职则要受一定条件的限制。就辞退而言，酒店在符合法定或约定条件的情况下方可辞退员工。

法定解除　即员工或酒店在符合劳动法规定的合同解除条件的情况下，单方解除劳动合同。

约定解除　即员工或酒店在符合集体合同或劳动合同依法约定的合同解除条件的情况下，单方解除劳动合同。

有过错解除　即由于对方当事人的过错行为而导致的劳动合同解除。它包括员工因酒店有过错而辞职和酒店因员工有过错而辞退。这里所讲的错只限于已严重到足以导致辞退或辞职程度的过错，轻微过错不在其内。在这里，解除合同的主动权在无过错方，由其提出的解除要求对有过错方具有强制性，并可不经预告就行使单方解除权；酒店如果是过错方，就应当赔偿员工因辞职所受的损失；员工如果是过错方，就无权要求酒店因辞退而给予经济补偿，或应赔偿酒店所受的损失。

无过错解除　即在对方当事人无过错行为或者其过错行为轻微的情况下单方解除劳动合同。为了避免或减少合同解除可给对方当事人造成的损失，员工或酒店在解除合同前均应向对方当事人预告。尤其是酒店辞退员工要严格按照规定的条件执行，并且还应对辞退或辞职员工给予一定的经济补偿。

（2）劳动合同解除的一般程序

劳动合同解除的一般程序，因解除的方式、条件等差异而有所不同，一般包括下面几项内容。

辞退通知前的环节　酒店在发出辞退通知以前，必须经过以下特定的环节。

批评教育、纪律处分或辞退警告无效。酒店对于因违纪（违章）违法应予辞退的员工，必须针对其违纪（违章）违法行为进行批评教育或纪律处分，经此仍然无效的方可辞退。

裁员应当事先向当地劳动行政部门报告裁员方案以及征求酒店工会或全体员工意见，并听取劳动行政部门的意见。报经主管部门审核或批准后方可辞退员工。

解约的协议或通知　这一环节的主要内容如下。

劳动合同的协议解除应当由合同当事人双方就合同解除的日期和法律后果依法签订书面协议。

劳动合同的单方解除，应当由酒店或员工提前或即时以书面形式将解除劳动合同的决定通知对方。在裁员时，这种通知的形式为正式公布裁员方案。其中，提前通知的期间（即预告期间）一般依照法律规定。

就预告辞退而言，立法规定预告期的意图在于让被辞退员工在失业来临前有一段预先求职的时间。因而，允许酒店以向被辞退员工支付与预告期间劳动报酬额相等的补偿的方式取代预告期，即酒店在支付此项补偿费的前提下即可辞退员工。酒店之所以愿意如此，其原因在于尽可能避免预告期间被辞退员工在劳动过程中实施不利于酒店的行为。

解约协议或通知后的环节 在劳动合同当事人就劳动合同解除签订协议或发出通知以后，还必须或可能经过以下一些特定环节。

工会干预 酒店工会认为辞退不适当的，有权提出意见，酒店对工会意见应当认真研究，如果辞退违法或违约，工会有权要求重新处理。

争议处理 因劳动合同解除发生争议的，应当依法遵循调解仲裁、诉讼的程序处理。

备案 酒店人力资源部对劳动合同解除过程中的各个环节进行记录备案。

9.3.1.6 劳动合同的终止

(1) 劳动合同终止的概念和原因

劳动合同的终止是指劳动合同的法律效力依法被消灭，亦即劳动合同所确立的劳动关系由于一定法律事实的出现而终结，员工与酒店之间原有的权利和义务不复存在。能够引起劳动合同终止的原因主要有下面几种。

合同期限届满 劳动合同有效期限届满时，除依法续订合同和其他依法可延期情况外，即行终止。

约定终止条件成立 劳动合同或集体合同约定的合同终止条件实际成立，劳动合同即行终止。

合同目的实现 以完成一定工作为期的劳动合同在其约定工作完成之时，其他劳动合同在其约定的条款全面履行完毕之时，因合同目的已实现而当然终止。

当事人死亡 死亡，其劳动合同即终止。

退休手续的办理 员工因达到退休年龄或完全丧失劳动能力而办理退休手续，其劳动合同即告终止。

酒店消灭 酒店依法被宣告破产、解散、关闭或撤销，其劳动合同随之终止。

合同解除 劳动合同因依法解除而终止。

(2) 劳动合同终止的法律后果

劳动合同终止的法律后果指在终止劳动关系并消灭当事人双方权利义务的同时，对当事人双方随之产生新的权利义务。

酒店方面的义务 主要包括支付员工的经济补偿及缴纳保险费等其他义务。

支付经济补偿 即在法定条件下，酒店应当按照法定的项目和标准向员工(或其亲属)一次性支付经济补偿。这种经济补偿称为离职费或遣散费。酒店因劳动合同终止所负的经济补偿义务，应当包括劳动贡献积累补偿、失业补偿和其他特殊补偿。劳动贡献积累补偿是对酒店员工在劳动关系存续期间为酒店已做贡献的积累所给予的经济补偿，其数额一般应当与本酒店工龄挂钩，除了员工因有过错行为而被辞退除外，在劳动合同终止时应当支付这种补偿。失业补偿是对员工因劳动合同解除而丧失原劳动合同所约定就业机会的经济补偿，其数额应当与劳动合同解除时所剩余的未履行期限挂钩，除了员工因有过错行为而被辞退和在试用期内解除劳动合同除外，合同解除时应当支付这种补偿。其他特殊补偿是对劳动合同终止时有病伤未愈等特殊困难的员工所给予的经济补偿，除了员工因有过错行为而被辞退之外，在劳动合同终止时，应当支付这种补偿。

经济补偿金　劳动合同经协议解除，或者由酒店解除（因试用不合格或员工有过错行为而解除者除外）的按员工在本酒店工龄，每满1年给相当于1个月工资的经济补偿金。但是经协议解除或者因员工不胜任工作被解除的，最多给予不超过12个月工资的金额。酒店未按规定给予经济补偿金的，除全额发给应付经济补偿外，还须按其数额的50%支付额外经济补偿金。

失业补偿费　酒店因破产或歇业而解除劳动合同的，合同未满的时间每1年给员工相当于1个月工资的失业补偿费，但最高不超过12个月工资。

禁止同业竞争补偿费　约定员工为保守酒店商业秘密而在劳动合同终止后一定期间不与该酒店进行同业竞争的，酒店应当给予该员工一定数额的经济补偿。

医疗补助费　劳动合同因酒店员工患病或非因工负伤而由酒店解除的，在发给经济补偿金的同时，还应发给不低于6个月工资的医疗补助费。对患重病或绝症者要增加医疗补助费，其中患重病的增加部分不低于医疗补助费的50%，患绝症的增加部分不低于医疗补助费的100%。

酒店应履行义务　在支付经济补偿金的同时，酒店还应履行以下义务。

向社会保险经办机构缴纳有关费用　凡是依法应当由酒店为员工缴纳的社会保险费用，在劳动合同终止时酒店应当负责全部缴足。因患职业病或因工负伤部分致残的员工，若本人要求解除劳动合同，酒店应当按当地政府规定，向社会保险经办机构缴纳因工伤待业安置费；酒店按照有关规定宣布解散或经双方协议解除劳动合同时，对因工负伤或患职业病正在治疗、疗养和医疗终结经鉴定确认完全或部分丧失劳动能力的员工，享受抚恤待遇的因工死亡员工遗属。在孕期、产期和哺乳期的女员工，以及未参加各项社会保险的员工，应当根据当地政府规定，一次性向社会保险经办机构支付所需的生活及社会保险费用。

出具劳动关系终止证明书　酒店应当在劳动合同终止的当时或者应员工事后请求，免费向员工出具终止劳动合同的证明书，以证实原劳动关系已经消灭。证明书的内容应当包括法定必备事项，并应客观公正。

为被裁减人员提供一定就业保障　酒店从裁员之日起6个月内需要新招人员的，必须优先从本单位裁减的人员中录用，并向当地劳动部门报告录用人员的数量、时间、条件以及优先录用人员的情况；酒店有条件的，应当为被裁减人员提供培训就业帮助。

返还劳动者寄存财产　在劳动关系存续期间员工寄存于酒店的各项财产，当劳动合同终止时，酒店应当返还给员工。

继续提供住房　劳动关系存续期间由酒店提供住房的员工，在劳动合同终止后一定时间内，酒店应当让其继续居住该住房。

酒店员工的义务　员工因劳动合同终止对酒店所负的义务主要有以下几项。

赔偿损失　员工对劳动合同解除有过错的，应当按照法定或约定的要求，向酒店赔偿因此所受的损失。

结束并移交事务　劳动合同终止后，员工应当依酒店对其忠实义务的要求，结束其正在进行中的事务，对紧急事务做应急处理；同时向酒店办理事务移交手续；对原归其保管的物品，在交接前负责继续保管。

继续保守商业秘密　员工对其在劳动关系存续期间得知的商业秘密，在劳动合同终止后一定期限内应当继续保密。

与劳动合同终止相联系的情况　有2种情况：续订劳动合同；维持事实劳动

关系。

劳动合同的续订是指原订的劳动合同终止执行后，由于工作需要，当事人双方通过协商一致，继续签订劳动合同，劳动合同的续订是劳动合同订立的一种特殊形式，它和一般劳动合同的签订相比有4个显著特征。

合同当事人有限制　劳动合同期满一般是允许续订合同的，但是定期轮换工的续订合同受限制。

合同订立程序有区别　在合同续订时，劳动合同双方当事人已经确定，因此不需要通过招聘录用程序重新确定当事人。但是当事人之间在续订合同，仍然要对涉及双方权利义务的有关事项平等协商，达成一致意见。如果员工一方仍从事原来工作，应不再规定试用期。

合同期限有规定　酒店与员工经双方协商，达成合同期限的一致意见。

合同形式有联系　续订合同的当事人双方曾经存在过一定时期的合同关系，彼此比较了解，可以吸取原合同的长处，使新订的合同更加切实可行。

事实劳动关系是酒店与员工之间既无劳动合同又存在着劳动关系的一种状态，除当事人履行无效劳动合同而产生的劳动关系外，通常是由于合同期满后既没有续订合同又没有终止合同而形成的事实劳动关系。这种状况不符合法律要求。实践中，出现事实劳动关系情况时，当地劳动部门一般均要求酒店与员工补办终止或续订合同的相关手续。

9.3.2 社会保险的管理

9.3.2.1 社会保障与酒店社会保险

社会保障是劳动者（或公民）由于年老、患病、生育、伤残、失业、死亡等原因而中断劳动、暂时或者永久丧失劳动能力不能获得劳动报酬，本人和供养的家属失去生活收入时，由国家和社会按规定提供物质帮助和社会服务的一种社会保障制度，是一种社会政策性保险。它是将危险集中而转移给政府服务机构的一种措施。

企业社会保险是企业应付各种意外情况发生，保障员工生活，并在员工遭受困难时获得救济的保险活动。具体项目包括养老保险、医疗保险、失业保险、工伤保险和生育保险。

（1）养老保险

养老保险（或养老保险制度）是国家和社会根据有关法律和法规，为解决劳动者在达到国家规定的解除劳动义务的年龄界限或因伤病丧失劳动能力退出劳动岗位后保障基本生活而建立的一种社会保险制度。养老保险是世界各国普遍实行的一种社会保障制度，一般具有以下几个特点：① 由国家立法强制实行，企业单位和个人都必须参加，符合养老条件的人可向社会保险部门领取养老金；② 养老保险费用一般由国家、单位和个人三方或单位和个人双方共同负担，并实现广泛的社会互济；③ 养老保险具有社会性，影响大、享受人多且时间较长，费用支出庞大。

我国的养老保险由3个部分（或层次）组成。第一部分是基本养老保险，第二部分是企业补充养老保险，第3部分是个人储蓄性养老保险。

基本养老保险　是按国家统一政策规定强制实施的为保障广大离退休人员基

本生活需要的一种养老保险制度，居于多层次的养老保险体系中的第一层次。

我国的基本养老保险制度是社会统筹与个人账户相结合的保险制度，在基本养老保险基金的筹集上采用传统型的基本养老保险费用的筹集模式，即由国家、单位和个人共同负担；基本养老保险基金实行社会互济；在基本养老金的计发上采用结构式的计发办法，强调个人账户养老金的激励因素和劳动贡献差别。

企业补充养老保险 是指由企业根据自身经济实力，在国家规定的实施政策和实施条件下为本企业职工建立的一种辅助性的养老保险。它居于多层次的养老保险体系中的第二层次，由国家宏观指导，企业内部决策执行。企业补充养老保险费可由企业完全承担，或由企业和员工双方共同承担，承担比例由双方协议确定。企业内部一般都设有由劳资双方组成的董事会，负责企业补充养老保险事宜。

个人储蓄性养老保险 是由职工自愿参加、自愿选择经办机构的一种补充保险形式。由社会保险机构经办的职工个人储蓄性养老保险，是由社会保险主管部门制订具体办法，职工个人根据自己的工资收入情况，按规定缴纳个人储蓄性养老保险费，记入当地社会保险机构在有关银行开设的养老保险个人账户，并按不低于或高于同期城乡居民储蓄存款利率计息，以提倡和鼓励职工个人参加储蓄性养老保险，所得利息记入个人账户，本息一并归职工个人所有。职工达到法定退休年龄经批准退休后，将个人账户储蓄性养老保险金一次总付或分次支付给本人。职工跨地区流动时，个人账户的储蓄性养老保险金应随之转移。职工未到退休年龄而死亡，记入个人账户的储蓄性养老保险金应由其指定人或法定继承人继承。

（2）医疗保险

医疗保险是当员工生病或受到伤害后，由国家或社会给予的一种物质帮助，即提供医疗服务或经济补偿的一种社会保障制度。医疗保险制度通常由国家立法，强制实施，建立基金制度，医疗保险费由医疗保险机构支付，以解决劳动者因患病或受伤害带来的医疗风险。

我国的基本医疗保险费由用人单位和职工共同缴纳。用人单位缴费率一般控制在职工工资总额的10%（具体参照当地的缴费标准）左右，职工缴费率一般为本人工资收入的2%（具体参照当地的缴费标准）左右。随着经济的发展，用人单位和职工缴费率可做相应调整。基本医疗保险基金由统筹基金和个人账户构成。职工个人缴纳的基本医疗保险费全部计入个人账户；用人单位缴纳的基本医疗保险费分为2部分，一部分用于建立统筹基金，另一部分划入个人账户。

（3）失业保险

失业保险是指国家通过立法强制实行，由社会集中建立基金，对因失业而暂时中断生活来源的劳动者提供物质帮助的制度。它是社会保障体系的重要组成部分，是社会保险的主要项目之一。在我国，城镇国有企业、集体企业、外商投资企业、港澳台投资企业、私营企业等各类企事业单位都必须参加失业保险并按规定缴纳失业保险费。上述单位的职工也要按规定缴纳失业保险费，失业后符合条件的可以享受失业保险待遇。

失业保险所需资金来源于4个部分：① 失业保险费（包括单位缴纳和个人缴纳2部分），这是基金的主要来源；② 财政补贴，这是政府负担的一部分；③ 基金利息，这是基金存入银行和购买国债的收益部分；④ 其他资金，主要是指对不按期缴纳失业保险费的单位征收的滞纳金等。失业保险费由城镇企业事业单位按照本单位工资总额的2%左右（具体参照当地的缴费标准）缴纳，城镇企业事业单位职工按照本人工资的1%左右（具体参照当地的缴费标准）缴纳。失业人员可享受的失业保险待遇包括按月领取的失业保险金，领取失业保险金期间的医疗补助金，领取失业保险金期间死亡的失业人员的丧葬补助金及其供养的配偶、直系亲属的抚恤金。失业保险金的领取时间是由失业人员失业前所在单位和本人按照规定累计缴费时间决定的，缴费满1年不足5年的，最长不超过12个月；满5年不足10年的，最长不超过18个月：10年以上的，最长不超过24个月。失业人员享受失业保险待遇的条件，除了原单位和本人按规定履行缴费义务外，还必须符合失业不是因自己意愿造成的、失业后办理了失业登记手续并有求职要求的这2个条件。

（4）工伤保险

工伤保险是国家为了保障劳动者在工作中遭受事故伤害和患职业病后获得医疗救治、经济补偿和职业康复的权利，分散工伤风险，促进工伤预防的一种社会保障手段。工伤保险要与事故预防、职业病防治相结合。工伤保险实行社会统筹，设立工伤保险基金，对工伤职工提供经济补偿和实行社会化管理服务。工伤保险费由企业按照职工工资总额的一定比例缴纳，职工个人不缴纳工伤保险费。工伤保险费根据各行业的伤亡事故风险和职业危害程度的类别实行差别费率。

（5）生育保险

生育保险是国家通过立法，对怀孕、分娩女职工给予生活保障和物质帮助的一项社会政策。其宗旨在于通过向职业妇女提供生育津贴、医疗服务和产假，帮助她们恢复劳动能力，重返工作岗位。

9.3.2.2 社会保险工作程序和方法

社会保险的缴费工作程序主要有以下几项。

第一，酒店必须向当地社会保险经办机构办理社会保险登记，参加社会保险。需办理的手续和程序如下。

填写社会保险登记表。登记事项包括：单位名称、住所、经营地点、单位类型、法定代表人或负责人、开户银行账号以及劳动保障行政部门规定的其他事项。

申请办理社会保险登记。申请办理时，应当出示以下证件和资料：① 营业执照、批准成立证件或其他核准执业证件；② 国家质量技术监督部门颁发的组织机构统一代码证书；③ 省、自治区、直辖市社会保险经办机构规定的其他有关证件、资料；④ 社会保险经办机构发给的社会保险登记证件；⑤ 根据各地社会保险的缴费基数、费率以及人员变动的有关规定填写各项保险月报表。

第二，酒店每月按照社会保险经办机构规定的时间，向其送达月报表和有关资料。

第三，社会保险经办机构进行即时审核，对申报资料齐全、缴费基数和费率符合规定、填报准确的月报表签章核准。

第四，酒店缴费申报经核准后，可以采取下列方式之一缴纳社会保险费：

- 酒店到其开户银行缴纳；
- 酒店到社会保险经办机构以支票或现金形式缴纳；
- 酒店必须在社会保险经办机构核准其缴费申报后的规定时间内缴纳社会保险费。酒店和缴费个人应当以货币形式全额缴纳社会保险费。缴费个人应当缴纳的社会保险费由酒店从基本工资中代扣代缴。

9.3.2.3　社会保险基金台账的建立

根据国家规定，企业及个人均应缴纳各类社会保险基金，因此它也构成了酒店的一项支出，是人力成本的组成部分。在建立保险基金台账（表9－1）时，要将所有保险基金信息包括在内。

表9－1　酒店保险基金台账　　　　单位：元

月份	姓名	基金账号	性别	养老保险		医疗保险		失业保险		工伤保险		待业保险		生育保险		总计
				企业	个人	企业	个人	企业	个人	企业	个人	企业	个人	企业	个人	
全年参保人数			全年总计													

9.4　酒店员工关系的管理

9.4.1　酒店劳资谈判的技巧

9.4.1.1　酒店劳资谈判的概述

（1）酒店劳资谈判的概念

酒店劳资谈判是指酒店和酒店员工代表针对工作报酬、工作时间及其他员工聘用条件，在适当时间以坦诚态度进行的谈判。双方可以对对方履行义务的情况、某一协议及该协议下产生的问题、在某项协议下签订的另一书面合同的执行情况提出质询，对方有义务回答质询，但任何一方都不可以强迫对方同意或终止某项协议。

酒店劳资谈判所达成的文件被称作“劳动协议”或“合同”，它规定了一定时期内员工与酒店的关系。

（2）酒店劳资谈判问题的类型

酒店劳资谈判问题有3种类型：约束性的、非约束性的和禁止性的。约束性的谈判问题规定了工资、工作时间以及其他就业条件。对于非约束性的谈判问题，一方可能提出来，但另一方有权在谈判中不讨论此问题。禁止性的谈判问题是不合法的。

通过劳资谈判形成的劳动协议包含以下内容：认可、双方权利、工会保障、报酬和福利、申诉程序、员工保障以及与工作相关的因素。而工会保障通常是酒店劳资谈判协议中的第一个条款。有时，即使劳资双方都很想达成一个公平的协议，谈判也会出现破裂。为了使谈判继续进行下去，可以采用各种方法清除障碍，诸如，第三方的介入、工会策略等。第三方介入的2种基本类型是调停与仲裁。工会为了战胜谈判破裂，经常采用罢工与抵制这2种基本方式。

（3）酒店劳资谈判基本流程

酒店劳资谈判基本流程如图9－1所示。

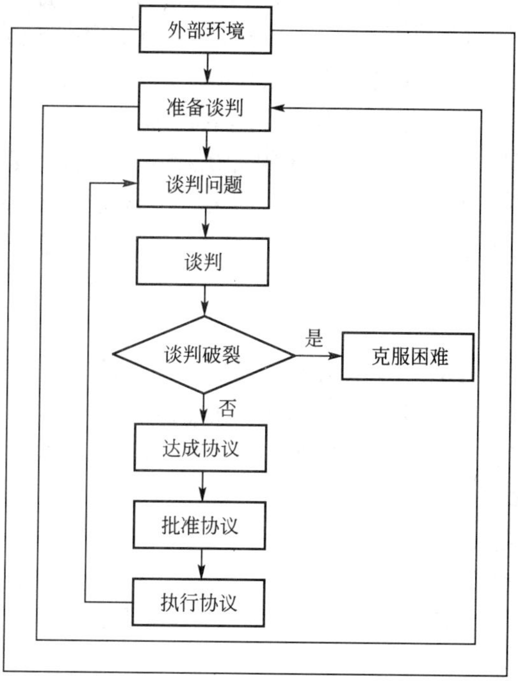

图 9-1 酒店劳资谈判基本流程

9.4.1.2 酒店劳资谈判的技巧

(1) 触角灵活敏感

在劳资谈判沟通过程中，双方通过“说”和“听”的交替过程来实现目的。首先应掌握当时的情况，同时确定对方听懂了你的话语。假如都不能让对方听懂，就无法达到沟通的目的。此外，即使你自认确实是在很认真地讲话，但对方却从一开始就没有聆听的意思，或根本就把你的话当成耳边风，那么也不可能达到良好的沟通。所以，在开口说话之前，必须预先考虑对方所处的状态，尤其是周围情况。为了使沟通能够顺利进行，谈判者之间必须相互传达信息。要达到这个目的，你必须聆听，只有聆听，你才能学着去了解对方，决定如何做最有效的沟通。提高聆听技巧要注意如下要点。

● 尽量把讲话时间减至最低程度。

● 建立协调关系。试着了解你的对手，试着由他的观点看事情。

● 表现出感兴趣的态度。让对手相信你在注意聆听的最好方式是发问和要求他阐明正在讨论的一些论点。

● 简要说明讨论要点，包括主要论点。这是有效的沟通方法，在简述要点时不要做详论和批判。

● 沟通。表达意见感受而不是给人以深刻印象。

● 尽力互相了解沟通的意见。谨记简单原则，使用简单易懂的常用字。

● 分析对方。端详对方的脸、嘴和眼睛。将注意力集中于对方的外表。这能帮助你聆听，同时，能完全让对手相信你在聆听。

● 对准焦点。试着将注意力集中于对手谈话的要点。努力地检查、思索过去的事情、轶事和统计资料，以及确定对手谈话的本质。

● 抑制争论念头。你和你的对手所以为对手，意味着你们之间必有意见不一致之处。然而，打断他的谈话，即使只是内心有此念头，也会造成沟通的阴影。学习控制自己，抑制自己争论的冲动。放松心情，记下要点以备一会儿讨论之用。

● 不要臆测。臆测几乎总是会引导你远离你的真正目标。所以，你要尽力避免对你的对手做臆测。不要臆测他想用眼光的接触、面部的表情来唬住你。有时候臆测可能是正确的，但也要尽量避免，因为臆测常是沟通的障碍。

● 不要立即下判断。要注意克服自己的偏见，即使是思想最无偏见的人也不免心存偏见。诚实地面对、承认自己的偏见，并且聆听对手的观点，容忍对方的偏见。

● 做笔记。做笔记不但有助于聆听，而且有集中话题及取悦对方的优点。

● 使用自己的话语查证于对方。要避免任何可能误会的最好方法是把主要利益用“自己”的话表达，由对方加以证实。只有运用此方法，你才能正确地沟通。

(2) 运用心理战术

劳资谈判可以说是一种极其微妙的“心理战术”。为了看穿对方的意图，并且迅速地做出有效的决定，在明枪暗箭的交战过程中，最重要的莫过于注意力的集中与否。所以，任何的小动作都无所谓，只要能扰乱对方的注意力，便可能扭转整个谈判局面。

(3) 善于观察对方

在谈判桌上第一回合的正式接触是绝不可错失第一次观察对方的良机。谈判者必须留意对方的表情、动作，找出他的特殊习性，以迅速获得正确的信息，如此才能决定该采取什么样的谈判战术和技巧。

(4) 掌握对方反应

成为听众的对方会不时产生各种不同的反应，或由言语传达出来，或经表情及动作显现出来。我们能够敏锐地看出听者的反应，并将反应所得的结果用于下一次沟通。

(5) 获取有关资料

从与谈判对手有所接触的人身上取得资料，也是“熟识对手”的途径之一。如果这个第三者与谈判对手有深交，他所提供的资料更具有参考价值。但要注意，这也可能是一个陷阱。所以，谈判者必须考虑到下面 2 种情况。

第一，资料的提供者对你的谈判对手是否存有误解或偏见？他本身是否是个喜欢夸大其词的人？如果是，你所取得的资料就不可靠。

第二，资料的提供者是否与你的谈判对手私下串通好，故意暴露些假情报给你，引诱你误入歧途？这并非不可能。

(6) 要有诚心诚意

诚心的付出、诚意的投入是任何谈判的基本要素。除非谈判双方都能专心地全力以赴，否则毫无谈判可言。

(7) 寻找谈判退路

谈判时，如果将后路完全切断，那么，当你在谈判途中遇到突发情况而不得不“后退一步”的话，其结果就相当凄惨。那种让自己无后路可退的做法将在谈判中丧失运用弹性的能力。因此一个聪明的谈判者是绝对不会这么做的。

(8) 做好谈判准备

下面 4 个问题起决定性作用的重点，关系着谈判的成败：① 你对自己的能力了解多少？② 你对对方的能力了解多少？③ 对方对你的能力有什么样的了解？④ 对方对于自己的能力是否有正确而客观的评估？

面对同样的一件事。不同的人可能会有不同的反应。谈判也一样，即使是站在同一立场的人，所持的观点也不尽相同。因此，掌握“个别差异”的事实，再加上上述4个要点的运用，都是谈判前必要的“准备工作”。

（9）确定谈判目标

拟定计划 谈判的准备工作就是要制订一个简明、具体而又有弹性的谈判计划。谈判计划应尽可能简洁，以便洽谈人员记住其主要内容，使计划的主要内容与基本原则能够清晰地印在他们的大脑里，从而使他们能得心应手地与对方周旋，而且能随时与计划进行对照。

确立谈判方向 谈判方向是指谈判者希望通过谈判所要达到的目标，它是谈判者谈判的主导思想，但它有时会与经过双方共同协商制定的洽谈目标略有出入。

计划本质——目标 目标不见得要和谈判方完全一致。准备工作的实际程序是：首先，经过开拓思路阶段想出各种应对办法，然后逐步地制订出己方的谈判方向。最后制订谈判议程表。准备阶段的最终目的是为谈判人员提供一份在谈判时放在他们面前的文件。要求文件简洁、易记，能对谈判人员起提示作用，使他们在全部精力投入谈判的同时，能够把握住谈判流程。

（10）把握谈判策略

掌握关键 形成谈判气氛的关键时刻往往是短暂的。可能只是几秒钟，最多也不超过几分钟。实际上，当双方准备谈判时，气氛就已经形成了，而且将会延续下去，以后便很难改变。因为此时，热烈或冷漠、合作或猜疑、友好或防范等情绪已经出现了，所表现的行动不是轻松便是拘谨；谈判的形式也已经确定：谁发言、说多少；双方的策略已经明晰，甚至已逐渐达到知己知彼的程度。

最小极限 必须分清“想要”和“需要”二者的差别。这是谈判中不可缺少的重点，也是最大极限策略的基础，是“达成协议的最佳代替方案”的思考方法。假若酒店拒绝你的加薪要求，情形会如何演变呢？若继续工作的话，势必会影响往后双方的意见沟通；若愤然辞职，转谋他业，是否能轻易地改善自己的经济状况？例如，新工作是否待遇较优，或同样迎合自己的喜好？

最大极限 自己究竟想要多少？当然，员工都会回答愈多愈好。年薪10万元？很好。但谈判者必须承认，恐怕连自己部门经理本人都没这么多，所以他很可能只会对这项要求报以2声冷笑，立刻请你走开。那么，如何能就现实情形找出自己所能要求、却不致显得荒唐的最高金额呢？当然，谈判者通常无法奢望在其余状况（如工作时间、内容，等等）毫不变动的前提下要求加倍的金额。因此，比较说得过去的做法或许是依物价波动的比率来提高薪酬的百分比，再加上自己在做这份工作中所表现出来的成绩和酒店另觅新人所必须承受的损失。如此计算下来，对于相同的工作，可能是增加一笔不小的金额。但毕竟我们是在寻求一个最大极限，在一切客观事物相同的条件下，谈判者可暂且决定这是谈判者所能要求的不致被视为荒唐的最大限度。

让步极限 聪明的做法是在一切谈判中“解开”对方不满的根源，确定一切意见不同的要素，将单一问题的对立转变为复合问题的对立。在此之前，对方多半会固执于单一的问题，不是你错即是我错，不是你赢就是我赢。无论你是代表自己或他人，如果你打算有效地进行谈判，就必须了解你并不是要“赢”得一切。

假使你真的获得了全面胜利，那通常意味着你也付出了高价的牺牲。

配合极限 解决任何对立最简单的方法，就是设法了解对方真正的不满，然后化解其不满的根源。这种方法通常无须花费多少成本，而且可以在不牺牲重要利益的情况下完成。

消除不满 在这项手法中，我们需要把某种对自己来说并不昂贵，但是对接受者而言却意义重大的事物给予对方，从而避免造成相反的情形。

譬如，酒店工程部门的高级技师或许不满于初级技师的工资与他相同。为了寻求上下等级的清楚职别，高级技师也许会要求加工资、增加额外假期，等等。

化解对峙 在条件交换的策略里，我们掌握某项对方重视的问题中，以在这方面的让步来使对方交换另一项对我们重视问题的让步。当然，其前提在于并非一切条件对全部当事人来说都同等重要，但事实上，它们极少如此。

9.4.2 酒店劳动争议的处理

9.4.2.1 酒店劳动争议的概念

酒店劳动争议也叫人事纠纷，是酒店劳动关系当事人之间因劳动问题而产生的纠纷。酒店劳动争议实质上是劳动关系当事人之间利益矛盾、利益冲突的表现，酒店劳动争议与其他社会关系纠纷相比，有以下特征。

第一，酒店劳动争议当事人是特定的。酒店劳动争议的当事人必须是酒店劳动力的所有者与劳动力的使用者。

第二，酒店劳动争议的内容是特定的。酒店劳动争议的内容必须涉及劳动管理过程中的有关问题，如劳动合同、劳动报酬、劳动保护、社会保险等。在劳动过程中，酒店员工与酒店之间就上述问题会在权利的享受与义务的履行方面产生矛盾，这些矛盾尖锐化、公开化就形成了酒店劳动争议。

第三，酒店劳动争议的表现形式是特定的。一般的社会关系纠纷表现为争议主体之间的利益冲突，其影响范围通常局限在争议主体之间，而重大的酒店集体劳动争议、除可表现为一般劳动关系纠纷的形式外，有时还会以罢工、请愿等形式出现，影响范围非常大。

9.4.2.2 酒店劳动争议形成的原因

酒店劳动争议的产生有社会外部原因与酒店内部原因。

第一，酒店劳动制度不适应劳动关系的变化，酒店不适应劳动关系的发展，酒店劳动关系协调机制的建立不够及时、完善，都会导致劳动争议的出现。

第二，市场经济物质利益原则的作用，使得酒店劳动关系当事人之间既有共同的利益和合作的基础，又有利益的差别和冲突。市场经济条件下，利益成为核心，酒店与员工在利益方面认识不一致，往往容易造成劳动争议。

第三，某些酒店管理者素质不高，领导方法欠妥，不认真遵守法规，使酒店劳动关系双方产生纠纷。

9.4.2.3 酒店劳动争议的处理原则

（1）着重调解和及时处理的原则

酒店劳动争议处理的原则是劳动争议处理机构在处理劳动争议时必须遵循的

原则。从酒店劳动争议起因来看，大多数劳动争议是因为当事人对国家的劳动政策、法律不了解或者权利义务的执行不一致造成的，而且，争议的问题常常是是非不清，双方各有对错。因此，在解决酒店争议时力争使当事人双方互相谅解，才能使争议得到圆满解决。

（2）严格按照事实依法办事的原则

在调解酒店劳动争议时，调解人员应对双方争议的事项进行充分的调查，然后根据事实依法进行处理。充分体现“法律面前，人人平等”，恰当合理地处理劳动争议的相关问题。

（3）坚持“法律面前，人人平等”的原则

酒店劳动争议的当事人，都应该遵守各种法规，应以“法律面前，人人平等”作为谈判最基本的基调，劳资谈判才能得到妥善处理。

9.4.2.4 酒店劳动争议的调解

有些酒店可能设立了劳动争议调解委员会，劳动争议调解委员会主要负责本酒店的劳动争议的问题。

1993 年 8 月 1 日起施行的《中华人民共和国企业劳动争议处理条例》中有如下规定。

其一，企业劳动争议调解委员会依法调解企业与员工之间发生的下列劳动争议：

- 因开除、除名、辞退员工和员工辞职、自动离职发生的争议；
- 因执行国家有关工资、社会保险、福利、培训、劳动保护的规定发生的争议；
- 因履行劳动合同发生的争议；
- 法律、法规规定应当依照本条例处理的其他劳动争议。

其二，劳动争议调解委员会的人员组成：

- 员工代表。员工代表由代表大会选举产生。
- 企业代表。企业代表由企业行政领导指定。
- 企业工会代表。企业工会代表由企业工会指定。

企业劳动争议的处理应按相关规定的程序进行。

9.4.2.5 酒店劳动争议的仲裁

酒店劳动争议仲裁是指以第三者身份出现的劳动争议仲裁委员会，根据酒店劳动争议当事人的申请，依法对劳动争议进行裁决，是解决劳动争议的一种制度。

根据国家劳动部 1993 年 11 月 5 日颁布的《劳动争议仲裁委员会组织规划》第 2 条规定：“仲裁委员会是国家授权、依法独立处理劳动争议案件的专门机构。”《劳动法》第 81 条规定：“劳动争议仲裁委员会由劳动行政部门代表、同级工会代表、用人单位方面的代表组成。劳动争议仲裁委员会主任由劳动行政部门代表担任。”劳动争议仲裁程序主要分为 4 个阶段。

第一，由劳动争议当事人向劳动争议仲裁机关提出申请，要求依法裁决，保护自己的权益。

第二，劳动争议仲裁机关在收到当事人申请仲裁的书面材料后，必须进行认真的审查，符合条件的劳动争议案件，仲裁机关在收到申诉书后 7 日内，应做出决定立案审理。

第三，仲裁委员会立案受理劳动争议后，应按《劳动法》及有关部门条理规定，组成仲裁庭。仲裁庭由3名仲裁员组成。

第四，在调查取证的基础上，开庭审理。

张涛的劳动争议

2005年7月张涛于旅游职业高中毕业，同年8月1日被和平酒店录用为客房服务员，双方签订了5年期的劳动合同，约定试用期为4个月。张涛在工作期间迟到数次，又因客房清扫问题多次与顾客争吵，并且不服从领班和值班经理的批评教育。11月1日，和平酒店人力资源部书面通知调动张涛到洗衣房工作，如对方不同意，限期3个月内另谋出路，在此期间，只按当地最低工资标准发放工资。张涛接到通知后不同意工作调动，也表示找不到其他工作。同时，张涛仍存在迟到和与顾客吵架现象，3个月后即2006年2月1日，和平酒店以“试用期严重违反劳动纪律，不服从工作安排”为由，解除与张涛的劳动合同。张涛随即申诉到劳动争议仲裁机构，要求维持原劳动关系。

9.5 酒店劳动合同的范本

9.5.1 酒店劳动合同范本

酒店劳动合同

甲方：×××酒店

地址：____________________ 法定代表人：____________________

乙方：____________________ 身份证号和住址：____________________

甲、乙双方根据《中华人民共和国劳动法》（以下简称《劳动法》）和《××市劳动合同管理规定》等法律、法规，在平等自愿、协商一致的基础上，订立本合同，建立劳动关系，并共同遵守履行。

一、合同期限

（一）甲、乙双方同意按以下第________种方式来确定本合同期限：

1. 有固定期限：从________年________月________日起到________年________月________日止；合同期限为________年________个月；

2. 无固定期限：从________年________月________日起到法定的或本合同所约定的终止条件出现时止；

3. 以完成一定的工作为期限：从________年________月________日起至________________工作任务完成时止；并以工作任务完成为终止合同的标志。

（二）双方同意本合同有效期的前________个月为试用期。

二、工作内容

（一）乙方的工作岗位（地点、部门、工种或职务）：____________________。

（二）乙方的工作任务或职责：____________________；乙方必须按质按量完成甲方正常安排的生产（工作）任务。

三、劳动报酬

（一）乙方试用期间的工资标准为：________元/月。

（二）试用期满后，甲方根据本单位的工资制度，确定乙方执行以下第________种工资形式：

1. 计时工资：乙方的工资由以下几部分组成：____________、____________、____________、____________；乙方正常工作情况下的最低工资标准为________元/月。

2. 计件工资：乙方正常工作情况下的基础工资为________元/月，其余按乙方岗位计件单价及完成情况计发。

3. 岗位工资：乙方的岗位工资标准为________元/月；如乙方的工作岗位调整，按新岗位所对应的工资标准执行。

4. 其他工资形式。具体办法在另行签订的补充协议中明确。

（三）甲方每月定期以货币形式支付乙方工资；甲方的工资发放日为每月________日。

（四）甲方安排乙方加班加点，应按《劳动法》第四十四条规定支付乙方工资。

四、社会保险和福利待遇

（一）社会保险：

1. 甲、乙双方按照国家和省、市有关社会保险的规定参加退休养老、工伤、失业、医疗、生育等社会保险，缴纳社会保险金；

2. 乙方患职业病或因工负伤，治疗期间或医疗终结后的工伤保险待遇按国家和省、市工伤保险规定执行；

3. 乙方患病或非因工负伤，其医疗待遇和停工治疗期间的病假工资和疾病救济费按本市医疗保险规定和甲方的规定执行。

4. 乙方因工或非因工死亡的丧葬补助费、供养亲属抚恤费、救济费、一次性抚恤金、一次性优抚金、生活补贴，供养亲属死亡补助费等，按国家和本市有关规定由社会保险机构和甲方分别计发。

（二）福利待遇：

甲方应为乙方提供以下福利待遇____________________。

五、劳动保护和劳动条件

（一）工作时间：

1. 甲方经批准，根据乙方的工作岗位确定乙方执行以下工作时间制度：

（1）标准工作时间：乙方每天工作________小时，每周工作________天，每周总工作时间不超过40h；具体工作时间由甲方统一安排；

（2）不定时工作：乙方的工作时间，由甲方根据乙方工作岗位的职责要求灵活安排；

（3）综合计算工作时间：乙方的工作时间在________月/年内综合计算，但每天总的工作时间不超过11h。

2. 在本合同期内，如乙方的工作岗位依法被变更，按新工作岗位确定乙方的工作时间。

3. 甲方如安排乙方加班加点，应按《劳动法》第四十一条的规定执行。

（二）休息休假：

1. 甲方保证乙方每周至少休息1天；

2. 乙方依法享有法定的节日假、公休日假、年休假、探亲假、婚丧假、产假和计划生育假等有薪假期；

3. 甲方在工作日、休息日安排乙方加班加点，可给予乙方同等时间补休，但补休后不再支付加班工资；无法安排补休的，甲方应按《劳动法》第四十四条规定支付加班工资。

（三）甲方执行国家和省、市有关劳动保护规定，为乙方提供符合国家规定的劳动保护设施和劳动条件，切实保障乙方在生产、工作中的安全和健康。

（四）甲方按国家有关规定对乙方进行安全生产知识、法规教育和操作规程培训以及其他的业务技术培训，实行持证上岗制度；乙方应参加上述培训并严格遵守其岗位有关的安全法规、规章、制度和操作规程。

（五）乙方有权拒绝甲方的违章指挥，对甲方及其管理人员漠视乙方安全健康的行为，有权提出批评并可向有关部门检举、控告。

六、劳动纪律

乙方应严格遵守国家的各项法律、法规，遵守甲方依法制定的各项规章制度和劳动纪律，服从甲方的管理和教育。甲方有权对乙方执行规章制度的情况进行检查、督促和奖惩。

七、劳动合同的变更、解除、终止和续订

（一）甲方因签订合同时所依据的客观情况发生变化，或者乙方因个人原因，要求变更本合同条款的，必须提前7天书面通知对方，经双方协商一致后，可以变更本合同的相关内容。

变更劳动合同，双方应签订《变更劳动合同协议书》。

（二）有下列情况之一的，符合条件的一方可以单方面变更本合同的相关条款：

1. 本合同订立时所依据的法律、法规已经修改或失效；

2. ______________________________。

（三）经甲乙双方协商一致，可以解除本合同。

（四）乙方有下列情况之一的，甲方可以解除本合同：

1. 在试用期内被证明不符合录用条件的；

2. 严重违反劳动纪律或甲方依法制定的规章制度，符合开除、除名、辞退条件的；

3. 严重失职，营私舞弊或泄露商业秘密，给甲方的利益造成重大损害的；

4. 被依法追究刑事责任的。

（五）有下列情况之一的，甲方有权解除本合同，但必须提前30日以书面形式通知乙方，方可办理解除劳动合同相关手续；

1. 本合同订立时所依据的客观情况发生重大变化，致使本合同无法履行，经与乙方协商不能就变更本合同达成协议的；

2. 乙方患病或因工负伤，医疗期满后，不能从事原工作也不能从事甲方另行安排的工作的；

3. 乙方不能胜任工作，经培训或调整工作岗位，仍不能胜任的。

（六）甲方濒临破产处于法定整顿期间或者生产经营发生严重困难，确需裁减职工而与乙方解除本合同的，必须按照国家、省、市有关企业经济性裁员规定所确定的程序进行。

（七）乙方有下列情况之一的，甲方不得依据以上第（五）、（六）项规定解除本合同：

1. 患职业病或因工负伤，医疗终结后被确认为丧失或部分丧失劳动能力的；

2. 患病或负伤，在规定的医疗期内的；

3. 女职工在孕期、产期和哺乳期内的；

4. 符合法律、法规规定的其他情况的。

（八）有下列情况之一的，乙方可以随时解除本合同：

1. 在试用期内的；

2. 甲方不按本合同规定支付劳动报酬或提供劳动条件的；

3. 甲方以暴力、威胁或限制人身自由等非法手段强迫乙方劳动的。

（九）除上述第（八）项规定外，乙方解除本合同，应当提前30日书面通知甲方，超过30日甲方应当办理解除合同相关手续。

乙方依前款规定解除本合同，给甲方造成经济损失的，应当赔偿甲方的以下经济损失：

1. ______________________________；

2. ______________________________。

（十）符合下列条件之一的，本合同即告终止（有固定期限的合同除外）；

1. 本合同所确定的工作任务已经完成；

2. ______________________________；

3. ______________________________。

（十一）除本合同另有规定外，任何一方解除或终止本合同，没有提前30日通知对方或通知时间不足的，应当按相差的天数，以解除或终止合同前1个月乙方的日平均工资为标准，支付赔偿金给对方。

（十二）解除或终止合同后，甲方应当在规定的期限内办理终止或解除劳动合同手续。

八、经济补偿金（医疗补助费）和生活补助费的发放

（一）甲方按照本合同第七条“劳动合同的变更、解除、终止和续订”之第（三）、（五）、（六）项规定解除本合同，应按《违反和解除劳动合同经济补偿办法》（劳部发［1994］481号）及本市的有关规定支付乙方经济补偿金或医疗补助费。

（二）乙方个人非因甲方的原因而解除合同的，甲方可不发给经济补偿金。

（三）本合同期限届满，甲方不与乙方续订合同的，应按《市劳动合同管理规定》第三十一条第一款的规定支付乙方生活补助费。

乙方在甲方提供的劳动报酬和劳动条件不低于本合同终止前的标准的情况下，不与甲方续订劳动合同的，甲方可不发给生活补助费。

九、违反劳动合同的责任

（一）甲、乙双方有下列情况之一的，应当承担违约责任：

1. 甲方违反本合同规定，单方面解除本合同的；

2. 乙方未经甲方同意，擅自离职的；

3. 乙方有本合同第七条“劳动合同的变更、解除、终止和续订”第（四）项第2、3、4点情况的；

4. ________________________________。

（二）双方同意以下列方式承担违约责任：

1. 违约金。一方违约，应支付违约金________元；

2. 赔偿金。违约金不足以赔偿对方损失的，还需支付赔偿金。赔偿金按违约方实际造成的损失计算。赔偿损失的范围包括：

（1）________________________________；

（2）________________________________。

（三）符合下列条件之一的，违约方可减轻或免除违约责任；

1. 违约行为是因不可抗力造成的；

2. ________________________________；

3. ________________________________。

十、因履行本合同发生争议的解决办法

双方因履行本合同发生争议，应先协商解决；协商不成的可自争议发生之日起30日内向甲方劳动争议调解委员会申请调解，或自争议发生之日起60日内向劳动争议仲裁委员会申请仲裁。

甲方：____________________酒店　　乙方：____________________

代表：____________________　　签字时间：____________________

9.5.2 酒店员工聘任合同书范本

酒店员工聘任书

甲方：××酒店

乙方：________　姓名：________　年龄：________　性别：________

最后学历：____________________　出生日期：____________________

通讯地址：____________________　身份证号码：____________________

甲乙双方共同确认本合同以下条款内容：

一、甲方聘任乙方担任________职务，乙方的工作、工资、考核、升迁、调职、奖惩、免职等，均依甲方有关规定办理。

二、甲方聘任乙方时间为________年________月________日起至________年________月________日止，为期________年。合同期满前、甲乙双方中任何一方不拟再续签此合同时，则需以书面形式相互通知对方，到期时本合同自动终止。若合同期满前15天双方仍未收到对方不拟续签本合同的书面通知时，则在15日内到人事部办理续签手续。

三、乙方必须遵守甲方所规定的一切规章条款，尽职尽责，服从领导，与本酒店全体同仁团结合作，如有违反或不能按期达标者，被甲方辞聘亦无异议。

四、乙方所担当职务的责任、权限、工作内容、程序方法均必须以职务说明书的规定为依据，不得自行变更和推卸责任。

五、乙方对工作中所获得的有关本酒店的经营、财务、人事等机密应尽力严守，如有泄漏，应承担相应责任并接受上级处理。

六、乙方一经甲方聘任签约后，应按约定进行工作，不得中途毁约。但因工作绩效不佳，品德不良，有重大失误或给酒店带来较大经济损失和形象损害者，甲方可随时解除此合同，甲方亦不负任何责任。

七、乙方如被解聘或自动请求解聘时，一经核准，立即办理工作移交手续。

八、乙方在聘任期间以甲方下达的《年度工作任务书》为经营管理目标。甲方亦依据此任务书对乙方进行绩效评价。若乙方的工作不能使甲方满意时，甲方有权随时终止此合同。

九、《年度工作任务书》与本合同一并签认，对乙方有与本合同同样的约束效力。

十、甲方在征得乙方同意的基础上，可调整《年度工作任务书》的若干内容。

十一、本合同一式2份，一经双方签章后立即生效。甲乙双方各执1份，妥善保存。

甲方签约人：　　　　　　　　　　乙方签约人：
年　　月　　日　　　　　　　　　年　　月　　日

9.5.3　酒店员工试用合同书范本

酒店员工试用合同书

甲方：××酒店

乙方：姓名________　年龄________　性别________　出生日期

学历　　　　　　　专业　　　　　　　身份证号码

家庭住址

甲乙双方共同确认本协议以下条款内容：

一、乙方在甲方________部门试用，试用时间自________年________月________日至________年________月________日，共计________个月。

二、甲方负责安排乙方工作，为其提供必要的工作条件。

三、甲方负责对乙方进行职业道德、业务技能和酒店规章制度的教育和培训。

四、甲方按照酒店的规章制度考核乙方，如乙方对酒店有突出贡献，经申请批准后可提前转正。

五、乙方享受酒店试用期工资待遇。

六、乙方必须遵守甲方所规定的一切规章制度，尽职尽责，服从领导，与本酒店全体同仁团结合作，如有违反或不能按期达标者，被甲方调离现工作岗位或辞聘亦无异议。

七、乙方应严守工作中所获得的有关本酒店的经营、财务、人事等机密，违反《保密制度》者，应承担相应责任并接受处理。

八、乙方因工作绩效不佳，品德不良，有重大失误或给酒店带来较大经济损失和形象损害者，甲方可随时解除此协议，甲方亦不负任何责任。

九、乙方如被解聘或自动请求解聘时，一经核准，应立即办理。

十、本合同一式2份，一经双方签章后立即生效。甲乙双方各执1份，妥善保存。

甲方签约人：　　　　　　　　　　乙方签约人：
年　　月　　日　　　　　　　　　年　　月　　日

【思考题】

1. 名词解释：

劳动关系、劳动安全、劳动保护、劳动关系管理、劳动合同、社会保险、劳资谈判、劳动争议订立、履行、变更、解除、终止、调解、仲裁。

2. 构成劳动关系的基本要素有哪些？劳动关系有哪些明显特征？

3. 酒店劳动保护有哪些基本任务和主要内容？

4. 酒店劳动关系管理制度有哪些特点和基本内容？

5. 酒店职工代表大会制度有哪些特点？

6. 酒店劳动合同订立应遵循哪些原则？

7. 如何理解劳动合同的履行、变更、解除、终止的相关事宜？

8. 如何理解酒店社会保险工作程序和方法？

9. 酒店劳资谈判有哪些技巧？

10. 酒店劳动争议的处理应遵循哪些原则？

【经验性训练】

调查当地一家酒店员工的劳动关系管理

【概述】

调查当地三星级以上酒店员工的劳动合同，将学生分成若干小组。

【步骤】

1. 分成7人左右的小组若干（人数为单数）。小组任务是运用所学劳动关系的内容调查当地一家三星级以上酒店员工的劳动关系情况。

2. 各小组选举产生小组长。小组长负责制订调查计划，经小组成员协商后执行。若小组成员协商不成，可寻求任课教师的帮助。

3. 按照调查计划，小组成员根据已学内容制作表格，了解该酒店与员工签订的劳动合同情况及其具体实施情况。

4. 小组成员到拟定的酒店进行实地调查，调查方式自行确定。

5. 在课堂上集中汇报各小组的调查结果。

6. 找出酒店对员工进行劳动关系管理的不足与长处，结合所学内容，找出不足问题的解决方法，并讨论如何保障员工的切身利益不受侵犯。

【案例分析】

南园假日酒店劳动争议案

中美合资南园假日酒店成立后，为加强酒店的管理力量，高薪聘请了几名美国高级管理人员。但是此举增加了酒店的管理费用，而且还有许多文化上的差异，酒店双方的管理人员经常为此发生争执。去年初，南园酒店为了改变这种状况，决定选派鲁某等5名中方管理人员到美国参加培训，以便将来顶替在本酒店进行管理的美国专家，从而达到自我管理的目的。

临行前，南园酒店与鲁某等5人签订了出国培训协议。协议中规定，此次去美国的培训费用由南园酒店支出，但鲁某等5人自培训结束之日起5年内，不得擅自离开南园酒店到其他酒店去工作；否则，应向南国酒店赔偿此次培训费用，赔偿比例为：工作不满1年，赔偿全部培训费用；工作每满1年，递减20%。

鲁某等5人在美国学习期间，酒店为每人支付了培训费6.3万元。培训结束前夕，鲁某等人结识了正在美国访问的京兰酒店的赵总经理。赵总表示，愿用优厚的待遇聘用鲁某等5人。5人经过考虑，答应了赵总的要求。

鲁某等5人培训结束后，回到南园酒店顶替了美国专家的工作岗位，酒店为此节约了大量的管理成本。但2个月后，鲁某等5人向酒店提出了辞职。南园酒店认为5人应履行培训协议，5年后才能调走，因此拒绝了他们的要求。于是5人向酒店递交了一份书面辞职报告，从此不再来酒店上班，而去了京兰酒店。

南园酒店领导对5人的行为非常气愤，向劳动争议仲裁委员会提出了仲裁申请，要求5人赔偿出国培训费以及酒店经济损失100万元。

【案例思考题】

1. 南园假日酒店与鲁某等5人的出国培训协议是否有效？为什么？
2. 南园假日酒店向劳动争议仲裁委员会提出的赔偿要求是否能得到支持？
3. 此案例中的京兰酒店在这场劳动争议中应该负担何种法律责任？

【本章推荐阅读书目】

1. 人力资源经理培训标准教程. 杨剑、金果、金小玲. 中国纺织出版社，2004.
2. 人力资源管理. 刘伟、刘国宁. 中国言实出版社，2006.
3. 旅游企业人力资源管理. 赵西萍. 南开大学出版社，2002.
4. 人力资源管理. 陈良政、黄俭. 科学出版社，2005.

【相关链接】

1. 百度知道（http：//zhidao. baidu. com/question/15249837. html）：《劳动合同纠纷，违约金》
2. 杭州律师·劳动争议（http：//www. zjlawer. com/list. aspx？ cid = 23）：《劳动合同纠纷》
3. 觅法网·案件大全（http：//www. 34law. com/lawal/case1. asp？ classID1 = 257）：《劳动合同纠纷》
4. 鹏程书海（http：//www. shuok. com/shuip4. asp？ ProdId = 12297）：《中华人民共和国劳动合同法与劳动合同纠纷争议处理法律实务全书》

参考文献

安鸿章. 2003. 现代企业人力资源管理 [M]. 北京：中国劳动社会保障出版社.
傅云新. 2002. 酒店与旅游经营管理实操文案 [M]. 广州：广东经济出版社.
陈良政，黄俭. 2005. 人力资源管理 [M]. 北京：科学出版社.
陈思明. 2004. 现代薪酬学 [M]. 上海：立信会计出版社.
谌新民，张帆. 2002. 薪酬设计技巧 [M]. 广州：广东经济出版社.
崔韶华. 2002. 酒店管理实用指南 [M]. 香港：香港天马出版社.
杜映梅. 2003. 绩效管理 [M]. 北京：对外经济贸易大学出版社.
何娟，王勋. 2005. 人力资源管理 [M]. 天津：天津大学出版社.
郝树人，朱艳. 2004. 旅游企业人力资源管理 [M]. 大连：东北财经大学出版社.
贺湘辉，徐明. 2005. 酒店人力资源管理实务 [M]. 沈阳：辽宁科学技术出版社.
贾安庭，彭青. 2005. 现代酒店员工培训教程 [M]. 广州：广东旅游出版社.
贾宏毅. 2007. 人力资源管理战略与实务 [M]. 北京：人民邮电出版社.
姜玲. 2006. 酒店培训管理实务 [M]. 广州；广东经济出版社.
黎洁，肖忠东. 2004. 酒店管理概论 [M]. 天津：南开大学出版社.
李岫，田克勤. 2004. 旅游企业人力资源管理 [M]. 北京：经济科学出版社.
李严锋，麦凯. 2002. 薪酬管理 [M]. 大连：东北财经大学出版社.
廖钦仁. 2005. 酒店人力资源管理实务 [M]. 广州：广东省出版集团.
廖一余，曹会勇，刘兴倍. 2006. 人力资源管理 [M]. 北京：清华大学出版社.
刘金章，孙可娜. 2005. 现代人力资源管理 [M]. 北京：高等教育出版社.
刘伟，刘国宁. 2006. 人力管理 [M]. 北京：中国言实出版社.
罗旭华，顾群. 2007. 现代酒店业人力资源管理 [M]. 北京：经济日报出版社.
(美) 纳尔逊. 2006. 1001 种激励员工的方法 [M]. 卫青青译. 北京：中信出版社.
秦志华. 2002. 人力资源管理 [M]. 北京：中国人民大学出版社.
宋豫书. 2007. 低成本，高效益：26 种低成本激励员工的方法 [M]. 北京：机械工业出版社.
唐华山，闵宪伟. 2007. 激励员工不用钱 [M]. 北京：人民邮电出版社.
王刚. 把握好用人的技巧与管人的学问 [M]. 2003. 北京：地震出版社.
王小艳. 2004. 如何进行员工激励 [M]. 北京：北京大学出版社.
王学力. 2001. 企业薪酬设计与管理 [M]. 广州：广东经济出版社.
文跃然. 2004. 薪酬管理原理 [M]. 上海：复旦大学出版社.
吴慧，黄勋景. 2004. 现代酒店人力资源管理与开发 [M]. 广州：广东旅游出版社.
吴中祥，王春霖，周彬. 2005. 酒店人力资源管理 [M]. 上海：复旦大学出版社.

夏光. 2006. 人力资源管理案例·习题集［M］. 北京：机械工业出版社.
徐成德，陈达. 2001. 员工激励手册［M］. 北京：中信出版社.
杨志岐. 2005. 精妙用人技巧［M］. 上海：上海文化出版社.
英基斯企业管理中心. 人力资源文案［M］. 2002. 呼和浩特：内蒙古人民出版社.
余凯成，程文文，陈维政. 2005. 人力资源管理［M］. 2 版. 大连：大连理工大学出版社.
余昌国. 2003. 旅游人力资源开发［M］. 北京：中国旅游出版社.
于桂兰，魏海燕. 2004. 人力资源管理［M］. 北京：清华大学出版社.
杨剑，金果，金小玲. 2004. 人力资源经理培训标准教程［M］. 北京：中国纺织出版社.
张满林，周广鹏. 2007. 旅游企业人力资源管理［M］. 北京：中国旅游出版社.
赵楠，施晨越. 2005. 企业员工培训手册［M］. 北京：经济管理出版社.
赵西萍. 2002. 旅游企业人力资源管理［M］. 天津：南开大学出版社.
左祥琦. 2002. 工资与福利［M］. 北京：中国劳动社会保障出版社.